C++
कोडिंग स्टैंडर्ड्स
101 नियम, मार्गदर्शिका एवं बेहतर प्रैक्टिसेस

C++
कोडिंग स्टैंडर्ड्स

101 नियम, मार्गदर्शिका एवं बेहतर प्रैक्टिसेस

हर्ब शटर
आंद्रे अलेक्जांड्रेस्क्यु

BPB PUBLICATIONS
B-14, CONNAUGHT PLACE, NEW DELHI-110001

प्रथम संस्करण - *2006*

वितरकः

माईक्रो बुक सेन्टर
2, सिटी सेन्टर, CG रोड़ **अहमदाबाद** – 390009, फोन : 26421611,

कम्प्यूटर बुक सेन्टर
12, श्रृंगार शॉपिंग सेन्टर, महात्मा गांधी मार्ग, **बंगलूर** – 560001 फोन : 5587923, 5584641

माईक्रो बुक्स
शान्ति निकेतन बिल्डिंग, 8, कॅमक स्ट्रीट, **कलकता** – 700017 फोन : 22426518, 22426519

बिजनेस प्रमोशन ब्यूरो
8/1, रिचि स्ट्रीट, माऊंट रोड़, **चेन्नई** – 600002 फोन : 28410796, 28550491

बीपीबी बुक सेन्टर
376, पुरानी लाजपत राय मार्केट, **देहली** – 110006 फोन : 22961747

डॅक्कन एजेन्सिज
4-3-329, बैन्क स्ट्रीट, **हैदराबाद** – 500195 फोन : 24756967, 24756400

माईक्रो मीडिया
शॉप न० 5, महेन्द्र चेम्बर्स, 150 डी. एन. फोर्ट, **मुम्बई** – 400001 फोन : 22078296, 22078297

इन्फो टेक
G-2, सिद्धार्थ बिल्डिंग, 96 नेहरू प्लेस, **नई दिल्ली** – 110019 फोन : 26438245, 26415092

इन्फो टेक
शॉप न० 2, F-38, साऊथ एक्सटेंशन–1, **नई दिल्ली** – 110049 फोन : 24691288, 24641941

कम्प्यूटर बुक सेन्टर
SCF No.- 65, सेक्टर–6, **पन्चकुला** – 134109, **चण्डीगढ़** फोन : 2561613, 2567538

उत्तरदायित्व की सीमा

पुस्तक को तैयार करने में लेखक एवं प्रकाशक ने काफी मेहनत की है। फिर भी हम यह दावा नहीं कर सकते कि सभी तथ्य सही होंगे। इन तथ्यों के आधार पर यदि किसी प्रकार की कोई हानि होती है तो उसके लिए लेखक या प्रकाशक जिम्मेदार नहीं होगा।

Pric BPB PUBLICATIONS PH.: 23254990/91 FAX: 23266427 ₹360. **/-**

ISBN : 81-8333-082-7

श्री मनीष जैन द्वारा बीपीबी पब्लिकेशन्स, बी–14, क्नॉट प्लेस, नई दिल्ली – 110001
के लिए प्रकाशित एवं उनके द्वारा प्रैसवर्क्स, दिल्ली में मुद्रित।

अनुक्रम

प्रस्तावना

Get into a rut early: do the same process the same way. Accumulate idioms. ***Standardize.*** *The only difference(!) between Shakespare and you was the size of his idiom list-not the size of his vocabulary.*

- Alan Perlis [emphasis ours]

The best thing about standards is that there are so many to choose from.

- Variously attributed

इस किताब को हमने आपके टीम के कोडिंग स्टैंडर्ड्स के नींव के रुप में प्रस्तुत किया है। इसके दो मुख्य कारण हैं:

- किसी भी कोडिंग स्टैंडर्ड में प्रोग्रामर्स द्वारा अपनाए गए तथा विश्वसनिय अनुभव प्रतिबिंबित होने चाहिए: कोडिंग स्टैंडर्ड में अनुभव तथा लैंग्वेज की पूरी-पूरी समझ के आधार पर बनाई गई idioms होनी चाहिए। खास करके कोडिंग स्टैंडर्ड को सॉफ्टवेयर के विकसन के व्यापक एवं समृद्ध साहित्य पर आधारित होना चाहिए, जो अन्यथा इस्ततः बिखरे हुए नियमों, मार्गदर्शक सूचनाओं तथा अच्छी प्रैक्टिसेस को एकसाथ लाते हैं।
- प्रकृति खाली जगह से घृणा करती है: यदि आप सावधानी के साथ सही नियम नहीं बनाएंगे तो कोई और व्यक्ति अपने खुद के अनचाहे नियमों को आप पर थोपने का प्रयत्न करेगा। इस तरह से बने नियमों के कारण कोडिंग स्टैंडर्ड में सबसे अनचाही प्रार्पटिज होंगी; जैसे कि, इस तरह से बनाए गए नियम हमे C++ का C की शैली में प्रयोग करने के लिए विवश करते हैं।

ऐसे कई गलत कोडिंग स्टैंडड्र्स हैं जो ऐसे लोगों द्वारा बनाए गए हैं जो लैंग्वेज को पूरी तरह से समझते नहीं है, सॉफ्टवेयर के विकसन के बारे में ठीक से जानते नहीं हैं या जो बहुत से कानून एकसाथ बनाने का प्रयास करते हैं। गलत कोडिंग स्टैंडर्ड जल्द ही अपनी विश्वसनियता खो देता है और प्रोग्रामर्स उनमें मौज़ूद सही सूचनाओं को भी अनदेखा करते हैं क्योंकि वे इन सूचनाओं को या तो नापसंद करते हैं या फिर उनसे सहमत नहीं होते। सबसे बुरी बात है गलत स्टैंडर्ड का प्रचलित हो जाना।

इस किताब का प्रयोग कैसे करना है

अच्छी तरह से सोचिए: अच्छे नियमों का पालन पूरी इमानदारी के साथ कीजिए; किंतु आँखे मूंदकर उन पर भरोसा न करें। इस किताब के आइटम्स में दिए गए अपवाद ऐसी कुछ कभी-कभार आनेवाली परिस्थितीयों के बारे में बताते हैं जिन पर कोडिंग स्टैंडर्ड में बताए गए नियम लागू नहीं होते। किसी भी नियम का इस्तेमाल बिना सोचे समझे नहीं करना चाहिए फिर चाहें वे कितने भी अच्छे हों (और हम उन्हें कितना भी अच्छा क्यों न समझते हों)।

सॉफ्टवेयर को बनानेवाली हर टीम अपने खुद के स्टैंडर्ड्स को स्थापित करने के लिए खुद जिम्मेदार होती है। इसमें आपकी टीम भी शामिल है। यदि आप ऐसी किसी टीम का नेतृत्व कर रहे हैं तो स्टैंडर्डस् को स्थापित करने में अपने टीम के सदस्यों को भी शामिल करें, क्योंकि अक्सर देखा गया है कि लोग उन्हीं स्टैंडर्डस् का पालन करते हैं जिन्हें वे अपना समझते हैं। यदि ऐसा न किया जाए तो टीम के सदस्य समझेंगे कि उन पर नियमों को थोपा गया है।

इस पुस्तक का उद्देश्य है कोडिंग स्टैंडर्डस् को बनाने में आपकी मदद करना तथा मार्गदर्शन करना। किसके लिए या किस काम के लिए सॉफ्टवेयर बनाना है इसके अनुसार आपके टीम के अपने मार्गदर्शक नियम हो सकते हैं, इसलिए जरुरी नहीं है कि यहाँ बताए गए स्टैंडर्डस् इस संबंध में आखिरी शब्द हों। आप इन कोडिंग स्टैंडर्डस् के साथ-साथ अपने खुद के स्टैंडर्डस् का भी पालन कर सकते हैं। हम आशा करते हैं कि इस किताब में दी गई लगभग सभी जगहों पर लागू होनेवाली इन प्रचलित एवं प्रमाणित प्रैक्टिसेस को अपनाने से (जैसा कि पहले ही बताया गया है, अपवादों के साथ) कोडिंग स्टैंडर्डस् को (फिर से) बनाने का अपका काम कम हो जाएगा। इसके अलावा आप जिन कोडिंग स्टैंडर्डस् का प्रयोग कर रहे हैं उनकी गुणवत्ता तथा उपयोगिता बढ़ाने में भी यह किताब आपकी सहायता करेगी।

आपकी टीम को इस किताब में दिए गए नियमों को अपने-अपने विचारों के साथ पढ़ने दें (यानी पूरी किताब, तथा चुनिंदा आइटम्स के लिए दिए गए दूसरे किताबों के संदर्भों को और दूसरे लेख भी)। उसके बाद यह निश्चित करें कि क्या कोई ऐसा नियम है जो आपके प्रोजेक्ट के लिए सही नहीं है (जैसे कि आपके प्रोजेक्ट में मौजूद किसी अलग सी परिस्थिती के करण)। ऐसे अनावश्यक नियमों को छोड़कर बाकी सभी नियमों का पालन करें। टीम के लिए एक बार कोडिंग स्टैंडर्डस् को निश्चित करने के बाद आप पूरी टीम के साथ विचारविमर्श करने पर ही इन नियमों का उल्लंघन कर सकते हैं।

अंत में वास्तविक प्रयोग से मिलनेवाले अनुभवों एवं सूचनाओं को शामिल करने के लिए अपने नियमों की समय-समय पर समीक्षा करें।

कोडिंग स्टैंडर्डस् और आप

अच्छे कोडिंग स्टैंडर्डस् के बहुत से लाभ हैं जो एक-दूसरे से जुड़े हुए हैं।

- कोड की गुणवत्ता बढ़ती है: ये डेवलपर्स को नियमित रुप से सही बाते करने के लिए प्रेरित करते हैं जिसकी वजह से सॉफ्टवेयर की गुणवत्ता बढ़ती है तथा उसे मेंटेन करना आसान हो जाता है।
- सॉफ्टवेयर का विकास तेजी से होता है: डेवलपर को हर बार नए सीरे से निर्णय लेने की जरुरत नहीं होती।
- टीम एकत्रित रुप से बेहतर काम करती है: इनके कारण असंबंधित मुद्दों पर होनेवाली बहस कम हो जाती है और सहकर्मियों के लिए एक-दूसरे का कोड पढ़ना तथा उसे मेंटेन करना आसान हो जाता है।

- सॉफ्टवेयर में सही तौर पर समानता बनी रहती है: जिन बातों का प्रोजेक्ट पर बुरा असर पड़ सकता है ऐसी बातों की रचना डेवलपर्स अपनी पसंद के अनुसार कर सकते हैं।

तनाव तथा दबाव में लोग अक्सर वही काम करते हैं जिसकी उन्हें आदत होती है। वे वही करते हैं जो उन्हें नहीं करना चाहिए। इसीलिए अस्पतालों में आपत्कालिन कक्ष में अनुभवी तथा प्रशिक्षित लोगों को काम पर रखा जाता है क्योंकि वहाँ आपात्कालिन सेवाओं की जानकारी रखनेवाला व्यक्ति भी हड़बड़ा सकता है।

सॉफ्टवेयर डेवलपर होने के नाते हमे जो सॉफ्टवेयर कल तैयार करना है उसे उससे पहले ही यानी आज ही सौंपने के अत्याधिक दबाव से अक्सर गुजरना पड़ता है। निर्धारित समय में ही काम को पूरा करने के दबाव के कारण हम वही करते हैं जिसकी हमे आदत सी हो गई है। आम तौर पर भी सॉफ्टवेयर इंजीनियरिंग की अच्छे प्रैक्टिसेस के बारे में अनजान रहनेवाले (या उनका अवलंब न करनेवाले) प्रोग्रामर्स काम पूरा करने के दबाव के रहते बड़ी लापरवाही से प्रोग्राम्स लिखते हैं तथा उनमें bugs भी ज्यादा होते हैं। इसके विपरीत, जिन प्रोग्रामर्स को अच्छी आदतें होती हैं और जो अच्छी प्रैक्टिसेस का पालन करते हैं उनका कोड अच्छा होता है और तेजी से बनता है।

इस किताब में दिए गए कोडिंग स्टैंडर्डस् अच्छे क्वालिटि के C++ के कोड को लिखने के लिए बनाए गए नियमों का संग्रह है। ये नियम C++ के प्रोग्रामर्स के समृद्ध एकत्रित अनुभवों के आधार पर बनाए गए हैं। इसमें से अधिकांश जानकारी अलग-अलग किताबों में टुकड़ों तथा खंडों के रुप में या सलाहों के रुप में मौजूद है। इस किताब का उद्देश्य इस जानकारी को संक्षिप्त एवं निर्दोष नियमों के संग्रह के रुप में प्रस्तुत करना है, जो कि समझने तथा पालन करने में आसान हो।

अर्थात कोडिंग स्टैंडर्डस् का प्रयोग करके भी बुरे कोड लिखे जा सकते हैं। यही बात किसी भी लैंग्वेज, कार्य तथा प्रणाली के लिए भी सही है। कोडिंग स्टैंडर्डस् का अच्छा संच साधारण नियमों तथा अनुशासन को बढ़ावा देता है। इस तरह से एक बार डाली गई मजबूत नींव के कारण आगे बढ़ने के कई दरवाजें खुल जाते हैं। कविता लिखने से पहले आपको शब्दसंग्रह तथा व्याकरण को विकसित करना पड़ता है, इसके लिए कोई शॉर्टकट नहीं है। हम सिर्फ उसे आसान बनाने का काम कर रहे हैं।

हम इस किताब को सभी C++ प्रोग्रामर्स को समर्पित करते हैं।

यदि आप नए प्रोग्रामर हैं तो हम आशा करते हैं कि इस किताब में बताए गए नियम और उनके हेतू यह जानने में आपकी मदद करेंगे कि C++ स्वाभाविक रुप से कोनसी स्टाइल्स तथा idioms का समर्थन करती है। यहाँ दिए गए नियम केवल रटने के लिए नहीं हैं बल्कि हम चाहते हैं कि जो जानकारी हमने दी है तथा इन नियमों को बनाने के पीछे क्या उद्देश्य है उसे आप समझिए और फिर उन पर भरोसा कीजिए।

हर प्रोग्रामर के लिए, फिर वह चाहे प्रोग्रामिंग का थोड़ाबहुत ज्ञान रखता हो या पूरी तरह से माहिर हो, हर नियम के लिए निश्चित संदर्भों की विस्तृत सूची उपलब्ध कराने हेतू हमने काफी मेहनत की है। इस तरह से C++ के टाइप सिस्टम, व्याकरण तथा ऑब्जेक्ट मॉडल के बारे में दिए गए इन नियमों का गहरा अभ्यास करके आप उनके जड़ तक पहुँच सकते हैं।

किसी भी जटिल प्रोजेक्ट के दौरान आपको अपनी टीम के साथ काम करना पड़ता है। तब आपको कोडिंग स्टैंडर्डस् की अहमियत समझ में आती है। इन कोडिंग स्टैंडर्डस् का प्रयोग करके आप आपनी टीम के सदस्यों को एक ही स्तर पर ला सकते हैं तथा उसके आधार पर कोड को रिव्यू कर सकते हैं।

किताब के बारे में

इस किताब का डिजाइन करने के हमारे निम्नलिखित उद्देश्य हैं:

- बड़े से छोटा बेहतर होता है: बहुत बड़े कोडिंग स्टैंडर्ड को अक्सर अनदेखा किया जाता है जब कि स्टैंडर्डस् अगर छोटे हों तो उन्हें पढ़ना एवं उनका प्रयोग करना आसान हो जाता है। लंबे आइटम्स का आवश्यक हिस्सा

ही पढ़ा जाता है जब कि छोटे आइटम्स को पूरा का पूरा पढ़ा एवं प्रयोग में लाया जाता है।

- किसी भी आइटम को लेकर विवाद नहीं खड़ा होना चाहिए: यह किताब, बड़े तौर पर जिन्हें मान्यता मिली है ऐसे स्टैंडर्डस् के बारे में जानकारी देने के लिए है न कि स्टैंडर्डस् को बनाने के लिए। यदि कोई नियम सभी परिस्थितीयों के लिए उचित न हो तो उस बात का भी उल्लेख किया गया है (उदाहरण के लिए, "Do X..." के बजाय "Consider X" लिखना) तथा सामान्य रुप से अपनाए गए अपवादों के बारे में टिप्पणी दी गई है।
- हर आइटम का प्रमाणित होना जरुरी है: इस किताब में दिए गए नियम मौजूदा प्रकाशित लेखों पर आधारित हैं। इसके अलावा C++ की साहित्य की सूची उपलब्ध कराना यह भी इस किताब का उद्देश्य है।
- हर आइटम का अपना एक उद्देश्य है: जिन नियमों का पालन आप पहले से करते आ रहे हैं, जिनका पालन करने के लिए कंपाइलर आपको विवश करता है या जिन्हें कंपाइलर ढुँढ़ लेता है तथा जिन नियमों के बारे में पहले से ही बताया गया है उनके बारे में हमने इस किताब में जानकारी नहीं दी है।

  उदाहरण: "ऑटोमैटिक वेरियेबल को दिए गए पॉयंटर/वेरियेबल को कभी रिटर्न न करें" यह एक बहुत ही अच्छा नियम है लेकिन उसे हमने इस किताब में शामिल नहीं किया है क्योंकि हमने जितने भी कंपाइलर्स का प्रयोग किया है उन सभी ने इसके बारे में वार्निंग दी है। इसलिए यह मुद्दा हमारे आइटम 1 के अंतर्गत दिया गया है, "प्रोग्राम को हाई वार्निंग लेवल्स पर अच्छी तरह से कंपाइल कीजिए।"

  उदाहरण: "एडिटर का (या कंपाइलर या डिबगर का) इस्तमाल करें" यह भी एक अच्छा नियम है लेकिन आप उसका इस्तेमाल पहले से ही कर रहे हैं, हमे बताने की जरुरत नहीं है। इसीलिए इसके बजाय हमने पहले चार आइटम्स में से दो आइटम्स में "ऑटोमैटेड बिल्ड सिस्टम का ही उपयोग कीजिए।" और "वर्जन कंट्रोल सिस्टम का उपयोग कीजिए।" ऐसे नियम दिए हैं।

  उदाहरण: "**goto** का गलत प्रयोग न करें" यह भी एक अच्छा नियम है किंतु हमारी जानकारी के अनुसार प्रोग्रामर्स इस बारे में जानते हैं और उन्हें इस बारे में और कुछ बताने की जरुरत नहीं है।

हर आइटम को निम्नलिखित रुप में लिखा गया है:

- आइटम का शीर्षक: इसे हमने जितना हो सके उतना सरल एवं अर्थपूर्ण रखा है।
- सारांश: सबसे ज्यादा महत्त्वपूर्ण मुद्दों को संक्षेप में बताया है।
- चर्चा: यहाँ हमने नियमों को और विस्तारित तथा स्पष्ट किया है। इसमे उन नियमों के उद्देश्य क्या है इसके बारे में भी बताया है। लेकिन याद रहें, उद्देश्यों के बारे में अधिकांश जानकारी संदर्भों में दी गई है।
- उदाहरण (यदि उपयोगी हो तो): नियमों को ज्यादा स्पष्ट करने के लिए या वे याद रहें इसके लिए कई उदाहरण दिए गए हैं।
- अपवाद (यदि उपयोगी हो तो): जहाँ कोई नियम लागू नहीं होता ऐसे सभी (किंतु दुर्लभ) मामलों के बारे में बताया गया है। लेकिन जल्दबाजी में ऐसा कभी न कहें कि मैं तो खास हूँ इसलिए यह नियम मुझ पर लागू नहीं होता - ऐसी दलीलें अक्सर दी जाती हैं तथा ये आमतौर पर गलत ही होती है।
- रेफरेंसेस: संपूर्ण ब्यौरे तथा विश्लेषण के लिए के C++ से संबंधित इन लेखों को देखें।

हमने लगभग हमेशा हर विभाग के महत्त्वपूर्ण आइटम को उसी विभाग के आरंभ में रखने का प्रयास किया है। किंतु कभी-कभी पढ़ने में बाधा न हो या किताब का flow कायम रहे इसके लिए ऐसा करना संभव नहीं था। इसलिए हर विभाग में हमने सबसे महत्त्वपूर्ण आइटम को अधोरेखित किया है।

आभार

इस शृंखला के संपादक जर्ने स्ट्राऊस्ट्रप का बहुत-बहुत आभार। साथ में पीटर गॉर्डन और डेबी लैफर्टि इस संपादक द्वयी का तथा टेरिल आल्बा, कीम बोडीगेमीअर, जॉन फुलर, बर्नार्ड जेफनी, कुर्ट जॉन्सन, चंदा लेरी-कौटू, चार्ल्स लेडी, हेथर मुलाने, छुटी प्रेसर्थीस्थ, लारा वैसॉन्ग, तथा एडिसन-वेस्ली के बाकी साथीयों को भी उनके सहयोग एवं इस प्रोजेक्ट के दौरान साथ निभाने के लिए बहुत-बहुत धन्यवाद। उनके साथ काम करना बहुत ही आनंददायक रहा।

इस किताब में दिए गए कुछ अच्छे वचन हमने अलग-अलग जगहों से इकट्ठा किए हैं। इनमें [Cline99] की हँसते-खेलते सीखानेवाली स्टाइल, [Peters99] की import this की स्टाइल तथा एलन पर्लिस के प्रसिद्ध तथा कहावतों के द्वारा बताए गए उद्धरण आदि सभी शामिल हैं।

किताब लिखते समय जिन लोगों ने हमे तकनिकी सहायता प्रदान की उसके कारण इस किताब के कई हिस्सों को हम पहले से अधिक बेहतर बना पाएँ। उनके सहायता के बिना यह काम संभव नहीं था। इस शृंखला के संपादक जर्ने स्ट्राऊस्ट्रप ने किताब की कल्पना से लेकर उसे अंतिम रुप प्रदान करने तक समय-समय पर दी कठोर टिप्पणियाँ बहुत ही महत्त्वपूर्ण थी तथा उन्हीं के कारण किताब उत्तम बन पाई। डेन अब्राहम्स, मार्शल क्लिन, केवलिन हेन्री, हावर्ड हिन्नांत, जीम हिस्लाप, निकोलाय जोसुटिस, जॉन काल्ब, स्टैन लिपमन, स्कॉट मेयर्स, डेवीड वान्डेवुड इन सबका किताब के रिव्यू के दौरान जो सक्रिय सहभाग रहा तथा समय-समय पर उन्होंने जो विस्तृत टिप्पणियाँ दी उसके लिए हम उन्हें विशेष धन्यवाद देना चाहेंगे। इसके अलावा चक एलिसन, समीर बजाज, मार्क बार्बर, डेमिन डिश्चेव, स्टीव ड्युहर्स्ट, एलन ग्रिफिथ, मिची हेनिंग, जेम्स केंझ, मैट मार्कोस, पेट्र्यु मारिग्नन, रॉबर्ट C, "अंकल बॉब" मार्टिन, जेफ पेल, पीटर पर्केलबॉर, व्लादिमीर प्रुस, डैन साक्स, ल्युक वैगनार, मैथ्यु विल्सन और लीओर जोलमन इनके विशेष सहायता के लिए हम उनके ऋणी हैं।

हमेशा की तरह, किताब में मौजूद गलतीयाँ, असावधानियाँ तथा लज्जास्पद श्लेष आदि सब हमारी गलती के कारण हैं, उपरोक्त मान्यवरों के कारण नहीं।

हर्ब सुटर,

आंद्रे अलेक्जांड्रेस्क्यु

सीआटेल

संगठन और कार्यपद्धती के मुद्दे

IF builders built buildings the way programmers wrote programs
then the first woodpecker that came along would destroy civilizations.

-Gerald Weinberg

C और C++ की भव्य परंपरा में हम शून्य-आधारित (zero-based) तरीके को अपनाते हैं। मुख्य निर्देशक आइटम 0 में वह सबकुछ मौजूद है जो हमे coding standard के बारे में मुलभूत ज्ञान देता है। प्रस्तावना के शेष भाग में हम उन मुलभूत मुद्दों पर ध्यान केंद्रित करेंगे जो न सिर्फ कोड के बारे में हैं बल्कि उन सभी महत्त्वपूर्ण टूल्स और टेक्निक्स को उजागर करते हैं जो एक ठोस प्रोग्राम लिखने के लिए आवश्यक हैं। इस विभाग में हम अपना पूरा ध्यान आइटम 0 पर केंद्रित करेंगे : व्यर्थ परिश्रम न करें। (याः जानिए किसे प्रमाणित नहीं करना है।

0. व्यर्थ परिश्रम न करें।(या:जानिए किसे प्रमाणित नहीं करना है।)(Don't sweat the small stuff or: know what not to standardize.)

सारांश

जहाँ कुछ बताने की आवश्यकता हो वही सूचनाएँ दें: अपनी व्यक्तिगत पसंद एवं अप्रचलित प्रैक्टिसेस का इस्तेमाल करने पर जोर न दें।

चर्चा

जो मुद्दे व्यक्तिगत पसंत के हैं तथा प्रोग्राम के सही होने पर या उसे पढ़ने पर जिनका कोई असर नहीं पड़ता है ऐसे मुद्दे coding standard में नहीं लिखने चाहिए। कोई भी व्यावसायिक प्रोग्रामर उस कोड को पढ़ या लिख सकता है जिसकी स्टाइल उसके अपने स्टाइल से थोडी सी अलग हो।

अपनी हर सोर्स फाइल में और यहां तक कि अपने हर प्रोजेक्ट में भी हमेशा एक जैसा फॉरमैटिंग रखे। एक ही कोड में यदि बहुत ज्यादा स्टाइलें हों तो कोड में भीड़ हो जाती है। किंतु अलग-अलग प्रोजेक्ट्स या कंपनी के अंदर सभी कोड के लिए एक जैसा फॉरमैटिंग रखने की कोशिश न करें।

यहाँ ऐसे कई मुद्दों के बारे में चर्चा की गई है जिन्हें नियमों के रुप में अपनाना जरुरी नहीं है। हालांकि, जो फाइल आप मेंटेन कर रहे हैं उसमें इस्तेमाल की गई स्टाइल को कायम रखने के लिए ये बातें बहुत उपयोगी हैं।

- कोड के अंदर कितना इंडेंटेशन रखना है यह निश्चित न करें। तथापि कोड के स्ट्रक्चर को दिखाने के लिए जितना आवश्यक है उतना इंडेंटेशन अवश्य दें। इंडेंटेशन करते समय आप कोड में चाहे जितनी spaces दे सकते हैं किंतु एक फाइल में हर जगह पर एक जैसी spaces रखें।
- लाइन की लंबाई को लेकर कोई सीमा न रखें। किंतु इतना याद रहे कि लाइन की लंबाई उतनी होनी चाहिए जिससे कि पढ़ने में आसानी हो। आप जितनी चाहे उतनी लंबी लाइन लिख सकते हैं किंतु अभ्यास के अनुसार लाइन में ज्यादा से ज्यादा 10 शब्द होने चाहिए। यही लंबाई आखों के लिए उचित है।
- नाम देने के लिए नियमों का पालन करना जरुरी नहीं है किंतु नाम naming convention के अनुसार ही दें। यहाँ दो बातों का ध्यान रखना जरुरी है - a) 'underhanded names' यानी जो नाम undenerscore या double underscore से शुरु होते हों उनका प्रयोग न करें। b) मैक्रोज के लिए हमेशा सिर्फ ONLY_UPPER_CASE_NAMES का प्रयोग करें। मैक्रोज को नाम देते समय कॉमन वर्ड या abbervations का प्रयोग नहीं करना चाहिए (जैसे कि, T और U ये आम टेम्पलेट पैरामीटर्स; **#define T anything** लिखने से पूरा प्रोग्राम खराब हो सकता है।) हमेशा एक जैसे तथा अर्थपूर्ण नामों का प्रयोग करें तथा फाइल या मोड्यूल के अंदर जिस convention का प्रयोग किया गया हो उसी के अनुसार नाम दें। (यदि आप अपना खुद का naming convention निश्चित नहीं कर पा रहे हों तो इस convention का प्रयोग करें: क्लासेस, फंक्शन्स और **enums** को आप ऐसे नाम दें - **LikeThis**; वेरियेबल्स को आप ऐसे नाम दे- **likeThis**; Private मेंबर वेरियेबल्स को आप ऐसे नाम दें- **likeThis_**; और macros को आप ऐसे नाम दें- LIKE_THIS)
- कामेंटिंग स्टाइल को निश्चित न करें (किंतु कुछ टूल्स ऐसे भी होते हैं जो खुद स्टाइल्स निश्चित करते हैं और कामेंट्स डाल देते हैं)। किंतु उपयोगी कामेंट आवश्य लिखें। जहाँ संभव हो कामेंट्स के बजाय प्रोग्राम कोड लिखें (उदाहरण के लिए आइटम 16 देखें।) जहाँ कोड दोहराया गया हो वहाँ फिर से कामेंट्स न लिखे। किंतु ऐसी जगहों पर कामेंट्स अवश्य लिखें जहाँ कोड प्रोग्राम की भूमिका स्पष्ट करता हो, आपत्तियों को उजागर करता हो, और प्रोग्राम कोड को समझने में मदद करता हो।

अंततः जो नियम पुराने कोडिंग स्टैंडर्ड में आते थे लेकिन अब अप्रचलित हो चुके हैं, उनका प्रयोग करने पर जोर न दें (उदाहरण 3 और 4 देखें)।

उदाहरण

उदाहरण 1: Brace Placement: brace की जगह कहाँ है इससे पढ़ने में कोई फर्क नही पड़ता।

```
void  using_k_and_r_style(){
  //...
}
void putting_each_brace_on_its_own_line()
{
  //...
}
void or_putting_each_brace_on_its_own_line_indented()
  {
  //...
  }
```

कोई भी व्यावसायिक प्रोग्रामर उपरोक्त स्टाइल्स को आसानी से जान एवं लिख सकता है। किंतु इसमें नियमितता रखना आवश्यक है। कोड में कही भी braces न डालें और वे इस तरह से न हों जिससे scope nesting को समझने में परेशानी होगी। फाइल में पहले से जिस स्टाइल को अपनाया गया हो उसी स्टाइल को कायम रखें। इस किताब में हमने संपादकिय सीमाओं में रहकर ऐसे brace placement का चुनाव किया है जिससे कि कोड पढने में आसानी होगी।

उदाहरण 2: स्पेसेस बनाम टैब्जः अलग-अलग editor के लिए अलग-अलग टैब्ज होती हैं और जब टैब्ज का गलत इस्तेमाल होता है तो indenting की जगह nondenting या outdenting होने का डर रहता है। इसीलिए कुछ लोग टैब्ज का प्रयोग नहीं करते हैं। कुछ लोग ऐसे भी हैं जो अनुशासन के साथ और संभावित कमियों के बारे में सोचकर टैब का प्रयोग करते हैं। एक ही टीम के मेंबर्स एक दूसरे के कोड को मेंटेन करते हैं इसलिए अगर आप टैब्ज का इस्तेमाल करना चाहते हैं तो इतना ध्यान रहें कि टैब के इस्तेमाल के बाद भी प्रोग्राम कोड की स्पष्टता बनी रहनी चाहिए तथा उसे पढ़ने में आसानी होनी चाहिए (आइटम 6 देखिए)। अगर आप टैब का प्रयोग नहीं करना चाहते हैं तो editor को spaces को टैब्ज में बदलने की अनुमती दें जिससे कि यूजर उस editor में रहते हुए भी टैब का प्रयोग कर सके। किंतु याद रहे जब file backout लिखा जा रहा हो तब टैब को फिर से space में बदलना चाहिए।

उदाहरण 3: हंगेरीयन नोटेशनः जो नोटेशन्स वेरियेबल से जुड़ी जानकारी को उस वेरियबल के नाम से रखते हैं उनका प्रयोग type-unsafe लैंग्वेज में दोहरा प्रयोग (खास करके C लैंग्वेज) होता है। किंतु इन नोटेशन्स का object oriented language में कोई फायदा नहीं होता, बल्कि नुकसान जरुर होता है। और generic programming में तो इनका प्रयोग करना ही नहीं चाहिए। इसीलिए C++ कोडिंग स्टैंडर्ड के लिए हंगेरीयन नोटेशन का अनुसरण करना जरुरी नहीं है। यहाँ तक कि C++ कोडिंग स्टैंडर्ड हंगेरीयन नोटेशन को प्रतिबंधीत भी कर सकते हैं।

उदाहरण 4: single entry, single exit ("SESE") : पुराने कोडिंग स्टैंडर्ड में एक फंक्शन के लिए केवल एक ही exit रखा जाता है। इसका मतलब है कि फंक्शन में केवल एक ही **return** स्टेटमेंट होता था। किंतु जो लैंग्वेजेस exception तथा destructors का समर्थन करती हैं उनमे यह आवश्यक नहीं है, ऐसी लैंग्वेजेस में तो एक फंक्शन में कई exit हो सकती हैं। आइटम 5 में दिए गए स्टैंडर्ड्स का पालन करें, जो सरल एवं छोटे फंक्शन्स को बढ़ावा देते हैं। ये फंक्शन्स प्रायः समझने में आसान होते हैं तथा उनमें गलतियाँ होते की संभावना नहीं होती।

संदर्भ

[BoostLRG] • [Brooks95] §12 • [Constantine95] §29 • [Keffer95] p.1 • [Kernighan99] §1.1, §1.3, §1.6-7 • [Lakos96] §1.4.1, §2.7 • [McConell93] §9, §19 • [Stroustrup94] §4.2-3 • [Stroustrup00] §4.9.3, §6-4, §7.8, §C.1 • [Sutter00] §6, §20 • [SuttHysl01]

1. प्रोग्राम को हाई वार्निंग लेवल्स पर अच्छी तरह से कंपाइल कीजिए। (Compile cleanly at high warning levels.)

सारांश

वार्निंग्ज को गंभीरता से लें। प्रोग्राम कंपाइल करते समय कंपाइलर की हाई वार्निंग लेवल का उपयोग करें। एक अच्छा, यानी जिसमें कोई वार्निंग न हो ऐसा build बनाने के लिए कंपाइलर जो भी वार्निंग देता है उन्हें पूरी तरह से समझिए। वार्निंग को हटाने के लिए जहाँ आवश्यक हो वहाँ बदलाव करें। वार्निंग को हटाने के लिए कंपाइलर की वार्निंग लेवल को कभी भी कम न करें।

चर्चा

कंपाइलर आपका अच्छा मित्र है। कंपाइलर अगर किसी construct के लिए वार्निंग दिखाता है तो इसका मतलब है कि कोड में वहाँ शायद कुछ समस्या है।
एक सफल build हमेशा साइलेंट, मतलब बिना किसी वार्निंग के रहता है। प्रोग्राम को run करने पर आपको अपेक्षित आऊटपुट तो मिल रहा है लेकिन साथ में कंपाइलर वार्निंग्ज भी दिखा रहा हो तो आप उन वार्निंग्ज को अनदेखा न करें। ऐसा करने से आपको इसकी आदत लग जाएगी और प्रोग्राम में क्या कमी रह गई है यह आप कभी समझ नहीं पाएंगे (आइटम 2 देखें)।
वार्निंग्ज से बचने के लिए नीचे दी गई बातों का ध्यान रखें a) वार्निंग्ज को समझिए और b) वार्निंग्ज को हटाकर प्रोग्राम कोड फिर से लीखिए, जो आपको और कंपाइलर को यह यकिन दिलाए कि प्रोग्राम run होने पर अपेक्षित आऊटपुट देगा।
वार्निंग्ज के रहते हुए भी अगर प्रोग्राम सही- सही run हो रहा हो तब भी आप उन्हें हटाईये। अगर ये वार्निंग्ज ज्यादा गंभीर न हों तब भी आप उन्हें हटाईये। ऐसा करना जरूरी है क्योंकि कभी-कभी इन्हीं साधारण वार्निंग्ज के पिछे कई गंभीर वार्निंग्ज छिपी रहती हैं जो प्रोग्राम के आऊटपुट पर विपरीत परिणाम कर सकती हैं।

उदाहरण

उदाहरण 1: अलग हेडर फाइलः कभी-कभी लायब्ररी हेडर फाइल में एक ऐसा construct होता है जिसकी वजह से प्रोग्राम को कंपाइल करते समय वार्निंग्ज आ सकती हैं। हेडर फाइल ऐसी फाइल होती है जिसमें आप कोई बदलाव नहीं कर सकते। ऐसे में आप उस हेडर फाइल को प्रोग्राम में शामिल तो कर सकते हैं लेकिन उसके साथ आनेवाली वार्निंग्ज को रोकना पड़ता है। ऐसा आप पूरे प्रोजेक्ट में जहाँ जरुरी है वहाँ कर सकते हैं। वार्निंग पर लगी यह रोक केवल उसी प्रोग्राम तक सीमित रहती है। उदाहरण (याद रहें, warning control syntax हर कंपाइलर के लिए अलग-अलग होता है):

```
//File:myproj/my_lambda.h -- wraps Boost's lambda.hpp
//Always include this file; don't use lambda.hpp directly
//NOTE: Our build now automatically checks "grep lambda.hpp <srcfile>".
//Boost.Lambda produces noisy compiler warnings that we know are innocuous.
//When they fix it we'll remove the pragmas below, but this header will still exist.
//
#pragma warning(push)                    //disable for this header only
    #pragma warning(disable:4512)
    #pragma warning(disable:4180)
    #include <boost/lambda/lambda.hpp>
#pragma warning(pop)                     //restore original warning level
```

उदाहरण 2: फंक्शन पैरामीटर्स जिनका इस्तेमाल न किया गया हो: जिन फंक्शन पैरामीटर्स की आपको जरुरत नहीं है उनके नाम आप डिलीट कर दें (कभी-कभी जो फंक्शन पैरामीटर्स भविष्य में काम आ सकते हैं उनका एक place-holder के रुप में प्रयोग किया जाता है, या फिर वह standardized signature का एक ऐसा अटूट हिस्सा हो सकता है जिसका आपके प्रोग्राम कोड में कोई उपयोग न हो।)

```
//... inside a user-defined allocator that has no use for the hint...
//Warning: "unused parameter 'localityHint'"
Pointer allocate( size-type numObjects, const void *localityHint = 0) {
  return static_cast<pointer>(mallocShared( numObjects * sizeof(T) ) );
}
//new version: eliminates warning
pointer allocate( size_type numObjects, const void  * /* localityHint */ = 0 ) {
  return static_cast<pointer>(mallocShared( numObjects * sizeof(T) ) );
}
```

उदाहरण 3: ऐसा वेरियेबल जिसे डिफाइन किया हो किंतु कभी इस्तेमाल न किया गया हो: यह निश्चित कर लें कि आपको वेरियेबल को रेफरेन्स नहीं करना है। (RAII stack-based ऑब्जेक्ट अक्सर ऐसी बनावटी वार्निंग्ज दिखाता है; आइटम 13 देखें)। यदि वेरियेबल को रेफरेन्स करने की आवश्यकता न हो और आप चाहते हैं कि इसके लिए कंपाइलर आपको कोई वार्निंग न दें, तो आप वेरियेबल को ही एक्सप्रेशन के रुप में लिख दें। (ऐसा करने से run-time speed पर कोई परिणाम नहीं होता है।)

```
// Warning: "variable 'lock' is defined but never used"
void Fun() {
Lock lock;
lock;
// ...
}
```

उदाहरण 4: वेरियेबल को इनिशियलाइज न करते हुए भी शायद प्रयोग में लाया गया हो: वेरियेबल को इनिशियलाइज करें (आइटम 19 देखें)।

उदाहरण 5: **return** नहीं है: कभी-कभी control flow की फंक्शन के अंत तक पहुँचने की संभावना न होने के कारण (जैसे कि, infinite loop, **throw** statement तथा कई और **returns**) आप फंक्शन के अंत में **return** स्टेटमेंट नहीं लिखते हैं। ऐसे में कंपाइलर आपसे **return** स्टेटमेंट की माँग करता है। कंपाइलर का रिटर्न के बारे पूछना अच्छी बात है, क्योंकि कभी-कभी आप सोचते हैं कि control फंक्शन के अंत में जरुर पहुँचेगा और **return** का प्रयोग नहीं करते हैं। जिन **switch** स्टेटमेंट्स में **default** न हो वे बदलाव के प्रती लचिले नहीं होते। इसीलिए उनमें **default** case, जो **assert (false)** को कार्यन्वित करती है, का प्रयोग अवश्य करना चाहिए (आइटम 68 और आइटम 90 देखिए)।

```
// Warning: missing "return"
int Fun(Color c ) {
  switch( c ) {
  case Red:     return 2;
  case Green:   return 0;
  case Blue:
  case Black:   return 1;
  }
}
//new version: eleminates warning
int Fun (Color c ){
   switch( c ) {
   case Red:    return 2;
   case Green:  return 0;
   case Blue:
   case Black:  return 1;
   default:     assert( !"should never get here!" );        // !"string" evaluates to false
                return -1;
   }
}
```

उदाहरण 6: signed/unsigned mismatch: आम तौर पर इंटिजर्स को यह बताना जरुरी नहीं होता कि वे signed हैं या unsiged। ऐसे signed और unsigned इंटिजर्स में तुलना करना जरुरी भी नहीं है। अगर दो अलग टाइप के वेरियेबल्स में तुलना करनी हो तो उन दोनों में से एक वेरियेबल का टाइप बदल दे ताकि वे दोनों बेरियेबल्स एक ही टाइप के हो जाएँ; और जहाँ ऐसी तुलना करना अनिवार्य हो जाता है तब आप unsigned का signed या signed को unsigned में बदलने के लिए explicit cast को इन्सर्ट करें। (वैसे भी cast को इन्सर्ट करने का काम कंपाइलर आपसे पूछे बिना ही कर देता है और आपको इसके बारे में सूचना भी दे देता है।)

अपवाद

कभी-कभी कंपाइलर ऐसी वार्निंग्ज दिखाता है जो आसानी से नहीं हटाई जा सकती या जिनका प्रोग्राम पर कोई असर नहीं होता। ऐसी वार्निंग्ज देते समय कंपाइलर उन्हें हटाने का कोई तरीका भी नहीं बताता है। ऐसी स्थिति में वार्निग्ज को हटाने के लिए फिर से कोड लिखना कठिन हो जाता है, इसमें बहुत समय भी लगता है। हालांकि ऐसा हमेशा नहीं होता, इन कठिन वार्निग्ज को हटाने में अपनी टीम का समय बरबाद न करें। सिर्फ उस विशिष्ट वार्निंग को disable करें, जहाँ तक हो सके उसे locally disable करें; और इस बारे में कामेंट जरुर लिखें कि ऐसा करना आवश्यक क्यों था।

संदर्भ

[Meyers97] §48 • [Stroutrup94] §2.6.2

2. ऑटोमैटेड बिल्ड सिस्टम का ही उपयोग कीजिए। (Use an automated build system.)

सारांश

बस बटन दबाने की ही देर है: प्रोजेक्ट को build करने के लिए हमेशा पूरी तरह से automate की गई build सिस्टम का प्रयोग करें ताकि यूजर को हस्तक्षेप करने की आवश्यकता न हो।

चर्चा

सिर्फ एक एक्शन से पूरा प्रोजेक्ट बिल्ड करने की प्रक्रिया बहुत जरुरी है। इस build प्रक्रिया ने प्रोजेक्ट की सोर्स फाइल को एक ऐसे पैकेज में बदलना चाहिए जो dependable और repeatable हो। इसके लिए ऐसे बहुत से टूल्स उपलब्ध हैं जिनमें से किसी भी एक का हम प्रयोग कर सकते हैं।

कुछ ऑरगंनाइजेशन्स automated build सिस्टम का प्रयोग नहीं करते। उनका यह मानना है कि प्रोजक्ट तैयार करने के लिए माउस की कुछ एक क्लिक्स करने की, कुछ युटिलिटीज को run करके COM/CORBA में प्रोजेक्ट को रजिस्टर कराने की, और कुछ फाइलों को कॉपी कराने की ही जरुरत है, जिसे हम भी कर सकते हैं। लेकिन जो काम मशीन हमसे ज्यादा बेहतर और जल्दी कर सकती है उसमें अपना समय एवं शक्ति बरबाद करने से क्या लाभ? इसीलिए हमे एक ऐसा one-action build चाहिए जो automated होने के साथ-साथ dependable भी हो। सफल build हमेशा साइलेंट यानी बिना किसी वार्निंग की होनी चाहिए (आइटम 1 देखें)। एक आदर्श build में कोई वार्निंग नहीं होती तथा उसमें सिर्फ एक log message मिलता है, जो है "Build succeeded"।

Build दो तरह का होता है, एक है incremental build, और दूसरा है full build। Incremental build उन्हीं बदलावों को फिर से build करता है जो पिछले incremental build या full build के बाद किए गए हों। corollary (परिणाम): एक ही प्रोजेक्ट में यदि दो निरंतर incremental builds हों तो दूसरे build ने कोई भी आऊटपुट फाइल नहीं बनानी चाहिए। यदि ऐसा होता है तो शायद यह dependency cycle के कारण हो सकता है (आइटम 22 देखें) या फिर हो सकता है कि आपका build कोई अनावश्यक ऑपरेशन कर रहा हो (जैसे कि वह सिर्फ मिटाने के लिए ऐसी बनावटी टेम्पररी फाइल बनाता हो)।

एक प्रोजेक्ट में अलग-अलग तरह का full build हो सकता है। target architecture, debug vs release, और breadth (यानी essential files vs all files vs full installer) इन विशेषताओं कें आधार पर हम किसी build के पैरामीटर्स निश्चित कर सकते हैं। build setting के बाद ही प्रोडक्ट के लिए आवश्यक एग्ज़िक्यूटेबल्स तथा लायब्ररीज तैयार हो जाती हैं। दूसरा build setting शायद इनके साथ-साथ ancillary files भी तैयार करता है। परिपूर्ण build कभी-कभी एक ऐसा installer बनाता है जिसमें आपकी सारी फाइलें, third-party redistributables और installation code आदि हों।

समय के साथ जैसे-जैसे प्रोजेक्ट बनने लगता है वैसे-वैसे आपको automated build की जरुरत और अहमियत समझ में आने लगती है। प्रोजेक्ट तैयार करते समय अगर आपने शुरु से ही automated build का प्रयोग न किया हो तो आप अपना समय और साधन दोनों व्यर्थ खर्च करेंगे। सबसे बुरी बात यह होगी कि जब तक आप automated build की जरुरत को महसूस कर पाएँगे तब तक आप काफि आगे निकल चुके होंगे और अब आप पर बहुत दबाव रहेगा जो कि प्रोजेक्ट के शुरु में नहीं था।

बड़े प्रोजेक्ट के लिए एक अलग build -master रखा जाता है जिसका काम है build के बारें में सोचना।

संदर्भ

[Brooks95] §13, §19 • [Dewhurst03] §1 • [GnuMake] • [Stroustrup00] §9.1

3. वर्जन कंट्रोल सिस्टम का उपयोग कीजिए। (Use a version control system.)

सारांश

एक चिनी कहावत के अनुसार स्मरणशक्ती चाहे कितनी भी अच्छी हो, जानकारी को लिखित रुप में रखना ही बेहतर होता है। प्रोजेक्ट पर काम करते समय हमेशा वर्जन कन्ट्रोल सिस्टम (version conrol system / VCS) का प्रयोग करना चाहिए। फाइलों को check-out करके ज्यादा देर तक न रखें। unit test pass को अपडेट करने के बाद समय-समय पर जाँच कराईए। फाइलों को check-in कराने से पहले यह जरुर देखिए कि जिन फाइलों को आप check-in कर रहे हैं उनके कोड की वजह से build पर कोई विपरीत परिणाम तो नहीं हो रहा है।

चर्चा

लगभग सभी बड़े प्रोजेक्ट्स के लिए एक से ज्यादा डेवलपर्स की जरुरत होती है और/या उन्हें प्रोजेक्ट पूरा करने के लिए सप्ताह से ज्यादा समय लग सकता है। ऐसे प्रोजेक्ट में आपको उसी फाइल के पुराने वर्जनों के साथ तुलना करके यह देखना पड़ता है कि फाइल में कब (और/या किसने) परिवर्तन किए हैं। इस तरह से प्रोजेक्ट में किए हर बदलाव का प्रबंध और नियंत्रण करने की आवश्यकता होती है। जब बहुत सारे डेवलपर्स एक ही प्रोजेक्ट पर काम करते हैं, तब हो सकता है कि वे एक ही फाइल के अलग-अलग भागों मे एक साथ बदलाव कर रहे हों। इसीलिए आपको ऐसे टूल्स की जरुरत होगी जो अपने आप फाइलों को checkout कर सके, फाइलों का versioning कर सके, और कभी-कभी एक ही समय पर किए गए edit को मर्ज कर सके। VCS ये सभी काम खुद करता है; वह भी जल्दी और बेहतर ढंग से। फाइल के व्यवस्थापन से संबंधित ऐसे कामों के लिए आपके पास समय भी नहीं होता, क्योंकि आपको तो सॉफ्टवेयर लिखना है।

प्रोजेक्ट में कब और कौनसे बदलाव लाए गए हैं या फिर क्या त्रुटियाँ (bugs) रह गई हैं यह जानने में सभी डेवलपर्स को अक्सर परेशानी होती है। वैसे ही आपको भी कठिनाईयों को सामना करना पडेगा। VCS अपने आप सभी फाइलों के बारे में पूरी जानकारी रखता है और आपको जब भी आवश्यकता होगी, वह ये जानकारी उपलब्ध करता है। आप इस जानकारी की मदद लेना चाहते हैं या नहीं यह अलग बात है। किंतु कब लेनी चाहिए यह ज्यादा महत्वपूर्ण है।

build को कभी न तोडें। VCS में मौजूद कोड को हमेशा सफलतापूर्वक build होना चाहिए।

आजकल कई प्रकार के VCS उपलब्ध हैं जिनमें से हम किसी एक का प्रयोग कर सकते हैं। **cvs** इन्हीं में से एक है, जो सस्ता और बेहद लोकप्रिय है (संदर्भ देखें)। **cvs** एक बेहद flexible टूल है जिसमें TCP/IP access, optional enhance security (जिनमें बैक-एंड में secure shell **ssh** protocol का प्रयोग किया गया है) है, तथा scripting के द्वारा इसका अच्छी तरह से प्रबंध किया गया है। इसके अलावा cvs में ग्राफिकल इंटरफेस भी है। कई VCS प्रोडक्ट्स अपने आपको बेहतर बनाने के लिए cvs को अपना आदर्श मानते हैं या उसे आधारभूत मानकर अपनी फंक्शनैलिटी को build करते हैं।

अपवाद

जिस प्रोजेक्ट पर एक ही प्रोग्रामर काम कर रहा हो और जो लगभग एक ही हफ्ते में पूरा होता है वहाँ VCS का प्रयोग करना जरुरी नहीं है।

संदर्भ

[BetterSCM] • [Brooks95] §11, §13 • [CVS]

4. कोड को समय-समय पर रिव्यू करते रहिए। (Invest in code reviews.)

सारांश

प्रोग्राम कोड को रिव्यू करें: जितने ज्यादा लोग आपका प्रोग्राम कोड पढ़कर उस पर सुझाव देंगे, आपका प्रोग्राम कोड उतना ही बेहतर बनता जाता है। इसलिए आप अपना प्रोग्राम कोड दूसरों को दिखाए और दूसरों के प्रोग्राम कोड पढ़ें। यह आपके लिए फायदेमंद रहेगा और इससे आप बहुत कुछ नया सीखेंगे।

चर्चा

अच्छे कोड का रिव्यू लेने से आपकी टीम को निम्नलिखित फायदे हो सकते हैं। ये रिव्यूज:

- सहकर्मियों के उपयुक्त सुझावों के कारण कोड का दर्जा बढ़ाने में मदद करते हैं।
- bugs, non-portable code, और संभवित scaling problems को ढूँढ़ने में मदद करते हैं।
- कल्पनाओं के आदान-प्रदान के कारण डिजाइन और इंप्लिमेंटेशन को और बेहतर बनाने में मदद करते हैं।
- नए साथियों और नौसीखियों को एकसाथ लाने में मदद करते हैं।
- टीम में समान मूल्यों को और संघ भावना को बढ़ाने में मदद करते हैं।
- योग्यता, आत्मविश्वास, प्रेरणा और व्यावसायिक सम्मान को बढ़ावा देते हैं।

कई लोग अच्छी टीम तथा अच्छे कोड का महत्त्व नहीं समझते या उन्हें आवश्यक अवधि या दाम नहीं देते। हमारा मानना है कि आज से कुछ सालों के बाद हमारा यह कहना गलत साबित होगा क्योंकि सुरक्षित (secure) और कुशल (safe) सॉफ्टवेयर्स की जरुरत बढ़ने के कारण यह सोच धीरे-धीरे बदल रही है। कोड रिव्यू के कारण यह परिवर्तन हो रहा है। इसके अलावा inhouse ट्रेनिंग पाने का यह बहुत ही अच्छा (और मुफ्त भी) तरीका है। अगर आपकी कंपनी रिव्यू करने की प्रक्रिया का समर्थन नहीं करती है तब भी आप अपनी मैनेजमेंट को इसका महत्व समझाइये (सूचना: यह किताब उन्हें दिखाकर आप इसकी शुरुवात कर सकते हैं)। अन्य बातों में अपना समय गवाँने के बजाय कोड रिव्यू करने में बिताएँ। इस बात के लिए उचित समय देना आपके लिए फायदेमंद होगा।

कोड रिव्यू को आप अपनी सॉफ्टवेयर डेवलपमेंट साइकिल का नियमित हिस्सा बनाइये। उत्तेजना देनेवाली (या कभी-कभी निराश करनेवाली) कोड रिव्यू प्रोसेस पर आधारित reward system पर आप अपने सहकर्मियों के साथ सहमत हो तो यह बहुत अच्छा है।

ज्यादा औपचारिकता रखने की जरुरत नही है। कोड रिव्यू को एक सादे ई-मेल के रुप में लिखकर रखना भी काफी है। इससे आपको अपनी प्रगती के बारे में जानकारी मिलेगी तथा आप किसी भी तरह की नकल (duplication) से भी बच सकते हैं।

आप जब किसी और के कोड को रिव्यू कर रहे हों तो आप अपने साथ एक संदर्भसूची (reference) रखना शायद पसंद करेंगे। हम बड़ी विनम्रता से बताना चाहते हैं कि इस किताब की अनुक्रमणिका (table of contents) एक अच्छी सूची साबित हो सकती है।

सारांश में, हम जानते है की हम जानकारों को कोड रिव्यू के बारे में बता रहे हैं, लेकिन यह जरुरी है। आपको शायद यह बात पसंद न हो लेकिन आपके भितर जो एक बुध्दिमान प्रोग्रामर छुपा है वह कोड को रिव्यू करना जरुर पसंद करेगा। क्योंकि वह जानता है कि इस रिव्यू के जरिए आप एक बेहतर कोड ओर एक शक्तिशाली एप्लिकेशन बना सकते हैं।

संदर्भ

[Constantine95] §10, §22, §33 • [McConnell93] §24 • [MozillaCRFAQ]

डिजाइन स्टाइल

Fools ignore complexity. Pragmatists suffer it. Some can avoid it. Geniuses remove it.

-Alan Perlis

But I also knew, and forgot, Hoare's dictum that premature optimization is the root of all evil in programming.

Donald Knuth,
The Errors of TeX[Knuth89]

डिजाइन स्टाइल और कोडिंग स्टाइल को पूरी तरह से अलग करना बहुत कठिन है। प्रोग्राम कोड लिखते समय जो आइटम्स सामने आते हैं, उनके बारें में हम अगले कुछ सेक्शन्स में चर्चा करेंगे।

इस विभाग में हमने उन प्रिन्सिपल्स और प्रैक्टिसेस पर ध्यान केंद्रित किया है जो किसी विशिष्ट क्लास या फंक्शन को अप्लाई नहीं होते हैं बल्कि उनका बड़ी मात्रा में प्रयोग किया जाता है। जिस डिजाइन में premature optimization (आइटम 8) और premature pessimzation (आइटम 9) को टालते हुए सरलता और स्पष्टता (आइटम 6) में संतुलन रखा गया है वही आदर्श कोड कहलाता है। ये तीनों केवल function-coding लेवल पर ही नहीं बल्कि क्लास से संबंधित बड़े हिस्से पर, module design trade offs एवं application architecture के दूरगामी निर्णयों पर भी अप्लाई होते हैं। (प्रोग्रामर्स को भी इनकी जानकारी रखना आवश्यक है। अगर आप ऐसा नहीं मानते हैं, तो कृपया नुथ (Knuth) की उपरोक्त टिप्पणी को दुबारा पढ़िए और उसके संदर्भ की ओर ध्यान दें।)

इसके अलावा इस तथा अगले कुछ सेक्शन्स में ऐसे कई आइटम्स हैं जो अवलंबिता कार्यपध्दती (dependency management) से संबंधित हैं। dependency management का सॉफ्टवेयर इंजिनीयरिंग में बेहद महत्वपूर्ण स्थान है। इसलिए उसका उल्लेख इस किताब में जगह जगह पर किया गया है। आप अगर सॉफ्टवेयर इंजिनीयरिंग के किसी भी अच्छी तकनिक के बारे में सोचेंगे तो आप जान जाएंगे कि हर तकनिक किसी न किसी तरह से dependencies (निर्भरता) को कम करती है। आप Inheritance का उदाहरण देखें - इसकी वजह से बेस क्लास का प्रयोग करने के लिए लिखा गया प्रोग्राम कोड उसी से derive किए हुए क्लास पर ज्यादा निर्भर नहीं रहता है। global variables का प्रयोग कम करके देखें- इससे long-distance dependencies कम हो जाती हैं। abstraction को लीजिए, जो concepts को मैनिप्युलेट करनेवाले और इंप्लिमेट करनेवाले कोड के बीच की dependencies को हटाता है। information hiding को लीजिए, यह एन्टिटी के implementation details पर से क्लाएंट कोड की निर्भरता को कम कर देता है। dependency management की सही जरुरत shared state (Item 10) को टालते समय, information hiding को लागू करते समय (आइटम 11) तथा अन्य कई जगहों पर समझ में आती है।

हमारी नजर से इस विभाग में सबसे महत्वपूर्ण है, आइटम 6: प्रोग्राम कोड का सही, सरल और स्पष्ट होना सबसे ज्यादा महत्वपूर्ण है। प्रोग्राम कोड का ऐसा होना बहुत-बहुत जरुरी है।

5. एक एन्टिटी को एक संयुक्त जिम्मेदारी दीजिए। (Give one entity one cohesive responsibility.)

सारांश

एकसाथ कई बातों पर अपना ध्यान केंद्रित न करें: एक एन्टिटी को, जो कि variable, class, function, namespace, module और library में से एक हो सकती है, एक ही जिम्मेदारी दें तथा उसका स्वरूप स्पष्ट हो। एन्टिटी का स्वरूप जैसे-जैसे बढ़ता जाता है, वैसे-वैसे उसकी जिम्मेदारियाँ भी अपनेआप बढ़ती जाती हैं। लेकिन इसका ध्यान रहें कि जिम्मेदारियों का स्वरूप बदलना नहीं चाहिए।

चर्चा

कहते हैं कि, एक अच्छा व्यावसायिक सुझाव केवल एक वाक्य में बताया जा सकता है; उसी तरह प्रोग्राम के हर एन्टिटी के पास एक स्पष्ट उद्देश्य होना चाहिए।

यदि एक एन्टिटी के बहुत से असमान उद्देश्य हों तो उसका प्रयोग करने में बहुत परेशानियाँ आती हैं क्योंकि वह अपने हिस्से कि intellectual overhead, complexity और bugs के अलावा अन्य कई कठिनाईयों से घिरी रहती है। ऐसी एन्टिटी अकारण ही बड़ी होती है तथा उसका बार-बार प्रयोग करना मुश्किल भी होता है।

इसके अलावा वह अपने खास उद्देश्य के लिए अक्सर गलत इंटरफेस उपलब्ध कराती है क्योंकि इससे functionality के विभिन्न क्षेत्र एक-दूसरे को अंशतः ओवरलैप करते हैं और हर क्षेत्र को कार्यन्वित करने के लिए जो हेतु सामने रखा गया हो उससे दूर हो जाते हैं।

अलग-अलग उद्देश्यों से बनी एन्टटिज को डिजाइन करना और उनका अंमल करना बहुत कठिन होता है। बहुविध उद्देश्य हमेशा बहुविध व्यक्तित्व (personality) को निर्देशित करते हैं। यहाँ व्यक्तित्व का अर्थ है हमारे आसपास दिखाई देनेवाले अलग-अलग शिष्टाचार एवं स्थितियाँ। इसलिए हमेशा ऐसे फंक्शन्स जो संक्षिप्त हों और जिनका एक ही उद्देश्य हो (Item 39 को भी देखिए), क्लास जो छोटा होने साथ-साथ जिसका एक ही उद्देश्य हो, तथा एक ऐसा संयुक्त मोड्यूल जिसकी सीमाएँ स्पष्ट हों, का प्रयोग करने का ही विचार करें।

प्रोग्राम में छोटे-छोटे lower-level abstractions के बजाय higher-level abstractions रखें। एक बडे low-level conglomerate में बहुत सारे low-level abstraction की भीड़ जमाना टालिए। complex behaviour (कठिन व्यवहार) की अपेक्षा अनेक simple behaviors (सरल व्यवहार) को कार्यन्वित करना ज्यादा आसान है।

उदाहरण

उदाहरण 1: realloc : स्टैंडर्ड C लैंग्वेज में realloc खराब डिजाइन का एक गलत उदाहरण है। यह बहुत से काम करता है। अगर NULL को pass किया गया हो तो ब्लॉक की मेमोरी allocate कर देता है, अगर zero-size पास की गई हो तो मेमोरी को फ्री कर देता है। अगर हो सके तो realloc ब्लॉक को उसी जगह पर जितनी जगह चाहिए उतनी जगह reallocate कर देता है या अगर यह संभव नहीं है तो ब्लॉक की मेमोरी को किसी और जगह पर मूव कर देता है। इसे आसानी से विस्तारित नहीं किया जा सकता। इसीलिए realloc का प्रयोग डिजाइन कैसा नहीं होना चाहिए इसका अच्छा उदाहरण माना जाता है।

उदाहरण 2: basic_string: स्टैंडर्ड C++ में **std:: basic_string** यह क्लास डिजाइन का ऐसा ही एक गलत उदाहरण है। बहुत कुछ कराने की चाह में हम किसी क्लास में बहुत से फीचर्स डालते हैं, लेकिन ऐसा bloated class ज्यादा कुछ नहीं कर सकता है और वह indexing को लेकर अनिश्चित रहता है। ऐसा क्लास अकारण ही standard algorithm की कई कॉपियाँ बनाता है और उनमें विस्तार के लिए थोडी सी ही जगह रखता है (आइटम 44 के उदाहरणों को देखें)।

संदर्भ

[Henney02a] • [Henney02b] • [McConnell93] §10.5 • [Stroustrup00] §3.8, 4.9.4 §23.4.3.1] • [Sutter00] §10, §12, §19, §23 • [Sutter02] • [Sutter04] §37-40

6. प्रोग्राम कोड का सही, सरल और स्पष्ट होना सबसे महत्वपूर्ण है। (Correctness, simplicity and clarity come first.)

सारांश

KISS (Keep It Simple Software): सॉफ्टवेयर के गतिमान होने से बेहतर है उसका सही होना। जटिल सॉफ्टवेयर के बजाय सरल सॉफ्टवेयर ज्यादा अच्छा है। सॉफ्टवेयर अच्छा होना चाहिए न की सुंदर। असुरक्षित सॉफ्टवेयर के बजाय सुरक्षित सॉफ्टवेयर ज्यादा अच्छा है (आइटम 83 और 99 देखें)।

चर्चा

सॉफ्टवेयर गतिमान होने से अच्छा है उसका सही होना। अगर आपका सॉफ्टवेयर आसानी से समझ में आता है तो कोड को मेंटेन करनेवाला व्यक्ति आपका आभारी रहेगा तथा भविष्य का विचार करें तो इसका आपको भी बहुत फायदा होगा। सॉफ्टवेयर लिखने के छः महिने बाद भी आप जान पाएंगे कि उस वक्त आप क्या सोचते थे। इस बारे में कई विद्वानों ने अपने विचार प्रकट किए है। इनमें से कुछ निम्नलिखित हैं:

प्रोग्राम्स लोगों के पढ़ने के लिए लिखे जाने चाहिए, और कभी-कभी मशिन्स के लिए, जो उन्हें एग्ज़िक्यूट करते हैं। - हेराल्ड एबिल्सन और जेरास्ड जे सुसमान (Harold Abelson and Gerald Jay Sussman)

सबसे पहले लोगों के लिए प्रोग्राम्स लिखें उसके बाद कंप्यूटर्स के लिए। -स्टीव मैकॉनेल (Steve McConnell)

कंप्यूटर सिस्टम के सबसे सस्ते, गतिमान और भरोसेमंद घटक वे हैं जो वहाँ नहीं होते। - गॉर्डन बेल (Gordon Bell)

ऐसे गैरमौजूद घटक सबसे एक्यूरेट होते हैं (वे कभी गलती नहीं करते, सुरक्षित होते हैं (उन्हें तोड़ा नहीं जा सकता), तथा उन्हें डिजाइन करना, उनके बारे में टिप्पणी लिखना, उनका परिक्षण करना और मेंटेन करना आसान होता है। सरल डिजाइन के महत्व को नजरअंदाज नहीं किया जा सकता। -जॉन बेंटले (Jon Bentley)

अर्थात इस पुस्तक के अनेक आइटम्स में उन डिजाइन और कोड के बारें में चर्चा की गई है जिनमें आसानी से बदलाव किए जा सकते हैं। जिन्हें maintain और refactor करना आसान हो ऐसे प्रोग्राम्स बनाने के लिए उनका सुस्पष्ट होना जरुरी है। जिसे आप पूरी तरह से नहीं समझ सकते उसमें आप पूर्ण आत्मविश्वास के साथ बदलाव नहीं कर सकते।

प्रोग्राम कोड बनाते समय उसकी स्पष्टता और कोड का ऑप्टीमाइजेशन इनकी चिंता सबसे ज्यादा लगी रहती है (आइटम 7, 8 और 9 देखें)। यदि आप चाहते हैं कि आपका सॉफ्टवेयर अच्छी तरह से काम करे तो उसे बहुत पहले से ही ऑप्टीमाइज करने का प्रयत्न न करें, इससे कोड की स्पष्टता कम हो जाती है। यदि आपको ऐसी इच्छा हो भी जाए तो आईटम 8 में बताई गई बातों को याद करें: गतिमान प्रोग्राम को सही बनाने से कई गुना आसान है एक अच्छे और सही प्रोग्राम को गतिमान बनाना।

लैंग्वेज की ज्यादा गहराईयों में न जाएँ बल्कि सरल एवं असरदार तकनिकों का प्रयोग करें।

उदाहरण

उदाहरण 1: अहेतुक operator overloading को टालिए। किसी गैरजरुरी तथा अलग GUI library की वजह से widget **w** में child control **c** डालने के लिए यूजर को **w+c** ऐसा लिखना पड़ता है (आइटम 26 देखें)।

उदाहरण 2: कनस्ट्रक्टर पैरामीटर के रुप में temparaies के बजाय named variables का प्रयोग करें। इससे आप declaration की संभवित संदिग्धता से बच सकते हैं। इससे आपके कोड का हेतु स्पष्ट होने के साथ साथ उसे मेंटेन करने में भी आसानी होती है और यह सुरक्षित भी होता है (आइटम 13 और 31 देखें)।

संदर्भ

[Abelson96] • [Bentley00] §4 • [Cargill92] pp.91-93 • [Cline99] §3.05-06 [Constantine95] §29 [Keffer95] p.17 • [Lakos96] §9.1, 10.2.4 • [McConnell93] • [Meyers01] §47 [Stroustrup00] §1.7 §2.1, §6.2.3 §23.4.2, §23.4.3.2 • [Sutter00] §40-41, §46 • [Sutter04] §29

7. भविष्य में होनेवाले विस्तार को ध्यान में रखते हुए कब और कैसा कोड लिखना चाहिए यह जानिए। (Know when and how to code for scalability.)

सारांश

डाटा जलद गतीसे बढ़ रहा हो तब आप सचेत रहिए: बहुत पहले से ही optimize न करते हुए आप asymptotic complexity पर नजर रखिए। ऐसे ही अल्गोरिदम का चुनाव करें जो डाटा को प्रोसेस करने के लिए जितना समय आवश्यक हो उतना ही समय लेता हो। जब ऑप्टीमाइजेशन जरुरी और महत्वपूर्ण हो और खास करके जब डाटा वॉल्युम वृध्दिंगत होने के कारण ऐसा होता हो, तो आप माइक्रो ऑप्टिमाइजेशन की तरफ ध्यान देने के बजाय big-Oh complexity में सुधार लाने की कोशिश करें।

चर्चा

यह आइटम, आइटम 8 और आइटम 9 यानी, प्रोग्राम कोड लिखते समय बहुत पहले से ऑप्टीमाइज न करें और प्रोग्राम कोड लिखते समय बहुत पहले से पेसिमाइज न करें इन दोनों के बीच जो बैलन्स होना चाहिए उसके बारे में जानकारी देगा। कभी-कभी इस आइटम को premature optimization का ही हिस्सा माना जाता है और इसीलिए इस आइटम के बारे में जानकारी देना मुश्किल काम है।

यह आइटम लिखने का कारण एवं प्रेरणा: मेमोरी और डिस्क कैपेसीटी में हमेशा exponentially बढ़त होती है। उदाहरण के लिए, सन 1988 से लेकर सन 2004 तक डिस्क कैपेसीटी के वृद्धि का दर लगभग 112% प्रति वर्ष रहा है (अर्थात दस सालों में 1900 बार वृद्धि हुई है), जब कि मूर्स लॉ (Moore's Law) के अनुसार यह वृद्धि 59% प्रति वर्ष (यांना लगभग 100 प्रति 10 वर्ष) है। डिस्क कैपेसीटी में वृद्धि होने के कारण आपका प्रोग्राम कोड आज जितने डाटा पर काम कर रहा है कल उसी प्रोग्राम कोड को कई अधिक डाटा पर काम करने के लिए कहा जा सकता है।

भविष्य में आनेवाली ऐसी संभावना को याद रखते हुए उसका मुकाबला करने का अर्थ है कि, हम ऐसा डिजाइन नहीं बनाना चाहते हैं जो बड़ी फाइलें, बड़े डाटाबेस, ज्यादा पिक्सल्स, ज्यादा विंडोज, ज्यादा प्रोसेसेर्स और ज्यादा बिट्स के भेजे जाने पर खराब रिजल्ट देते हैं। C++ के स्टैंडर्ड लायब्ररी का future-proofing सफल होने का मुख्य कारण यह है कि उसकी performance complexity हमेशा STL container operations और अल्गोरिदम की गैरेंटी देती है।

यहाँ बैलन्स रखना जरुरी है: कई बार ज्यादा डाटा, जो शायद कभी भी पूरी तरह से उपयोग में नहीं लाया जाएगा, के बारे में सोचकर उसके लिए अस्पष्ट अल्गोरिदम का प्रयोग करके बहुत पहले से ही ऑप्टीमाइज करना गलत बात होगी। उतनी ही गलत बात होगी, बहुत पहले से पेसिमाइज करके algorithmic complexity को अनदेखा करना। alogorithmic complexity को "big-oh" complexity के नाम से भी जाना जाता है। इस complexity में कंप्यूटेशन की कीमत उस डाटा के जितने एलिमेंट्स पर काम हो रहा हो उस संख्या का फंक्शन होती है।

इस सुझाव के दो हिस्से हैं। पहला, बिना यह जाने कि किसी विशिष्ट कंप्यूटेशन के लिए आवश्यक डाटा वॉल्युम है या नहीं, पहले से ही ऐसे अल्गोरिदम का प्रयोग मत कीजिए जो यूजर के दिए गए डाटा पर (जिसकी भविष्य में बढ़ने की संभावना हो) तब तक अच्छी तरह काम कर नहीं सकता जब तक कि उसकी clarity और readability कम scalable algorithm के प्रयोग से मिलनेवाली clarity और readability से ज्यादा हो (आइटम 6 देखें)। हम सब प्राय: आश्चर्यचकित हो जाते हैं क्योंकि हम सोचते हैं कि हमारा कोड कभी बड़े डाटा सेट्स पर काम नहीं करेगा और कोड लिखते हैं। दस में से नौं बार यह सच साबित होता है लेकिन दसवी बार हमारा कोड काम करने में नाकाम रहता है। ऐसा हमारे साथ हुआ है, और हम जानते हैं कि ऐसा आपके साथ भी होगा। हम इस समस्या का हल जरुर निकालेंगे और उसे ग्राहक तक पहुँचाएंगे भी। लेकिन दुबारा वही काम करने तथा शर्मिंदगी से बचने के लिए निम्नलिखित बातों का ध्यान रखें:

- निश्चित साइज के एरे के बजाय flexible और dynamically-allocated डाटा का प्रयोग करें। "एरेज मेरी सबसे बड़ी आवश्यकता को भी पूरा कर सकते हैं" ऐसी उसके सही और सुरक्षित होने को लेकर गलत धारणा है (आइटम 77 देखें)। कंपाइलेशन के दौरान यदि उनकी साइजेस निश्चित हों तभी एरेज का प्रयोग करना सही है।
- आपके अल्गोरिदम की वास्तविक complexity को जानिए। ऐसे एल्गोरिदम का प्रयोग न करें जो linear नजर आते हों, लेकिन वास्तव में दूसरे linear operations करके अल्गोरिदम को वर्गिय (quadratic) बनाते हैं (उदाहरण के लिए आइटम 81 देखें)।
- जहाँ कही भी संभव हो वहाँ linear या faster अल्गोरिदम्स का प्रयोग करें। Constant-time complexity जैसे कि, **push-back** और hash table look up, पूरी तरह से निर्दोष complexity है (आइटम 76 और 80 देखें)। O (log N) algorithmic complexity जैसे कि, **set/map** operations और random-access iterators के साथ **lower-bound** तथा **upper-bound**, एक अच्छी complexity है (आइटम 76, 85 और 86 देखें)। O(N) linear complexity जैसे कि, **vector::insert** और **for_each** कुछ हद तक सही complexity है (आइटम 76, 81 और 84 देखें)।
- जहाँ उचित लगे वहाँ linear से बदतर अल्गोरिदम्स को टालिए। O(N log N) या O(N^2) algorithm अल्गोरिदम का यदि सामना करना पड़ता है तो आपको कोई दूसरा विकल्प ढूँढ़ना चाहिए ताकि डाटा अत्याधिक बढ़ जाने पर भी आपका कोड सही काम कर पाए। उदाहरण के लिए, इसीलिए आइटम 81 में हमने सलाह दी है कि फंक्शन के सिंगल-एलिमेंट के डुप्लिकेट को बार-बार कॉल करने के बजाय (जब एक linear-operation दूसरे linear operation को invoke करता है तब ये आसानी से quadratic बन जाते हैं, आइटम 81 में दिया गया पहला उदाहरण देखें) range-member फंक्शन्स (जो आम तौर पर linear होते हैं) का प्रयोग करें।
- जब exponential algorithm का प्रयोग करने के अलावा आपके पास दूसरा कोई विकल्प न हो तभी उनका प्रयोग करें। exponential algorithm का प्रयोग करने से पहले उसके लिए कोई दूसरा विकल्प ढूँढ़ने की पूरी कोशिश करें, क्योंकि इसका प्रयोग करने के बाद डाटा वॉल्युम में यदि थोडी भी बढ़त हो जाए तो आपके कोड का स्तर गिर सकता है।

दूसरा, जब measurements आपको बता रही हों कि ऑप्टीमाइजेशन जरुरी और महत्वपूर्ण है, खास करके डाटा वॉल्युम के बढ़ने के कारण, तो माइक्रो ऑप्टीमाइजेशन के बजाय big-Oh complexity को सुधारने की तरफ ज्यादा ध्यान दें।

संक्षेप में, जहाँ कही संभव हो वहाँ linear (या उससे बेहतर) algorithms प्रयोग करें। polynomial algorithms की अगर जरुरत न हो तो उनका प्रयोग न करें। दूसरे तरीके अपनाकर किसी न किसी तरह से exponential algorithms का प्रयोग टालिए।

संदर्भ

[Bently00] §6, §8, Appendix 4 • [Cormen01] • [Kernighan 99]§ 7 • [Knuth 97 a] • [Knuth 97b] • [Knuth98] • [McConnell 93] § 5.1-4, §10.6 • [Murray93] § 9.11 • [Sedgewick98] • [Stroustrup00] §17.1.2

8. समय से पहले ही ऑप्टीमाइज न करें। (Don't optimize prematurely.)

सारांश

जो घोडा पहले से ही भाग रहा है उसे टोकना नहीं चाहिए (लैटीन कहावत): समय से पहले ऑप्टीमाइज करने से उसकी आदत सी लग जाती है, जिससे कोई उद्देश्य सफल नहीं होता है। ऑप्टीमाइजेशन का पहला नियम यही है कि, आप ऑप्टीमाइजेशन न करें। ऑप्टीमाइजेशन का दूसरा नियम (जो कि केवल कुशल लोगों के लिए है) बताता है कि, आप अभी ऑप्टीमाइजेशन न करें और करने से पहले दो बार सोचिए।

चर्चा

जैसे कि [Stroustrup00] §6 के प्रस्तावना में लिखा है:

प्रीमैचुअर ऑप्टीमाइजेशन ही सभी बुराईयों की जड़ है। - डोनाल्ड नुथ (Donald knuth (quoting Hoare)

दूसरी तरफ हम कार्यक्षमता को भी नजरअंदाज नहीं कर सकते। - जॉन बेंटली (Jon Bentley)

हमेशा की तरह होरे (Hoare) और नुथ (Knuth) दोनों का कहना सही है (इस आइटम को और आइटम 6 देखें), और जॉन बेंटले (Jon Bentley) भी बिल्कूल सही है (आइटम 9 देखें)।

हम प्रीमैचुअर ऑप्टीमाइजेशन की व्याख्या ऐसे करते हैं - "जब प्रोग्राम कोड हमारी अपेक्षा के अनुसार कार्य नहीं करता है तब हम कोड और डिजाइन दोनों को और ज्यादा पेंचीदा बनाकर कोड को पढ़ने में और भी मुश्किल बनाते हैं।" जैसे कि व्याख्या की गई है, इस प्रीमैचुअर ऑप्टीमाइजेशन की वजह से गुणवत्ता भी बढ़ती नहीं है। इसके अलावा यह भी देखा गया है कि ऐसे अनावश्यक और बिना जाने समझे किए गए ऑप्टीमाइजेशन प्रोग्राम कोड को गतिमान नही बनाते हैं।

हमेशा यह याद रखे कि,

गतिमान प्रोग्राम को सही बनाने से कई गुना आसान है एक सही प्रोग्राम को गतिमान बनाना।

इसलिए सबसे महत्वपूर्ण बात यह है कि कोड को गतिमान बनाने की तरफ अपना ध्यान केंद्रित करने के बजाय आप अपने कोड को जितना हो सके उतना स्पष्ट और पढ़ने में आसान बनाइए (आइटम 6 देखिए)। कोड यदि स्पष्ट हो तो उसे लिखने, समझने और उसे refactor करने में और साथ में उसे ऑप्टीमाइज करने में भी आसानी होती है। आप ऑप्टीमाइजेशन तथा ऐसे ही अन्य जटिल बातों को प्रोग्राम कोड में बाद में भी डाल सकते हैं - यदि ऐसा करना जरुरी है तो।

देखा गया है कि प्रीमैचुअर ऑप्टीमाइजेशन हमेशा ही प्रोग्राम को गतिमान नहीं बनाते हैं, इसके दो कारण हैं। पहला कारण है कि, हम प्रोग्रामर्स अक्सर प्रोग्राम को गतिमान एवं संक्षिप्त बनाने के बारे में तथा प्रोग्राम किस वजह से धीमा हो सकता है इसके बारे में सोचते हैं। यह बुरी आदत इस किताब के लेखकों को और आपको भी है। सोचिए कि, आजकल के कंप्युटर्स कि क्या क्या विशेषताएँ हैं - वह एक बहुत ही पेंचीदा computational मशीन है जिसमें एक दूसरे के साथ जुड़े कई प्रोसेसिंग यूनिट्स एक साथ (paralleal) काम करते हैं, इसमें बहुत ही गहन cache hierarchy होती है, वे एग्ज़िक्युशन करते हैं, branch prediction करते हैं आदि। इन सभी कामों के अलावा कंप्यूटर्स कई प्रकार के काम करते हैं जिनका आप अंदाजा लगा सकते हैं। ये सभी काम सिर्फ एक CPU चीप करती है। इसके अलावा सबसे बड़ी बात यह है कि कंपाइलर हार्डवेयर की उच्चतम क्षमता के अनुसार सोर्स कोड को मशिन कोड में बदलने की पूरी कोशिश करता है। (और इन सभी पेंचीदे स्थितियों के बावजूद अगर आप अपने तर्क के अनुसार जाते हैं तो आपके इस छोटे (micro) optimzation की वजह से, जो कि सही लक्ष्य पर निर्भर नही हैं, प्रोग्राम कोड की गुणवत्ता बढ़ेगी ऐसा भी नहीं है। इसीलिए ऑप्टीमाइजेशन करने से पहले यह जरुर देखें कि उसकी आवश्यकता कहाँ है और जहाँ ऐसा करना आवश्यक है वहाँ इसका कारण भी जान लीजिए। जब तक ऑप्टीमाइजेशन की आवश्यकता नहीं होगी तब तक आप इस बात को प्राधान्य दें कि, आप इन्सानों के लिए

प्रोग्राम कोड लिखने जा रहे हैं। (अगर कोई आपको ऑप्टीमाइजेशन करने का आग्रह कर रहा हो तो उसे इसकी जरुरत के बारे में अवश्य पूछें।)

दूसरी बात ऐसी है, नए प्रोग्राम्स में ऐसे कई ऑपरेशन्स होते हैं जो CPU पर निर्भर नहीं होते। वे या तो मेमोरी, नेटवर्क या डिस्क पर निर्भर हो सकते हैं, या फिर web service या डाटाबेस पर wait करते हैं। अगर प्रोग्राम को गतिमान बनाने के लिए आप ऐसे ऑपरेशन्स का उपयोग प्रोग्राम कोड में करते हैं तो इससे आपका प्रोग्राम गतिमान होने के बजाय आपका इंतजार और लंबा हो जाता है। इससे अर्थात प्रोग्रामर अनावश्यक बातों को सुधारने में समय बरबाद करता है।

अर्थात आपको कोड में कही न कही ऑप्टीमाइजेशन करना पड़ता है। लेकिन जब ऐसा करना जरुरी होगा तब आप पहले यह देखें कि यह algorithmic optimzation हो और ऑप्टीमाइजेशन को encapsulate एवं modularize (जैसे कि, फंक्शन या क्लास में ऑप्टीमाइजेशन करना) करने का प्रयत्न करें (आइटम 5 और 11 देखें)। इसके अलावा ऑप्टीमाइजेशन क्यों किया गया है इसके बारे में स्पष्ट कामेंट लिखें और वहाँ जिस अल्गोरिदम का उपयोग किया गया है उसका संदर्भ भी दें।

नए प्रोग्रामर्स हमेशा एक गलती करते हैं, वे जोश में आकर बिना कुछ जाने समझे ऐसा प्रोग्राम लिखने की कोशिश करते हैं जो बहुत अच्छी तरह से एग्ज़िक्युट हो सके। ये प्रोग्राम शुरु में सही काम करते है किंतु इन्हें पढ़ना और उनमें बदलाव करना बहुत ही कठिन होता है। (आइटम 6 देखें)

फंक्शन के पैरामिटर्स को रेफरेन्स के जरिए वैल्यु pass करना (to pass by reference) (आइटम 25 देखें) या "++" "--" जैसे prefix को कॉल करना (आइटम 28 देखें) या ऐसी बातें जिनका प्रोग्राम लिखते समय सहज प्रयोग किया जाता है, उन्हें हम प्रीमैचुअर ऑप्टीमाइजेशन नहीं कह सकते। इन सबका प्रयोग तो प्रीमैचुअर पेसीमाइजेशन को टालने के लिए किया जाता है (आइटम 9 देखें)।

उदाहरण

उदाहरण 1: inline की विडंबनाः प्रीमैचुअर माइक्रो ऑप्टीमाइजेशन की वजह से क्या हो सकता है इसका एक उदाहरण यहाँ बताया है। जिन फंक्शन्स को वे inline हैं ऐसा बताने के लिए mark करना चाहिए था लेकिन आपने ऐसा नहीं किया है, यह बताने में profilers बहुत माहिर होते हैं। किंतु आपने कौनसे फंक्शन्स को inline ऐसा mark किया है, लेकिन ऐसा नहीं करना चाहिए था यह बताने में profilers उतने ही गलत होते हैं।

एकत्रित लाभ पाने के लिए ऑप्टीमाइजेशन के नाम पर कई प्रोग्रामर्स स्वाभाविक रुप से inline का प्रयोग करके लगभग हमेशा higher coupling करते हैं। हालांकि कभी-कभी यह सही साबित होता है, कई बार इससे परेशानियाँ बढ़ती हैं। (इसका मतलब है कि inline लिखना आपके कंपाइलर पर भी निर्भर करता है। [Sutter00], [Sutter02] और [Sutter04] देखें।)

अपवाद

जब लायब्ररीज लिखी जाती हैं तब पहले से ही यह बताना कठिन होता है कि जो कोड performance-sensitive है उसमें कौन से ऑपरेशन्स का प्रयोग किया जा सकता है। लेकिन ऑप्टीमाइजेशन का प्रयोग करने से पहले लायब्ररी लिखनेवाले भी काफी बड़े क्लाएंट कोड के लिए performance test को run करते हैं।

संदर्भ

[Bentley00] §6 • [Cline99] §13.01-09 • [Kernighan99] §7 • [Lakos96] §9.1.14 • [Mayers97] §33 • [Murray93] §9.9-10, §9-13 • [Stroustrup00] §6 introduction • [Sutter00] §30, §46 • [Sutter02] §12 • [Sutter04] §251

9. समय से पहले पेसीमाइज न करें। (Don't pessinmize prematurely.)

सारांश

कोड को लिखते समय आप खुद भी सहज रहिए और कोड को भी सहज रखें: जब सबकुछ ठीक ठाक हो, खास करके कोड की जटिलता (complexity) और पठनियता (readability), तब कोड में किसी pessimized विकल्प का प्रयोग न करते हुए ऐसे कार्यक्षम डिजाइन पैटर्न्स और coding idioms डालें जिन्हें आप आसानी से लिख सकते हैं। इसे हम प्रीमैचुअर ऑप्टीमाइजेशन नहीं कह सकते, बल्कि यह केवल अनावश्यक और हानीकारक पेसीमाइजेशन को हटाना होता है।

चर्चा

प्रीमैचुअर ऑप्टीमाइजेशन को टालने का मतलब प्रीमैचुअर ऑप्टीमाइजेशन को टालकर कोड की कार्यक्षमता को कम करना नहीं होता। बल्कि इससे हमारा मतलब है, प्रोग्राम कोड लिखते समय उसमें अनावश्यक potential inefficiencies डालना, जैसे की- पैरामीटर्स को pass-by-value ऐसे डिफाइन करना सही होने पर भी उन्हें pass-by-reference ऐसे डिफाइन करना (आइटम 25 देखें)।

- "++" के postfix वर्जन (जैसे कि a++) का उपयोग करना जब कि "++" का prefix वर्जन (जैसे कि a++) उतना ही अच्छा है। (आइटम 28 देखें)।
- initializer list के बजाय कन्स्ट्रक्टर्स के अंदर assignments का प्रयोग करना (आइटम 48 देखें)।

ऑब्जेक्ट्स की बनावटी temporary copies को कम करने का मतलब, खास करके जब वे innerloop में हों और इससे कोड की complexity पर कोई गलत असर न पड़ता हो, यह प्रीमैचुअर ऑप्टीमाइजेशन है ऐसा नहीं होता। आइटम 18 में हमने बताया है कि वेरियेबल को जितना हो सके उतना locally declare करने से क्या लाभ होता है। लेकिन इसके साथ-साथ यह भी बताया है कि कभी-कभी वेरियेबल को लूप के बाहर डिक्लेअर करना भी फायदेमंद हो सकता है। देखा गया है कि इससे कोड का उद्देश्य अस्पष्ट नहीं होता और असल में कौन-कौनसे काम लूप के अंदर और कौनसे कैलक्युलेशन्स लूप के बाहर किए गए हैं यह स्पष्ट करने में यह हमारी मदद करता है। अर्थात हमेशा explicit loops के बजाय अल्गोरिदम को प्राधान्य देना चाहिए (आइटम 84 देखें)।

प्रोग्राम को स्पष्ट एवं कार्यक्षम बनाने के दो महत्त्वपूर्ण तरीकें हैं: एक abstractions का (आइटम 11 और 36 देखें) और दूसरा libraries का (आइटम 84 देखें) प्रयोग करना।

उदाहरण के लिए, स्टैंडर्ड लायब्ररी के **vector, list, map, find, sort** और ऐसी ही अन्य सुविधाओं का उपयोग करना जो कि दुनिया के विद्वानों द्वारा स्टैंडर्डाइज्ड एवं इंप्लिमेंट किए गए हैं। इनके कारण कोड को समझने में आसानी हो जाती है तथा कोड को जल्दी boot करने में मदद होती है।

प्रीमैचुअर पेसीमाइजेशन को टालना खास करके तब महत्त्वपूर्ण होता है जब आप लायब्ररी लिख रहे हों। लायब्ररी लिखते समय आप यह नहीं जान सकते कि कौन-कौन से संदर्भ मे लायब्ररी का उपयोग किया जाएगा। ऐसे में आपका झुकाव efficiency और reusability की और ज्यादा होगा। लेकिन साथ में इसका भी खयाल रखना पड़ता है कि संभवित कॉलर के छोटे से छोटे हिस्से को भी फायदा हो यह सोचकर आप efficiency को जरुरत से ज्यादा महत्त्व तो नहीं दे रहे हैं। इसकी सीमारेखा तय करना आपका काम है, किंतु जैसा कि आइटम 7 में बताया है cycle-squeezing के बजाय scalability की तरफ ज्यादा ध्यान दें।

संदर्भ

[Keffer95] pp.12-13 • [Stroustrup00] §6introduction • [Sutter00] §6

10. ग्लोबल एवं शेयर्ड डाटा का प्रयोग कम से कम कीजिए। (Minimize global and shared data.)

सारांश

sharing की वजह से परेशानियाँ और उलझने बढ़ती हैं: जहाँ तक हो सके sharing का इस्तेमाल करना टालिए। खास करके जब यह डाटा global डाटा हो तब shared data की वजह से coupling बढ़ती है जिससे उसे मेंटेन करने की क्षमता और performance दोनों कम हो जाते हैं।

चर्चा

यहाँ जो बातें बताई गई हैं वे आइटम 18 में दी गई बातों की तुलना में ज्यादा व्यापक हैं।

namespace scope में ऐसा डाटा न रखें जिसके साथ extarnal linkage हो या जो स्टैटिक क्लास मेंबर हो। इससे प्रोग्राम का लॉजिक कोड और भी जटिल हो जाता है और एक ही प्रोग्राम के अलग-अलग हिस्सों में coupling ज्यादा टाइट हो जाती है। कोड का जो हिस्सा shared data का उपयोग करता है उसका सही होना उस डाटा में पहले जो बदलाव किए गए हैं उन पर निर्भर करता है और आगे चलकर इसका असर ऐसे अनगिनत अनजाने कोड, जो इस डाटा का प्रयोग करते हैं, के काम करने के स्वरुप (functionality) पर भी पड़ता है। इसीलिए जहाँ shared data का प्रयोग किया जाता है वहाँ अक्सर unit testing कमजोर पड़ जाती है। इसके अलावा global namespace में अगर स्टैटिक मेंबर्स के नाम हों तो वे global namespace को दूषित कर देते हैं।

अगर आपके प्रोग्राम कोड में global, namespace-scope या static class आदि ऑब्जेक्ट्स का होना जरुरी हो तो ऐसे ऑब्जेक्ट्स को पूरी सावधानी से इनिशियलाइज करें। इन ऑब्जेक्ट्स को किस क्रम में इनिशियलाइज करना चाहिए इसके बारे में विभिन्न कंपाइलेशन यूनिट्स में कोई जानकारी नहीं दी गई है तथा उनका सही-सही प्रयोग करने के लिए खास तकनिकों की जरुरत होती है (संदर्भ देखें)। ऐसे ऑब्जेक्ट्स का प्रयोग करते समय उन्हें इनिशियलाइज करने का क्रम निश्चित करने के कोई खास नियम नहीं हैं। जहाँ तक हो सके, उनका प्रयोग न करें, किंतु यदि ऐसा करना अनिवार्य है तो पहले उन्हें अच्छी तरह से समझिए और फिर पूरी सावधानी के साथ उनका प्रयोग करें।

ऐसे ऑब्जेक्ट्स जो namespace scope में हों, जो स्टैटिक मेंबर्स हों और जो अलग-अलग threads के बीच में share किए गए हों, की वजह से multithreaded और multiprocessor environments में parallelism कम हो जाती है। अक्सर इसी वजह से प्रोग्राम कोड का परफॉरमन्स और scalability भी कम हो जाती है। (आइटम 7 देखें)। shared data का प्रयोग न करना पडे इसके लिए प्रयत्न करें; और डाटा शेयरिंग के बजाय communication को प्राधान्य दें (जैसे कि, message queues)।

क्लासेस के बीच low coupling रखने का और interaction को कम करने का प्रयत्न करें ([Cargi192] देखें)

अपवाद

cin, cout और **cerr** जैसी पूरे प्रोग्राम में उपलब्ध सुविधाएँ खास होती हैं और उन्हें खास जगहों पर ही इंप्लिमेंट किया जाता है। कौन से काम के लिए किस फंक्शन को कॉल करना चाहिए इसके बारे में factory को registry तैयार करना पड़ती है, और आम तौर पर एक प्रोग्राम के लिए एक ही registry होती है (लेकिन यह shared global object के बजाय factory के अंदर होनी चाहिए; आइटम 11 देखें)। जो प्रोग्राम कोड अलग-अलग threads के ऑब्जेक्ट्स को share करता है उसमें shared ऑब्जेक्ट्स के सभी एक्सेस को क्रमित (serialize) करना चाहिए (आइटम 12 और Sutter04c देखें)।

संदर्भ

[Cargill92] pp.126.136, 169 -173 • [Dewhurst03] §3 • [Lakos96] §2.3.1 • [McCoell93] §5.1-4 • [Stroustrup00] §C.10.1 • [Sutter00] §47 • [Sutter02] §96, Appendix A • [Sutter04c] • [SuttHysl03]

11. जानकारी को छुपाइए। (Hide information.)

सारांश

किसी से न कहना: किसी भी एन्टिटी के द्वारा ऐसी कोई भी जानकारी को प्रकट न करें जिसकी वजह से हमे abstraction मिलता है।

चर्चा

abraction को मैनिप्युलेट करने वाले कॉलिंग कोड और abstraction के इंप्लिमेंटशन्स के बीच में की निर्भरता (dependencies) को कम करने के लिए इंप्लिमेंटशन्स के अंदर के डाटा को छुपाए रखना बहुत जरुरी है। अगर ऐसा नहीं होता है तो कॉलिंग कोड उस जानकारी को access कर सकता है, और सबसे बुरी बात यह है कि उस जानकारी को मैनिप्युलेट भी कर सकता है। इस वजह से कॉलिंग कोड जिस abstraction पर निर्भर रहता है वहाँ से अंतर्गत जानकारी leak हो जाती है। डाटा के बजाय abstraction को (जहाँ हो सके वहाँ domain abstraction को या कम से कम get/set abstractions को) जरुर प्रकट करिए।

इनफॉरमेशन को छुपाने से प्रोजेक्ट की कीमत, शेड्यूल और/या रिस्क में दो मुख्य तरह से सुधार होते हैं:

- प्रोजेक्ट में सिर्फ स्थानिक बदलाव होते हैं। बदलावों के कारण प्रोग्राम कोड के दूसरे हिस्सों पर जो असर पड़ता है वह इनफॉरमेशन को छुपाने से कम हो जाता है और इससे कीमत में भी कमी आती है।
- invariants में मजबुती आती है। जो कोड इस प्रोग्राम के invariants को मेंटेन करता है (या अगर उसमें bug हो तो कोड को तोड़ता है) उसे सीमित रखा जाता है (आइटम 41 देखें)।

जिस एन्टिटी के द्वारा abstraction मिलता हो उसके डाटा को कभी प्रकट न करें (आइटम 10 देखें)। डाटा abstract का सिर्फ एक कल्पित रुप होता है। अगर आप कन्सेप्ट्स के रिप्रेजेंटेशन के बजाय सिर्फ कन्सेप्ट पर ध्यान देना चाहते हैं तो आप एक सूचनात्मक इंटरफेस (suggestive interface) प्रस्तुत कर सकते हैं जो जरुरतों के अनुसार इंप्लिमेंटेशन्स में बदलाव ला सके। जैसे कि, caching Vs computing जो कि जल्दी से होता है और ऐसे विभिन्न रिप्रेजेंटेशन्स का प्रयोग करें जो विशिष्ट usage patterns को ऑप्टीमाइज करते हैं (जैसे कि, polar vs.Cartesian)।

इस संबंध में एक आम बात यह है कि क्लास टाइप्स के किसी भी डाटा मेंबर को public बनाकर (आइटम 1 देखें) या उन्हें pointers या handles देकर (आइटम 42 देखें) कभी expose न करें। लेकिन यह बात लायब्ररी जैसी बड़ी एन्टिटी, जिन्होंने अंतर्गत इनफॉरमेशन को छुपाए रखना आवश्यक है, पर भी लागू होती है। मोड्यूल्स और लायब्ररी अक्सर ऐसे इंटरफेस को उपलब्ध कराते हैं जो abstractions और उनके बीच में जानकारी के आदान-प्रदान को डिफाइन करता है। ऐसे इंटरफेस की वजह से abstractions और calling code के बीच का कम्युनिकेशन सुरक्षित हो जाता है, और data sharing की तुलना में यहाँ coupling कम हो जाता है।

अपवाद

टेस्टिंग कोड को हमेशा tested class या module के white-box एक्सेस की जरुरत पड़ती है।

Value aggegates (जैसे कि, C-style **structs**), जो डाटा को एकत्रित (bundled) करते हैं उन्हें इनफॉरमेशन को छुपाने के लिए किसी भी abstraction की जरुरत नहीं होती। यहाँ डाटा का उपयोग केवल एक इंटरफेस की तरह किया जाता है (आइटम 41 देखें)।

संदर्भ

[Brooks95] §19 • [Mcconnell93] §6.2 • [Parnas02] • [Stroustrup00] §24.4 • [SuttHysl104a]

12. Concurrency के लिए कब और कैसा कोड लिखना चाहिए यह जानिए।

(Know when and how to code for concurrency.)

सारांश

threads का प्रयोग सावधानी से करें: अगर आपके एप्लिकेशन में एक से ज्यादा (multiple) threads या processes का प्रयोग हो रहा हो तो देखिए कि जहाँ संभव हो वहाँ ऑब्जेक्ट्स की sharing को कैसे कम किया जा सकता है (आइटम 10 देखें) और सही ऑब्जेक्ट्स को पूरी सावधानी के साथ share करें।

चर्चा

Threading एक बहुत बड़ी प्रक्रिया है। यह आइटम इसीलिए लिखा गया है क्योंकि इस प्रक्रिया को अच्छे से समझना बहुत आवश्यक है। किंतु यह बताने के लिए यह एक आइटम काफी नहीं है। इसीलिए यहाँ पर कुछ महत्त्वपूर्ण बातो का सारांश दिया गया है। इस प्रक्रिया की अधिक जानकारी एवं तकनिकों को जानने के लिए संदर्भ देखें। यहाँ सबसे महत्त्वपूर्ण बात है deadlocks, livelocks तथा malign race conditions को टालना (इनमें अपर्याप्त locking की वजह से जो corruption होता है वह भी शामिल है।)

C++ स्टैंडर्ड में threads के बारे में कुछ नहीं बताया गया है, फिर भी solid multhread कोड लिखने के लिए C++ का इस्तेमाल अक्सर किया जाता है। अगर आपका एप्लिकेशन threads के बीच डाटा को share कर रहा हो तो यह sharing पूरी सावधानी से करें।

- local synchronization primitives के लिए आप आपके टार्गेट प्लेटफार्म के डॉक्युमेंटेशन्स को अवश्य देखें: इसमें लाइटवेट एटोमिक इंटिजर ऑपरेशन्स से लेकर मेमोरी बैरियर्स तथा in-procees से लेकर cross-procees mutexes तक सभी शामिल हैं।
- platform primitives को आप अपने abstractions में ही समेटने पर जोर दें। यह एक अच्छी बात है, खास करके तब जब आपको cross-platform portability की आवश्यकता हो। या आप एक ऐसी लायब्रेरी (जैसे कि, pthreads [Butenhof 97]) का प्रयोग करें जो आपके लिए यह सब कर सके।
- आप यह निश्चित करें कि जिस टाइप का प्रयोग आप कर रहे हैं वह multithreaded प्रोग्राम के लिए सुरक्षित है। हर टाइप खास करके कम से कम -
    - इसकी गैरेंटी दें कि unshared ऑब्जेक्ट्स स्वतंत्र हैं। दो threads अलग-अलग ऑब्जेक्ट्स का प्रयोग कर सकते हैं और इसका कॉलर पर कोई असर नहीं होता।
    - अगर कॉलर एक ही टाइप के उसी ऑब्जेक्ट का प्रयोग अलग-अलग threads में करना चाहता है तो उसे क्या-क्या करना चाहिए इसके बारें मे लिखकर रखें। कई टाइप्स में ऐसे share किए जानेवाले ऑब्जेक्ट्स के access को serialize करना पड़ता है, लेकिन कुछ टाइप में इसकी जरुरत नही होती। जहाँ share किए जानेवाले ऑब्जेक्ट्स के accesses को serialize नहीं किया जाता है वहाँ locking-requirements की तरफ ध्यान नहीं दिया जाता है या वे खुद अंतर्गत locking कर देते हैं और तब भी internal locking क्या-क्या कर सकती है इसके बारें में आपको सचेत रहना आवश्यक होता है।

उपरोक्त बातें हर टाइप पर लागू होती हैं, फिर चाहे वह टाइप string टाइप का हो, या **vector** के जैसा STL कंटेनर हो, या फिर कोई दूसरा टाइप हो। (हमने देखा है कि कुछ लेखकों का मानना है कि स्टैडर्ड कंटेनर्स खास होते हैं लेकिन सच तो यह कि वे भी दूसरे आम ऑब्जेक्ट की तरह ही हैं। खास करके अगर आप किसी multithreaded प्रोग्राम में स्टैंडर्ड लायब्रेरी के कंपोनेंट्स का (उदाहरण के लिए, **string**, containers) प्रयोग करना चाहते हैं तो जैसे कि पहले बताया है, आप ऐसा कर सकते हैं या नहीं यह जानने के लिए स्टैंडर्ड लायब्रेरी के इंप्लिमेंटेशन्स के डॉक्युमेंट्स जरुर देखें।

जब बात आपके अपने टाइप की आती है जिसका multithreaded प्रोग्राम में प्रयोग किया जा सकता है, तब आपको दो बातों का खयाल रखना होगा- पहली, इस बात की गैरंटी दें कि locking के बिना भी अलग-अलग threads एक ही टाइप के अलग-अलग ऑब्जेक्ट्स का स्वतंत्रतापूर्वक प्रयोग कर सकते हैं। (सूचनाः जिस टाइप के static data को मॉडिफाय किया जा सकता है वह ऐसी कोई गैरंटी नहीं देता।) दूसरी बात- जब यूजर एक ही ऑब्जेक्ट का प्रयोग अलग-अलग threads में सुरक्षा के साथ करता है तब यूजर को क्या करना चाहिए यह लिखकर रखें। यहाँ सबसे मुख्य बात यह है कि क्लास और उसके क्लाइंट के बीच में सही एग्ज़िक्यूशन (यानी race और deadlock रहित) की जिम्मेदारी को कैसे बाँटे। मुख्य विकल्प हैं:

- External locking : कॉलर्स ही locking के लिए जिम्मेदार होते हैं। कोई ऑब्जेक्ट अलग-अलग threads के बीच share किया जा रहा है या नहीं यह जानने की और अगर है तो उसके सभी प्रयोगों को serialize करने की जिम्मेदारी उस ऑब्जेक्ट का प्रयोग करनेवाले कोड की होती है। उदाहरण के लिए, string type खास करके external locking (या immutability, तीसरा विकल्प देखें) का प्रयोग करते हैं।
- Internal locking : हर public मेंबर फंक्शन को lock करके प्रत्येक ऑब्जेक्ट अपने सभी accesses को खुद पर serialize करता है, जिसकी वजह से कॉलर्स को ऑब्जेक्ट के प्रयोगों को serialize करने की जरुरत नहीं पड़ती। उदाहरण के लिए, producer/consumer queue में ज्यादा तर internal locking का प्रयोग होता है क्योंकि उन्हें सभी theads के बीच बाँटा जाना चाहिए। इन queues के इंटरफेसेस कुछ इस तरह से बनाए गए हैं कि वहाँ हर मेंबर फंक्शन कॉल (जैसे कि, push, pop) के बीच एक उचित लेवल की locking रहती है। यह विकल्प तभी सही है जब आपके पास दो बातों की जानकारी हो:

  पहली, आपको यह पता होना चाहिए कि, जिस टाइप के ऑब्जेक्ट्स का प्रयोग हो रहा है वे लगभग हमेशा threads के बीच बँटनेवाले हैं या नहीं, अन्यथा आप अकारण ही locking करते जाएंगे। ध्यान रहें, कई टाइप्स को इस स्थिति का सामना करना ही नहीं पड़ता। multithreaded प्रोग्राम में भी अधिकतर ऑब्जेक्ट्स threads के बीच बाँटे नहीं जाते (और यही अच्छा भी है, आइटम 10 देखें)।

  दूसरी बात, आपको यह पता होना चाहिए कि हर मेंबर फंक्शन का locking सही granularity पर है और सभी कॉलर्स के लिए वह पर्याप्त होगी। टाइप के इंटरफेस का डिजाइन ऐसा होना चाहिए कि वह स्पष्ट (coarse-grained) एवं स्वतंत्र ऑपरेशन्स कर सके। यह बात तब गलत साबित होगी जब कॉलर द्वारा एक ही ऑपरेशन के बजाय बहुत से ऑपरेशन्स को lock करना हो। स्वतंत्र रुप से lock किए गए फंक्शन्स को एक ही बड़े लॉक किए गए work यूनिट में एकत्रित करना तभी संभव है जब उनके साथ एक्सटर्नल locking डाल दिया जाए। उदाहरण के लिए, एक container टाइप को लें, जो एक ऐसे iterator को रिटर्न करता है, जो इस्तेमाल होने से पहले ही अवैध हो जाता है, या फिर मेंबर अल्गोरिदम, जैसे कि **find** को उपलब्ध कराता है जो एक ऐसे सही उत्तर को रिटर्न कर सकता है जो उसका प्रयोग करने से पहले ही गलत उत्तर में बदल जाता है; या फिर container टाइप जहाँ यूजर **if (c-emptty()) c.push_back(x);** लिखना चाहते हैं (ज्यादा उदाहरणों के लिए (Sutter02) देखें)। ऐसे मामलों में, कॉलर को एक ऐसे lock को, जो एक से ज्यादा स्वतंत्र मेंबर फंक्शन कॉल्स को कार्यान्वित कर सके, प्राप्त करने के लिए external locking करना पड़ता है। और इस तरह से हर मेंबर फंक्शन के लिए internal locking करना व्यर्थ हो जाता है।

  अर्थात internal locking अक्सर टाइप के public interface के साथ जुड़ी होती है। internal locking तभी उचित होती है जब टाइप के स्वतंत्र ऑपरेशन्स अपने आप में ही पूर्ण हो जाएं। दूसरे शब्दों में, टाइप के abstraction का स्तर बढ़ जाता है और उसे सही तरह से व्यक्त किया जाता है और संभालकर रखा जाता है (जैसे कि, सिर्फ **vector** के बजाय producer-consumer queue)। फंक्शन कॉल्स सरल एवं अर्थपूर्ण होने की दृष्टी से primitive operations को एकत्रित करके उनका एक बड़ा (coarser) कॉमन ऑपरेशन

बनाने की पहल करना जरुरी है। जहाँ primitives को एकत्रित करना अनिश्चित हों और आप उपयोगिताओं की रुपरेखाओं को एक ऑपरेशन के नाम के अंतर्गत एकत्रित न रख सकते हों तो ऐसे में हमारे पास दो विकल्प हैं: a) callback पर आधारित मॉडेल का प्रयोग करना (यानी कॉलर को एक ही मेंबर फंक्शन को कॉल करने दें और तब उसे जो काम करना है उसे वह कमांड या फंक्शन ऑब्जेक्ट के रुप में भेजता जाए, आइटम 87 से आइटम 89 तक देखें), या b) और किसी तरह से locking को इंटरफेस में प्रकट करें।

- Lock-free डिजाइन्स, जिनमें immutablity भी शामिल हैं (read-only objects): यहाँ locking की आवश्यकता नहीं है। ऐसे टाइप्स को डिजाइन किया जा सकता है जिनमें locking की आवश्यकता नहीं होती (संदर्भ देखें)। इसका एक आम उदाहरण है, immutable ऑब्जेक्ट्स, जिन्हें लॉक करने की आवश्यकता नहीं होती क्योंकि वे कभी बदलते नहीं हैं। उदाहरण के लिए, immutable string टाइप को लें। इसमें एक बार स्ट्रींग ऑब्जेक्ट बनाने के बाद उसमें कोई बदलाव नहीं किया जा सकता, और हर स्ट्रींग ऑपरेशन के बाद एक नई स्ट्रींग बन जाती है।

याद रहें, कॉलिंग कोड को आपके टाइप के इंप्लिमेंटेशन की जानकारी रखना जरुरी नहीं है (आइटम 11 देखें)। जब आपके टाइप में छुपी हुई data-sharing की तकनिको का प्रयोग हो रहा हो (जैसे कि, copy-on-write) तब threads को लेकर सावधानी बरतनेवाले मुद्दों की जिम्मेदारी लेने की जरुरत नहीं है। लेकिन सावधानी के तौर पर इतना जरुर देखना चाहिए कि जब कॉलिग कोड अपना नियोजित काम कर रहा है तो वह सही हो। अगर टाइप अप्रकट (covert) implementation-sharing का प्रयोग न कर रहा हो, तब भी टाइप प्रयोग की दृष्टी से उतना ही सुरक्षित होना चाहिए जितना उसके प्रयोग करने पर होता ([Sutter04c] देखें)। जैसे कि बताया गया है, सही तरह से लिखे गए सभी टाइप्स ने synchronization किए बिना ही अलग-अलग threads के सुस्पष्ट ऑब्जेक्ट्स के मैनिप्युलेशन की अनुमती देनी चाहिए।

खास करके आप जब ऐसी लायब्ररी लिख रहे हों जिसका बड़ी मात्रा में उपयोग किया जा रहा है, तब जैसे कि ऊपर बताया है, multithreaded प्रोग्राम में ऑब्जेक्ट्स के प्रयोग को सुरक्षित बनाने पर जोर दें और यह भी देखें कि उन ऑब्जेक्ट्स पर ज्यादा बोझ डाले बिना single-threaded प्रोग्राम में उनका प्रयोग सुरक्षित हो। उदाहरण के लिए, अगर आप ऐसी लायब्ररी लिख रहे हैं जिसका टाइप copy-on-write का प्रयोग करता है और इसीलिए कम से कम कुछ internal-locking कर रही है, तब आप इस पर जोर दें कि आपके लायब्ररी के single - threaded builds में यह locking नहीं रहनी चाहिए। (**#ifdefs** और no-op implementation आम प्रस्ताव हैं)।

जब आप एक से अधिक lock पाते हैं तब सभी locks को एक ही क्रम में प्राप्त करने के लिए उन सभी कोड को क्रम में लगाएँ जिनका lock समान है, ताकि dead lock की स्थिति टल जाए। (locks को हम किसी भी क्रम में मुक्त कर सकते हैं।) इसका एक हल ऐसा भी है, locks को मेमोरी एड्रेसेस के बढ़ते क्रम के अनुसार प्राप्त करना। एड्रेसेस बहुत ही सुविधापूर्ण, अनूठा एवं पूरे एप्लिकेशन के लिए उपयोगी अनुक्रम उपलब्ध कराते हैं।

संदर्भ

[Alexandrescu02a] • [Alexandrescu04] • [Butenhof 97] • [Henney00] • [Henney01] • [Meyers 04] • [Schmidt01] • [Stroustrup00] §14.9 • [Sutter02] §16 • [Sutter04c]

13. ऑब्जेक्ट्स द्वारा रिसोर्सेस अर्जित किए गए हैं यह निश्चित कीजिए। सुस्पष्ट RAII एवं स्मार्ट पॉएंटर्स का प्रयोग कीजिए। (Ensure resources are owned by objects. Use explicit RAII and smart pointers.)

सारांश

जब आपके पास साधन उपलब्ध हैं तो उन्हीं का प्रयोग करें: C++ का "resource acquisition is initialization" (RAII) यह idom, साधनों का सही ढंग से प्रयोग करने का एक बहुत ही शक्तिशाली टूल है। दूसरी लैंग्वेजेज में जो बातें बताने के लिए बहुत नाजूक कोड लिखना पड़ता है, RAII उन्हीं बातों को कंपाइलर को समर्थ रुप से एवं बिना किसी के सहायता के बताने की अनुमती देता है और इसकी गैरंटी भी देता है। जब आप किसी अधूरे रिसोर्स को एलोकेट कर रहे हैं तो उसे तत्काल उस ऑब्जेक्ट के पास भेजें जो उसे अपनाने वाला हो। एक स्टेटमेंट के अंदर कभी भी एक से ज्यादा रिसोर्सेस को एलोकेट न करें।

चर्चा

रिसोर्सेस की acquire/release फंक्शन्स की जोड़ी, जैसे कि **fopen/fclose, lock/unlock,** और **new/delete** में स्वाभाविक रुप से जो symmetry है उसी को कन्स्ट्रक्टर/डिस्ट्रक्टर अपनाए, इसके लिए C++ लैंग्वेज विवश करती है। इसकी वजह से resource-acquiring constructor और resource-releasing destructor के साथवाला stack पर आधारित ऑब्जेक्ट, रिसोर्स मैनेजमेंट को ऑटोमैट कराने और स्वच्छता (clean-up) करानेवाला एक अच्छा साधन बन जाता है।

ऑटोमेशन प्रणाली को इंप्लिमेंट करना आसान है और यह एक स्वच्छ, सस्ती और त्रुटी आने पर अपने आप बंद होनेवाली प्रणाली है। अगर आप इसका प्रयोग नहीं कर रहे हैं तो आप कॉल्स की pairing कराने का एक ऐसा बड़ा एवं आकर्षक काम करने का फैसला करते हैं जिसमें branched controI flow और exception भी मौजूद है। जब C++, आसानी से प्रयोग किए जानेवाले RAII के जरिए सीधे ऑटोमैशन को उपलब्ध कराती है तब ऐसे C-style के ऐसे क्लिष्ट deallocation पर निर्भर रहना अपनाया नहीं जा सकता।

यदि आप किसी ऐसे रिसोर्स के साथ काम कर रहे हैं जिसे paired फंक्शन कॉल्स की जरुरत होती है तब उस रिसोर्स को आप उस ऑब्जेक्ट के अंदर रखें जो pairing कराने को बाध्य कर सके और ऑब्जेक्ट के डिस्ट्रक्टर में रिसोर्स को मुक्त करने का काम भी करें। उदाहरण के लिए, OpenPort /ClosePort नॉनमेंबर फंक्शन्स की जोड़ी को सीधे कॉल करने के बजाय निम्नलिखित के बारे में सोचें:

```
class port {
public:
  Port(const string& destination );          //call OpenPort
  ~Port ();                                  //call ClosePort
  // ... Ports can't usually be cloned, so disable copying and assignment ...
};
void DoSomething() {
   Port port1 ("server1:80");
   // ...
} // can't forget to close port1; it's closed automatically at the end of the scope
shared_ptr<Port> port2 = /*...*/;            //port2 is clsoed automatically when the
                                             //last shared_ptr referring to it goes away
```

आप ऐसी लायब्रीज का प्रयोग कर सकते हैं जो आपके लिए पैटर्न को इम्प्लिमेंट कर सकती हो ([Alexandrescu00c] देखें)। RAII को इम्प्लिमेंट करते समय कन्सट्रक्शन और असाइनमेंट को कॉपी करने का काम सावधानी के साथ करें क्योंकि कंपाइलर द्वारा निर्मित वर्जन शायद गलत हो सकता है। अगर कॉपी से बात नहीं बनती है तो आप उन्हें प्राइवेट बनाकर और डिफाइन न करके स्पष्ट रुप से disable कर दें (आइटम 53 देखें)। अन्यथा कॉपी कन्स्ट्रक्टर रिसोर्स की नकल बनाएगा और उसके अपने प्रयोगों के रेफरेन्सेस को गिनेगा। असाइनमेंट ऑपरेटर भी यही करेगा और ऐसा करते समय यह अवश्य निश्चित करेगा कि अगर जरुरी हो तो उसके पास जो रिसोर्सेस हैं उसे आजाद करें। नए रिसोर्स की सफलतापूर्वक नकल कर लेने का बाद ही पुराने रिसोर्स को छोड़ना ही अच्छी बात है (आइटम 71 देखें)।

यह निश्चित कर लें कि सभी रिसोर्सेस को ऑब्जेक्ट द्वारा अपनाया गया है। प्रोग्राम कोड एग्ज़िक्यूट होते समय एलोकेट किए जानेवाले रिसोर्सेस को raw पॉएंटर्स के बजाय smart पॉएंटर्स के जरिए थामने को प्राधान्य दें। ऑब्जेक्ट के अपने स्टेटमेंट में ही स्पष्ट रिसोर्स एलोकेशन करें (जैसे कि, **new**) ताकि एलोकेट किया गया रिसोर्स मैनेजर ऑब्जेक्ट को (जैसे की, **shared_ptr**) तुरंत मिल जाए। ऐसा न करने पर रिसोर्सेस leak हो सकते हैं क्योंकि फंक्शन के पैरामीटर के इवैल्युएशन का क्रम निश्चित नहीं होता (आइटम 31 देखें) उदाहरण के लिए:

```
void Fun (shared_ptr<Widget> sp1,shared-ptr<Widget> sp2);
// ...
Fun (shared_ptr<Widget>(new Widget), shared-ptr<Widget>(new Widget) );
```

ऐसा कोड सुरक्षित नहीं होता। C++ के स्टैंडर्ड्स कंपाइलर को इस बात की छूट देते हैं कि वह फंक्शन के दो आर्ग्युमेंट्स को बनानेवाले दोनों एक्सप्रेशन्स को अपनी इच्छानुसार फिर से अनुक्रमित कर पाए। विशेषतः कंपाइलर दोनों एक्सप्रेशन्स के एग्ज़िक्यूशन के बीच की कडी बन सकता है। सबसे पहले दोनों ऑब्जेक्ट के लिए मेमोरी एलोकेट की जाती है (**operator new** को कॉल करके) और फिर दोनों **Widget** कन्स्ट्रक्टर्स को कॉल करने का प्रयत्न करते हैं। यह leak के लिए सभी बाते सेट कर देता है क्योंकि इन दोनों कन्स्ट्रक्शन कॉल्स में से अगर कोई एक exception को throw करता है तो दूसरे ऑब्जेक्ट के पास जो मेमोरी है उसे वह कभी मुक्त नहीं कर पाएगा। (विस्तृत जानकारी के लिए [Sutter02] देखें।)

इस कठिन समस्या का हल बहुत ही आसान है। एक स्टेटमेंट में एक से ज्यादा रिसोर्सेस को एलोकेट न करें और हर प्रत्यक्ष रिसोर्स एलोकेशन (जैसे कि, **new**) उसके अपने कोड स्टेटमेंट में करें जो रिसोर्सेस को तुरंत उसके निजी ऑब्जेक्ट को सौंप देता हो (जैसे कि, **shared-ptr**)। उदाहरण के लिए:

```
shared_ptr sp1 (new Widget), sp2(new Widget);
Fun (sp1,sp2);
```

इस स्टाइल के प्रयोग से मिलनेवाले दूसरे फायदे जानने के लिए आइटम 31 देखें।

अपवाद

smart पॉएंटर्स का प्रयोग अधिक मात्रा में किया जा सकता है। जहाँ पॉएंट किया गया ऑब्जेक्ट कोड के थोड़े हिस्से को ही दिखाई देता है उसी कोड में raw पॉएंटर्स का प्रयोग करना अच्छा होता है (उदाहरण के लिए, पूरी तरह से क्लास के अंतर्गत, जैसे कि Tree class के internal node navigation पॉएंटर्स)।

संदर्भ

[Alexandrescu00c] • [Cline99] §31.03-05 • [Dewhurst03] §24, §67 • [Meyers96] §9-10 • [Milewski01] • [Stroustrup00] §14.3-4, §25.7, §E.3, §E.6 • [Sutter00] §16 • [Sutter02] §20-21 • [Vandevoorde03] §20.1.4

कोडिंग स्टाइल

One man's constant is another man's variable.

- Alan Perlis

इस विभाग में हमने अपना ध्यान डिजाइन के आम मुद्दों से हटाकर उन मुद्दों पर केंद्रित किया है जो कोड लिखते समय अक्सर उभर कर सामने आते हैं।

इस विभाग में बताए गए नियम और मार्गदर्शन ऐसी कोडिंग प्रैक्टिसेस के लिए हैं जो किसी विशिष्ट लैंग्वेज से जुड़े नहीं हैं (जैसे कि function, classes, या namespaces) किंतु वे कोड के स्टैंडर्ड को जरुर सुधारते हैं। इनमें से बहुत सी idioms हमे कंपाइलर से मिलने वाली मदद के बारे में बताती हैं जिनमें declarative const (आइटम 15) जैसा शक्तिशाली टूल, और इंटर्नल **#include** (आइटम 24) जैसा guard भी शामिल हैं। इसके अलावा ये उन गलतियों को दूर रखने में हमारी मदद करते हैं (इनमें पूरी तरह से निराले वर्तन भी शामिल हैं) जिनकी कंपाइलर हमेशा ही जाँच नहीं करता। इनमें मैक्रोज को टालना (आइटम 16), और इनिशियलाइज न किए हुए वेरियेबल्स (आइटम 19) भी शामिल हैं। ये सभी बातें कोड को अधिक विश्वसनिय बनाने में आपकी मदद करती हैं। हमारी दृष्टी से इस विभाग में सबसे ज्यादा महत्त्वपूर्ण आइटम है, आइटम 14: रन-टाइम एरर्स के बजाय कंपाइल- और लिंक-टाइम के दौरान आनेवाली एरर्स अच्छी हैं।

14. रन-टाइम एरर्स के बजाय कंपाइल- और लिंक-टाइम के दौरान आनेवाली एरर्स अच्छी हैं। (Prefer compile- and link-time errors to run-time errors.)

सारांश

आप जो बातें प्रोग्राम को build करते समय कर सकते हैं उनके लिए प्रोग्राम को run होने तक का इंतजार न करें: प्रोग्राम को run करते समय invarients की जाँच करने के बजाय ऐसा कोड लिखें जहाँ कंपाइलर कंपाइलेशन के दौरान उन invariants की जाँच करता हो। Run-time जाँच कंट्रोल और डाटा पर निर्भर होती है , इसीलिए यह जाँच अतिरिक्त है.या नहीं यह आप हमेशा नहीं जान पाते। इसके विपरीत compile time जाँच कंट्रोल या डाटा पर निर्भर नहीं होती और विश्वसनिय होती है।

चर्चा

C++ में ऐसे कई मौक आते हैं जब कंपाइलेशन के दौरान ही तुरंत एरर्स का पता लगाया जाता है। इस स्टैटिक जाँच का प्रयोग करने से हमे कई फायदे होते हैं जिनमें से कुछ निम्नलिखित हैं:

- कंपाइलेशन के दौरान की जानेवाली जाँच (static checks) डाटा और flow पर निर्भर नहीं होती: कंपाइलेशन के दौरान की जानेवाली जाँच इस बात का विश्वास दिलाती है की वह प्रोग्राम के इनपुट एवं एग्ज़िक्यूशन के flow पर निर्भर नहीं होती। इसके विपरीत आपकी run-time जाँच सही है या नहीं यह जानने के लिए आपको इनपुट्स के छोटे-छोटे सैंपल्स की पहले परिक्षा करनी पड़ती है। कुछ छोटी-छोटी सिस्टम्स को छोड़कर बाकी जगहों पर ऐसा करना एक बहुत ही मुश्किल काम है।
- स्थायी रुप से प्रकट किए गए मॉडेल्स हमेशा ज्यादा शक्तिशाली होते हैं: जो प्रोग्राम run-time checks के बजाय compile-time checks पर ज्यादा निर्भर होता है वह अच्छे डिजाइन का निर्देश देता है क्योंकि प्रोग्राम जिस मॉडेल को तैयार करता है वह C++ की टाइप सिस्टम का प्रयोग करके सही ढंग से व्यक्त होता है। इस तरह आप और कंपाइलर दोनों प्रोग्राम के invariants का एक सा रुप देख पाते हैं। run-time checks प्राय: कंपाइलेशन के दौरान की जानेवाली जाँच के लिए fallback (संकट की घडी में उपयोग में लाया जानेवाला प्लैन) होते हैं किंतु लैंग्वेज में उन्हें यथार्थ रुप से प्रकट नहीं किया जा सकता (आइटम 38 देखें)।
- कंपाइलेशन के दौरान की जानेवाली जाँच के कारण प्रोग्राम के एग्ज़िक्यूशन के दौरान अतिरिक्त काम नहीं करना पड़ता। run-time जाँच के बजाय compile-time जाँच करने से एकदम सही प्रोग्राम कोड मिलता है तथा वह तेजी से एग्ज़िक्यूट होता है।

compile-time पर की जानेवाली जाँच C++ के सबसे शक्तिशाली static checking टूल्स में से एक है। टाइप्स की जाँच कंपाइलेशन के दौरान करनी चाहिए (C++, Java, ML, Haskell) या फिर एग्ज़िक्यूशन के दौरान (Smalltalk, Ruby, Python, Lisp) इस बात को लेकर खुली और उत्साहवर्धक चर्चा चल रही है। इन दोनों checks में से कोई भी एक विजेता साबित नहीं हुआ है, क्योंकि कई लैंग्वेजेज और डेवलपमेंट स्टाइल्स इनमें से किसी न किसी टाइप का प्रयोग करती आ रही हैं और उन्हें अच्छे रिजल्ट्स मिले हैं। compile-time जाँच का समर्थन करनेवालों का कहना है कि इस जाँच की वजह से run-time error handling की एक बड़ी कैटेगरी को आसानी से दूर किया जा सकता है और परिणाम स्वरुप प्रोग्राम्स ज्यादा शक्तिशाली बनते हैं। दूसरी तरफ run-time जाँच का समर्थन करनेवालों का कहना है कि कंपाइलर केवल कुछ हद तक ही संभवित bugs की जाँच कर सकता है। इसीलिए यदि आपको unit test लिखने की जरुरत पड़े और साथ में आप compile-time जाँच की ओर भी ध्यान नहीं देते हैं, तो इससे आपको एक सीमित programing environment मिलेगा।

एक बात तो साफ है, जब सभी statically typed लैंग्वेजेज की बात आती है तब C++ प्रोग्रामर्स ने, जिसमें compile-time जाँच अधिक और run-time जाँच कम है, ऐसे टाइप सिस्टम से जितना हो सके उतना लाभ उठाना चाहिए (90 से लेकर 100 तक आइटम्स को देखें)। इसके अलावा run-time जाँच डाटा और flow-dependent checking के लिए अच्छी साबित होती है। (जैसे कि, array bounds checking और input data validation) (आइटम 70 और 71 देखें)।

उदाहरण

कई जगहों पर आप run-time जाँच के बजाय compile-time जाँच कर सकते हैं।

उदाहरण 1: compile-time Boolean conditions: अगर आप compile-time Boolean conditions जैसे कि **sizeof (int) > = 8** को टेस्ट कर रहे हैं तब run-time tests के बजाय static assertions का प्रयोग करें (किंतु आइटम 91 भी देखें)।

उदाहरण 2: Compile -time polymorphism: जब आपको generic functions या types को डिफाइन करना हो तब run-time polymorphism (वर्चुअल फंक्शन्स) के बजाय compile-time polymorphism (टेम्पलेट्स) के बारे में सोचिए। इसकी वजह से जो कोड मिलता है उसकी जाँच कंपाइलेशन के दौरान ज्यादा अच्छी तरह से की जा सकती है (आइटम 64 भी देखें)।

उदाहरण 3: Enums: जब आपको restricted integral values या symbolic constants को प्रकट करने की आवश्यकता हो तब उन्हें **enums** के रुप में डिफाइन करें (या दूसरा पूरी तरह से तैयार टाइप हो तो उसका प्रयोग करना और भी बेहतर होगा)।

उदाहरण 4: Downcasting: अगर आप downcasting करने के लिए अक्सर **dynamic_cast** (या जाँच न किए गए static cast, जो और बुरा है) का प्रयोग कर रहे हैं तो इसका मतलब है कि आपके बेस क्लासेस आपको बहुत कम functionality उपलब्ध कराते हैं। ऐसे में आप अपने इंटरफेस को फिर से डिजाइन करें ताकि आपका प्रोग्राम बेस क्लास का उपयोग करके कम्प्युटेशन्स को व्यक्त कर पाए।

अपवाद

कुछ कंडिशन्स की कंपाइलेशन के दौरान जाँच नहीं की जा सकती। उनके लिए run-time जाँच की ही आवश्यकता होती है। ऐसे में प्रोग्राम के अंदर के एरर्स को ढूँढ़ने के लिए assertions का प्रयोग करें (आइटम 68 देखें) और दूसरे run-time एरर्स, जैसे कि डाटा पर आधारित एरर्स के लिए error handling सेक्शन के बाकी हिस्से में बताए गए सुझावों के अनुसार काम करें (69 से लेकर 75 तक के आइटम्स देखें)।

संदर्भ

[Alexandrescu01] §3 • [Boost] • [Meyers97] §46 • [Stroustrup00] §2.4.2 • [Sutter02] §4 • [Sutter04] §2, §19

15. भविष्य की उपयोगिता जानकर const का प्रयोग कीजिए। (Use const proactively.)

सारांश

const आपका मित्र है: अपरिवर्तनीय (immutable) वैल्युज को समझना, ढूँढ़ना तथा उनके बारे में तर्क करना आसान होता है। इसलिए जहाँ संभव हो वहाँ वेरियेबल्स के बजाय const का प्रयोग करें। आपको जब भी वैल्यु को डिफाइन करना हो तो उन्हें const के रुप में डिफाइन करें। ऐसा करना सुरक्षित होगा क्योंकि कंपाइलेशन के दौरान उनकी जाँच की जाती है (आइटम 14 देखें) और ये C++ की टाइप सिस्टम से जुड़े होते हैं। जब आप किसी const-incorrect फंक्शन को कॉल कर रहें हों, सिर्फ तब **const** का प्रयोग न करें (आइटम 94 देखें)।

चर्चा

कॉन्स्टंट्स की वजह से कोड को समझना आसान हो जाता है क्योंकि कोड में सभी जगहों पर उसकी वैल्यु क्या है यह जानने के लिए आपको सिर्फ जहाँ कॉन्स्टंट को डिफाइन किया गया है वहाँ देखना पड़ता है। निम्नलिखित कोड देखें:

```
void Fun ( vector <int> & V) {
  // ...
const size_t len = v.size ( );
  // ... 30 more lines ...
}
```

ऊपर बताई गई **len** की डेफिनेशन को देखने के बाद आप पूरे scope में **len** के semantics के बारे में अश्वस्त हो जाते हैं (यहाँ हम ऐसा मानकर चलते हैं कि कोड **const** की वैल्यु को बदलेगा नहीं और उसे ऐसा करना भी नहीं चाहिए, आगे दी गई जानकारी देखें)। **len** की डेफिनेशन हमे एक विशिष्ट जगह पर **V** के बारें में बताती है। कोड के सिर्फ एक लाइन को देखकर हम पूरे scope में **len** के semantics को जान सकते हैं। **len** को बाद में **const** के बिना ही alias के जरिए प्रत्यक्ष या अप्रत्यक्ष रुप से मॉडिफाय किया जा सकता है। (सबसे अच्छी बात यह है कि इसे कायम रखने में कंपाइलर आपकी पूरी सहायता करता है।)

इसका ध्यान रहे कि **const** के प्रयोग में गहराई नहीं होती। **C** नाम के एक क्लास का उदाहरण देखिए, जिसके मेंबर्स का टाइप है **X***। **C** में जब ऑब्जेक्ट **const** है तब **X*** मेंबर भी **const** होता है लेकिन **X** ऑब्जेक्ट जिसे पॉएंट किया गया है वह **const** नहीं होता ([Saks99] देखें)।

logical constness को **mutable** members के साथ ही इंप्लिमेंट करें। जब क्लास के **const** मेंबर फंक्शन के लिए उसके कथित मेंबर वेरियेबल में बदलाव लाना जरुरी हो जाता है (अर्थात जब वेरियेबल का उस ऑब्जेक्ट की दर्शनिक स्थिति (observable state) पर कोई असर नहीं होता, जैसे कि cached डाटा), तब उस मेंबर वेरियेबल को **mutable** डिक्लेअर कर दें। खयाल रहें कि अगर सभी प्राइवेट मेंबर्स को Pimpl idom का (आइटम 43 देखें) प्रयोग करके छिपाया गया हो तब न तो cache की गई इनफॅारमेशन पर और न ही उसे पॉएंट करनेवाले तथा न बदलनेवाले पॉएंटर्स (unchangable pointer) पर **mutable** की आवश्यकता है।

किंतु const किसी वायरस के जैसा ही है। अगर आप **const** को किसी एक जगह पर समाविष्ट करते हैं तो जैसे ही आप दूसरे फंक्शन को कॉल करते हैं, जिनके signatures अभी **const_correct** नहीं हुए हैं, वह आपके पूरे कोड के अंदर फैलना चाहेगा। यह bug नहीं बल्कि विशेषता है और यह **const** को अधिक शक्तिमान बनाती है।

हालांकि जब **const** को ठीक से समझा और पसंद नहीं किया गया था तब उसकी यह विशेषता छुपी हुई थी। किसी मौजूदा कोड के बेस को const-correct बनाने हेतु उसमें बदलाव लाने के लिए बहुत प्रयास करने पड़ते हैं। लेकिन ये प्रयास व्यर्थ नहीं जाते और इन्हीं की वजह से छुपे हुए bugs सामने आ सकते हैं।

Const-correctness उचित, प्रमाणित एवं असरदार है और इसकी सिफारीश अक्सर की जाती है। प्रोग्राम के स्वरुप में कहाँ और कैसे बदलाव आ रहे हैं यह जानना आपके लिए अत्यावश्यक है, और **const** इसकी जानकारी सीधे कोड में ही दे देता है, जहाँ कंपाइलर उन बदलावों को प्रचलित करने में मदद कर सकता है। **const** का उचित प्रयोग करके आप अपने डिजाइन को और अच्छी तरह से समझ सकते हैं और इससे आपका कोड और भी मजबुत (sturdy) और सुरक्षित बनता है। अगर मेंबर फंक्शन को **const** करना आपके लिए असंभव हो रहा हो तो ये मेंबर फंक्शन्स ऑब्जेक्ट के रुप में किस तरह से बदलाव ला सकते हैं इस बात की पूरी जानकारी लें। तब आप शायद यह भी जान पाएंगे कि कौन-कौन से डाटा मेंबर्स physical constness और logical constness के बीच के फर्क को कम कर रहें हैं, जैसे कि निम्नलिखित उदाहरणों में बताया है।

const को सिर्फ तभी cast करें जब const-incorrect function को कॉल करना हो या फिर कभी-कभी जब पुराने कंपाइलर पर **mutable** की कमी लगती हो।

उदाहरण

उदाहरण: फंक्शन के डिक्लेरेशन्स में **const** pass-by-value फंक्शन पैरामीटर्स को टालिए। निम्नलिखित दोनों डिक्लेरेशन्स समतुल्य हैं।

```
void Fun ( int x );
void Fun ( const int x );     //redeclares the same function: top-level const is ignored
```

दूसरे डिक्लरेशन में **const** अतिरिक्त है। हम किसी भी top-level **const** के बिना फंक्शन को डिक्लरेशन करने की सलाह देगे जिससे कि आपके हेडर फाइल को पढ़नेवाला व्यक्ति दुविधा में न पड जाए। फिर भी top-level **const** के प्रयोग से फंक्शन की डेफिनेशन को फर्क पड़ता है और इसका प्रयोग पैरामीटर में अचानक आनेवाले बदलावों को पकडने के लिए उचित है।

```
void Fun ( const int x ) {          // Fun's actual definition
  //...
  ++x;                              // error: can not modify a const value
  // ...
}
```

संदर्भ

[Allison98] §10 • [Cline99] §14.02-12 • [Dewhurst03] §6, §31-32, §82 • [Keffer95] pp. 5-6 • [Koenig97] §4 • [Lakos96] §9.1.6, §9.1.12 • [Meyers97] §21 • [Murray93] §2.7 • [Stroustrup00] §7.2, §10.2.6, §16.3.1 • [Sutter00] §43

16. मैक्रोज का प्रयोग करना टालिए। (Avoid macros.)

सारांश

कडवा सच: मैक्रोज C और C++ की आदर्श सुविधाओं से भिन्न, सबसे गलत साधन हैं। किसी भूखे भेड़िये की तरह मैक्रोज फंक्शन का सहारा लेकर छुपे रहते हैं। इन्हें वश करना या इन पर काबू पाना बहुत कठिन है। आपके पूरे स्कोप के अंदर नियमित गति से वे (अपनी रचना अनुसार) एक ही रास्ते पर चलते रहते हैं और इस तरह से प्रोग्राम की क्षमता को कम करते हैं। उनका प्रयोग न करना ही बेहतर है।

चर्चा

मैक्रोज के बारे में किसी भी लैंग्वेज द्वारा जानकारी देना बहुत कठिन है। फिर भी हम उसका विवरण देने की कोशिश करेंगे। [Sutter04] §31 में लिखा है:

> "मैक्रोज अप्रिय गंदे एवं चिपकू होते हैं। इसके कई कारण हैं। इनमें से अधिकांश कारण इसी तथ्य से संबंधित है कि वे एक ऐसी शोभादायक text-substitation सुविधा है, जो प्रिप्रोसेसिंग के दौरान C++ के किसी भी सिन्टैक्स और semantic के नियम अप्लाई होना शुरु होने से पहले ही अपना असर दिखाना शुरु कर देती है।"

मैक्रोज की जानकारी में से कुछ जानकारी छूट न जाए और उन्हें लेकर कोई संभ्रम न रहे इसलिए Bjarne Stroustrup ने जो लिखा है उसकी तरफ भी आपका ध्यान खीचना चाहेंगे:

> "अधिकांश मैक्रोज और प्रीप्रोसेसर्स को में नापसंद करता हूँ। C++ कई उद्देश्यों में से एक है C के प्रीप्रोसेसर को अनावश्यक बनाना (§4.4, §18) क्योंकि मैं समझता हूँ कि उनकी हरकते स्वाभाविक रुप से त्रुटी को बढ़ावा (error-prone) देती हैं।" - [Strousterup94] §3.3.1

> "C++ मैक्रोज की लगभग कभी जरुरत ही नहीं होती है। प्रत्यक्ष कॉन्स्टंट्स को डिफाइन करने के लिए **const** (§5.4) तथा **enum**(§4.8) का प्रयोग करें (आइटम 15 देखें), function-calling के साथ आने वाले अतिरिक्त कार्यभार (overhead) को टालने के लिए **inline** (§7.1.1) का प्रयोग करें (किंतु आइटम 8 देखे)! फंक्शन्स की फैमिली और टाइप का विवरण देने के लिए **templates** (प्रकरण 13) का प्रयोग करें (आइटम 64 से लेकर 67 तक देखें), और नामों के बीच विरोध को टालने के लिए **namespaces** (§8.2) का प्रयोग करें (आइटम 57 से लेकर 59 तक देखें)।" - [Strousterup00] §1.6.1

> "मैक्रोज का प्रयोग करने का सबसे पहला नियम यही है कि उनका प्रयोग तभी करें जब उनकी आवश्यकता हो। लगभग हर मैक्रो प्रोग्रामिंग लैंग्वेज प्रोग्राम और प्रोग्रामर के दोष को सामने लाती है।" - [Strousterup00] §7.8

C++ के मैक्रोज के साथ समस्या यह है कि अपने काम में वे जितने अच्छे लगते हैं उतने अच्छे असल में नहीं होते। मैक्रोज अक्सर स्कोप टाइप सिस्टम और लैंग्वेज की बाकी सभी विशेषताओं को अनदेखा करते हैं और बाकी फाइल में जो सिम्बाल्स डिफाइन किए गए हों उनका प्रयोग करके अपनी मनमानी करते हैं। मैक्रो द्वारा किए गए invocations किसी सिम्बाल या फंक्शन कॉल की तरह लगते हैं जब कि वे ऐसे नहीं होते। मैक्रोज स्वस्थ (hygenic) नहीं होते क्योंकि जिस संदर्भ (context) में उनका प्रयोग हो रहा हो उसके अनुसार वे अचानक किसी भी रुप में खुल जाते हैं या अभिप्राय देते हैं। मैक्रोज अक्सर text substitution करते हैं जिसकी वजह से ऐसे मैक्रोज, जो स्वतंत्र रुप से शायद सही काम कर सके, उनमें कुछ लिखना ऐसे जादू पर प्रभुत्व पाने के जैसा है जो कठिन होने के साथ-साथ निष्फल भी होगा।

जो लोग यह मानते हैं कि टेम्पलेट से संबधित एरर्स को समझना बहुत ही कठिन है, उन्होंने शायद गलत तरीके से

बनाए गए या बुरी तरह से इंप्लिमेंट किए गए मैक्रोज के कारण आनेवाली एररर्स को देखा नहीं होगा। टेम्पलेट्स C++ के टाइप सिस्टम का एक हिस्सा हैं और इसीलिए कंपाइलर उन्हें अच्छी तरह से नियंत्रित कर सकता है, इसके विपरीत मैक्रोज लैंग्वेज के किसी भी नियम को नहीं मानते हैं इसलिए उनके साथ व्यवहार करना मुश्किल होता है। सबसे बुरी बात यह है कि, कंपाइलर अगर गलति से भी मैक्रो को कंपाइल करता है तो मैक्रो transmission line noise में खुलने की संभावना बनी रहती है, जो टेम्पलेट में नहीं होता। इन सब के अलावा मैक्रो में यदि कोई एरर हो तो उसका पता मैक्रो को डिफाइन करते समय नहीं बल्कि मैक्रो जब खुल जाती है तब चलता है।

यदि किसी कारणवश आपको मैक्रो का लिखना उचित लगता हो (अपवाद देखें) तो मैक्रोज के लिए आम तौर पर इस्तेमाल किए जानेवाले शब्द या संक्षिप्त नामों (abbreviations) का प्रयोग कभी न करें। जितनी जल्दी हो सके उतनी जल्दी **#undef** लिखकर मैक्रोज को undefine करें। उन्हें हमेशा ध्यान खीचनेवाले अपर केस में लिखे और भद्दे (SCREAMING_UPPERCASE_ AND_UGLY) नाम दें तथा उन्हें हेडर्स में न रखें।

उदाहरण

उदाहरणः टेम्पलेट instantiation को मैक्रो को pass करनाः C के पैरन्थिसिस और स्क्वेअर ब्रैकेट्स का संतुलन कैसे रखना है इसके बारे में मैक्रोज शायद से ही कुछ जानते हैं। फिर भी C++ नए parenthical constructs, यानी टेम्पलेट में इस्तेमाल किए जानेवाले < और > को सही तरह से मिलाने में मैक्रो असमर्थ होता है, मतलब

MACRO (FOO<int, double >)

इस macro invocation में मैक्रो यह समझता है कि, उसको **FOO<int** और **double>** ये दो आर्ग्युमेंट्स pass किए गए हैं, जब कि वास्तव में यह कन्सट्रक्ट C++ की एक एन्टिटी है।

अपवाद

कुछ जरुरी कामों के लिए केवल मैक्रो की ही आवश्यकता होती है जैसे कि, **#include** guards (आइटम 24 देखें), शर्तों पर आधारित कंपाइलेशन के लिए **#ifdef** और **#if defined** और assert को इंप्लिमेंट करना (आइटम 68 देखें)।

शर्तों पर आधारित कंपाइलेशन के लिए (जैसे कि, सिस्टम पर आधारित हिस्सों में) आपके कोड में **ifdef** का प्रयोग कम ही करें। इसके बजाय कोड की रचना कुछ इस तरह से करें कि आप मैक्रो का प्रयोग किसी पर्यायी आम इंटरफेस के इंप्लिमेंटशन तौर पर कर पाए और फिर पूरे कोड मे इसी इंटरफेस का प्रयोग करें।

अगर आपको कोड में बहुत सी जगहों पर किसी जानकारी को कॉपी और पेस्ट करना हो तब शायद आप मैक्रो का प्रयोग करना चाहेंगे किंतु उस समय पूरी सावधानी बरतें।

हमने देखा है कि [C99] और [Boost] दोनों में प्रिप्रोसेसर का एक्सटेंशन क्रमशः सामान्य और आरंभिक (moderate & radical) होता है।

संदर्भ

[Boost] • [Dewhurst03] §25-28 • [Lakos96] §2.3.4 • [Stroustrup94] §3.3.1 • [Stroustrup00] §1.6.1, §7.8 • [Sutter02] §34-35 • [Sutter04] §31 • [Sutter04a]

17. जादूई संख्याओं का प्रयोग करना टालिए। (Avoid magic numbers.)

सारांश

प्रोग्रामिंग कोई जादू नहीं है, इसलिए जादुई संख्याओं का प्रयोग न करें: कोड में 42 या 3.14159 जैसे यशाशब्द कॉन्स्टंट्स नहीं लिखने चाहिए। ऐसे कॉन्सटंट्स खुद को व्यक्त नहीं कर पाते हैं और आसानी से समझ में न आनेवाली नकल बनाते हैं तथा उनको मेंटेन करना कठिन हो जाता है। इनके बजाय **width * aspectRatio** जैसे सांकेतिक नामों का (symbolic names) और एक्सप्रेशन्स का प्रयोग करें।

चर्चा

नाम (name) जानकारी देते हैं और एक ही जगह से maintenace कराने की सुविधा उपलब्ध कराते हैं। कॉन्स्ट्टंस को अगर हम यशाशब्द यानी सिर्फ नंबर्स के रुप में लिखेंगे तो प्रोग्राम में वे कहाँ कॉन्स्ट्ंटस के रुप में हैं और कहाँ केवल संख्या के रुप में इसका पता नहीं चलेगा और मेंटेनन्स में दिक्कतें आएंगी। कॉन्स्टंट्स हमेशा enumerators के या **const** के रुप में होने चाहिए। इसके अलावा उन्हें दिया गया नाम उचित होने के साथ उनका scope सुनिश्चित होना चाहिए।

प्रोग्राम में दो जगहों पर 42 लिखा हों तो यह जरुरी नहीं है के वे दोनों एक ही हों। सबसे बुरा यह है कि प्रोग्रामर ने पहले से ही मन में जो कैलक्युलेशन्स कर लिए हैं (जैसे कि, "प्रोग्राम में इस जगह पर जो 82 है उसे, पाँच लाइनों के पहले जो 42 है उसे दुगना करके लाया गया है") उनके कारण 42 को किसी दूसरे कॉन्स्टंट से बदलना और भी मुश्किल हो जाता है और प्रोग्राम में एरर्स आने की संभावना रहती है।

Hard-coded स्ट्रींग्ज (जैसे कि 42 को किसी कॉन्स्टंट के रुप में लिखने के बजाय सीधे 42 लिखना) के बजाय symbolic कॉन्स्टंट लिखने को प्राधान्य दें। स्ट्रींग को से अलग रखने से कोड में स्ट्रींग्ज का दोहराना कम हो जाता है, internalization में मदद मिलती है (उदाहरण के लिए, .cpp फाइल में या रिसोर्स फाइल में) और जो प्रोग्रामर नहीं है ऐसे किसी व्यक्ति को उस कोड को रिव्यू और अपडेट करने के लिए कहा जा सकता है।

उदाहरण

उदाहरण 1: namespace लेवल पर लिखे गए महत्त्वपूर्ण domain-specific कॉन्स्टंट्स।

```
const size_t PAGE_SIZE            =8192,
             WORDS_PER_PAGE       =PAGE_SIZE / sizeof (int),
             INFO_BITS_PER_PAGE   =32 * CHAR_BIT
```

उदाहरण 2: Class-specific कॉन्स्टंट्स: आप static integral कॉन्स्टंट्स को क्लास के डेफिनेशन में ही डिफाइन कर सकते हैं। दूसरे टाइप के कॉन्स्टंट्स के लिए आपको अलग डेफिनेशन या एक छोटा फंक्शन लिखना पड़ता है।

```
//file widget.h
class Widget{
  static const int defaultWidth = 400;            //value provided in declaration
  static const double defaultPercent;             //value provied in definition
  static const char * Name() { return "Widget"; }
};
//file widget.cpp
const double Widget::defaultPercent = 66.67;      //value provided in definition
const int Widget::defaultWidth;                   //definition required
```

संदर्भ

[Dewhurst03] §2 • [Kernighan99] §1.5 • [Staoustrup00] §4.8, §5.4

18. वेरियेबल्स को जितना संभव हो उतना स्थानिक रुप में डिक्लेअर कीजिए।
(Declare variables as locally as possible.)

सारांश

वेरियेबल्स का scope सीमित रखें और उसके साथ-साथ वेरियेबल्स का scope बड़ा होने की जरुरतों को भी टालिए। वेरियेबल्स किसी स्थिति (state) का परिचय दिलाते हैं और आपको जितनी हो सके उतनी छोटी स्थिति को और जितना संभव हो उतने कम जीवनकाल (life-time) के लिए उनका प्रयोग करना चाहिए। यह आइटम 10 का ही एक खास उदाहरण है जिसकी अपनी एक अलग शैली है।

चर्चा

जिन वेरियेबल्स का जीवनकाल आवश्यकता से ज्यादा होता है उनमें कई कमियां होती हैं।

- प्रोग्राम को समझने और उसे मेंटेन करने को ज्यादा मुश्किल बनाते हैं। उदाहरण के लिए, यदि कोड सिर्फ current-drive (जिस ड्राइव पर वह अभी है) को बदलता हो तो ऐसी स्थिति में प्रोग्राम कोड module-wide path string को अपडेट करेगा क्या?
- ऐसे वेरियेबल्स अपने नाम (name) से अपने संदर्भ (context) को दूषित कर देते हैं। इसीलिए namespace लेवल के वेरियेबल्स, जो सबसे ज्यादा वीजिबल होते हैं वे भी अच्छे नहीं होते (आइटम 10 देखे)।
- उन्हें हमेशा ही ठीक से इनिशियलाइज नहीं किया जा सकता। अगर आप वेरियबल को ठीक से इनिशियलाइज नहीं कर सकते हैं तो उसे डिक्लेअर करने में जल्दबाजी न करें। C++ के सभी प्रोग्राम्स में आनेवाले bugs का प्रमुख स्त्रोत इनिशियलाइज न किए गए वेरियेबल्स होते हैं और उनके बारे में हमे हमेशा सचेत रहना चाहिए क्योंकि कंपाइलर हमेशा ही उन्हें ढूँढ़ पाएगा ऐसा नहीं होता (आइटम 19 देखें)।

[C99] से पहले के C के वर्जन्स में scope के शुरुवात में ही वेरियेबल्स को डिफाइन करना जरुरी था, लेकिन C++ में इसकी जरुरत नहीं है। इस स्टाइल से जुड़ी गंभीर समस्या यह थी कि, scope के शुरु में ही वेरियेबल्स को सबंधित जानकारी से इनिशियलाइज कर सके इतनी जानकारी सहसा आपके पास नहीं होती। ऐसी स्थिति में आपके पास दो ही विकल्प बचते हैं- उन्हें या तो किसी डिफॉल्ट ब्लैंक वैल्यु (जैसे कि जीरो) से इनिशियलाइज करना, जो व्यर्थ होने के साथ-साथ वेरियेबल्स का आवश्यकता से पहले ही प्रयोग किए जाने पर एरर्स को बुलावा देता है। दूसरा विकल्प है कि आप वेरियेबल्स को इनिशियलाइज ही न करें, लेकिन यह बहुत ही हानीकारक है। यूजर द्वारा डिफाइन किए गए किसी वेरियेबल को अगर आप इनिशियलाइज नहीं करते हैं तो वह खुद अपने आप को किसी ब्लैंक वैल्यु से इनिशियलाइज कर लेगा।

इस समस्या का हल आसान है, वेरियेबल को जितना संभव हो उतना स्थानिक रुप में (locally) डिफाइन करें। यह वही स्थान होता है जहाँ आपके पास वेरियेबल को डिफाइन करने के लिए आवश्यक डाटा है होता हैं और देखें कि इसके तुरंत बाद उसका पहला प्रयोग किया गया है या नहीं।

अपवाद

कभी-कभी लूप के बाहर ही वेरियेबल को डिफाइन करना फायदेमंद हो सकता है (आइटम 9 देखें)। कॉन्स्टंट्स के कारण state प्राप्त नहीं होती, इसीलिए यह आइटम उन पर लागू नहीं होता है (आइटम 17 देखें)

संदर्भ

[Dewhurst03] §3, §48, §66 • [Dewhurst03] §95 • [McConnell93] §5.1-4, §101 • [Stroustrup00] §4.9.4, § 6.3

19. वेरियेबल्स को हमेशा इनिशियलाइज कीजिए। (Always initialize variables.)

सारांश

साफ सुथरे स्लेट से शुरुआत करें: जिन्हें इनिशियलाइज न किया गया हो ऐसे वेरियेबल्स ही C और C++ के प्रोग्राम में आनेवाले bugs का मुख्य कारण होते हैं। ऐसे bugs को टालने के लिए आप मेमोरी का प्रयोग करने से पहले उसे अवश्य साफ (clean) करें और वेरियेबल्स को डिफाइन करते समय ही उन्हें इनिशियलाइज भी करें।

चर्चा

C और C++ ये लैंग्वजेस कम कार्यक्षम हैं, यहाँ जब तक आप खुद वेरियेबल्स को इनिशियलाइज नहीं करते तब तक कंपाइलर उन्हें इनिशियलाइज नहीं करता (उदाहरण के लिए, लोकल वेरियेबल्स, कन्स्ट्रक्टर के इनिशियलाइजर की सूची में जो मेंबर्स नहीं हैं वे)। वेरियेबल्स को आप खुद इनिशियलाइज करें।

वेरियेबल्स को इनिशियलाइज न करने के कारण बहुत कम हैं, इनमें से एक भी कारण इतना गंभीर नहीं है कि वह प्रोग्राम कोड के किसी अनिश्चित वर्तन का कारण बन सके।

अगर आपने किसी procedural language (जैसे की, Pascal, C, Fortran, या Cobol) का प्रयोग किया है तो आप शायद कोड जिन वेरियेबल्स का इस्तेमाल करता है उन्हें कोड से अलग डिफाइन करने और फिर जब उन वेरियेबल्स का प्रयोग करना हो तब उन्हें वैल्यु असाइन करने के बारे में जानते होंगे। यह पध्दती अब अप्रचलित हो गई है और न ही इसकी सिफारिश की जाती है (आइटम 18 देखें)।

इनिशियलाइज न किए हुए वेरियेबल्स को लेकर एक गलत धारणा यह है कि उनकी वजह से प्रोग्राम एकदम से क्रैश हो जाता है, इसीलिए ऐसे वेरियेबल्स को एक सादे testing के द्वारा सामने लाया जाता है। इसके विपरीत, जब तक मेमोरी में प्रोग्राम के लिए पर्याप्त बिट्स हैं तो ऐसे प्रोग्राम, जिनमें इनिशियलाइज न किए हुए वेरियेबल्स हैं, बिना किसी दिक्कत के कई सालों तक run होते हैं। बाद में अगर किसी अलग संदर्भ (context) से कॉल किए जाने पर फिर से कंपाइलेशन किया जा रहा हो तब या फिर प्रोग्राम के किसी दूसरे हिस्से में किए गए बदलावों के कारण प्रोग्राम नाकाम हो सकता है। इसमें प्रोग्राम के अनिश्चित वर्तन से लेकर प्रोग्राम बीच-बीच में क्रैश होन तक कई समस्याएँ आ सकती हैं।

उदाहरण

उदाहरण 1: Control flow में data flow का मिश्रण कम हो इसके लिए डिफॉल्ट इनिशियल वैल्यु या ?: का प्रयोग करना।

```
//Not recommended: Doesn't initialize variable
int speedupFactor;
if( condition )
    speedupFactor = 2;
else
    speedupFactor =  -1;
//Better: Initializes variable
int speedupFactor =  -1;
if (condition)
    speedupFactor = 2;
```

```
// Better: Initializes variable
int speedupFactor = condition ? 2 : -1;
```

अच्छे विकल्प वेरियेबल के डेफिनेशन और इनिशियलाइजेशन में कोई अंतर नहीं रखते।

उदाहरण 2: पेचींदे computational flow के बजाय फंक्शन लिखें। कभी-कभी फंक्शन के अंदर वेरियेबल को जितनी अच्छी तरह से encapsulate किया जाता है उतनी ही अच्छी तरह से उसकी वैल्यु को कंप्यूट किया जाता है (आइटम 11 देखें)।

```
//Not recommended: Doesn't initialize variable
int speedupFactor;
if ( condition ) {
    // ... code ...
    speedupFactor = someValue;
} else {
    // ... code ...
    speedupFactor = someOtherValue;
}
//Better: Initializes variable
int speedupFactor = ComputeSpeedupFactor();
```

उदाहरण 3: एरेज को इनिशियलाइज करना: एरेज जैसे बड़े समूह को ठीक तरह से इनिशियलाइज करने का मतलब ऐसा नहीं होता कि वहाँ बताए गए पूरे डाटा का प्रयोग होना ही चाहिए। उदाहरण के लिए, मान लीजिए कि आप एक ऐसे API का प्रयोग कर रहे हैं जो आपको **char** टाइप का fixed एरे, जिसका साईज MAX-PATH है, का प्रयोग करने के लिए विवश करता है (लेकिन आइटम 77 और 78 देखें)। अगर आपको इस बात का विश्वास है कि एरेज को हमेशा null-terminated C string समझा जाएगा तो निम्नलिखित असाइनमेंट को देखिए:

```
//Acceptable: Create an empty path
char path[MAX_PATH]; path[0] = '\0';
```

निम्नलिखित सुरक्षित इनिशियलाइजेशन एरे के सभी कैरेक्टर्स की जगह पर जीरो लिखेगा:

```
//Better: Create a zero-filled path
char path [MAX_ PATH] = { '\0' };
```

ऊपर बताए गए दोनो तरीके सही हैं, लेकिन आप अनावश्यक कार्यक्षमता के बजाय सुरक्षितता की तरफ ज्यादा ध्यान दें।

अपवाद

इनपुट बफर्स और **volatile** डाटा, जो सीधे हार्डवेयर या किसी दूसरी प्रोसेस द्वारा लिखा जाता है उसे इनिशियलाइज करने की आवश्यकता नहीं होती।

संदर्भ

[Dewhurst 03] §48 • [Stroustrup00] §4.9.5, §6.3

20. बड़े फंक्शन्स और गहरी नेस्टिंग का प्रयोग करना टालिए। (Avoid long functions. Avoid deep nesting.)

सारांश

बड़े फंक्शन के बजाय छोटे-छोटे एकत्रित फंक्शन्स और गहरी nesting के बजाय सरल nesting का प्रयोग करना ही बेहतर है। एक फंक्शन को उसके अनुरुप संयुक्त जिम्मेदारी न देने के कारण ही nested code blocks की जरुरत पड़ती है (आइटम 5 देखें)। refactoring के जरिए बड़े फंक्शन्स और गहरी नेस्टिंग इन दोनों समस्याओं को हल किया जा सकता है।

चर्चा

फंक्शन हमेशा कई काम एकत्रित रुप से करनेवाला एक पूरा यूनिट होना चाहिए और उसका नाम उसके काम के अनुसार होना चाहिए (आइटम 5 और आइटम 70 की चर्चा देखें)। इसके बजाय यदि फंक्शन अपने में छोटे काल्पनिक एलिमेंट्स को मिलाने का प्रयत्न करेगा तो फंक्शन अपने काम को छोड़कर दूसरे ही काम करेगा।
बहुत बड़े फंक्शन्स एवं बहुत गहरी nesting के कारण (जैसे कि, **if**, **for**, **while** और **try** block) फंक्शन को समझना और उसे मेंटेन करना बहुत मुश्किल हो जाता है और ऐसा करना जरुरी भी नहीं है।
आप जब कोड को पढ़ते हैं तब वह कब कैसे काम कर रहा है यह जानना जरुरी होता है, और nesting की हर लेवल के साथ उस लेवल से जुड़ी जानकारी की ओर भी ध्यान देना पड़ता है (जैसे कि, conditional statement में जाना, loop में जाना, try के block में जाना, conditional statement में जाना...)। किसी का कोड पढ़ते समय उसमें डाले गए **for, while** या **if**, के लिए सही closing brace कौनसी है यह आप आसानी से जान पाते हैं क्या? कोई व्यक्ति जब कोड पढ़ रहा हो तब उसे एकसाथ बहुत सी बाते ध्यान में न रखनी पड़े इसलिए फंक्शन का अच्छे से एनालिलिस करने पर जोर दें।
व्यावहारिक ज्ञान और विचारशक्ति का इस्तेमाल करें। फंक्शन की लंबाई और गहराई को सीमित रखें। nesting और लंबाई को कम रखने के लिए निम्नलिखित बातों पर ध्यान दें:

- एकजैसे कामों के लिए एक ही फंक्शन लिखने का प्रयत्न करें। हर फंक्शन को केवल एक ही जिम्मेदारी दें (आइटम 5 देखें)।
- कोड को दोहराईएगा नहीं। एक जैसे कोड को बार-बार दोहराने के बजाय उस कोड का काम कर सके ऐसे named functions का प्रयोग करें।
- && का प्रयोग ज्यादा से ज्यादा करें। अगर **&&** condition से काम बन रहा हो तो निरंतर nested **if** के प्रयोग को टालिए।
- **try** का ज्यादा प्रयोग न करें। **try**-blocks के द्वारा मेमोरी को ऑटोमैटिकली साफ करने (cleanup) के बजाय डिस्ट्रक्टर्स का प्रयोग करें (आइटम 13 देखें)।
- अल्गोरिदम्स का प्रयोग करें। अल्गोरिदम्स सरल और अक्सर लूप से बेहतर होते हैं (आइटम 84 देखें)।
- type tags पर **switch** का प्रयोग न करें। polymorphic का प्रयोग करें (आइटम 90 देखें)।

अपवाद

कभी-कभी आप फंक्शन के काम को अलग-अलग कामों मे बाँट नहीं सकते, क्योंकि ऐसे हर स्वतंत्र काम के लिए आपको कई local variables और उनके संदर्भ को pass करना पड़ेगा (जिसकी वजह से ज्यादा readable के बजाय कम readable रिजल्ट्स मिल सकते हैं) तब ऐसे में शायद फंक्शन बड़ा और गहरा हो सकता है। किंतु यदि ऐसे बहुत से संभावित फंक्शन्स के आग्युमेंट्स समान हों तो आप उनको एक नए क्लास के मेंबर्स बना सकते हैं।

संदर्भ

[Piwowarksi82] • [Miller56]

21. विभिन्न कंपाइलेशन यूनिट्स के बीच इनिशियलाइजेशन डिपेंडन्सीज रखना टालिए। (Avoid initialization dependencies across compilation units.)

सारांश

इनिशियलाइजेशन को क्रम में रखें: अलग-अलग कंपाइलेशन यूनिट्स के namespac-level के ऑब्जेक्ट्स को इनिशियलाइजेशन के लिए एकदूसरे पर निर्भर नहीं होना चाहिए, क्योंकि उनके इनिशियलाइजेशन का क्रम अनिश्चित होता है। अगर ऑब्जेक्ट्स का इनिशियलाजेशन एकदूसरे पर निर्भर होगा तो कई परेशानियों का सामना करना पड़ता है। इनमें आपके प्रोजेक्ट में यदि कोई बदलाव किया जाए तो प्रोजेक्ट एकदम से नाकाम होने से लेकर उसी कंपाइलर का नया वर्जन आपके प्रोजेक्ट run न होने तक की परेशानियाँ शामिल हैं।

चर्चा

जब आप दो namespace-level के ऑब्जेक्ट्स को अलग-अलग कंपाइलेशन यूनिट्स में डिफाइन करते हैं तब कौनसे कन्सट्रक्टर के ऑब्जेक्ट को पहले कॉल किया जाएगा यह निश्चित नहीं होता। ऐसा मानना है कि आपके टूल्स प्रायः (लेकिन हमेशा नहीं) कंपाइलेशन यूनिट की ऑब्जेक्ट फाइल्स जिस क्रम से link की गई हों उसी क्रम से ऑब्जेक्ट्स को इनिशियलाइज करते हैं। लेकिन इस बात पर विश्वास नहीं किया जा सकता। अगर आपका इस कल्पना पर विश्वास हो तब भी आप नहीं चाहेंगे कि आपका कोड सूक्ष्म रुप से भी आपके makefile या फिर project file पर निर्भर रहें। (इससे होनेवाली परेशानियों पर ज्यादा जानकारी के लिए आइटम 59 देखें)।

इसीलिए namespace-level के ऑब्जेक्ट के इनिशियलाइजेशन कोड के अंदर आप यह मानकर नहीं चल सकते कि ऑब्जेक्ट्स को दूसरे कपांइलेशन यूनिट में पहले से ही इनिशियलाइज किया गया है। ऐसी मान्यताएँ प्रारंभिक (primitive) टाइप के dynamically initiallzed variables, जैसे कि **bool reg_success= LibRegister ("mylib");** इस namespace-level पर भी लागू होती हैं।

ध्यान रहें कि, कन्स्ट्रक्टर किसी namespace-level के ऑब्जेक्ट को बनाए इससे पहले ही ये स्थायी रुप से जीरो से इनिशिजलाइज हो जाते हैं। (ऑटोमैटिक ऑब्जेक्ट्स जैसे कुछ ऑब्जेक्ट्स में शुरु में garbage होता है)। हालांकि ऐसा कहना विरोधाभासी लगेगा, यह zero-initialization ही bugs को ढूँढ़ निकालना ज्यादा मुश्किल बनाते हैं क्योंकि वे आपके प्रोग्राम को नाकाम करने के बजाय जिन ऑब्जेक्ट्स को अभी इनिशियलाइज भी नहीं किया है, उनके initialized होने का आभास दिलाते हैं। इसके कारण आप सोचते है कि स्ट्रींग खाली है, पॉइंटर null है और इंटिजर जीरो है, जब कि आपके कोड ने अब तक उन्हें इनिशियलाइज भी नहीं किया है।

इस समस्या से बचने के लिए जहाँ संभव हो वहाँ namespace-level वेरियेबल का प्रयोग करना टालिए, ये बहुत हानीकारक होते हैं (आइटम 10 देखें)। जब आपको ऐसे वेरियेबल्स की जरुरत हो जो शायद किसी और वेरियेबल पर निर्भर करते हैं तब आप Singleton Design pattern का प्रयोग करें। इस पैटर्न का सावधानीपूर्वक प्रयोग करने पर वह इसकी निश्चिती देता है कि ऑब्जेक्ट को पहले aceess में ही इनिशियलाइज किया गया है, और इस तरह से उनकी एक-दूसरे पर जो उत्स्फुर्त निर्भरता है उसे हटा देता है। लेकिन Singleton variables भी एक तरह से भेड़िये के रुप में आनेवाले global variables ही होते हैं (एक बार फिर से आइटम 10 देखें)। mutual एवं cyclic dependencies से इन्हें हानी पहुंचती है (यहाँ भी zero-initiatization सिर्फ संभ्रम बढ़ाता है)।

संदर्भ

[Dewhurst03] §55 • [Gamma95] • [McConnell93] §5.1-4 • [Stroustrup00] §9.4.1, 10.4.9

22. डेफिनेशन डिपेंडन्सीज को कम कीजिए। साइक्लिक डिपेंडन्सीज को टालिए।

(Minimize definational dependencies. Avoid cyclic dependencies.)

सारांश

डेफिनेशन्स पर ज्यादा निर्भर न रहें: अगर आप किसी टाइप को बाद में डिक्लेअर कर सकते हैं तो उस टाइप को पहले से ही डिफाइन करने की आवश्यकता नहीं है।

दूसरे मोड्यूल पर निर्भर न रहें: जब दो मोड्यूल्स एक दूसरे पर प्रकट या अप्रकट रुप से निर्भर होते हैं तब वहाँ cyclic dependency होती है। मोड्यूल एक ऐसा यूनिट है जो किसी एक काम को अच्छी तरह से पूरा कर सकता है (पृष्ठ क्रमांक 103 देखें)। इसी कारण जो मोड्यूल्स एक-दूसरे पर निर्भर होते हैं वे स्वतंत्र मोड्यूल्स नहीं बल्कि एक बड़े मोड्यूल के, जो कोई बड़ा काम करने वाला बड़ा यूनिट होता है, हिस्सा होते हैं। इस तरह से cyclic dependency मोड्यूलारीटी की आम धारणा के विरुध्द काम करती है और अक्सर बड़े प्रोजेक्टों मे घातक साबित होती है। इसीलिए cyclic dependency को टालिए।

चर्चा

अगर जरुरी हो तो ही डिक्लेअर करें अन्यथा टाइप को बाद में डिक्लेअर करना चाहिए। दो मामलों में 'class C' को पूरी तरह से डिक्लेअर करने की आवश्यकता होती है:

- जब आपको C के ऑब्जेक्ट की साईज के बारें में जानकारी रखना जरुरी होता है। उदाहरण के लिए, C को किसी stack पर एलोकेट करते समय या फिर किसी दूसरे टाइप के मेंबर के रुप में एलोकेट करते समय।
- जब आपको C के किसी मेंबर को नाम देने की या उसे कॉल करने की आवश्यकता हो तब, जैसे कि, मेंबर फंक्शन को कॉल करते समय।

इस किताब में बताए गए प्रस्तावों का पालन करते हुए हम ऐसी cyclic dependencies को, जो कंपाइलेशन के दौरान आनेवाली एरर्स का कारण होती हैं, पहले ही एक तरफ रख देंगे। इस किताब में बताई गई अच्छी सलाहों और आइटम 1 का अनुसरण करके आपने पहले से ही इस समस्या को हल कर लिया है। अब हम ऐसी cyclic dependencies पर ध्यान देंगे जो कंपाइल किए जानेवाले कोड में बनी रहती हैं और यह भी देखेंगे कि किस तरह से वह कोड की क्वालिटि पर असर डालती हैं। उन्हें टालने के लिए हमे कौन-कौनसे कदम उठाने की आवश्यकता है यह भी हम जानेंगे।

सामान्यत: मोड्यूल लेवल पर ही हमे dependencies और उनके cycle के बारे में सोचना चाहिए। मोड्यूल एक ऐसा एकत्रित यूनिट होता है जिसमें क्लास और उनसे जुड़े फंक्शन्स एक साथ मुक्त किए जाते हैं (आइटम 5 और पृष्ठ क्रमांक 103 देखें)। एक-दूसरे पर निर्भर करनेवाले दो क्लासेस यह cyclic dependency का सबसे सरल उदाहरण है।

```
class Child;                    //breaks the dependency cycle
class Parent { // ...
  Child*  myChild_;
};
class Child { // ...            //possibly in a different header
  Parent*  myParent_;
};
```

यहाँ **Parent** और **Child** एक-दूसरे पर निर्भर करते हैं। यह कोड ठीक तरह से कंपाइल भी हो जाता है, लेकिन ऐसा करके हम एक मुलभूत समस्या को आमंत्रित करते हैं। ये दोनों क्लासेस एक–दूसरे पर निर्भर होने के कारण अब वे स्वतंत्र नहीं रह सकते। उनका एक-दूसरे पर निर्भर करना गलत नहीं है, किंतु यह तभी होना चाहिए जब वे दोनों एक ही मोड्यूल का हिस्सा हों (ऐसा मोड्यूल जो एक ही आदमी या टीम द्वारा बनाया गया हो और जिसकी परिक्षा एवं प्रयोग एकत्रित रुप से किया गया है)।

इसके विपरीत यह देखें कि, अगर **Child** को उसके **Parent** ऑब्जेक्ट के लिए कोई back link रखना जरुरी न हो तो कैसा रहेगा। ऐसा करके हम स्पष्ट और ज्यादा लचिला डिजाइन बनाएंगे क्योंकि, इस तरह से **Parent** से पूरी तरह अलग रह कर **Child** अपने आप में एक अलग और छोटे मोड्यूल (जो किसी और नाम से हो सकता है) के रुप में काम कर सकता है।

जब इस dependency cycle के दायरे में कई मोड्यूल्स आते हैं तब समस्याएँ और बढ़ती हैं। ये सभी मोड्यूल्स एक-दूसरे के साथ जुड़े होने के कारण एक ही बड़े मोड्यूल में बदल जाते हैं। इसी वजह से ये cycles मोड्यूलैरीटी की सबसे भयानक शत्रु बन जाती हैं।

इन cycles से छुटकारा पाने के लिए (Martin96a)और (Martin00) में बताए गए 'Dependency Inversion Principle पर अंमल करें। जैसे कि, high-level module को किसी low-level module पर निर्भर रहने के लिए विवश न करें बल्कि दोनों को abstraction पर निर्भर रहने दें (आइटम 36 को भी देखें)। अगर आप **Parent** और **Child** में से किसी एक के लिए भी स्वतंत्र abstract class को डिफाइन कर सकते हैं तो आप इस साइकिल को तोडने में कामयाब हो जाते हैं। अन्यथा आपको इन दोनों क्लासेस को एक ही मोड्यूल का हिस्सा बनाना होगा।

एक खास प्रकार की dependency जो derived class की transitive dependency के कारण आती है, कुछ डिजाइन्स पर बुरा असर डालती है। ऐसा तब होता है जब बेस क्लास प्रकट या अप्रकट सभी प्रकार के descendants पर निर्भर करता है। "Vistior design pattern" को इंम्प्लिमेंट करने से भी ऐसी dependency मिलती है। base class और उसके derived classes की hierarchies अगर बहुत स्थिर हो तभी इस dependency को एक्सेप्ट किया जा सकता है। अन्यथा आप अपना डिजाइन बदलना चाहेंगे जैसे कि, Acyclic Vistor Pattern का प्रयोग करना [Martin 98] ।

अतिरिक्त interdependencies का एक लक्षण है, ineremental build जो स्थानिक बदलावों के कारण बड़े प्रोजेक्ट के बड़े हिस्से को बिल्ड करते समय बनाना पड़ता है (आइटम 2 देखें)

अपवाद

जब तक क्लासेस एक ही मोड्यूल के हिस्से हों और उनकी एकसाथ परिक्षा एवं मुक्तता की जाती हो तब तक उनके बीच cycles का होना गलत नहीं है। ऐसे पैटर्न के command या visitor के रुप में किए गए सरल इंप्लिमेंटेशन के कारण मिलनेवाले इंटरफेसेस अर्थात परस्परावलंबी (interdependent) होते हैं। इन interdependencies को तोड़ा जा सकता है लेकिन इसके लिए सुस्पष्ट (explicit) डिजाइन की आवश्यकता होती है।

संदर्भ

[Alexandrescu01] §3 • [Boost] • [Gamma 95] • [Lakos96] §0.2.1, §4.6-14, §5 • [Martin96a] • [Martin96b] • [Martin 98] §7 • [Martin00] • [McConnell93] §46 • [Stroustrup00] §24.3.5 • [Sutter00] §26 • [Sutter02] §37 • [Sutter03]

23. हेडर फाइलों को आत्म-निर्भर बनाइए। (Make header files self-sufficient.)

सारांश

हेडर फाइलों को जिम्मेदारी से लिखें: हेडर्स के कंटेंट्स जिन दूसरे हेडर्स पर निर्भर करते हैं उन्हें अपनी हेडर फाइल में समाविष्ट करके यह सुनिश्चित करें कि आपकी हेडर फाइल अकेले ही कंपाइल हो रही है या नहीं।

चर्चा

अगर कोई हेडर फाइल तब तक काम नहीं करती है जब तक कि जिस फाइल में उसे समाविष्ट किया गया है वह फाइल किसी दूसरी हेडर फाइल को भी समाविष्ट न कर लें तो यह बहुत ही बेढंगा होता है और इसका यूजर पर बोझ आता है। guarded header file को कई बार खोलना और parsing करना पड़ता है, इसलिए सालों पहले विशेषज्ञ एक हेडर फाइल को दूसरी हेडर फाइल में समाविष्ट न करने का सुझाव देते थे। हालांकि अब इस सुझाव का प्रयोग अब कोई नहीं करता है। अब C++ के नए कंपाइलर्स हेडर फाइलों को ऑटोमैटिकली पहचानते हैं (आइटम 24 देखें) और उसी हेडर को दुबारा नहीं खोलते हैं। कुछ कंपाइलर्स तो पहले से कंपाइल किए गए हेडर उपलब्ध कराते हैं जो इस बात का ध्यान रखते हैं कि बार-बार उपयोग में लाए गए और जिनमें कभी-कभी बदलाव किया जाता है ऐसे हेडर को बार-बार parse नहीं किया जाएगा। किंतु अनावश्यक हेडर को कभी समाविष्ट न करें क्योंकि वे केवल stray dependencies ही उत्पन्न करते हैं।

हेडर फाइल को आत्म-निर्भर बनाने के लिए इस तकनिक के अनुसार काम करें: आपके build में हर हेडर को अलग से कंपाइल करें और इस बात की पुष्टी कर लें कि उसमें में कहीं भी कोई एरर या वार्निंग नहीं हैं।

उदाहरण

टेम्पलेट के संबंध में कुछ महत्त्वपूर्ण मुद्दे सामने आते हैं।

उदाहरण 1: Dependent names: टेम्पलेट को जिस जगह पर डिफाइन किया गया हो वही पर कंपाइल भी किया जाता है, किंतु यदि उस जगह पर किसी dependent name या type को instantinate न किया गया हो तो टेम्पलेट को कंपाइल नहीं किया जाता। मतलब, जब तक **Widget** को instantiate नहीं किया जाता तब तक अगर **<deque>** को समाविष्ट न भी किया गया हो तब भी **template <class T> class Widget,** जिसका मेंबर है **std::deque <T>,** कंपाइलेशन के दौरान आनेवाली एरर्स के लिए उत्तरदायी नहीं होता। लेकिन इसके लिए Widget instantiate किए जाने के लिए होने चाहिए और उसके हेडर में **<deque>** को **#include** किया जाना चाहिए।

उदाहरण 2: Member function templates: मेंबर फंक्शन टेम्पलेट्स और टेम्पलेट्स के मेंबर फंक्शन्स को तभी instantiate किया जाना चाहिए जब उनका प्रयोग किया जाता है। मान लीजिए कि **Widget** के पास **std:: deque<T> type** का मेंबर नहीं है लेकिन **Widget** का ही **Transmogrify** नाम का मेंबर फंक्शन **deque** का प्रयोग करता है। तब **Widget** के कॉलर्स जब तक **Transmogrify** का प्रयोग नहीं करते हैं तब तक वे **<deque>** को **#include** किए बिना भी **Widget** को instantiate कर सकते हैं और उसका प्रयोग भी कर सकते हैं। डिफॉल्ट रुप से **Widget** के हेडर में **<deque>** को **#include** किया जाना चाहिए क्योंकि **Widget** के कुछ कॉलर्स के लिए यह आवश्यक होता है। कभी-कभी जब बहुत कम इस्तेमाल किए जानेवाले कुछ टेम्पलेट्स को फंक्शन्स में बहुमूल्य (expensive) हेडर्स समाविष्ट किए जाते हैं तब आप इन फंक्शन्स को अलग-अलग हेडर्स में आनेवाले नॉर्नमेंबर्स, जिनमें बहुमूल्य हेडर्स हों, के रुप में छोटे-छोटे हिस्सों में बाँटें (refactor)।

संदर्भ

[Lakos96] §3.2 • [Stroustrup00] §9.2.3 • [Sutter00] §26-30 • [Vandevoorde03] §9-10

24. इंटर्नल #include guards को हमेशा लीखिए। एक्सटर्नल #include guards को कभी न लिखें। (Always write internal #include guards.Never write external #include guards.)

सारांश

मुख्य विषय, अर्थात हेडर को हमेशा सुरक्षित रखें: आपके सभी हेडर फाइलों में बहुत सी अनावश्यक बाते न हों इसलिए अनूठे (unique) नाम वाले guards का उपयोग करें।

चर्चा

एक ही हेडर फाइल यदि कई बार include हो रही हो तो डेफिनेशन्स का दोहराना टालने के लिए हर हेडर फाइल को इंटर्नल **#include** guard द्वारा सुरक्षित करें। उदाहरण के लिए, **foo.h** नाम की हेडर फाइल हमेशा नीचे बताए गए तरीके से लिखी जानी चाहिए:

```
# ifndef FOO_H_INCLUDED_
#define FOO_H_INCLUDED_
// ... contents of the file ...
#endif
```

include guards को डिफाइन करते समय निम्नलिखित नियमों के अनुसार काम करें:

- अनूठे guard name का प्रयोग करें: यह निश्चित कर लें कि कम से कम आपके एप्लिकेशन में हर include guard का नाम अनूठा होना चाहिए। हमने ऊपर बताए गए उदाहरण में नाम देने की लोकप्रिय रिती का प्रयोग किया है। guard name में एप्लिकेशन का नाम डाला जा सकता है। कुछ टूल्स ऐसे guard name बनाते हैं जिनमें क्रमरहित (random) संख्याएं होती है।
- ज्यादा होशियारी न दिखाएँ: guard किए गए हिस्से के पहले या बाद में कोई भी कोड या कामेंट न लिखें और बताए गए स्टैंडर्ड फॉर्म पर डटे रहिए। आज के नए प्रिप्रोसेसर्स include guards को पहचान सकते हैं। लेकिन शायद उनकी समझ सीमित होने के कारण ये guard कोड हेडर के ठीक आरंभ में और अंत में दिखाई दे ऐसी अपेक्षा रखते हैं।

पुरानी किताबों में बताए गए अप्रचलित एक्सटर्नल include grard का प्रयोग करना टालिए।

```
# ifndef FOO_H_INCLUDED_                //NOT recommended
#include "foo.h"
#define FOO_H_INCLUDED_
#endif
```

External include guards नुकसान पहुँचाते हैं, आज के नए कंपाइलर्स पर वे अप्रचलित होते हैं, और कॉलर एवं हेडर को लेकर सहमत होना जरुरी होने के कारण जहाँ tight coupling की बात आती है वहाँ ये guards बहुत नाजूक साबित होते हैं।

अपवाद

बहुत ही कम परिस्थितियों में किसी हेडर फाइल को कई बार include करने के बारे में सोचा जाता है।

संदर्भ

[C++03, §2.1] • [Stroustrup00] §9.3.3

फंक्शन्स और ऑपरेटर्स

If you have a procedure with ten parameters, you probably missed some.

--- Alan Perlis

फंक्शन्स, एवं overload किए जानेवाले ऑपरेटर्स किसी भी कार्य के बुनियादी यूनिट्स होते हैं। जैसा कि हम आगे चलकर "Error Handling और Exceptions" (और खास करके आइटम 70 में) इस सेक्शन में देखने जा रहे हैं, फंक्शन्स और ऑपरेटर्स हमारे कोड के उचित होने पर और सुरक्षा के बारे में हमारी सोच पर सीधा असर करते हैं।

सबसे पहले हम फंक्शन्स और साथ में ऑपरेटर्स को लिखने के मुलभूत तरिकों के बारे में जानेंगे। हम उनके पैरामीटर्स, उनके सिमेंटिक्स और उनके ओवरलोडिंग की ओर अधिक ध्यान देंगे।

इस विभाग में हमारी नजर में सबसे महत्वपूर्ण आइटम है, आइटम 26: ओवरलोड किए गए ऑपरेटर्स के स्वाभाविक अर्थ को कायम रखिए।

25. वैल्यु, (smart) पॉएंटर्स या रेफरेन्स के अनुसार सही पैरामीटर्स चुनिए। (Take parameters appropriately by value, (smart) pointer or reference.)

सारांश

फंक्शन को ठीक तरह से पैरामीटराइज करें: इनपुट, आऊटपुट और इनपुट/आऊटपुट पैरामीटर्स में तथा वैल्यु एवं रेफरेन्स पैरामीटर्स में क्या फर्क है यह जानिए। उनका प्रयोग ठीक तरह से करें।

चर्चा

पैरामीटर्स के लिए सही वैल्युज, रेफरेन्सेस और पॉएंटर्स का उचित चुनाव करने से सुरक्षा (safety) और कार्यक्षमता (efficiency) दोनों बढ़ती हैं। कार्यक्षमता को भले ही हमने बहुत महत्त्व न दिया हो (आइटम 8 देखें) फिर भी जब स्पष्टता के साथ-साथ कोड से सबंधित बाकी बाते सही हों तब हमे अकार्यक्षम (inefficient) कोड नहीं लिखना चाहिए।

सही पैरामीटर्स चुनने के लिए निम्नलिखित नियमों का पालन करें। केवल इनपुट पैरामीटर्स के लिए:

- इनपुट पैरामीटर्स अगर पॉएंटर या रेफरन्स हों तो उनका qualifier **const** होना चाहिए।
- Primitive type के इनपुट्स (जैसे कि, **char, float**) और जिन वैल्यु ऑब्जेक्ट्स को वैल्यु के अनुसार कॉपी करना आसान है (जैसे कि, **Point, complex <float>**) उनका चुनाव करना ही बेहतर है।
- दूसरे युजर द्वारा डिफाइन किए गए टाइप्स के इनपुट्स को reference to const द्वारा लें।
- अगर फंक्शन को उसके आर्ग्युमेंट्स की कॉपी चाहिए तो pass-by-reference के बजाय pass-by-value के जरिए आर्ग्युमेंट्स को वैल्युज पास करें। ऐसा करना सैध्दांतिक रुप से reference to const जैसा ही होगा। इसके अलावा यह आर्ग्युमेंट्स की कॉपी भी बनाता है और temporaries को दूर रखने में कंपाइलर की मदद भी कर सकता है।

निम्नलिखित नियम आऊटपुट या इनपुट/आऊटपुट पैरामीटर्स के लिए हैं:

- आर्ग्युमेंट अगर वैकल्पिक हो, (ताकि कॅालर null को not available या don't care के रुप में भेज सके) या फिर फंक्शन पॉएंटर की कॉपी को स्टोर कर रहा हो या फिर आग्युमेंट्स पर प्रभुत्व पाकर उन्हें मैनिप्युलेट कर रहा हो तब आप आर्ग्युमेंटस को pass-by-(smart) pointers के जरिए ही भेजें।
- अगर आर्ग्युमेंट की आवश्यकता है लेकिन फंक्शन में उस आर्ग्युमेंट का निर्देश देनेवाला पॉएंटर नहीं है तो ऐसी स्थिति में, या फिर pass-by-pointer से फंक्शन के अधिकार (ownership) को नुकसान हो रहा हो तो आप आर्ग्युमेंट्स को pass-by-reference के जरिए भेजें। यह बताता है कि आर्ग्युमेंट की आवश्यकता है और सही ऑब्जेक्ट को उपलब्ध कराने के लिए कॉलर को जिम्मेदार ठहराता है।

C-style varargs का प्रयोग न करें (आइटम 98 देखें)। (Varargs = variable number of arguments)

संदर्भ

[Alexandrescu03a] • [Cline99] §2.10-11, 14.02-12, 32.08 • [Dewhurst03] §57 • [Koenig97] §4 • [Lakos96] §9.1.11-12 • [McConnell93] §5.7 • [Meyers97] §21-22 • [Stroustrup94] §11.4.4 • [Stroustrup00] §5.5, §11.6, §16.3.4 • [Sutter00] §6, §46

26. ओवरलोड किए गए ऑपरेटर्स के स्वाभाविक अर्थ को कायम रखिए। (Preserve natural semantics for overloaded operators.)

सारांश

सही कारणों के लिए ही ऑपरेटर्स को overload करें और ऐसा करते समय उनके स्वाभाविक अर्थ (semantics) को बदले नहीं। अगर ऐसा करना आपके लिए मुश्किल हो रहा हो तो शायद आप operator overloading का गलत प्रयोग कर रहे होंगे।

चर्चा

Operator + का इंप्लिमेंटशन करते समय सबट्रैक्शन नहीं करना चाहिए, इस बात से सभी लोग सहमत होंगे (ऐसी हम आशा करते हैं)। फिर भी सभी operator oveloading का मतलब इतना आसान नहीं होता है। उदाहरण के लिए, आपके **Tensor** क्लास के **operator*** का मतलब scalar product है या फिर vector product? क्या **operator+= (Tensor&t , unsigned u)** यह **u** को **t** के सभी एलिमेंट्स में मिला देता है, या **t** को रिसाइज करता है ? ऐसे संदिग्ध एवं अपेक्षा से उल्टे परिणाम दिखानेवाले मामलों में किसी छुपे कोड के बजाय named functions का प्रयोग करना ही बेहतर है।

वैल्यु टाइप्स के लिए (लेकिन सभी टाइप्स के लिए नहीं, आइटम 32 देखें) आपने चुना हुआ ऑपरेटर यदि built-in types के ऑपरेटर्स के व्यवहार की और उनके बीच के सबंधो की नकल करता है, तो ये ऑपरेटर्स हमे विश्वास दिलाते हैं कि उनका व्यवहार अपेक्षा के अनुसार ही होगा, वे हमे आश्चर्यचकित नहीं करेंगे। आप ऑपरेटर को जिस हेतू से overload करने जा रहे हैं उसके कारण यदि परेशानियाँ आती हैं तो operator overloading करना शायद ठीक नहीं होगा। जब ऑपरेटर्स के बारे में संदेह हो तब वैसा ही करें जैसा कि **ints** करते हैं [Meyers96]।

प्रोगामर्स अपेक्षा रखते हैं कि ऑपरेटर्स एक समूह के रुप में आएं। आपने जिस ऑपरेटर को डिफाइन किया है वह अगर @ है और उसका प्रयोग करके तयार किया हुआ एक्सप्रेशन **a @ b** है तब आप देखें (शायद परिवर्तन के बाद) कि, कॉलर ने लिखा हुआ **b @ a** समिकरण भी उसकी अपेक्षानुसार काम करेगा क्या ?

कॉलर **a @= b** ऐसा लिख सकता है क्या? (आइटम 27 देखें)। यदि ऑपरेटर का कोई inverse (जैसे कि, + और -, या फिर * और /) है तो क्या वे दोनों एक-दूसरे को पूरक हैं? (यदि आपने डिफाइन किए हुए @ इस ऑपरेटर को लेकर **a @ b** यह एक्सप्रेशन बनाया गया है (शायद विचारविमर्श के बाद) तो क्या कॉलर **b @ a** ऐसा एक्सप्रेशन लिख सकता है?)

Named functions का प्रयोग करते समय हमे इन सब बातों के बारे में नहीं सोचना पड़ता। इसीलिए ऑपरेटर्स का प्रयोग जिस हेतू से किया जाता है इस बारे में जब आपके मन में शंका हो तब कोड की स्पष्टता बनाए रखने के लिए इन named functions का प्रयोग करें।

अपवाद

कुछ बहुत ही खास लायब्ररीज ऐसी हैं (उदाहरण के लिए, parser generator और regular expression engines) जो ऑपरेटर्स के लिए domain-specific conventions डिफाइन करती हैं, और जिनका अर्थ उनके C++ के अर्थ से बिल्कूल अलग होता है (जैसे कि, regular expression engine **operator*** का प्रयोग "zero or more" बताने के लिए कर सकता है)। ऐसे असाधारण operator overloading के बजाय आप किसी दूसरे अच्छे विकल्प का विचार करें। (जैसे की, [C++TR104] रेग्युलर एक्सप्रेशन स्ट्रींग्ज का प्रयोग करके इसी काम को बिना किसी operator overloading के और स्वाभाविक रुप से पूरा करता है।) अगर बहुत सोच-विचार करने के बाद भी आप ऑपरेटर्स का प्रयोग करना चाहते हैं तो आप पहले यह निश्चित कर लें कि आपने आपके conventions के लिए अनुकूल ढाँचा बना लिया है और किसी भी built-in ऑपरेटर के स्वाभाविक अर्थ को न बदलें।

संदर्भ

[Cline99] §23.02-06 • [C++TR104] §7 • [Dewhurst03] §85-86 • [Koenig97] §4 • [Lakos96] §9.1.1 • [Meyers96] §6 • [Stroustrup00] §11.1 • [Sutter00] §41

27. सरल और सर्वमान्य प्रकार के एरिथमैटिक और असाइनमेंट ऑपरेटर्स का प्रयोग कीजिए। (Prefer the canonical forms of arithmetic and assignment opertors.)

सारांश

अगर आपने **a + b** को डिफाइन किया है तो **a+=b** को भी डिफाइन करें: जब आप बायनरी एरिथमैटिक ऑपरेटर को डिफाइन करते हैं तब उनके असाइनमेंट वर्जन को भी उपलब्ध कराएँ और आर्ग्युमेंट्स कमसे कम दोहराए जाएं तथा कार्यक्षमता बढ़ जाए यह सोचकर उन्हें डिफाइन करें।

चर्चा

अगर आप किसी बायनरी ऑपरेटर, मान लीजिए @ को (जो +, -, *, या अन्य हो सकता है) डिफाइन कर रहे हैं तो आपको साथ में उसका असाइनमेंट वर्जन भी लिखना चाहिए जिससे कि **a @ =b** और **a=a @ b** दोनों का अर्थ एक ही हो जाए। (इसके अलावा **a @ = b** ज्यादा कार्यक्षम भी होगा क्योंकि वह **a** को सिर्फ एक ही बार इवैल्युएट करता है।) @ को @ = के रुप में डिफाइन करने का सरल एवं सर्वमान्य तरीका इसप्रकार है:

```
T& T::operator@=(const T&) {
    //... implementation...
    return *this;
}
T operator@ (cost T& lhs, const T& rhs) {
    T temp(lhs);
   return temp@ = rhs;
}
```

ये दोनों फंक्शन्स साथ-साथ काम करते हैं। यहाँ असाइनमेंट फॉर्म वास्तविक काम करके बाईं तरफ के पैरामीटर को रिटर्न करता है। दूसरा non-assignment वर्जन lhs के अस्थायी (temporary) फॉर्म को invoke करके उसमें बदलाव लाता है और बदली हुई वैल्यु को रिटर्न करता है।

ध्यान रहे कि यहाँ **operator@** एक नॉनमेंबर फंक्शन के रुप में है, जिससे कि वह बाएँ और दाएँ तरफ के पैरामीटर्स पर एक जैसे implicit conversions को एक्सेप्ट करने के काबिल हो गया है (आइटम 44 देखें।) उदाहरण के लिए, अगर आपने **String** नाम के क्लास को डिफाइन किया है जिसका implicit constructor, **char** टाइप की वैल्यु को लेता है और अगर अब आप **operator +(const String&)** को नॉनमेंबर फंक्शन बनाते हैं तो **char + String** और **String + char** दोनों भी ठीक तरह से काम कर पाएंगे। इस फंक्शन का मेंबर वर्जन **string::operator+(const String &)** सिर्फ **String + char** को स्वीकार करेगा। कन्वर्जन्स करते समय बहुत सी temporaries बन जाती हैं (आइटम 29 देखें)। उन्हें टालकर प्रोग्राम की कार्यक्षमता बढ़ाने लिए प्रोग्रामर्स **operator@** के कई नॉनमेंबर्स को डिफाइन कर सकते हैं (आइटम 29 देखें)।

जहाँ संभव हो वहाँ **operator@ =** को भी नॉनमेंबर फंक्शन बनाएँ (आइटम 44 देखें)। किसी भी परिस्थिती में सभी नॉनमेंबर ऑपरेटर्स को उसी namespace में रखें जहाँ पर **T** हो, ताकि ये ऑपरेटर्स सभी कॉलर्स को उपलब्ध हों और name lookup आपको चौंका न दें (आइटम 57 देखें)।

operator@ अपने पहले पैरामीटर को by value स्विकार कर सके ऐसा परिवर्तन भी किया जा सकता है। इस तरह से कंपाइलर आपके लिए अपने आप (स्पष्ट रुप से) ही कॉपी बनाता जाता है और ऑप्टीमाइजेशन को आजादी से अप्लाई कर सकता है।

```
T&  operator@ = (T& lhs, const T& rhs) {
  // ... implementation ...
  return lhs;
}
T operator @ (T lhs, cost T& rhs) {                    //lhs taken by value
  return lhs @ = ;
}
```

दूसरा परिवर्तन यह है कि, **operator@** को **const** वैल्यु को रिटर्न करने के लिए कहा जाए। इस तकनिक का प्रयोग करने से हमे यह लाभ होता है कि, वह **a + b = c** जैसे उटपटांग कोड को disable करता है। लेकिन हमे इसकी कीमत भी चुकानी पड़ती है। क्योंकि वह **a = (b + c) replace (pos, n, d)** जैसे संभवतः उपयोगी कन्स्ट्रक्ट, जो **b** और **c** इन स्ट्रींग्ज को जोड़ना (concatenate), कैरेक्टर्स को रिप्लेस और अंतिम रिजल्ट **a** को असाइन कर देना आदि काम एक साथ करता है, को भी disable करता है।

उदाहरण

उदाहरण: स्ट्रींग के लिए + = को इम्लिमेंट करना। जब आप स्ट्रींग्ज को जोड़ते (concatenate) हैं तब सिर्फ एक बार मेमोरी एलोकेट हो इसके लिए दोनों स्ट्रींग्ज की लंबाई कितनी होगी यह पहले से जान लेना बेहतर होता है।

```
String& String::operator + = (const String& rhs) {
  // ... implementation ...
  return *this;
}
String operator+ (const String& lhs, const String& rhs) {
  String temp;                                       //initially empty
  temp.Reserve( lhs.size () + rhs.size() );          //allocate enough memory
  return (temp + = lhs) + = rhs;                     //append the strings and return
}
```

अपवाद

कुछ-कुछ हालातों में (जैसे कि, नंबर्स के लिए **operator***= का प्रयोग) ऑपरेटर उसके बाईं साइड को इतने अर्थपूर्ण तरीके से बदलता है कि **operator*** को **operator***= के रुप में इम्लिमेंट करने के बजाय **operator*** के रुप में इंप्लिमेंट करना लाभदायक होता है।

संदर्भ

[Alexandrescu03a] • [Cline99] §23.06 • [Meyers96] §22 • [Sutter00] §20

28. ++ और -- का सहज प्रयोग कीजिए। उनका प्रयोग उपसर्ग के रुप में कीजिए।
(Prefer the canonical form of ++ and --. Prefer calling the prefix forms.)

सारांश

यदि आप ++C या C++ का प्रयोग करते हैं: इंक्रिमेंट एवं डिक्रिमेंट ऑपरेटर्स postfix और prefix दोनों रुपों में होते हैं। लेकिन उनका अर्थ और काम करने का तरीका एक-दूसरे से ज्यादा अलग न होने के कारण ऐसे ऑपरेटर्स छलावा निर्माण करते हैं। operator++ और operator-- को इस इस तरह से डिफाइन करें कि वे असली ++ और – जैसा ही काम करें। अगर आपको किसी वेरियेबल के प्रारंभिक वैल्यु की आवश्यकता न हो तो आप prefix वर्जन को कॉल करें।

चर्चा

C++ को लेकर एक पुराना विनोद यह है कि C++ को ++C नहीं बल्कि C++ इसलिए कहा जाता है क्योंकि उसमें सुधार (increment) किया गया है। लेकिन बहुत से लोग आज भी इसका प्रयोग C के रुप में ही करते हैं (पुरानी वैल्यु)। शुक्र है कि यह विनोद अब पुराना हो गया है। किंतु यह एक ऐसा उदाहरण है जो दोनों ऑपरेटर्स के रुप में जो फर्क है उसे स्पष्ट करता है।

++ और -- के postfix रुप प्रारंभिक वैल्यु को ही रिटर्न करते हैं जब कि, उनके prefix वर्जन्स नई वैल्यु को रिटर्न करते हैं। postfix फॉर्म को prefix के रुप में इंप्लिमेंट करने को प्राधान्य दें। उनके सहज (canonical) रुप नीचे दिखाए हैं।

```
T& T::operator++() {        T& T::operator--() {        //the prefix form:
//perform increment         //perform decrement         // - do the work
return *this;               return *this;               // - always return *this;
}                           }
T T::operator++(int) {      T T:: operator--(int) {     //the postfix form:
  T old (*this);              T old (*this);            // - remember old value
  ++*this;                    --*this;                  // - call the prefix version
  return (old);               return (old);             // - return the old value
}                           }
```

कॉलिंग कोड में, अगर वाकई में postfix वर्जन ने आरंभिक वैल्यु को रिटर्न करने की जरुरत नहीं है तो prefix रुप को ही कॉल करें क्योंकि prefix रुप भी उतना ही अच्छा होता है। इससे हमे अपेक्षित परिणाम भी मिलते हैं और कोड ज्यादा कार्यक्षम बनता है और एक ऑब्जेक्ट कम तैयार करना पड़ता है। ऐसा करना प्रीमैचुअर ऑप्टीमाइजेशन करना नहीं बल्कि प्रीमैचुअर पेसीमाइजेशन को टालना होगा (आइटम 9 देखें)।

अपवाद

एक्सप्रेशन टेम्पलेट फ्रेमवर्क्स अलग-अलग तरीकों से कोड के semantics को सुरक्षित करते हैं।

संदर्भ

[Cline99] §23.07-08 • [Dewhurst03] §87 • [Meyers96] §6 • [Stroustrup00] §19.3 • [Sutter00] §6, §20

29. इंप्लसिट टाइप कन्वर्जन्स को टालने के लिए ओवरलोडिंग का विचार कीजिए।

(Consider overloading to avoid implicit type conversions.)

सारांश

ऑब्जेक्ट्स की संख्या को आवश्यकता से अधिक न बढ़ाएँ (Occam's Razor): इंप्लसिट टाइप कन्वर्जन्स सिंटैक्स लिखने के काम को कम करते हैं (लेकिन आइटम 40 देखें)। लेकिन जब टेम्पररी ऑब्जेक्ट्स को तैयार करने का काम अनावश्यक हो और ऑप्टीमाइजेशन की दृष्टी से यह उचित हो (आइटम 8 देखें) तब आप overloaded फंक्शन्स को ऐसे signature के साथ उपलब्ध करिए जो, उस फंक्शन के ज्यादा तर आर्ग्युमेंट्स जिस टाइप के हैं उनसे मैच करता हो और जो कन्वर्जन न होने देता हो।

चर्चा

अगर ऑफिस में काम करते समय आपको लिखने के लिए कागज कम पडते हैं तब आप क्या करेंगे? निश्चित ही आप आपके फोटोकॉपियर में से बहुत से कोरे कागज निकाल लाएंगे। पढ़ने में यह बड़ी मूर्खता की बात लगेगी, लेकिन प्रायः इंप्लसिट कन्वर्जन्स ऐसा ही कुछ करते हैं। वे अनावश्यक टेम्पररीज को तैयार करते हैं, सिर्फ इसलिए कि उन पर छोटे-छोटे ऑपरेशन्स किए जा सके (आइटम 40 देखें)। इसका हमेशा दिया जानेवाला एक उदाहरण है string comparison:

```
class String { // ...
  String (const char*text);          //enables implicit conversion
};
bool operator == (const String&, const String& );
// ... somewhere in the code ...
if (someString == "Hello") { .. }
```

उपरोक्त डेफिनेशन्स को देखने के बाद कंपाइलर इस तुलना को कुछ इस तरह कंपाइल करेगा जैसा कि आपने **s == String ("Hello")** लिखा हो। सिर्फ पढ़ने के लिए कैरेक्टर्स को इस तरह कॉपी करने की कोई जरुरत नहीं है। इस समस्या का आसान हल यही है कि आप ऐसे overloads को डिफाइन करे जो कर्न्वजन ही न करते हों। उदाहरण के लिए:

```
bool operator == (const String& lhs, const String& rhs);    //#1
bool operator == (const String& lhs, const char* rhs);      //#2
bool operator == (const char* lhs, const String& rhs);      //#3
```

इसे देखकर ऐसा लगता है कि यहाँ कोड को कई बार डुप्लिकेट किया गया है, किंतु सचाई यह है कि ये तीनों overloaded ऑपरेटर्स एक ही बैकएन्ड का प्रयोग करते हैं। इसलिए यहाँ सिर्फ तीनों के signatures को डुप्लिकेट किया है (यहाँ bool type)। जैसा कि आइटम 8 में बताया गया है, प्रीमैचुअर ऑप्टीमाइजेशन नहीं करना चाहिए, लेकिन यहाँ इन आसान overloads का प्रयोग करने से प्रीमैचुअर ऑप्टीमाइजेशन हो रहा है। खास करके जब आप लायब्रेरी को डिजाइन करने जा रहे हों तब काम के स्वरुप पर निर्भर रहनेवाले कोड में कौनकौनसे टाइप्स का प्रयोग किया जानेवाला है यह पहले से बताना आसान नहीं होता।

संदर्भ

[Meyers96] §21 • [Stroustrup00] §11.4, §C.6 • [Sutter00] §6

30. && , ||, या , (कॉमा) को ओवरलोड न करें। (Avoid overloading &&, ||, or , (comma).)

सारांश

कहाँ रुकना चाहिए या निवृत्त होना चाहिए यह जानना ही विवेक कहलाता है: &&, ||, और , ये सब built-in operators हैं और वे कंपाइलर के लिए बहुत महत्वपूर्ण होते हैं। अगर आप इन ऑपरेटर्स को overload करेंगे तो वे बहुत अलग अर्थवाले एवं अलग प्रकार का काम करनेवाले सामान्य फंक्शन्स बन जाएंगे (ऐसा करके आप आइटम 26 और 31 का भंग करेंगे)। इसके अलावा ऐसा करने से कोड में गहरे bugs आएंगे जो कोड को कमजोर बना देंगे। बिना कुछ जाने (naively) ऑपरेटर्स को कभी overload न करें।

चर्चा

operator&&, operator||, या **operator ,** को overload न करने का मुख्य कारण यह है कि आप इन तीनों मामलों में built-in operators का सही अर्थ और उनके कार्य को पूरी तरह से इंप्लिमेंट नहीं कर सकते और प्रोग्रामर्स आम तौर पर इसी semantics की अपेक्षा रखते है। आम तौर पर build-in वजर्न्स बाएँ से दाएँ इवैल्यूएट करते हैं तथा && और || के वर्जन्स छोटे-छोटे इवैल्युएशन करते हैं।

&&, ||, और , के built-in वर्जन्स सबसे पहले उनके बाईं तरफ के एक्सप्रेशन को इवैल्युएट करते हैं और अगर यह इवैल्युएशन सही नतीजा देता है तो (&& के लिए **false** और ll के लिए **true**) दाईं तरफ के एक्सप्रेशन को इवैल्युएट नहीं किया जाता और न ही इसकी आवश्यकता होती है। यह बात हमारे लिए इतनी आम हो गई है कि हम दाईं तरफ के एक्सप्रेशन को तभी सही मानते हैं जब बाईं तरफ का एक्सप्रेशन सफलतापूर्वक इवैल्युएट हो जाए।

```
Employee* e = TryToGetEmployee();
if (e &&e->Manager())
  // ...
```

इस कोड का सही होना इस बात पर निर्भर करता है कि **e** अगर null है तो **e->Manager()** को इवैल्युएट नहीं किया जाएगा। जब तक प्रयोग में लाया गया && यह overloaded operator && न हो जाए तब तक यह सब पूरी तरह से व्यावहारिक और अच्छा रहेगा क्योंकि तब इसका प्रयोग करनेवाला एक्सप्रेशन फंक्शन के लिए जो नियम होते हैं उनका पालन करेगा, जब कि उसे ऑपरेटर से जुड़े नियमों का पालन करना चाहिए। फंक्शन के नियमों के अनुसार:

- फंक्शन कॉल एग्ज़िक्यूशन से पहले हमेशा सभी आर्ग्युमेंट्स को इवैल्युएट करते हैं।
- फंक्शन के आर्ग्युमेंट्स को किस क्रम से इवैल्युएट किया जाना चाहिए यह निश्चित नहीं होता (आइटम 31 भी देखें)।

अभी हम smart pointer का प्रयोग करके ऊपर लिखे गए कोड का नया वर्जन लिखेंगे:

```
some_smart_ptr<Employee> e = TryToGetEmployee();
if (e &&e->Manager())
  // ...
```

थोडी देर के लिए मान लीजिए कि, कोड overloaded **operator&&** (जो **some_smart_ptr** के या **Employee** के कर्ता द्वारा उपलब्ध कराया गया है) की माँग (invoke) करता है। तब यह कोड पढ़ने में भले ही अच्छा लगता हो, किंतु हो सकता है कि वह **e** के null रहते हुए भी (और दुर्भाग्य से) **e->Manager()** को कॉल करेगा। कुछ दूसरे कोड ऐसे जल्दबाजी में किए गए इवैल्युएशन के बाद भी अपना काम करते रहते हैं। लेकिन जब यह इवैल्युएशन दोनों एक्सप्रेशन्स को किस क्रम से इवैल्युएट किया जाता है इस पर निर्भर करता है तब ऐसा कोड गलत साबित होता है, इसके कई कारण हो सकते हैं। यह बात अर्थात कोड के लिए बहुत हानीकारक होगी। मान लीजिए कि स्टेटमेंट है:

```
if (DisplayPrompt() && GetLine() )
    // ...
```

अगर **operator&&** एक यूजर-डिफाइन्ड ऑपरेटर है और **DisplayPromat** या **GetLine** इन दोनों में से पहले किसे कॉल किया जाएगा यह निश्चित नहीं है, तब ऐसे में प्रोग्राम इन सब बातों से बेखबर रहेगा और किसी explanatory prompt को दिखाने से पहले यूजर की तरफ से कोई इनपुट मिलने की राह देखता रहेगा।

हालांकि ऐसा कोड आपके मौजूदा कंपाइलर और build के सेटिंग्ज के अनुसारे सही काम करेगा, वह कमजोर होगा। जो कोड तैयार हुआ है उसका साइज, उपलब्ध registers, expression complexity और ऐसे ही कई बातों को ध्यान में रखकर किसी भी कॉल के लिए जो क्रम सही होगा वही क्रम कंपाइलर चुन सकता है (और यकिनन चुनेगा)। इसीलिए कंपाइलर का वर्जन, कंपाइलर की switch settings और कॉल के पहले एवं बाद में जो स्टेटमेंट्स हैं उनके अनुसार एक ही कॉल का वर्तन (behaviour) अलग-अलग हो सकता है।

कॉमा (comma) ऑपरेटर के प्रयोग से भी प्रोग्राम कोड में इसी तरह की कमजोरी आ सकती है। && और || की तरह ही built-in comma यह विश्वास दिलाता है कि उसके एक्सप्रेशन को बाएँ-से-दाएँ इवैल्युएट किया जाएगा (लेकिन && और || से अलग, यह ऑपरेटर दोनों एक्सप्रेशन्स को इवैल्युएट करता है)। user-defined कॉमा ऑपरेटर इस बात का विश्वास नहीं दिलाता कि उसका इवैल्युएशन बाएँ-से-दाएँ तरफ होगा, और प्रायः इस इवैल्युएशन के नतीजे अनपेक्षित होते हैं। उदाहरण के लिए, आगे बताया गया कोड अगर user-defined कॉमा ऑपरेटर की माँग (invoke) करता है तो यह निश्चित नहीं होगा कि **g** और **f** इन दोनों में से किसे **0** वैल्यु और किसे **1** वैल्यु मिलेगी।

```
int i = 0;
f( i+ + ), g ( i+ + );                    //see also Item 31
```

उदाहरण

उदाहरण: Sequence initialization करने के लिए लिखी गई initialization library, जिसमें overloaded **operator** है। एक लायब्ररी हमारी मदद के हेतु से कॉमा ऑपरेटर को overload करती है ताकि हम एक container में एकसाथ कई वैल्युज आसानी से डाल सके। उदाहरण के लिए, **vector<string> letters** के साथ दूसरे लेटर्स जोडने के लिए यह स्टेटमेंट लिखा है:

```
set_cont(letters) += "a", "b";              //problematic
```

यह तब तक अच्छी तरह से काम करेगा जब तक कॉलर निम्नलिखित स्टेटमेंट नहीं लिखता:

```
set_cont(letters)+= getstr(), getstr();     //order unspecified when using overloaded ","
```

यहाँ अगर **gestr** को सीधे यूजर द्वारा इनपुट मिलता है और यूजर ने "**c**" और "**d**" स्ट्रींग्ज को इसी क्रम में लिखा हो तब इन दोनों स्ट्रींग्ज किसी भी क्रम में अप्लाई हो सकती है (यानी "c" "d" या "d" "c")। यह आश्चर्यजनक बात है क्योंकि built-in sequencing **operator** को लेकर कभी ऐसी समस्या नहीं आती है।

```
string s = gestr(), gestr();                //order well-specified using built-in ","
```

अपवाद

एक्स्प्रेशन टेम्प्लेट लायब्ररीज इस बात का अपवाद होती हैं क्योंकि उनका डिजाईन कुछ इस तरह से किया गया है कि उनमें ये सारे ऑपरेटर्स पहले से मौजूद होते हैं।

संदर्भ

[Dewhurst03] §14 • [Meyers96] §7, §25 • [Murray93] §2.4.3 • [Stroustrup00] §6.2.2

31. ऐसा कोड न लिखें जो फंक्शन आर्ग्युमेंट्स के इवैल्युएशन के क्रम पर निर्भर करता हो। (Don't write code that depends on the order of evaluation of function arguments.)

सारांश

फंक्शन आर्ग्युमेंट्स के इवैल्युएशन के क्रम पर निर्भर नहीं रहना चाहिए: फंक्शन के आर्ग्युमेंट्स किस क्रम में इवैल्युएट किए जाते हैं यह निश्चित नहीं होता। इसलिए उन पर निर्भर न रहें।

चर्चा

C लैंग्वेज के शुरु के दिनों में प्रोसेसर रजिस्टर कीमती साधन होते थे और हाई-लेवल लैंवेजेज में कंपाइलर्स पर जोर डाला जाता था कि वे इन रजिस्टर्स को पेंचीदे एक्सप्रेशन्स में अच्छी तरह से एलोकेट करें। लेकिन गतिमान कोड की पीढ़ी को बढ़ावा देने के लिए C लैंग्वेज के निर्माताओ ने register allocators को ज्यादा छूट दे दी और इसीलिए फंक्शन को कॉल करते समय उसके आर्ग्युमेंट्स किस क्रम में इवैल्युएट किए जाएंगे यह निश्चित नहीं किया गया। आज-कल के प्रोसेसर्स के बारे में यह बात कहाँ तक सही है यह बहस का मुद्दा होगा लेकिन यह सच है कि अभी भी C++ लैंग्वेज में फंक्शन के आर्ग्युमेंट्स के इवैल्युएशन का क्रम निश्चित नहीं है और हर कंपाइलर के लिए यह क्रम अलग-अलग है (आइटम 30 को भी देखें)।

आप अगर इस बात से बेखबर हैं तो यह किसी बड़ी समस्या का कारण बन सकता है। इस कोड को ही लीजिए:

```
void Transmogrify (in, int);
int count = 5;
Transmogrify (++count, ++count);            //order of evaluation unknown
```

यहाँ हम पूरे विश्वास के साथ सिर्फ इतना कह सकते हैं कि जैसे ही कंट्रोल **Transmogrify** के भीतर जाएगा **count** की वैल्यु 7 हो जाएगी, लेकिन हम यह नहीं कह सकते कि उसका कौनसा आर्ग्युमेंट 7 है और कौनसा **6** है। ऐसे अस्पष्ट कोड में, अर्थात जो फंक्शन्स (side effect) दुष्परिणाम के तौर पर अपने आर्ग्युमेंट्स (या किसी global state) को मॉडिफाय करते हैं, उन्हें लेकर उपर बताई गई अनिश्चितता बनी रहती है।

```
int Bump( int& x) { return ++x; }
Transmogrify (Bump(count), Bump(count) );    //still unknown
```

जैसा कि आइटम 10 में बताया गया है, आप हमेशा global और shared variables का प्रयोग करना टालिए। अगर आपने उनका प्रयोग न भी किया हो तो हो सकता है दूसरे कोड में उनका प्रयोग किया गया हो। उदाहरण के लिए, कई स्टैंडर्ड फंक्शन्स के दुष्परिणाम भी होते हैं (जैसे कि, **strtok** और **operator<<** के बहुत से overloads, **ostream** को लेते हैं)।

इस समस्या का हल आसान है। नाम दिए गए ऑब्जेक्ट्स का प्रयोग करके इवैल्युएशन के क्रम को लागू करना (आइटम 13 देखें)।

```
int bumped = ++count;
Transmogrify (bumped, ++count);             //ok
```

संदर्भ

[Alexandrescu00c] • [Cline99] §31.03-05 • [Dewhurst03] §14-15 • [Meyers96] §9-10 • [Stroustrup00] §6.2.2, §14.4.1 • [Sutter00] §16 • [Sutter02] §20-21

क्लास का डिजाइन एवं इनहेरिटन्स

The most important single aspect of software development is to be clear about what you are trying to build.

- Bjarne Stroustrup

आपकी टीम किस तरह के क्लासेस का डिजाइन और निर्माण (build) करना चाहती है और क्यों करना चाहती है? इस विभाग के लगभग सभी आइटम्स मुख्यतः या पूरी तरह से केवल dependeney management से प्रेरित हैं। उदाहरण के लिए, inheritance यह friend के बाद C++ का दूसरा सबसे महत्त्वपूर्ण रिलेशनशिप है। इसलिए ऐसे शक्तिशाली साधन का उचित रुप से और अच्छा उपयोग किया जाना चाहिए।

इस विभाग में हम क्लास के डिजाइन के महत्त्वपूर्ण मुद्दों पर अपना ध्यान केंद्रित करेंगे। इन मुद्दों में minimalism से लेकर abstraction तक, composition से लेकर inheritance तक, virtual से लेकर nonvirtual तक, **public** से लेकर **private** तक, और **new** से लेकर **delete** तक सभी शामिल हैं। इन सभी का सही प्रयोग कैसे करना चाहिए और इनके गलत प्रयोग से तथा इनके कारण आने वाले छुपे खतरों से कैसे बचना चाहिए और खास करके dependencis को किस तरह से नियंत्रित करना चाहिए यह सब हम इस विभाग में देखेंगे।

इसके अगले विभाग में हम सिर्फ चार बड़े और खास मेंबर फंक्शन्स के बारे में चर्चा करेंगे। ये मेंबर फंक्शन्स हैं: Default construction, copy construction, copy assignment और destruction।

इस विभाग में हमारी दृष्टी से सबसे महत्त्वपूर्ण आइटम है, आइटम 33: आकार में बड़े क्लासेस के बजाय आकार में छोटे क्लासेस की रचना कीजिए।

32. आपको किस प्रकार का क्लास लिखना है इसके बारे में स्पष्ट रहिए। (Be clear what kind of class you're writing)

सारांश

क्लास के स्वरुप को जानिए: क्लासेस अलग-अलग प्रकार के होते हैं। पहले से ही जान लीजिए कि आप किस प्रकार के क्लास को लिखने जा रहे हैं।

चर्चा

अलग-अलग प्रकार के क्लासेस अलग-अलग उद्देश्यों की पूर्ती करते हैं, और इसीलिए वे अलग-अलग नियमों का पालन करते हैं। वैल्यु क्लासेस (जैसे कि, **std::pair, std::vector**) की रचना built-in types को ध्यान में रखकर की जाती है। किसी भी वैल्यु क्लास में:

- Public destructor, copy constructor और वैल्यु semantics के साथ असाइनमेंट होते हैं।
- कोई वर्चुअल फंक्शन्स (जिसमें डिस्ट्रक्टर भी शामिल है) नहीं होते।
- का प्रयोग बेस क्लास के रुप में नहीं बल्कि एक concrete क्लास के रुप में होता है (आइटम 5 देखें)।
- सहसा यह stack पर या किसी दूसरे क्लास के मेंबर द्वारा instantiate होता है।

Base classes क्लास के अनुक्रम (hierarchy) के मुख्य आधार होते हैं। किसी भी बेस क्लास में:

- पब्लिक और वर्चुअल या फिर प्रोटेक्टेड और नॉनवर्चुअल डिस्ट्रक्टर (आइटम 50 देखें) और एक नॉनपब्लिक कॉपी कन्स्ट्रक्टर और असाइनमेंट ऑपरेटर (आइटम 53 देखें) होते हैं।
- वर्चुअल फंक्शन के जरिए इंटरफेस को स्थापित करता है।
- सहसा heap पर वह बड़ी मजबुती के साथ instantiate होता है और (smart) pointers के जरिए प्रयोग में लाया जाता है।

आम तौर पर traits classes ऐसे टेम्प्लेट्स होते हैं जो अपने साथ टाइप्स के बारे में इनफॉरमेशन रखते हैं। किसी भी traits क्लास में:

- सिर्फ typedefs और स्टैटिक फंक्शन्स होते हैं। इसके कोई वर्चुअल्स या modifiable state नहीं होती।
- आम तौर इसे instantiate नहीं किया जाता है (कन्स्ट्रक्शन को disable किया जा सकता है)।

Policy classes (सामान्यतः टेम्प्लेट्स) pluggable behavior के छोटे-छोटे हिस्से होते हैं। किसी भी पॉलिसी क्लास में:

- स्टेट या वर्चुअल फंक्शन्स हो सकते हैं या नहीं भी हो सकते।
- सामान्यतः अकेले को नहीं बल्कि बेस या मेंबर के रुप में instantiate किया जाता है।

Exception classes वैल्यु और रेफरेन्स के काम करने वाले semantics का अलग मिश्रण प्रकट करते हैं। इन्हें वैल्यु के रुप में throw किया जाता है (आइटम 73 देखें)। किसी भी एक्सेप्शन क्लास में:

- एक पब्लिक डिस्ट्रक्टर और असफल न होनेवाला (no-fail) कन्स्ट्रक्टर होता है (खास करके no-fail copy constructor द्वारा throw किया गया एक्सेप्शन आपके प्रोग्राम को बंद (abort) कर देता है।
- वर्चुअल फंक्शन्स होते हैं और यह प्रायः cloning (आइटम 54 देखें) और visitation को इंप्लिमेंट करते हैं।
- खास तौर पर **std::exception** से वर्चुअली डिराइव किया जाता है।

Ancillary classes का डिजाइन आम तौर पर कुछ खास idioms (जैसे की RAII, आइटम 13 देखें) के लिए किया जाता है। उनका सही प्रयोग करना आसान होता है लेकिन उनका गलत प्रयोग करना मुश्किल होता है (उदाहरण के लिए आइटम 53 देखें)।

संदर्भ

[Abrahams01b] • [Alexandrescu00a] • [Alexandrescu00b] • [Alexandrescu01] §3 • [Meyers96] §13 • [Stroustrup00] §8.3.2, §10.3, §14.4.6,§25.1 • [Vandevoorde03] §15

33. आकार में बड़े क्लासेस के बजाय आकार में छोटे क्लासेस की रचना कीजिए।

(Prefer minimal classes to monolithic classes.)

सारांश

तोड़ो और राज्य करोः छोटे क्लासेस को लिखना, समझना, तथा उनका परिक्षण करना और प्रयोग करना आसान होता है। उनका प्रयोग कई अलग-अलग परिस्थितीयों में किया जा सकता है। बहुत से पेंचीदे आशयों (concepts) को इंप्लिमेंट करने का प्रयत्न करनेवाले बड़े-बड़े क्लासेस के बजाय सरल आशय वाले छोटे-छोटे क्लासेस का प्रयोग करना ही बेहतर है (आइटम 5 और 6 देखें)।

चर्चा

Object-oriented डिजाइन करनेवाला हर व्यक्ति शुरु में एक ही गलती करता है, उसे बड़े क्लास की रचना करने का मोह हो जाता है। एक ऐसा क्लास हो, जो पूरी और पेंचीदि functionality उपलब्ध करा सके, यह विचार काफी आकर्षक है। फिर भी किसी भी आकार के सिस्टम के लिए छोटे-छोटे क्लासेस, जिन्हें आसानी से एकत्रित किया जा सकता हो, का विचार करना बेहतर है और यह विचार व्यवहार में सफल भी साबित होता है। इसके कई कारण हैं। इनमें से कुछ निम्नलिखित हैं:

- आकार में छोटे क्लास के object-oriented रचना में जिस जगह पर चाहिए (यानी granularity की सही लेवल पर) वहाँ एक ही आशय होता है। लेकिन आकार में बड़े क्लास में बहुत से अलग-अलग आशय होते हैं। अगर इनमें से किसी एक आशय को भी लागू किया जाए तो वह अपने साथ दूसरे आशयों के कार्यभार (intellectual overhead) को भी ले जाता है (आइटम 5 और 11 देखें)।
- आकार में छोटे क्लासेस समझने में आसान होते हैं और उनका बार-बार इस्तेमाल किया जा सकता है।
- आकार में छोटे क्लासेस को आसानी से काम में लाया जा सकता है। बड़े क्लास को एक बड़े और अखंड यूनिट के रुप में ही काम में लाया जा सकता है। उदाहरण के लिए, **Matrix** नाम के एक बड़े क्लास से लगभग सभी क्लाएंट्स को सरल linear algebra की अपेक्षा होती है, तभी यह क्लास किसी ऐसे बड़े कार्य को, जैसे कि **Matrix** की eigenvalues को कंप्यूट करके उन्हें इंप्लिमेंट करने का प्रयत्न कर सकता है। उचित रुप से की गई क्लासेस की रचना (अच्छा पैकेज) बहुत से कामों को एक छोटे तथा **Matrix** टाइप पर काम करनेवाले नॉनमेंबर फंक्शन के रुप में इंप्लिमेंट कर सकती है। ऐसा करने से कॉलर्स की जरुरत के अनुसार उनके कार्यक्षेत्रों की अलग-से जाँच करके उनका प्रयोग में किया जा सकता है (आइटम 44 देखें)।
- बहुत बड़े आकार वाले क्लासेस encapsulation के प्रभाव को कम कर देते हैं। यदि क्लास में ऐसे कई मेंबर-फंक्शन्स हों, जिन्हें मेंबर बनाने की आवश्यकता नहीं है तब उनकी वजह से उस क्लास के private implementations अकारण सामने आ जाते हैं। इस वजह से क्लास के डाटा मेंबर्स भी उसके public variables के जितने बुरे बन जाते हैं क्योंकि उनका प्रयोग उस क्लास के मेंबर फंक्शन्स में करना चाहिए।
- प्रोग्राम में आनेवाली किसी समस्या के बारे में सोचकर उसका पूरा हल करने की हेतु से ही प्रायः बहुत बड़े क्लासेस बनाए जाते हैं। लेकिन जब ऐसे क्लासेस का इस्तेमाल किया जाता है तो वे अपना काम पूरा करने में लगभग असफल हो जाते हैं। लोगों को हमेशा ही क्लासेस से कुछ ज्यादा ही अपेक्षाएँ होती हैं और क्लास उन्हें पूरा नहीं कर सकता।
- बडे आकार के क्लासेस को सही और त्रुटी-रहित (error-safe) बनाना मुश्किल होता है क्योंकि वे अक्सर कई जिम्मेदारियाँ एकसाथ निभाते हैं (आइटम 5 और 44 देखें)।

संदर्भ

[Cargill92] pp.85-86,152,174-177 • [Lakos96] §0.2.1-2, §1.8, §8.1-2 • [Meyers97] §18 • [Stroustrup00] §16.2.2, §23.4.3.2, §24.4.3 • [Sutter04] §37-40

34. इनहेरिटन्स के बजाय कांपोजीशन को चुनिए। (Prefer composition to inheritance.)

सारांश

Inheritance का प्रयोग करने की कीमत चुकानी पड़ती है, उससे बचिए: C++ में friendship के बाद अगर कोई सबसे मजबूत है तो वह है inheritance। मजबूत कपलिंग हमेशा ही अनचाही होती है और जहाँ संभव हो वहाँ ऐसी कपलिंग को टालना चाहिए। इसीलिए जब आपको यह विश्वास हो कि आगे चलकर inheritance आपकी डिजाइन के लिए सच में फायदेमंद होगा तभी उसका प्रयोग करें, अन्यथा composition का प्रयोग करें।

चर्चा

inheritance का अक्सर आवश्यकता से ज्यादा प्रयोग किया जाता है, यहाँ तक कि अनुभवी प्रोग्राम डेवलपर्स भी ऐसा करते हैं। सॉफ्टवेयर इंजिनीयरिंग का मुख्य नियम कहता है कि कपालिंग को कम करना चाहिए। अगर किसी रिलेशनशिप को कई प्रकार से बताया या लिखा जा सकता हो तब जो रिलेशनशिप व्यवहार की दृष्टी से सबसे दुर्बल हो उसी को चुने।

जैसा कि बताया गया है, C++ में friendship के बाद inheritance ही सबसे ज्यादा मजबूत रिलेशनशिप है और इसका प्रयोग करना तभी उचित होगा जब inheritance के अलावा आपके पास दूसरा कोई विकल्प न हो। अगर आप केवल composition के द्वारा क्लास के रिलेशनशिप को व्यक्त कर सकते हैं तब inheritance के बजाय composition का ही प्रयोग करें।

इस संदर्भ में 'composition' का मतलब, एक टाइप के मेंबर वेरियेबल्स को दूसरे टाइप में मिलाना (embed) है। इस तरह से आप ऑब्जेक्ट को थाम कर उसका प्रयोग कई तरीकों से कर सकते हैं और उनकी सहायता से coupling की मजबूती पर नियंत्रण कर सकते हैं।

Inheritance के बदले composition का प्रयोग करने के कई फायदे हैं जिनमें से कुछ निम्नलिखित हैं:

- कॉलिंग कोड को नुकसान पहुँचाए बिना उसे ज्यादा लचिला बनाता है: प्राइवेट डाटा मेंबर आपके नियंत्रण में रहता है। आप प्राइवेट डाटा मेंबर को वैल्यु के द्वारा थामने के अलावा, क्लाएंट कोड को वैसे ही कायम रखते हुए, (smart) pointer या Pimpl के द्वारा भी थाम सकते हैं। आपको सिर्फ जो क्लास अपने खुद के मेंबर फंक्शन्स का इस्तेमाल करता है उसके इंप्लिमेंटेशन में बदलाव करना पड़ता है। अगर आप कोई अलग तरह का काम कराना चाहते हैं तब क्लास के public interface को कायम रखकर आप मेंबर के टाइप को या मेंबर को जिस ढंग से थामा गया है उसे आसानी से बदल सकते हैं। इसके विपरीत, अगर आप public inheritance relationship का प्रयोग करते हैं तब क्लाएंट्स अपनेआप ही inheritance पर निर्भर हो जाते हैं। ऐसा करके आप अपने क्लास को inheritance के हवाले कर देते हैं जिसकी वजह से बाद में आप बेस क्लास के निर्णयों को बदल नहीं सकते (आइटम 37 देखें)।
- आप कंपाइल टाइम को कम करने वाली जितनी अच्छी प्रणाली का प्रयोग करेंगे, प्रोग्राम कोड को कंपाइल करने के लिए उतना ही कम समय लगेगा: ऑब्जेक्ट को सीधे मेंबर या बेस क्लास के जरिए थामने के बजाय पॉएंटर्स (खास करके smart pointer) के जरिए थामने से header dependencies कम हो जाती हैं। क्योंकि किसी ऑब्जेक्ट के लिए पॉएंटर को डिक्लेअर करने के लिए ऑब्जेक्ट के पूरे क्लास डेफिनेशन की आवश्यकता नहीं होती। इसके विपरीत, ऑब्जेक्ट को विजीबल बनाने के लिए inheritance में बेस क्लास की पूरी डेफिनेशन की आवश्यकता होती है। एक साधारण तकनिक है, Pimpl नाम के (आइटम 43 देखें) opaque pointer के पीछे सभी प्राइवेट मेंबर्स को एकत्रित करना।

- कम अनूठे होते हैं: टाइप में से inherit करने से name lookup फंक्शन्स तथा उसी namespace में उसी टाइप के अनुसार डिफाइन किए गए फंक्शन टेम्पलेट्स को खींचता है। यह बहुत ही छोटा bug होता है तथा उसे हटाना (debug) बड़ा ही कठिन होता है (आइटम 58 भी देखें)।
- विस्तृत उपयोगिता: कुछ क्लासेस की रचना बेस क्लास के रुप में नहीं की जाती (आइटम 35 देखें)। फिर भी लगभग सभी क्लासेस मेंबर के रुप में अपनी भूमिका अच्छी तरह से निभाते हैं।
- ज्यादा मजबूती और सुरक्षा मिलती है: inheritance से मिलने वाली मजबूती के कारण आगे चलकर कोई त्रुटी न आए ऐसा कोड लिखना कठिन हो जाता है ([Sutter02] §23 देखें)।
- कोड कम जटिल और कमजोर बनता है: inheritance के कारण कई समस्याएँ आ सकती है, जैसे कि बेस क्लास में किए बदलावों वजह से होनेवाली name hiding की समस्या।

अर्थात ये सब बाते inheritance के विरुध्द नहीं हैं। inheritance एक बहुत ही शक्तिशाली साधन है जिसमें substitutability तथा वर्चुअल फंक्शन को override कर पाने की क्षमता होती है (आइटम 36 से लेकर 39 देखें और निम्नलिखित अपवादों को देखें)। लेकिन जिनकी जरुरत नहीं है उन बातों के लिए खर्च क्यों करें? वैसे ही अगर हमे inheritance के काबिलियत की आवश्यकता ही न हो तो उससे जुड़ी कमियों को भी हमे सहन नहीं करना चाहिए।

अपवाद

Substitutability का प्रयोग करने के लिए public inheritance का प्रयोग जरुर करें। (आइटम 37 देखें)। निम्नलिखित बातों में, आम (पहले दो पॉएंट्स) से लेकर बहुत कम बार (अन्य सभी पॉएंट्स) प्रयोग में लाई जानेवाली परिस्थितीयों में अगर आप सभी कॉलर्स को substitutability relationship उपलब्ध कराना नहीं चाहते हैं, तब भी आपको nonpublic inheritance की आवश्यकता होती है।

- जब आपको वर्चुअल फंक्शन को override करना हो तब।
- जब आपको protected member को access करना हो तब।
- जब आपको बेस क्लास के पहले ही किसी ऑब्जेक्ट को बना (construct) कर उसका प्रयोग करना हो तथा बाद में उसे नष्ट करना हो तब।
- जब आपको वर्चुअल बेस क्लासेस से सावधान रहने की आवश्यकता हो तब।
- अगर आप जानते हैं कि empty base class optimization आपके लिए फायदेमंद रहेगा और साथ में यह भी जानते हैं कि उसका प्रयोग करने से इस बात पर असर पड़ेगा और असल में निर्देशित कंपाइलर्स इसका पालन करते हैं तब (आइटम 8 देखें)।
- जब आप नियंत्रित पॉलिमॉर्फिजम चाहते हैं तब। अर्थात अगर आपको substitutability realtionship की आवश्यकता है लेकिन आप इस रिलेशनशिप (friendship के जरिए) को केवल चुने हुए कोड के लिए ही रखना चाहते हैं तब।

संदर्भ

[Cargill92] pp. 49-65, 101-105 • [Cline99] §5.9-10, 8.11-12, 37.04 • [Dewhurst03] §95 • [Lakos96] §1.7, §6.3.1 • [McConnell93] §5 • [Meyers97] §40 • [Stroustrup00] §24.2-3 • [Sutter00] §22-24, §26-30 • [Sutter02] §23

35. ऐसे क्लासेस से इनहेरिट न करें जिनकी रचना बेस क्लास के रुप में न की गई हो।(Avoid inheriting from classes that were not designed to be base classes.)

सारांश

कई लोग ऐसे होते हैं जो संतान नहीं चाहतेः उसी तरह से कुछ क्लासेस ऐसे होते हैं जिनमें से किसी भी क्लास को डिराईव नहीं किया जाता। जो क्लासेस अकेले (stand-alone) होते हैं उनका कार्य बेस क्लास के कार्य से अलग होता है (आइटम 32 देखें)। ऐसे क्लासेस का बेस क्लास के रुप में प्रयोग नहीं करना चाहिए क्योंकि यह एक बहुत ही गंभीर डिजाइन एरर है। नए behavior को जोड़ने के लिए मेंबर फंक्शन्स के बजाय नॉनमेंबर फंक्शन्स को जोड़ें (आइटम 44 देखें)। states को जोड़ने के लिए inheritance के बजाय composition का प्रयोग करें (आइटम 34 देखें)। स्थिर बेस क्लासेस में से कभी inherit न करें।

चर्चा

अनावश्यक inheritance आपके object orientation के प्रति अविश्वास को व्यक्त करता है। C++ में जब आप बेस क्लासेस को डिफाइन करते हैं तब आपको कुछ खास काम करने पडते हैं (आइटम 32, 50 और 54 भी देखें)। किंतु stand-alone क्लासेस की रचना करते समय आपको इन कामों से बिल्कूल अलग एवं लगभग विपरीत काम करने पड़ते हैं। stand -alone क्लास से inherit करने के कारण आपके कोड के सामने बहुत सी समस्याएँ खड़ी हो जाती हैं जिनमे से सिर्फ कुछ एक की ही कंपाइलर सूचना दे सकता है।

कोड की functionality को बढ़ाने के लिए प्रोग्रामर्स कभी-कभी क्लास को वैल्यु क्लासेस, जैसे की **string** क्लास (प्रमाणित standard या कोई दूसरा क्लास) से inherit करते हैं। हालांकि **super_string** तैयार करने से कई गुना बेहतर है स्वतंत्र (नॉनमेंबर) फंक्शन को डिफाइन करना। इसके कारण निम्नलिखित हैं:

- नॉनमेंबर फंक्शन्स ऐसे मौजूदा कोड के अंदर, जो पहले से ही **strings** को मैनिप्युलेट करता हो, बहुत अच्छी तरह से काम करते हैं। अगर इसके बजाय आप **super_string** का प्रयोग करते हैं तब टाइप्स और function signatures को **super_string** के जैसा बनाने के लिए आपके पूरे बेस कोड में बदलाव करना जरुरी हो जाता है।
- जो इंटरफेस फंक्शन्स **string** को लेते हैं उन्हें अबः a) जिस functionality में **super_string** हो उनसे दूर ही रहना चाहिए (यह लाभदायक नहीं है), b) उनके आर्ग्युमेंट्स को **super_string** में कॉपी करें (जो व्यर्थ होता है) तथा c) **string** के रेफरेन्स को **super_string** के रेफरेन्स में cast करना पडेगा (जो काफी भद्दा और संभवतः अवैध होता है)।
- **string** में सहसा **protected** मेंबर्स नहीं होते इसीलिए **super_string** के मेंबर फंक्शन्स उनका प्रयोग नहीं कर सकते। लेकिन नॉनमेंबर फंक्शन्स उस **string** के अंतर्गत मेंबर्स का प्रयोग कर सकते हैं। याद रहे उन्हें **string** से डिराइव किया गया है ऐसा नहीं है।
- अगर **string** के कुछ फंक्शन्स को **super_string** छुपाता है (और हाँ derived class में अगर किसी nonvirtual फंक्शन को दुबारा डिफाइन किया जाता है तो इसका मतलब overriding नहीं बल्कि छुपाना ही होता है) तब जो कोड अपनेआप परिवर्तित होकर अपना काम शुरु करनेवाले **strings** को मैनिप्युलेट करता है वह दुविधा में पड़ जाता है।

इसीलिए नए functionality को नए नॉनमेंबर फंक्शन के जरिए ही जोड़ें (आइटम 44 देखें)। Name lookup की समस्या से बचने के लिए आप यह निश्चित कर लें कि, ये नॉनमेंबर फंक्शन्स जिस टाइप के लिए काम करने जा

रहे हैं उसी के namespace में उन्हें रखा जाए (आइटम 57 देखें)। नॉनमेंबर फंक्शंन्स का invocation सिन्टैक्स **str.Fun()** नहीं बल्कि **Fun(str)** होने की वजह से कुछ लोग उन्हें पसंद नहीं करते। लेकिन यहाँ हमे कौनसे सिन्टैक्स का उपयोग करने की आदत है और कितनी सहजता से हम उनका प्रयोग करते हैं इसीका संबंध आता है। (लेकिन जैसे कि एलन पेर्लिस ने कहा है, एक ही तरह के सिन्टैक्स का प्रयोग करने की आदत नहीं डालनी चाहिए।) cached word count ecoding और जैसी अधिक states को जोड़ने के लिए **string** अगर **super_string** में से inherit करना चाहेगा तब क्या होगा? लेकिन ऐसी परिस्थिती में भी public inheritance की सिफारीश नहीं की जा सकती क्योंकि slicing से **string** को खतरा हो सकता है (आइटम 54 देखें)। इसीलिए जब आप **super_string** में से कुछ भी **string** में कॉपी करेंगे तब आपने पूरी सावधानी से मेंटेन की हुई सभी अतिरिक्त states अपने आप कम हो जाएंगी।

अंत में, जिस क्लास में पब्लिक नॉनवर्चुअल डिस्ट्रक्टर हो उससे inherit करने पर **string** को दिए गए पॉएंटर्स **super_string** ऑब्जेक्ट्स को पॉएंट करते हैं (आइटम 50 देखें), इन पॉएंटर्स को **delete** करने से आपके कोड का वर्तन अनिश्चित हो जाएगा। आपका कंपाइलर और मेमोरी एलोकेटर्स ऊपरी तौर पर इन सभी अनिश्चित वर्तनों को सह रहे है ऐसा लगेगा, किंतु इनकी वजह से आपके कोड में कई एरर्स आ सकती हैं। memory leaks को समस्याएँ आती है। heap corruptions आते हैं। दूसरे कंपाइलर्स पर ऐसे कोड से काम कराना किसी दुःस्वप्न से कम नहीं होगा।

उदाहरण

उदाहरणः Public अथवा private Inheritance के बजाय composition का प्रयोगः अगर आपको ऐसी **localized_string** चाहिए जो "लगभग **string** जैसी ही होनी चाहिए लेकिन उसमें **string** से अधिक states और फंक्शन्स हों और कुछ फंक्शन्स **string** के फंक्शन्स के ही सुधारित रुप हों," तब आप क्या करेंगे? ऐसी स्थिति में inheritance की जगह containment का प्रयोग करके सुरक्षित तरीके से **localized_string** को **string** के रुप में इंप्लिमेंट करना चाहिए (जो slicing को और अनिश्चित polymorphic deletion को रोकते हैं) और जो फंक्शन्स बदले नहीं हैं उन्हें दिखाने के लिए passthrough फंक्शन्स डालें।

```
class localized_string {
public:
  // ... provide passthroughs to string member function that we want to
  // retain unchanged (e.g., define insert that calls impl_.insert)...
  void clear();                              //mask/redefine clear()
  bool is_in_klingon() cons;                 //add functionality
private;
  std::string impl_;
  // ... add extra state ...
};
```

string के जिन मेंबर फंक्शन्स को आप localized_string में भी रखना चाहते हैं उनके लिए passthrough functions लिखना बहुत कठिन काम है, लेकिन ये इंप्लिमेंटशन्स public एवं nonpublic inheritance से कई गुना बेहतर और सुरक्षित होते हैं।

संदर्भ

[Dewhurst03] §70,§93 • [Meyers97] §33 • [Stroustrup00] §24.2-3, §25.2

36. Abstract इंटरफेसेस उपलब्ध कराने को प्राधान्य दीजिए। (Prefer providing abstract interfaces.)

सारांश

एबस्ट्रैक्ट एक कला है: इसे जानिए और जहाँ जरुरत हो उसका प्रयोग करें। क्लास के इंप्लिमेंशन तथा उनके states की मैनेजमेन्ट में कुछ भी अव्यवस्था लाए बिना ही abstract इंटरफेसेस abstractions को प्राप्त करने में हमारी मदद करते हैं। abstract आशयों को साकार करने वाले abstract इंटरफेसेस को इंप्लिमेंट करने वाली hierarchies की रचना करें।

चर्चा

क्लास के states को abstract interface से ही डिफाइन और इनहेरिट करिए। Abstract इंटरफेस एक ऐसा abstract क्लास होता है जिसमें केवल वर्चुअल फंक्शन्स होते हैं और कोई state (मेंबर डाटा) और सामान्यतः मेंबर फंक्शन्स के इंप्लिमेंटेशन्स नहीं होते। याद रहें, abstract इंटरफेस में state न होने से पूरे hierarchy की रचना सरल हो जाती है (उदाहरण के लिए [Meyers96] देखें)।

Dependency Inversion Principles (DIP; [Martin96a] और [Martin00] देखें) का पालन करिए। DIP में बताया गया है:

- हाई-लेवल मोड्यूल को लो-लेवल मोड्यूल पर निर्भर नहीं होना चाहिए। बल्कि दोनों मोड्यूल्स को abstraction पर निर्भर होना चाहिए।
- Abstraction को क्लास के विवरण पर नहीं बल्कि क्लास के विवरण को abstraction पर निर्भर होना चाहिए।

DIP के अनुसार hierarchies का मूल (स्थान) abstract class होना चाहिए concrete class नहीं। Abstract base classes को फंक्शनैलिटि को डिफाइन करने के बारे में सोचना चाहिए उनके इंप्लिमेंटशन के बारे में नहीं (आइटम 35 देखें)। या यूँ कहिए, पहले क्लास की पॉलिसी को निश्चित करना चाहिए और बाद में उनके इंप्लिमेंटेशन के बारे में सोचना चाहिए।

Dependency Inversion Principle का पालन करने से डिजाइन को तीन मूलभूत फायदे मिलते हैं:

- क्लास की डिजाइन को मजबूत बनाता है: सिस्टम के कम स्थायी हिस्से (implementation) ज्यादा स्थायी हिस्सों (abstraction) पर निर्भर होते हैं। मजबूत रचना वही है जिसमें बदलावो के कारण होने वाले परिणाम स्थानिक (local) होते हैं। दूसरी तरफ किसी कमजोर (fragile) रचना में छोटे-छोटे बदलावो के कारण भी सिस्टम के अनपेक्षित हिस्सों पर बहुत बुरा परिणाम होता है। जिनका डिजाइन concrete base class पर आधारित होता है उनके साथ भी ऐसा ही होता है।
- क्लास की डिजाइन को ज्यादा लचिला (flexible) बनाता है: आम तौर पर abstract इंटरफेसेस पर आधारित डिजाइन ज्यादा लचिली होती है। अगर abstraction की रचना उचित हो, तब नई जरुरतों के लिए नए इंप्लिमेंटेशन बनाना आसान हो जाता है। इसके विपरीत यदि डिजाइन बहुत से concrete classes पर निर्भर रहती है तो वह rigid बन जाती है; नई जरुरतों के कारण उसके भीतरी हिस्सों में कई बदलाव आते हैं।
- अच्छी मोड्यूलैरिटी: abstraction पर निर्भर करनेवाली डिजाइन्स में अच्छी मोड्यूलैरिटी होती है क्योंकि ऐसी रचना में सरल dependencies रहती हैं। मतलब ऐसी डिजाइन के अस्थिर हिस्से स्थिर (stable) हिस्सों पर निर्भर रहते हैं, इससे उल्टा नहीं होता। दूसरी तरफ जब किसी डिजाइन मे इंटरफेसेस को

इंप्लिमेंटशन के विवरण के साथ मिलाया जाता है तब आपकी डिजाइन depenendancy के जाल में कुछ इस तरह से फँस जाती है कि किसी दूसरी सिस्टम में उसका एक यूनिट के रुप में पुनःप्रयोग करना मुश्किल हो जाता है।

इसीसे सबंधित Law of Second Chances बताता है कि " सबसे महत्वपूर्ण बात है, इंटरफेस को प्राप्त करना। बाकी सभी बातों को बाद में भी ठीक किया जा सकता है। अगर आप पहले ही गलत इंटरफेस को लेते हैं, तब बाकी सभी बातों को ठीक करने का मौका भी आपको नहीं मिलेगा।" [Sutter 04]

अगर आप COM तथा CORBA जैसे object broker, जिनकी अपनी मेमोरी मैनेजमेन्ट की अपनी यंत्रणा होती है, का प्रयोग नहीं कर रहे हैं तब (आइटम 50 के अनुसार) polymorphic deletion को अनुमती देने के लिए वर्चुअल डिस्ट्रक्टर का चुनाव करें।

जो क्लासेस abstract interface नहीं है उनके लिए multiple inheritance का प्रयोग करते समय सावधानी बरतें। जो डिजाइन्स multiple inheritance का प्रयोग करती हैं वे काफी स्पष्ट एवं सूचक होती हैं, लेकिन उन्हें सही-सही समझाना उतना ही मुश्किल है और उनका गलत इस्तेमाल बड़ी आसानी से किया जाता है। आम तौर पर ऐसी डिजाइन्स में state management विशेष रुप से कठिन होती है।

जैसा कि आइटम 34 में बताया गया है, टाइप में से inherit करने से भी name lookup coupling हो सकता है। ऐसा करते समय उस टाइप के nameplace में से बड़ी चतुराई के साथ फंक्शन्स को पाया जाता है (आइटम 58 भी देंखे)।

उदाहरण

उदाहरण: बैकअप प्रोग्रामः सरल सीधे-सादे डिजाइन्स में उच्चस्तरिय भाग निम्नस्तरिय विवरण पर निर्भर होते हैं। उदाहरण के लिए, गलत तरीके से तैयार किए गए बैकअप प्रोग्राम में कोई ऐसा archiving करनेवाला हिस्सा हो सकता है जो सीधे टाइप्स पर निर्भर करता है या फिर ऐसी रुटीन पर जो डिरेक्टरी स्ट्रक्चर को पढ़ती है तथा दूसरे हिस्से डाटा को टेप पर लिखते हैं। नई फाइल सिस्टम के लिए और बैकअप हार्डवेयर के लिए ऐसे किसी प्रोग्राम को चुनने से आपको उस प्रोग्राम की फिर से विस्तृत रचना करनी पड़ सकती है।

फाइल सिस्टम और बैकअप डिवाइस के लिए अच्छी तरह से बनाए गए abstraction को ध्यान में रखकर अगर बैकअप सिस्टम के लॉजिक को डिजाइन किया जाए तो बैकअप प्रोग्राम की पुनःरचना करने की आवश्यकता ही नहीं पड़ेगी। तब आपको सिर्फ abstract इंटरफेस को प्रोग्राम में मिलाकर उसे सिस्टम के साथ जोड़ना होगा। नए कोड द्वारा नई जरुरते पूरी होना स्वाभाविक है, लेकिन नई जरुरतो के लिए मौजूदा कोड पर फिर से काम करने की नौबत नहीं आनी चाहिए।

अपवाद

Empty base optimization ही एक ऐसा अवसर है जब केवल ऑप्टीमाइजेशन के उद्देश्य से inheritance (खास करके nonpublic inheritance) का प्रयोग किया जाता है (लेकिन आइटम 8 भी देखें)।

देखा गया है कि, पॉलिसी पर आधारित डिजाइन्स में उच्चस्तरिय कांपोनेंट्स इंप्लिमेंटशन के विवरण पर निर्भर करते हैं (अर्थात पॉलिसी पर)। हालांकि यह सिर्फ static polymorphism का प्रयोग में लाया जाना है। abstract इंटरफेस होते हैं, सिर्फ वे इंप्लिसिट होते हैं, तथा शुध्द वर्चुअल फंक्शन्स द्वारा उन्हें स्पष्ट रुप से प्रकट नहीं किया जाता।

संदर्भ

[Alexandrescu0] • [Cargill92] pp.12-15, 215-218 • [Cline99] §5.18-20, 21.13 • [Lakos96] §6.4.1 • [Martin96a] • [Martin00] • [Meyers96] §33 • [Stroustrup00] §12.3-4,

37. Public inheritance में प्रतिस्थापन की क्षमता है। फिर से प्रयोग करने के लिए नहीं बल्कि फिर से प्रयोग किए जाने के लिए इनहेरिट कीजिए।

(Public inheritance is substitutablity. Inherit, not to reuse, but to be reused.)

सारांश

क्या जानना है: किसी derive किए गए क्लास के ऑब्जेक्ट को वास्तव में रेफर करने के लिए public inheritance कोड की शुद्धता को नुकसान पहुंचाए बिना और मौजूदा कोड में कोई बदलाव न करते हुए पॉएंटर या रेफरेन्स को बेस क्लास को पॉएंट करने की अनुमती देता है।

क्यूँ जानना है: public inheritance का प्रयोग कोड (जो बेस क्लास में मौजूद होता है), का दुबारा प्रयोग करने के लिए न करें। क्लास को सार्वजनिक तौर पर (जो पहले से ही बेस ऑब्जेक्ट्स का पॉलिमॉर्फिक रुप से प्रयोग कर रहा है ऐसे मौजूदा कोड द्वारा) प्रयोग किए जाने के लिए inherit करें।

चर्चा

ऑब्जेक्ट ओरिएंटेड डिजाइन की जानकारी हम पिछले दो दशकों से लेते आ रहे हैं। इसके बावजूद public inheritance के उद्देश्य और प्रयोग को निरंतर गलत समझा गया है, और inheritance के बहुत से प्रयोग गलत होते हैं।

Liskov Substitution Principle ([Liskov 88] देखें) के अनुसार public inheritance में हमेशा "is-a" ("के अनुसार काम करेगा") प्रकार के सबंध होने चाहिए। इसका मतलब है, नए ऑब्जेक्ट्स द्वारा सभी मूल व्यवहारो (base contract) का पालन किया जाना जरुरी है, और वर्चुअल मेंबर फंक्शन्स के सभी overrides ने अगर बेस के सभी व्यवहारों को पूरा करना हो तो उन्हें केवल उनके बेस वर्जन्स की ही आवश्यकता होनी चाहिए। ऐसे कोड को, जिसमें **Base** को पॉएंट करने के लिए पॉएंटर या रेफरेन्स का प्रयोग किया गया है, तब भी अच्छी तरह से काम करना चाहिए जब वास्तव में उन पॉएटर्स या रेफरेन्सेस को derived क्लासेस पॉएंट कर रहे हों।

Inheritance के गलत प्रयोग से कोड की शुध्दता नष्ट होती है। बेस क्लास द्वारा बनाए गए उत्सफुर्त (implicit) तथा निर्दोष (explicit) अनुबंधो का पालन न करने से गलत तरीके से इंप्लिमेंट किए गए inheritance नाकाम हो जाते हैं और वे प्रायः अपने काम से भटक जाते हैं। ऐसे अनुबंध सूक्ष्म हो सकते हैं और उन्हें यदि कोड में एक्सप्रेस नहीं किया जा सकता हो, तो प्रोग्रामर्स को पूरी सावधानी बरतनी चाहिए। (कुछ पैटर्न्स कोड के उद्देश्य को स्पष्ट करने में मदद करते हैं, आइटम 39 देखें)।

Inheritance का गलत प्रयोग किस तरह से किया जाता है इसका अक्सर बताया जानेवाला एक उदाहरण देखिए: मान लीजिए, **Square** और **Rectangle** नाम के दो क्लासेस हैं और दोनों के पास उनकी उँचाई और चौड़ाई को निश्चित करने के लिए अपने-अपने वर्चुअल फंक्शन्स हैं। तब **Square** को **Rectangle** में से सही तरह से inherit नहीं किया जा सकता, क्योंकि जो कोड परिवर्तनशील **Rectangle** का प्रयोग करता है वह यही मान कर चलता है कि **SetWidth** उँचाई को नहीं बदलेगा। (**Rectangle** इस अनुबंध के बारे में साफ-साफ बताता हो या न बताता हो) जब कि **Square::SetWidth** उस अनुबंध को एवं चौरस के ठोस गुणधर्मों को बचाकर नहीं रख सकता। लेकिन यदि **Square** के क्लाएंट्स भी ऐसा समझते हैं कि **Square** का क्षेत्रफल उसकी चौड़ाई के वर्गफल जितना होगा या यदि वे ऐसी विशेषताओं पर आधारित हो जो **Rectangle** की विशेषता नहीं है, तो **Rectangle** को भी **Square** से inherit नहीं किया जा सकता।

लोग जब इन वास्तविकताओं का सबंध असंगत बातों के साथ जोडते हैं और जब public inheritance का प्रयोग करते हैं तब वे "is-a" के रुप को गलत समझ बैठते हैं। गणित के अनुसार square "is-a" rectangle, अर्थात स्क्वेअर एक रेक्टैंगल है। लेकिन (दोनों के व्यवहार को देखें तो) **Square** यह **Rectangle** नहीं है। इसीलिए हमने "is-a" की जगह "works-like-a" यानी "की तरह काम करता है" (या आप "usable-as-a" अर्थात "की तरह प्रयोग किया जाता है" ऐसा भी कह सकते हैं) यूँ कहा है जिससे कि public inheritance में दो क्लासेस के बीच जो सबंध है उसे समझने में गलती न हो।

public inheritance पुनःप्रयोग किए जाने के बारे में ही है, लेकिन जैसा कि बहुत से प्रोग्रामर्स समझते हैं उस तरह से नहीं। हमने पहले ही बताया है कि public inheritance का आयोजन क्लासेस को प्रतिस्थापित (substitute) करने के लिए किया गया है ([Liskov88] देखें)। Derived क्लास खुद को बेस क्लास के कोड के रुप में इंप्लिमेंट कर सके इसलिए वह बेस क्लास का दुबारा इस्तेमाल करें यह public inheritance का उद्देश्य नहीं है। इस तरह के is-implemented-in terms-of यानी "के रुप में ढाली हुई" संबंध सही हो सकते हैं लेकिन वे composition द्वारा या कुछ खास मामलों में nonpublic inheritance द्वारा बनाए जाने चाहिए (आइटम 44 देखें)।

दूसरी तरह से कहा जाए तो, जब dyanamic polymorphism सही और यथोचित होता है तब composition स्वार्थी और inheritance उदार होता है।

नया derived क्लास मौजूदा आम abstraction का एक खास उदाहरण है। जो सक्रिय (dynmic) पॉलिमॉर्फिक कोड **Base** के वर्चुअल फंक्शन को कॉल करके **Base&** या **Base*** का प्रयोग करता है उसे **Base** से inherit किए हुए **MyNewDerivedType** के ऑब्जेक्ट्स का आसानी से प्रयोग करना चाहिए। डिराइव किया गया नया टाइप मौजूदा कोड के साथ नए कार्यों (functionality) को जोड़ देता है। इसके लिए कोड को बदलने की आवश्यकता नहीं होती और जब ये नए ऑब्जेक्ट्स कोड से जुड़ जाते हैं तब वे कोड की कार्यक्षमता (functionality) को बढ़ा सकते हैं।

यह बिल्कूल सही है कि नए कोड द्वारा नई जरुरते पूरी होनी ही चाहिए, किंतु नई जरुरतो के कारण मौजूदा कोड पर फिर से काम करने की नौबत नहीं आनी चाहिए (आइटम 36 देखें)।

ऑब्जेक्ट ओरिएंटेशन के पहले, नए कोड के लिए मौजूदा कोड को कभी भी कॉल करना आसान होता था। Public inheritance खास करके मौजूदा कोड के लिए, बिना किसी दोष के और पूरी सुरक्षितता के साथ नए कोड को कॉल करना और भी आसान बनाता है। (जो टेम्पलेट्स dynamic polymorphism के साथ अच्छी तरह से घुलमिल जानेवाले static polymorphism उपलब्ध कराते हैं वे भी ऐसा ही करते हैं, आइटम 64 देखें)।

अपवाद

पॉलिसी क्लासेस और mixins ये public inheritance के जरिए व्यवहार को जोडते हैं, लेकिन यह "के रुप में-ढाली-हुई" के अनुसार संबंधो को स्थापित करने के लिए public inheritance का दुरुपयोग किया जाना नहीं कहलाएगा।

संदर्भ

[Cargill92] pp. 9-20 • [Cline99] §5.13, §7.1-8-15 • [Dewhurst03] §92 • [Liskov88] • [Meyers97] §35 • [Stroustrup00] §12.4.1, §23.4.3.1,§24.3.4 • [Sutter00] §22-24

38. सुरक्षित overriding करने की आदत डालिए। (Practice safe overriding.)

सारांश

overriding पूरी जिम्मेदारी के साथ करें: वर्चुअल फंक्शन्स को override करते समय क्लासेस के substitutability को सुरक्षित रखें, विशेषतः बेस क्लास में पहले और बाद में फंक्शन की क्या स्थिति है यह देखें। वर्चुअल फंक्शन्स के डिफॉल्ट आर्ग्युमेंट्स को न बदलें। overrides को **virtual** के रुप में स्पष्ट रुप से फिर से डिक्लेअर करें। बेस क्लास में जो overrides हैं उन्हें कभी न छुपाएँ।

चर्चा

हालांकि derived क्लासेस सामान्यतः ज्यादा states (अर्थात डाटा मेंबर्स) को जोडते हैं, फिर भी वे बेस क्लासेस के supersets को नहीं बल्कि subsets को ही बनाते हैं। सही inheritance से बना कोई भी derived क्लास आम बेस कंसेप्ट का ही खास नमूना होता है (आइटम 37 देखें)।

inheritance यदि उचित है तो इसका सीधा असर overrding पर होता है। दूसरे क्लास के ऑपरेशन्स एवं एलिमेंट्स को क्लास में समाविष्ट करना (inclusion reationship) क्लासेस के substitutability की ओर संकेत करते हैं। इसीके अनुसार पूरे सेट पर लागू होने वाले ऑपरेशन्स को उस सेट के सभी सबसेट्स पर लागू होना चाहिए। बेस क्लास जब किसी ऑपरेशन के पहले की और बाद में आनेवाली स्थिति की गारंटी देता है तो उसके किसी भी derived क्लास को उनका सम्मान करना ही चाहिए। override की जरुरते कम होती है और तुलना में वह ज्यादा काम करता है। लेकिन overrides भी आवश्यकता से ज्यादा या कम नहीं होने चाहिए क्योंकि ऐसा होने पर कॉलिंग कोड के साथ जो अनुबंध बनाया जाता है वह टूट भी सकता है।

बेस क्लास यदि इस बात का समर्थन नहीं करता कि किसी ऑपरेशन को हमेशा ही सफल होना चाहिए तभी derived override, जो नाकाम होनेवाला हो, को डिफाइन करना सही होगा। (उदाहरण के लिए exception को दिखाना, आइटम 70 देखें)। उदाहरण के लिए, मान लीजिए **Employee** यह **GetBuilding** नाम के वर्चुअल मेंबर फंक्शन को प्रस्तुत करता है और उसका उद्देश्य है, जिस बिल्डिंग में **Employee** काम करता है उसके encoding रिटर्न करना। यदि हम **RemoteContractor** नाम के derived क्लास को लिखना चाहते हैं, जो कभी-कभी **GetBuilding** के exception के लिए या null building encoding को रिटर्न करने के लिए override (अनदेखा) करता हो तब ऐसा करना ठीक होगा क्या? जब **Employee** के डॉक्युमेंटशन में **GetBuilding** शायद नाकाम होगा ऐसा बताया गया हो तभी ऐसा करना ठीक होगा और **Employee** के डॉक्युमेंटशन में जैसे बताया गया है उसी के अनुसार **RemoteContractor** इस बारे में सूचना देता है।

overrriding करते समय डिफॉल्ट आर्ग्युमेंट्स को कभी न बदलें। वे फंक्शन के signature का हिस्सा नहीं होते, और hierarchy के कौनसे node को access करने (या खोलने) जा रहे हैं इसके अनुसार क्लाएंट कोड अनिच्छा से विभिन्न आर्ग्युमेंट्स को फंक्शन को pass करता है। निम्नलिखित कोड को ही लीजिए:

```
class Base {
    // ...
    vitual void Foo(int x = 0);
};
class Derived : public Base {
    // ...
    virtual void Foo(int x = 1);                //poor form, and surprise-inducing
```

```
};
Derived *pD = new Derived;
pD ->Foo();                    //invokes pD ->Foo(1)
Base *pB = pD;
pB ->Foo();                    //invokes pB ->Foo(0)
```

यहाँ एक ही ऑब्जेक्ट के मेंबर फंक्शन्स, किस static type के जरिए वे आर्ग्युमेंट्स को access करने जा रहे हैं इसके अनुसार अलग-अलग आर्ग्युमेंट्स को चुपचाप प्राप्त करते हैं। यह बात कॉलर्स को आश्चर्य में जाल देगी। overriding करते समय अतिरिक्त **virtual** को अवश्य डालें ताकि कोड को पढ़नेवाले overriding का उद्देश्य समझ पाएँ।

बेस क्लास में overloads को गलती से भी न छुपाएँ। उदाहरण के लिए,

```
class Base { // ...
  virtual void Foo(int);
  virtual void Foo(int, int);
  void Foo(int, int, int);
};
class Derived : public  Base { // ...
  virtual void Foo(int);       //overrides Base::Foo(int), but hides the others
};
Derived d;
d.Foo(1);                      //ok
d.Foo(1, 2);                   //error (oops?)
d.Foo(1, 2, 3);                //error (oops?)
```

अगर बेस क्लास के overloads को derived क्लास में भी दिखाना हो तब उन्हें derived क्लास में फिर से डिक्लेअर करने के लिए **using** यह डिक्लरेशन लिखें:

```
class Derived : public Base { // ...
  virtual void Foo(int);       //overrides Base::Foo(int)
  using Base::Foo;             //bring the other Base::Foo overloads into scope
};
```

उदाहरण

उदाहरण: उदाहरण के लिए **Ostrich** को लीजिए। अगर **Bird** यह क्लास **Fly** इस वर्चुअल फंक्शन को डिफाइन करता है और आपने **Ostich** (जो कि उड नहीं सकता) नाम के नए क्लास को **Bird** से डिफाइन किया है तब आप **Ostrich::Fly** को कैसे इंप्लिमेंट कर सकते हैं? इस प्रश्न का उत्तर है "कुछ बताया नहीं जा सकता"। अगर **Bird::Fly** सफलता की गारंटी देता है (अर्थात असफल नहीं होगा इसकी गारंटी देता है, आइटम 71 देखें) क्योंकि उडना **Bird** मॉडल का महत्त्वपूर्ण अंग है, तब ऐसे में **Ostrich** यह **Bird** नाम के मॉडल का सही इंप्लिमेंटशन नहीं है।

संदर्भ

[Dewhurst03] §73-74,§78-79 • [Sutter00] §21 • [Keffer95] p.18

39. वर्चुअल फंक्शन्स को नॉनपब्लिक और पब्लिक फंक्शन्स को नॉनवर्चुअल बनाइए। (Consider making virtual functions nonpublic and public functions nonvirtual.)

सारांश

ऐसे बेस क्लासेस में जहाँ बाद में किए जानेवाले बदलाव काफी महँगे पड़ सकते हैं (खास करके लायब्रीज और frameworks में जो बेस क्लासेस होते हैं), वहाँ पब्लिक फंक्शन्स को नॉनवर्चुअल बनाइए। अगर derived क्लासेस बेस के वर्जन को कॉल करना चाहते हैं तो वर्चुअल फंक्शन्स को private या protected बनाइए। (ध्यान रहे कि यह सलाह डिस्ट्रक्टर पर लागू नहीं होती है; आइटम 50 देखें।)

चर्चा

हम में से लगभग सभी ने कई कडवे अनुभवों के बाद सीखा है कि अगर आपको सचमुच ही क्लास मेंबर्स को प्रकट करने की आवश्यकता न हो तो उन्हें private ही रखना चाहिए। ऐसा करना केवल उत्तम encapsulation ही है। यह सीख अक्सर डाटा मेंबर्स पर तो लागू होती है ही (आइटम 41 देखें), लेकिन उतनी ही वर्चुअल फंक्शन्स और उनके साथ-साथ अन्य सभी मेंबर्स पर भी लागू होती है।

खास करके ऐसी OO hierarchies (object-oriented hierarchies) में, जहाँ बाद में किए जानेवाले बदलाव काफी महँगे पड़ सकते है वहाँ संपूर्ण abstraction का ही प्रयोग करें, तथा पब्लिक फंक्शन्स का नॉनवर्चुअल और वर्चुअल फंक्शन्स को प्राइवेट (और derived क्लास के बेस क्लास वर्जन को कॉल करने की आवश्यकता पड़ने पर protected) बनाएँ। इसे Nonvirtual Interface (NVI) pattern कहते हैं। (NVI दूसरे पैटर्न्स के जैसा, खास करके Template Method [Gamma 95] जैसा ही है, लेकिन इसके पीछे भिन्न प्रेरणा है एवं इसका उद्देश्य भी भिन्न है।)

किसी भी पब्लिक वर्चुअल फंक्शन की दो जिम्मेदारीयाँ होती हैं जो एक-दूसरे के साथ स्पर्धा करती हैं और जिनका लक्ष्य भी दो भिन्न और एक-दूसरे से स्पर्धा करनेवाले प्रयोगकर्ता हैं।

- यह इंटरफेस प्रदान करता है: यह फंक्शन पब्लिक होने के कारण सीधे उस इंटरफेस का हिस्सा बन जाता है जिसे क्लास दूसरों को प्रदान करता है।
- यह इंप्लिमेंटेशन के बारे में विस्तृत विवरण देता है: यह फंक्शन वर्चुअल होने के कारण अगर उसके कोई base implementations हों तो derived क्लास उन्हें रिप्लेस कर सकता है, यह फंक्शन कस्टमाइजेशन करने की ही जगह होती है।

उपर बताई गई दोनों जिम्मेदारीयों के हेतु और उनके प्रयोगकर्ता अलग-अलग होने के कारण इनमें (प्रायः) संघर्ष होता है और इसी वजह से एक पब्लिक वर्चुअल फंक्शन अपनी व्याख्या के अनुसार दोनों जिम्मेदारियों को पूरी तरह से नहीं निभा सकता। पब्लिक वर्चुअल फंक्शन के दो भिन्न काम और प्रयोगकर्ता होना यही निर्देशित करता है कि वह अपनी दोनों जिम्मेदारीयों के उद्देश्य को अच्छी तरह से अलग नहीं रख रहा है और आइटम 5 और 11 को हानी पहुंचा रहा है। इसका मतलब है कि हमे पब्लिक वर्चुअल फंक्शन के अलावा किसी दूसरे विकल्प के बारे में सोचना चाहिए।

पब्लिक फंक्शन्स और वर्चुअल फंक्शन्स को अलग-अलग रखना हमारे लिए काफी लाभदायक होता है तथा इससे हमे निम्नलिखित फायदे मिलते हैं।

- हर इंटरफेस उसका अपना रुप ले पाएगा: हम जब पब्लिक इंटरफेस को कस्टमाइजेशन इंटरफेस से अलग करते हैं तब एकजैसा रुप लेने के बारे में समझौता करने के बजाय हर इंटरफेस अपनी पसंद का रुप लेना चाहेगा। दो इंटरफेसेस अक्सर अलग-अलग फंक्शन्स और/या पैरामीटर्स चाहते हैं। उदाहरण के लिए, बाहरी कॉलर्स शायद एक ही पब्लिक **Process**, जो कि किसी कार्य का तार्किक (logical) यूनिट का काम करता हो को कॉल करेगा, जबकि customizers स्वाभाविक रुप से स्वतंत्र overridable virtual फंक्शन के जरिए उसी कार्य के कुछ निश्चित हिस्से को override करेंगे (उदाहरण के लिए, **DoProcessPhase1**, **DoProcessPhase2**) जिससे कि derived class को कुछ भी override नहीं करना पड़ेगा। (यहाँ दूसरा उदाहरण एक ऐसा विशेष Template Method Pattern है जिसे किसी दूसरे तरीके से पाया गया है।)
- बेस क्लास नियंत्रण में रहेगा: बेस क्लास अब पूरी तरह से उसके इंटरफेस और पॉलिसी के नियंत्रण में रहेगा और वह इंटरफेस के pre और post कंडिशन्स को लागू कर पाएगा। (आइटम 14 और 68 देखें), नए कार्यों को शामिल कर पाएगा (insert instrumentations), और सभी एकजैसे कामों को एक ही सुविधाजनक एवं जिसे बार-बार प्रयोग में लाया जा सकता हो ऐसी सही जगह पर, यानी नॉनवर्चुअल इंटरफेस फंक्शन के अंदर पूरा कर पाएगा। अलग-अलग कामों को इस तरह से टुकडो में बाँटना (prefactoring) अच्छी क्लास डिजाइन बनाने में हमारी मदद करता है।
- बदलाव आने पर भी बेस क्लास मजबूत रहता है: हम हमारी डिजाइन को बाद में बदल भी सकते हैं और आगे चलकर उसमें Pre तथा Post checking शामिल कर सकते हैं, या फिर processing को और विभाजित कर सकते हैं या रिफैक्टर कर सकते हैं, या फिर Pimpl idiom (आइटम 43 देखें) का प्रयोग करके एक परिपूर्ण इंटरफेस/implementation seperation को लागू कर सकते हैं, तथा बेस क्लास का प्रयोग करनेवाले या उससे inherit किए गए किसी भी कोड को नुकसान पहुंचाए बिना बेस क्लास की customizability में बदलाव कर सकते हैं। याद रहें कि (पब्लिक फंक्शन वर्चुअल फंक्शन के लिए one line passthrough होने के बावजूद) NVI से शुरुवात करना और बाद में checking या instrumentation डालना बहुत ही आसान है क्योंकि, ऐसा करने के लिए आपको किसी भी कोड, जो बेस क्लास का प्रयोग कर रहा है या उससे inherit किया गया है, को तोड़ने की जरुरत नहीं पडेगी। पब्लिक वर्चुअल फंक्शन से शुरुवात करना और बाद में उसे अलग-अलग हिस्सों में बाँटना बहुत कठिन है, क्योंकि ऐसा करके यदि हमे मूल फंक्शन को वर्चुअल फंक्शन रखना हो तो कोड जिस बेस क्लास का प्रयोग करता हो उसे, या अगर हमे मूल फंक्शन को पब्लिक फंक्शन रखना हो तो बेस क्लास से inherit होनेवाले कोड को हम अकारण ही तोड़ते हैं। (आइटम 54 भी देखें।)

अपवाद

NVI के एग्ज़िक्यूशन के विशिष्ट क्रम की वजह से वे डिस्ट्रक्टर्स पर अप्लाई नहीं होते (आइटम 50 देखें)।

NVI कॉलर्स के लिए जो covariant return types हैं उनका सीधे सीधे समर्थन नहीं करता है। अगर **dynamic_cast** downcasts (आइटम 93 भी देखें) का प्रयोग किए बिना ही आपको कॉलिंग कोड के लिए विजीबल covariance चाहिए हो तब वर्चुअल फंक्शन को पब्लिक बनाना ही ज्यादा आसान होगा।

संदर्भ

[Allison98] §10 • [Dewhurst 03] §72 • [Gamma95] • [Keffer95 pp.6-7] • [Koenig97] §11 • [Sutter00] §19, §23 • [Sutter04] §18

40. इंप्लिसिट कन्वर्जन्स को उपलब्ध न कराएँ। (Avoid providing implicit conversions.)

सारांश

सभी बदलावों का अर्थ प्रगती नहीं होताः इंप्लिसिट कन्वर्जन्स से फायदा कम और नुकसान ही ज्यादा होता है। कौन से टाइप का परिवर्तन कौनसे टाइप में करना है इसके लिए इंप्लिसिट कन्वर्जन उपलब्ध कराने से पहले दो बार सोचिए और सुस्पष्ट कन्वर्जन्स (**explicit** कन्स्ट्रक्टर और named कन्वर्जन फंक्शन्स) पर ही निर्भर रहें।

चर्चा

इंप्लिसिट कन्वर्जन के साथ दो मुख्य समस्याएँ हैं:

- ये कन्वर्जन्स बिल्कूल अनपेक्षित जगहों पर हो सकते हैं।
- बाकी लैंग्वेज के साथ उनका ताल-मेल हमेशा ही अच्छा नहीं होता।

इंप्लिसिट रुप से कन्वर्ट होने वाले कन्स्ट्रक्टर्स (यानी ऐसे कन्स्ट्रक्टर्स जिन्हें एक ही आर्ग्युमेंट द्वारा कॉल किया जा सकता है और जिन्हें वे **explicit** हैं ऐसा डिक्लेअर न किया गया हो) overloading के साथ अच्छी तरह से काम नहीं करते हैं और सभी जगहों पर पॉप-अप होनेवाले अदृश्य टेम्पररी ऑब्जेक्ट्स को बढ़ावा देते हैं। **operator** T (जहाँ T एक टाइप है) के मेंबर फंक्शन के रुप में डिफाइन किए गए कन्वर्जन्स भी ज्यादा अच्छे नहीं होते। वे implicit कन्स्ट्रक्टर के साथ अच्छी तरह से काम (interact) नहीं करते और हर तरह के निरर्थक कोड को कंपाइल करने की अनुमती देते हैं। इसके बहुत से उदाहरण मौजूद हैं और यह बड़ी ही शर्मनाक बात है (संदर्भो को देखें)। हमने इनमें से केवल दो का ही उल्लेख किया है (उदाहरण देखें)।

C++ में कन्वर्जन्स के क्रम में ज्यादा से ज्यादा एक यूजर-डिफाइन्ड कन्वर्जन को शामिल किया जा सकता है। फिर भी, जब built-in कन्वर्जन्स इस क्रम के साथ जोड़े जाते हैं तब उसके परिणाम बहुत ही निराले होते हैं। इस समस्या का हल आसान है:

- जिनमें एक ही आर्ग्युमेंट है ऐसे कन्स्ट्रक्टर्स पर डिफॉल्ट रुप से ही **explicit** लिखें (आइटम 54 भी देखें):

```
class Widget { // ...
  explicit Widget (unsigned int WidgetizationFactor);
  explicit Widget (const char* name, const Widget* other = 0 );
};
```

- कन्वर्जन ऑपरेटर्स के बजाय रुपांतरण को प्रस्तुत करने वाले named फंक्शन्स का प्रयोग करें:

```
class String { // ...
  const char* as_char_pointer()const;          //in the grand C_str tradition.
};
```

आइटम 54 में **explicit** कॉपी कन्स्ट्रक्टर पर की गई चर्चा भी देखें।

उदाहरण

उदाहरण 1: overloading। मान लीजिए, आपके पास **Widget::Widget (unsigned int)** है, जिसे इंप्लिसिट रुप से invoke किया जा सकता है और **Widget** और **doubles** के लिए **Display** फंक्शन को overload किया गया हो। आगे बताए गए आश्चर्यजनक overload रिजोल्यूशन को ही लीजिए:

```
void Display (double);              //displays a double
void Display (const Widget&);       //displays a Widget
Display(5);                         //oops: creates and displays a Widget
```

उदाहरण 2: एरर्स, जो काम करती हों। मान लीजिए, **String** क्लास के लिए आपने **operator const char*** को उपलब्ध कराया है:

```
class String
  // ...
public:
   operator const char*();          //deplorable form
};
```

अचानक बहुत से बचकाने एक्सप्रेशन्स अब कंपाइल हो जाएंगे। मान लीजिए, **s1** और s2 दो **Strings** हैं :

```
int x = s1 - s2;                    //compiles; undefined behavior
const char* p = s1 - 5;             //compiles; undefined behavior
p = s1 + '0';                       //compiles; doesn't do what you'd expect
if (s1 = = "0" ) { ... }            //compiles; doesn't do what you'd expect
```

केवल इसी वजह से स्टैंडर्ड **string** बडी होशियारी से **operator const char*** के प्रयोग को टालता है।

अपवाद

इंप्लिसिट कन्वर्जन्स का प्रयोग जब सावधानी से और संभालकर किया जाता है तब वे कॉलिंग कोड को छोटा और सहज (intuitive) बनाते हैं। स्टैंडर्ड **std::string** ऐसे इंप्लिसिट कन्स्ट्रक्टर्स को डिफाइन करता है जो **const char*** टाइप के आर्ग्युमेंट्स को लेता है। लेकिन यदि डिजाइनर्स निम्नलिखित सावधानियाँ बरतते हैं, तो यह अच्छी तरह से काम करता है।

- किसी भी टाइप का अपने आप **const char*** में कन्वर्जन नहीं होता है। ये कन्वर्जन्स named फंक्शन्स, अर्थात **c_str** एवं **data** के जरिए ही होते हैं।
- **std::string** के लिए डिफाइन किए गए सभी कंपैरिजन ऑपरेटर्स को (जैसे कि = = , ! = , <) एक **const char*** और एक **std::string** के बीच किसी भी क्रम में तुलना करने के लिए overload किया गया है (आइटम 29 देखें)। इससे छुपे हुए टेम्पररी वेरियेबल्स तैयार नहीं होते।

ऐसा करने के बाद भी overloaded फंक्शन्स को लेकर कुछ अनिश्चितताएँ बनी रहती हैं:

```
void Display(int);
void Display(std::string);
Display(NULL);                      //calls Display(int)
```

यह नतीजा आश्चर्यजनक लगता होगा। (संयोगवश अगर यह **Display (std::string)** को कॉल करता है तब भी कोड अनिश्चित व्यवहार (undefined behavior) करता है, क्योंकि null pointer द्वारा **std::string** को बनाना अवैध होता है। लेकिन उसने कन्स्ट्रक्टर की null value की जाँच करने की आवश्यकता नहीं होती।

संदर्भ

[Dewhurst03] §36-37 • [Lakos96] §9.3.1 • [Meyers96] • [Murray93] §2.4 • [Sutter00] §6, §20, §39

41. ऐसे समूह जो कोई व्यवहार नहीं करते (C-style structs) उनके अलावा सभी डाटा मेंबर्स को प्राइवेट बनाइए। (Make data members private, except in behaviorless aggregates (C-style structs).)

सारांश

डाटा मेंबर्स को कॉलर्स के साथ कुछ लेना देना नहीं होताः डाटा मेंबर्स को प्राइवेट ही रखिए। केवल सरल C-style **struct** टाइप्स, जो वैल्युज के समूह को एकत्रित करते हैं लेकिन डाटा को encapsulate करने का या कोई व्यवहार करने का दावा नहीं करते, वे ही सभी डाटा मेंबर्स को पब्लिक बनाते हैं। हमेशा, पब्लिक और नॉनपब्लिक डाटा को एकदूसरे में मिलाना टालिए। यह एक गलत (muddled) डिजाइन की और इशारा करता है।

चर्चा

अच्छे सॉफ्टवेयर इंजिनीयरिंग का एक साधन है, जानकारी को छुपाना (आइटम 11 देखें)। सभी डाटा मेंबर्स को प्राइवेट बनाना ही बेहतर है क्योंकि प्राइवेट डाटा ही वो जरिया है जिसका प्रयोग करके क्लास उसके invariants को वर्तमान में एवं भविष्य में किये जानेवाले बदलावों के बावजूद भी सुरक्षित रख सकता है।

अगर क्लास किसी abstraction को बनाता (model) है और उसे अपने invariants को हमेशा वैसे ही बनाए रखना है तो ऐसे में क्लास के डाटा मेंबर्स कभी पब्लिक नहीं होने चाहिए, यह अच्छी बात नहीं है। पब्लिक डाटा होने का मतलब होगा कि आपके क्लास के state का कोई हिस्सा अलग-अलग समय पर क्लास के state के बाकी बचे हिस्से से अलग होगा, जिसे न तो हम नियंत्रित कर सकते हैं और न ही उसके बारे में अनुमान लगा सकते हैं। इसका मतलब है कि वह abstraction, एक या एक से ज्यादा invariants को बनाए रखने की जिम्मेदारी को उसका प्रयोग करनेवाले कोड के असंख्य सेट्स के साथ बाँट रहा है और यह अर्थात सिध्दांतों के अनुसार गलत है जिसे हम टाल नहीं सकते। इसलिए ऐसी डिजाइन्स का कभी स्वीकार न करें।

पब्लिक डाटा के प्रयोग में जो कमियाँ हैं वे सभी प्रोटेक्टेड डाटा में भी होती हैं क्योंकि डाटा सुरक्षित (protected) होने के बाद भी कुछ variants को बनाए रखने की जिम्मेदारी को वह abstraction कोड के असंख्य सेट्स के साथ बाँटता है - यहाँ वर्तमान एवं भविष्य के derived क्लासेस के अनेक सेट्स के साथ। इसके बाद कोई भी कोड नए क्लास को डिराइव करके, उसके जरिए डाटा को पाने के बाद पब्लिक डाटा को एवं प्रोटेक्टेड डाटा को भी बड़ी आसानी से पढ़ या बदल सकता है।

एक ही क्लास के अंदर पब्लिक एवं नॉनपब्लिक डाटा मेंबर्स को रखना बहुत ही असंगत होता है तथा वह उलझने पैदा करता है। प्राइवेट डाटा यह प्रमाणित करता है कि आपके पास invariants हैं और आपका उद्देश्य उन्हें सुरक्षित रखना है। जब आप उन्हें पब्लिक डाटा के साथ मिलाते हैं तो उसका मतलब है कि क्लासेस abstraction सच में है या नहीं यह निश्चित करने में आप नाकाम हो गए हैं। नॉनप्राइवेट डाटा मेंबर्स लगभग हमेशा मजबूत versioning को अनुमती देने वाले सरल passthrough get/set फंक्शन्स से पीछे रहते हैं।

क्लास के प्राइवेट डाटा मेंबर्स को छुपाने के लिए pimpl idiom का ही प्रयोग करें (आइटम 43 देखें।)

उदाहरण

उदाहरण 1: उचित encapsulation : लगभग सभी क्लासेस में (जैसे कि **Matrix, File, Date, BankAccount, security**) सभी डाटा मेंबर्स प्राइवेट होने चाहिए और उन्होंने पर्याप्त इंटरफेसेस को उपलब्ध कराना चाहिए। कॉलिंग कोड को क्लास के इंटर्नल्स को सीधे मैनिप्युलेट करने की अनुमती देना, वे जिस abstraction को उपलब्ध करते हैं उसके और उन्होंने जिन invariants को कायम रखना चाहिए उनके विरुद्ध काम करेगा।

Node एग्रिगेट, जिसका इस्तेमाल आम तौर पर **List** क्लास को इंप्लिमेंट करने के लिए किया जाता है , उसमें सामान्यत: कुछ डाटा और **Node** के लिए **next _** और **prev_** ये दो पॉएंटर्स होते हैं। मेंबर्स को **List** से छुपाने की आवश्यकता नहीं होती है। लेकिन अभी आप उदाहरण 3 की और ध्यान दें।

उदाहरण 2: TreeNode। मान लीजिए, **Tree<T>** नाम के एक कंटेनर को **TreeNode <T>** के रुप में, जो **Tree** के भीतर प्रयोग में लाया जाने वाला एग्रिगेट है, इंप्लिमेंट किया गया है और **T** यह object payload तथा previous /next /parent पॉएंटर्स को थामता है। **TreeNode** के सभी मेंबर्स public हो सकते हैं क्योंकि उन्हें सीधे-सीधे मैनिप्युलेट करने वाले **Tree** से छुपाने की आवश्यकता नहीं होती। लेकिन **Tree** ने **TreeNode** को पूरी तरह से छुपाना चाहिए (जैसे कि, private nested class के रुप में या सिर्फ **Tree** के इंप्लिमेंटशन फाइल में ही डिफाइन करके) क्योंकि **TreeNode** यह **Tree** का अंतर्गत विवरण है जिस पर कॉलर्स को निर्भर नहीं रहना चाहिए तथा उसे मैनिप्युलेट भी नहीं करना चाहिए। अंतत: **Tree** में समाविष्ट **T** ऑब्जेक्ट्स को **Tree** छुपाता नहीं है क्योंकि payload यह कॉलर्स की जिम्मेदारी होती है। कंटेनर में समाविष्ट ऑब्जेक्ट्स को थामने के लिए कंटेनर iterator abstractions का इस्तेमाल करता है और ऐसा करते समय अंतर्गत स्ट्रक्चर को छुपा देता है।

उदाहरण 3: Getters और setters। अगर कोई अच्छा डोमेन abstraction उपलब्ध न हो तो, जो डाटा मेंबर्स (जैसे कि, **color**) public या protected हैं उन्हें कम से कम प्राइवेट बना दें और get और set फंक्शन्स (जैसे कि, **GetColor, SetColor**) के जरिए छुपा दीजिए। ये (get और set फंक्शन्स) कम से कम abstraction और मजबूत versioning उपलब्ध कराते हैं।

फंक्शन्स का प्रयोग "color" के स्तर को, concrete state से लेकर जिन्हें हम अपनी पंसद के अनुसार इंप्लिमेंट कर सकते है ऐसे abstract state तक बढ़ाते हैं। हम **int** के अलावा किसी दूसरे अंतर्गत color encoding का प्रयोग कर सकते हैं, color बदल रहें हो तो उनके साथ display भी अपडेट हो जाए इसके लिए दूसरा कोड डाल सकते हैं, instrumentations शामिल कर सकते हैं और कॉलिंग कोड को कायम रखते हुए दूसरे बहुत से बदलाव कर सकते हैं। सबसे बुरी परिस्थिती में कॉलर को फिर से कंपाइल करना पड़ता है (यानी हम source-level compatibility को सुरक्षित रखते हैं) और सबसे अच्छी परिस्थिती में (अगर बदलाव binary compatibility को सुरक्षित रखते हों तब) कॉलर्स को फिर से कंपाइल या लिंक करने की आवश्यकता नहीं होगी। अगर शुरुवाती डिजाइन में public **color** मेंबर वेरियेबल हो जिसके साथ कॉलिंग कोड मजबूती से जुड़ जाता हो तब ऐसी स्थिति में इन बदलावों के लिए न तो source compatibility और न ही binary compatibility संभव होती है।

अपवाद

Get/set फंक्शन्स उपयोगी होते हैं लेकिन जो क्लासेस ज्यादातर get/set से ही बनते हैं उनका डिजाइन ज्यादा अच्छा नहीं होता। ऐसे में आप ही यह निश्चित करें कि क्लास abstraction को उपलब्ध कराना चाहता है या struct बनना चाहता है।

value aggregates (जिन्हे "C -style **structs**" भी कहा जाता है) सिर्फ डाटा के समूह को एकत्रित रखते हैं, वे डाटा से कोई भी निश्चित व्यवहार नहीं करते या abstraction को बनाने का और invariants का इस्तेमाल करने के लिए जोर नहीं देते। value aggtegates के सभी डाटा मेंबर्स को पब्लिक होना चाहिए क्योंकि ये डाटा मेंबर्स ही उनका इंटरफेस होते हैं। उदाहरण के लिए, स्टैंडर्ड कंटेनर्स, **std::pair < T,U >** का प्रयोग T और U टाइप के दो एलिमेंट्स को, जो कि अन्यथा एक-दूसरे से संबंधित नहीं होते, एकत्रित करने के लिए किया जाता है और **pair** खुद कोई व्यवहार या किसी invariant को नहीं जोड़ता है।

संदर्भ

[Dewhurst03] §80 • [Henricson97] pg.105 • [Koenig97] §4 • [Lakos96] §2.2 • [Meyers97] §20 • [Murray93] §2.3 • [Stroustrup00] §10.2.8, §15.3.1.1 §24.4.2-3 • [SuttHysl04a]

42. क्लास की अंतर्गत जानकारी (internals) को कभी प्रकट न करें। (Don't give away your internals.)

सारांश

जरुरत से ज्यादा कष्ट न उठाएँ: क्लास द्वारा मैनेज किए जानेवाले इंटर्नल डाटा के लिए हैंडील रिटर्न करना टालिए ताकि ऑब्जेक्ट जिसे अपनी खुद की state समझता हो उसे क्लाएंट किसी भी हद तक मॉडिफाय न कर पाए।

चर्चा

निम्नलिखित क्लास को देखिए:

```
class Socket {
public:
  //... constructor that opens handle_, destructor that closes handle_, etc. ...
  int GetHandle() const {return handle_;}          //avoid this
private:
  int handle_;                                     //perhaps an OS resource handle
};
```

जानकारी छुपाना abstraction और modularity का एक शक्तिशाली साधन है (आइटम 11 और 41देखें)। लेकिन पहले डाटा को छुपाना और फिर उसी डाटा के लिए handle देना खुद की हार मानने जैसा होगा। यह ऐसा होगा कि घर पर ताला लगाने के बाद चाबियाँ ताले के साथ ही छोड़ देना। ऐसा इसलिए होता है:

- क्लाएंट के पास अब functionality को इंप्लिमेंट करने के दो तरीके हैं: वे आपके क्लास के abstraction का (यानी **Socket** का) प्रयोग कर सकते हैं या आपका क्लास जिस इंप्लिमेंटेशन पर (यानी socket का C-Style handle) निर्भर करता है, सीधे उसी को मैनिप्युलेट कर सकता है। ऑब्जेक्ट जब इंप्लिमेंटेशन करता है तब वह उस रिसोर्स से, जिसे वह अपना खुद का रिसोर्स समझता है, अनजान रहता है और तब क्लास किसी भी functionality को विश्वासपूर्वक सँवार और समृध्द नहीं कर सकता (जैसे कि, proxying, logging, statistics जमा करना) क्योंकि क्लास द्वारा सँवारे हुए तथा नियंत्रित किए हुए इंप्लिमेंटेशन्स को और क्लास जिन invariants को जोड़ता है उन invarianats को क्लाएंट्स टाल सकते हैं, जिससे एरर्स को ढूँढ़ना और ठीक करना असंभव हो जाता है (आइटम 70 देखें)।
- क्लाएंट्स क्लास के abstraction पर निर्भर रहते हैं इसीलिए क्लास अपने abstraction के अधिन इंप्लिमेंटशन्स को बदल नहीं सकता। यदि बाद में हम **Socket** को सुधारते हैं ताकि वह दूसरे किसी प्रोटोकॉल, जिसमें low-level primitives का अलग सेट हो, का समर्थन कर सके तो जो कॉलिंग कोड **handle_** को लाकर उसे गलत तरीके से मैनिप्युलेट करता है वह धीरे से टूट जाएगा।
- क्लास अपने invariants पर कोई जबरदस्ती नहीं कर सकता क्योंकि कॉलिंग कोड क्लास के जानकारी के बिना भी state को बदल सकता है। उदाहरण के लिए, **Socket** मेंबर फंक्शन के द्वारा न जाते हुए कोई भी **Socket** ऑब्जेक्ट जिस handle का प्रयोग कर रहा है उसे बंद कर सकता है और इस तरह से ऑब्जेक्ट को अवैध बनाता है।
- क्लाएंट कोड उन handles को स्टोर कर सकता है जो क्लास के द्वारा रिटर्न किए गए हों और क्लास के कोड द्वारा उन handles को अवैध मानने के बाद भी क्लाएंट कोड उनका प्रयोग करने का प्रयास करता रहेगा।

आम तौर पर हम यही गलती करते हैं। हम भूल जाते हैं कि **const** का प्रयोग ऊपरी स्तर पर किया जाता है (shallow) और वह पाइंटर्स के जरिए उत्पन्न नहीं होता है (आइटम 15 देखें)। उदाहरण के लिए, **Socket::GetHandle** एक **const** मेंबर है और जहाँ तक कंपाइलर का संबंध है **handle_** को रिटर्न करने के बाद भी उसके const

रुप को पूरी तरह से सुरक्षित रखा जाता है। फिर भी, **handle_** की वैल्यु का प्रयोग कर रहे सिस्टम फंक्शन्स को किए जानेवाले अधूरे (raw) कॉल्स, **handle_** अप्रत्यक्ष रुप से जिस डाटा का निर्देश दे रहा है उसे मॉडिफाय कर सकते हैं।

आगे बताया गया पॉएंटर का उदाहरण भी ऐसा ही है। तथापि यहाँ परिस्थिती जरासी बेहतर है, क्योंकि रिटर्न होनेवाला **const** टाइप गलती से होनेवाले उसके दुरुपयोग को कम करता है।

```
class String {
   char * buffer _;
public:
    char* Get Buffer () const {return buffer_;}          //bad: should return const char*
    //..
};
```

GetBuffer के **const** होने के बावजूद यह कोड तकनिकी रुप से प्रमाणित और वैध है। कोई भी क्लाएंट explicit casting के बिना **String** ऑब्जेक्ट को बदलने के लिए **GetBuffer** का प्रयोग कई तरह से कर सकता है। उदाहरण के लिए, संयोग वश **strcpy (S.GetBuffer (), "Very long String ..")** जैसा कोड भी वैध है। सभी कंपाइलर्स पर परिक्षण करने पर यह कोड बिना किसी वार्निंग के कंपाइल हो गया। इस मेंबर फंक्शन के बजाय **const char*** को रिटर्न करने पर कंपाइलर इस गलत इस्तेमाल के लिए कम से कम compile-time एरर दिखाएगा ताकि ऐसी गलतियाँ दोहराई न जाए। ऐसे कॉलिंग कोड के लिए explicit cast लिखना होगा (आइटम 92 से 95 तक देखें)।

const के लिए पॉएंटर्स को रिटर्न करने पर भी गलती से होने वाले दुरुपयोग हटाए नहीं जा सकते क्योंकि ऑब्जेक्ट के internals को प्रकट करने का संबंध सीधे internals की वैधता से होता है। उपरोक्त **String** के उदाहरण में **GetBuffer** रिटर्न किए गए पॉएंटर के कॉलिंग कोड को शायद स्टोर कर सकता है, और बाद में कुछ कार्य करता है जिससे **String** अपने बफर को बढ़ा (और मूव कर) सकता है। अंत में वह (आनेवाले संकट की पूर्वसूचना देते हुए) सेव किए गए किंतु अभी जो अवैध हो ऐसे आगे-पीछे घूमनेवाले और जो अब मौजूद नहीं है ऐसे बफर के पॉएंटर का प्रयोग करने का प्रयास करता है। इसलिए अगर आप समझते हैं कि ऐसे internal state को बनाने की आपके पास बहुत अच्छी वजह है तब भी रिटर्न की गई वैल्यु कब तक वैध रहेगी और कौन-कौन से ऑपरेशन्स इस वैल्यु को अवैध बना सकते हैं इसके बारे में विस्तृत जानकारी देना आपके लिए आवश्यक होगा (इसकी तुलना आप स्टैंडर्ड लायब्ररी के explicit iterator validity गारंटी के साथ करिए और [C++ 03] देखें)।

अपवाद

कभी-कभी कंपैटिबिलीटी को बनाए रखने के हेतु से internal handles को access दिलाना क्लास के लिए जरुरी हो जाता है जैसे कि वैध रुप से प्राप्त कोड या दूसरे सिस्टम्स के साथ इंटरफेस बनाने के लिए। उदाहरण के लिए, **std::basic_string** अपने internal handles को **data** और **C_str** इन मेंबर फंक्शन्स के द्वारा access दिलाता है ताकि वे, जो फंक्शन्स C-style पॉएंटर्स को लेना चाहते हैं किंतु जान-बूझकर उन पॉएंटर्स को स्टोर नहीं करते या उनके जरिए लिखते नहीं है, उनके साथ कंपैटिबल हो सके। फंक्शन्स बहुत बुरे होते हैं और उनका प्रयोग बहुत कम तथा बड़ी सावधानी के साथ करना चाहिए। जिनके आधार पर हैंडील वैध बना रहता है उन शर्तों के बारे में टिप्पणियाँ देते समय सावधानी बरतनी चाहिए।

संदर्भ

[C++03] §23 • [Dewhurst03] §80 • [Meyers97] #29 • [Saks99] • [Stroustrup00] §7.3 • [Sutter02] §9

43. Pimpl का प्रयोग विचारपूर्वक कीजिए। (Pimpl judiciously.)

सारांश

लैंग्वेज में दिखाई देनेवाली विभाजन की चिंताओं से मुक्त रहिए: C++ प्राइवेट मेंबर्स को inaccessible बनाता है लेकिन उन्हें अदृश्य नहीं करता है। जहाँ प्राइवेट मेंबर्स का अदृश्य होना लाभदायक होता हो वहाँ Pimpl idiom का प्रयोग करके उन्हें सच में छुपा दें ताकि कंपाइलर फायरवॉल्स को लागू किया जा सके और ज्यादा इनफॉरमेशन को छुपाया जा सके (आइटम 11 और 41 देखें)।

चर्चा

जब ऐसी कंपाइलर फायरवॉल बनाना आवश्यक और सही होता है, जो कॉलिंग कोड को क्लास के प्राइवेट हिस्से से पूरी तरह से अलग करती हो, तब Pimpl idiom का प्रयोग करिए। उन्हें किसी अपारदर्शी पॉएंटर (एक ऐसा पॉएंटर, खास करके smart पॉएंटर, जो क्लास को निर्देशित करता है तथा जिसका डिक्लेरेशन हुआ हो किंतु जो अभी तक डिफाइन न किया गया हो) के पीछे छुपाएँ। उदाहरण के लिए:

```
class Map {
// ...
private:
  struct lmpl;
  shared_ptr<lmpl>pimpl_;]
};
```

आधारित नामोंवाले (eponymous) pimpl का प्रयोग सभी प्राइवेट मेंबर्स, यानी मेंबर डाटा और प्राइवेट मेंबर फंक्शन दोनों को स्टोर करने के लिए किया जाना चाहिए। ऐसा करने से आप कॉलिंग कोड को फिर से कंपाइल किए बिना ही क्लास के प्राइवेट इंप्लिमेंटेशन के विवरण में अपनी इच्छा के अनुसार बदलाव कर पाएँगे। इस तरह से किसी पर भी निर्भर न रहने की आजादी ही इस idiom की पहचान है (आइटम 41 देखें)।

टिप्पणी: Pimpl को डिक्लेअर करने के लिए दोनों डिक्लेरेशन्स का प्रयोग करें, जैसा कि ऊपर बताया गया है। दो लाइनों को एकत्रित करना और **struct lmpl* pimpl;** के साथ एक ही स्टेटमेंट के अंदर टाइप और उसके पॉएंटर को फॉरवर्ड-डिक्लेअर करना विधीसम्मत होगा लेकिन इसका अर्थ अलग होगा। किंतु तब **lmpl** बंद नेमस्पेस के अंदर होगा, न कि आपके क्लास के अंदर का नेस्टेड टाइप।

Pimpl का प्रयोग करने की कम से कम तीन वजह हैं और वे C++ accessibility (आप किसी को कॉल या किसी का प्रयोग कर सकते हैं या नहीं) और visibility (अगर आप उसे देख सकते हैं तो आप उसकी डेफिनेशन पर निर्भर रह सकते हैं या नहीं) इनके बीच जो भेद हैं उनके कारण आती हैं। विशेष करके किसी क्लास के सभी प्राइवेट मेंबर्स फंक्शन्स और फ्रेंड्स होते हैं किंतु वे बाकी सभी को, यानी पूरा कोड जो क्लास की डेफिनेशन को देख सकता है, उसे दिखाई दे सकते हैं।

इसके पीछे पहला कारण यह है कि अनावश्यक टाइप डेफिनेशन पर प्रक्रिया की जाने के कारण build के लिए निश्चित रुप से ज्यादा समय लगता है। वैल्यु द्वारा थामे गए प्राइवेट डाटा मेंबर्स के लिए और वैल्यु द्वारा लिए गए या विजीबल फंक्शन के इंप्लिमेंटेशन में इस्तेमाल किए जानेवाले प्राइवेट मेंबर फंक्शन के पैरामीटर्स के लिए टाइप्स को डिफाइन करना ही पड़ता है, फिर चाहे इस कंपाइलेशन यूनिट में उनकी कभी भी आवश्यकता न भी पड़ती हो।

इसी कारण build के लिए ज्यादा समय लगता है। उदाहरण के लिए,

```
class C {
  // ...
private:
  AComplicatedType act_;
};
```

क्लास C की डेफिनेशन जिस हेडर फाइल में है उसने **AcomplicatedType** की डेफिनेशन जिस हेडर में है उस हेडर को भी **#include** करना जरुरी है। **AcomplicatedType** को शायद जिसकी आवश्यकता पडती है ऐसे हर हेडर को वह संक्रामक रुप से शामिल करता जाएगा। अगर हेडर विस्तार करने योग्य हो तो कंपाइलेशन टाइम पर स्पष्ट रुप से असर हो सकता है।

दूसरा परिणाम है, जो कोड फंक्शन को कॉल करने का प्रयास कर रहा है उसके लिए name hiding और संदिग्धता तैयार हो जाती है। प्राइवेट मेंबर फंक्शन्स को कभी भी क्लास के बाहर से या उसके फ्रेंड्स द्वारा कॉल नहीं किया जा सकता है। फिर भी वे name lookup और overload resolution में हिस्सा लेते हैं और कॉल्स को वे अवैध या संदिग्ध हैं ऐसा रुप दे सकते हैं। accessibility की जाँच करने से पहले, C++ अक्सर name_lookup और overload resolution को पूरा करता है। इसीलिए visibility को प्राधान्य दिया जाता है।

```
int Twice ( int );              //1
class Calc {
public:
  string Twice ( string );      //2
private:
  Char* Twice ( char* );        //3
int Test() {
  return Twice ( 21 );          //A: error, 2 and 3 are unviable (1would be viable,
  }                             //but it can't be considered because it's hidden)
};
Calc c;
c.Twice ( "Hello" );            //B: error, 3 is inaccessible (2 would be fine, but it
                                //can't be considered because 3 is a better match)
```

लाइन A पर कॉल को **::Twice(21)** के रुप में प्रस्तुत करने का काम किया जाता है ताकि lookup के लिए ग्लोबल फंक्शन्स को चुनना जरुरी हो जाए। लाइन B पर explicit cast को **c.Twice (string ("Hello"))** के रुप में जोड़ने का काम किया जाता है ताकि overload रिजोल्युशन अपेक्षित फंक्शन चुन सके। इनमें से कॉलिंग की कुछ समस्याओं को Pimpl idiom के अलावा दूसरे तरीके से भी हल किया जा सकता है। उदाहरण के लिए, मेंबर फंक्शन के लिए कभी भी प्राइवेट overload न लिखना। लेकिन जिन समस्याओं को pimpl द्वारा हल किया जाता है उनके लिए ऐसे पर्याय उपलब्ध नहीं होते।

इसका तीसरा परिणाम है, एरर हैंडलिंग और सुरक्षा पर होनेवाला इनका असर। टॉम कारगिल (Tom Cargill) के Widget के उदाहरण को ही देखिए -

```
class Widget {// ...
public:
  Widget& operator = ( const Widget& );
private:
  T1 t1_;
  T2 t2_;
};
```

संक्षेप में, यदि T1 या T2 इस तरह से नाकाम होने की संभावना है और उसे ठीक नहीं किया जा सकता हो तब हम strong गारंटी या कम से कम आवश्यक (basic) गारंटी देने के लिए **operator =** ऐसा नहीं लिख सकते (आइटम 71 देखें)। मेंबर ऑब्जेक्ट्स को वैल्यु की जगह पॉएंटर के जरिए थामिए और अगर संभव हो तो सभी को अकेले पॉएंटर के पीछे छुपाइए। अच्छी बात यह है कि, निम्नलिखित सरल रुपांतरण जिसमें एरर न हो ऐसी असाइनमेंट (error-safe) तैयार करने की कम से कम मूल गारंटी और जब तक T1 और T2 इन आवश्यक ऑपरेशन्स के कोई भी दुष्परिणाम नहीं होते (खास करके कन्स्ट्रक्टर्स और डिस्ट्रक्टर्स) तब तक पक्की गारंटी देने का समर्थन करता है और इस तरह से हमेशा काम करता है। मेंबर ऑब्जेक्ट्स को वैल्यु के बजाय पॉएंटर के जरिए पकडकर रखें, अगर संभव हो तो एक ही Pimpl पॉएंटर के पीछे।

```
class Widget {// ...
public:
  Widget& operator=( const Widget& );
private:
  struct lmpl;
  shared_ptr<lmpl>pimpl_;
};
Widget& Widget::operator=( const Widget& ) {
shared_ptr<lmpl> temp( new lmpl( /*...*/ ) );
//change temp->t1_and temp->t2-; if it fails then throw, else commit using:
pimpl_= temp;
return *this;
}
```

अपवाद

जब आपको पता है कि अतिरिक्त लेवल के कारण आपको फायदा होनेवाला है तब ही Pimpls या ऐसी दूसरी पेंचीदा बातों का समावेश करें (आइटम 6 और 8 देखें)।

संदर्भ

[Coplien92] §5.5 • [Dewhurst03] §8 • [Lakos96] §6.4.2 • [Mayers97] §34 • [Murray93] §3.3 • [Stroustrup94] §2.10, §24.4.2 • [Sutter00] §23, §26-30 • [Sutter02] §18, §22 • [Sutter04] §16-17

44. नॉनमेंबर, नॉनफ्रेंड फंक्शन्स लिखने को प्राधान्य दीजिए। (Prefer writing non member nonfriend functions.)

सारांश

मेंबरशीप के लिए मूल्य न दें: जहाँ संभव हो वहाँ फंक्शन्स को नॉनमेंबर नॉनफ्रेंड बनाइए।

चर्चा

नॉनमेंबर नॉनफ्रेंड फंक्शन्स dependencies को कम करके encapsulation को बेहतर बनाते हैं। मतलब फंक्शन की बॉडी को क्लास के नॉनपब्लिक मेंबर पर निर्भर रहने की जरुरत नहीं पड़ती (आइटम 11 देखें)। वे एक ही बड़े क्लास को टुकड़ों में बाँटतें हैं जिससे अलग-अलग functionality को स्वतंत्र किया जाता है और इस तरह से coupling भी कम हो जाती है (आइटम 33 देखें)। वे genericity को भी बेहतर बनाते हैं क्योंकि ऐसे टेम्पलेट्स लिखना, जो नहीं जानते कि कोई ऑपरेशन बताए गए टाइप का मेंबर है या नहीं, बहुत कठिन होता है (आइटम 67 देखें)।

फंक्शन मेंबर होना चाहिए या/और फ्रेंड यह निश्चित करने के लिए निम्नलिखित अल्गोरिदम का प्रयोग करें:

//यदि फंक्शन का मेंबर होना जरुरी है और आपके पास इसके अलावा दूसरा कोई विकल्प नहीं है तो उसे मेंबर बना दीजिए।

यदि =, ->, [], {} इनमें से कोई भी ऑपरेटर, जो कि मेंबर ही होना चाहिए, यदि वे फंक्शन है:
 तो उन्हें मेंबर बनाएँ।

//यदि फंक्शन नॉनमेंबर नॉनफ्रेंड हो सकता है या उसका नॉनमेंबर फ्रेंड होना लाभदायक हो तो फिर ऐसा ही करें:

अन्यथा: a) फंक्शन के पास बाईं तरफ के आर्ग्युमेंट के रुप में दूसरा टाइप होना चाहिए (जैसे कि >> तथा << जैसे ऑपरेटर्स भी चाहते हैं); या b) फंक्शन को उसके सबसे बाईं तरफ के आर्ग्युमेंट के रुप में टाइप कन्वर्जन की आवश्यकता होगी; या c) फंक्शन को सिर्फ क्लास के पब्लिक इंटरफेस का प्रयोग करके इंप्लिमेंट किया जा सकता है:

 फंक्शन को नॉनमेंबर बनाइए (और a) तथा b) में यदि जरुरी हो तो फ्रेंड)

 यदि फंक्शन का वर्तन वर्चुअल होना आवश्यक हो तो:

 वर्चुअल वर्तन उपलब्ध कराने के लिए वर्चुअल मेंबर फंक्शन को समाविष्ट करें और नॉनमेंबर को वर्चुअल के रुप में इंप्लिमेंट करें।

अन्यथा: फंक्शन को मेंबर बनाएँ।

उदाहरण

उदाहरण: basic_string। स्टैंडर्ड **basic_string** एक बहुत बड़ा (monolithic) क्लास है। उसमें 103 मेंबर फंक्शन्स है जिनमें से 71 मेंबर फंक्शन्स को कार्यक्षमता कम न करते हुए भी नॉनमेंबर नॉनफ्रेंड फंक्शन के रुप में लिखा जा सकता था। इनमें से बहुत से फंक्शन्स ऐसी functionality को दोहराते हैं जो पहले से ही अल्गोरिदम के रुप में उपलब्ध होती है, या जो खुद ही ऐसे अल्गोरिदम हैं जिन्हें अगर **basic_string** के भीतर न रखा जाए तो वे और भी ज्यादा उपयोगी साबित हो सकते थे। (आइटम 5 और 32, और [Sutter04] देखें।)

संदर्भ

[Lakos96] §3.6.1,§9.1.2 • [McConnell93] §5.1-4 • [Murrary93] §2.6 • [Meyers00] • [Stroustrup00] §10.3.2, §11.3.2, §11.3.5, §11.5.2, §21.2.3.1 • [Sutter00] §20 • [Sutter04] §37-40

45. new और delete को हमेशा एक-साथ उपलब्ध कराइए। (Always provide new and delete together.)

सारांश

ये हमेशा एक-साथ ही दिए जाते हैं: हर क्लास के लिए विशेष **void* operator new (parms)** ऐसे overloaded ऑपरेटर के साथ उससे संबंधित **void operator delete (void*, parms)** को भी उपलब्ध कराएँ। यहाँ **parms** अतिरिक्त पैरामीटर टाइप की लिस्ट है (जिसमें हमेशा सबसे पहले **std::size_t** होता है)। सभी **new[]** एवं **delete[]** इन एरेज के लिए भी यही तरीका अपनाया जाता है।

चर्चा

बहुत कम बार कस्टम **new** या **delete** को उपलब्ध कराने की आवश्यकता होती है लेकिन अगर इनमें से एक की भी आवश्यकता पड़ती है तो आपको दोनों को उपलब्ध कराना पड़ेगा। यदि आप किसी खास एलोकेशन के लिए क्लास के लिए विशिष्ट **T::operator new** को डिफाइन करते हैं तो यह अपेक्षित है कि आपको संबंधित डिएलोकेशन करने के लिए उस क्लास के लिए विशिष्ट **T::operator delete** को भी डिफाइन करना पड़ता है। वैसे तो यह सबकुछ मूल संकल्पना पर आधारित लगता है, लेकिन यह आइटम लिखने के पीछे कुछ गहरा कारण भी है। कंपाइलर **T::operator delete** के ओवरलोड की शायद तब भी इच्छा रखेगा जब कि आपने उसे कभी invoke ही न किया हो। इसीलिए **operator new** और **operator delete** (और **operator new[]** और **operator delete[]**) को हमेशा एकसाथ उपलब्ध कराइए।

मान लीजिए, आपने एक क्लास को डिफाइन किया है जिसमें कस्टमाइज्ड एलोकेशन है:

```
class T {
  // ...
  static void* operator new(std::size_t);
  satic void* operator new(std::size_t, CustomAllocator&);
  static void operator delete(void*, std::size_t);
};
```

ऐसा करके आपने एलोकेशन और डिएलोकेशन करने के लिए एक सरल नियमावली बना ली है:

- कॉलर्स टाइप T के ऑब्जेक्ट्स को या तो डिफॉल्ट एलोकेटर (**new T** का प्रयोग करके) या फिर कस्टम एलोकेटर का (**new(alloc) T**, जहाँ **alloc** यह **CustomAllocator** टाइप का एक ऑब्जेक्ट है) प्रयोग करके एलोकेट कर सकते हैं।
- कॉलर्स जिसे invoke कर सकते हैं ऐसा एक ही **operator delete** है और वह है, डिफॉल्ट **operator delete (size_t)**। अर्थात आप उसे इसीलिए इंप्लिमेंट करते है ताकि वह किसी भी तरह से एलोकेट की गई मेमोरी को डिएलोकेट कर सके।

यहाँ तक सब कुछ अच्छा है।

तथापि अभी कंपाइलर को **delete** के दूसरे ओवरलोड **T::operator delete (size _t , CustomAllocator&)** को चुपचाप से कॉल करना पड़ता है। ऐसा इसलिए है क्योंकि

```
T* p = new(alloc) T;
```

यह स्टेटमेंट आगे जो बताया गया है, कुछ उस तरह से खुल जाता है:

```
// compile-generated code for T* p = new(alloc)T;
//
void*_compilerTemp = T::operator new(sizeof (T), alloc);
 T* p;
 try {
  p = new (_compilerTemp) T;       //construct a T at address _compilerTemp
}
catch(...) {                       //constructor failed, attention here...
T::operator delete(_compiler Temp, sizeof(T), alloc);
 throw;
}
```

इसलिए यह बिल्कूल नियमानुसार है कि, एलोकशन के सफल होने पर किंतु कन्स्ट्रक्टर के नाकाम होने पर ओवरलोड किए गए **T::operator new** से संबंधित **T::operator delete** को कॉल करने के लिए कंपाइलर अपनेआप कोड को शामिल कर देता है। इससे संबंधित signature है, **void operator delete (void*,whatever-parameters-new-takes)** I

यहाँ अब रुकावट डालने वाला हिस्सा सामने आता है। ([C++03]§5.3.4 (17)) में जो C++ स्टैंडर्ड्स हैं उनके अनुसार ऊपर बताया गया कोड केवल तब और तब ही उत्पन्न होगा जब **operator delete** का वह ओवरलोड सच में मौजूद होगा। वरना कन्स्ट्रक्टर के नाकाम होने की स्थिति में कोड कभी भी **operator delete** को invoke नहीं करेगा। दूसरे शब्दो में कहा जाए तो, अगर कन्स्ट्रक्टर नाकाम होता है ते मेमोरी leak हो जाएगी। यह लिखते समय हमने जिन छः लोकप्रिय कंपाइलर्स की जाँच की उनमें से केवल दो ने ही इस परिस्थिती में हमे वार्निंग दी। इसलिए हर **void* operator new(parms)** ओवरलोड के साथ हमेशा उससे संबंधित **void operator delete (void*, parms)** का होना जरुरी है क्योंकि कंपाइलर खुद उन्हें कॉल करना चाहता है।

अपवाद

operator new के मुख्य फॉर्म

```
void* T::operator new(size_t, void* p) { return p; }
```

को संबंधित **operator delete** की आवश्यकता ही नहीं है क्योंकि वास्तव में यहाँ कोई एलोकेशन नहीं हो रहा है। जिन-जिन कंपाइलरों की हमने जाँच की उनमें से किसी ने भी **void T::operator delete(void*, size_t, void*)** से संबंधित बनावटी वार्निंग नहीं दी।

संदर्भ

[C++03] §5.3.4 • [Stroustrup00] §6.2.6.2, §15.6 • [Sutter00] §36

46. यदि आप किसी क्लास के लिए विशेष new को उपलब्ध कराते हैं तो उसके सभी स्टैंडर्ड फॉर्म्स को (plain, in-place, and nothrorw) उपलब्ध कराइए। (If you provide any class specific new, provide all of the standard forms (plain, in-place, and nothrow).)

सारांश

अच्छे **new** को मत छुपाइए: क्लास अगर **operator new** के किसी overload को डिफाइन करता है तो उसे **operator new** के तीनों, यानी plain, in-place और no-throw प्रकार के overloads को उपलब्ध कराना चाहिए। अगर ऐसा न किया गया तो वे छुपे रहेंगे और आपके क्लास के यूजर्स के लिए वे उपलब्ध नहीं होंगे।

चर्चा

आपको कस्टम **new** या **delete** को उपलब्ध कराने की जरुरत बहुत कम बार पडती है, लेकिन अगर आपको उनकी आवश्यकता हों तब आप (अंतर्गत) signature को छुपाना नहीं चाहेंगे।

C++ में आप जब किसी नेम को एक scope में (जैसे कि, क्लास के scope में) डिफाइन करते हैं तब उस नेम को बाकी सभी संलग्न scopes (जैसे कि, बेस क्लासेस में या संलग्न namespaces में) के लिए छुपा दिया जाता है और पूरे scope में कभी भी overloading नहीं होती। जब कथित नेम **operator new** होता है तब आपको ज्यादा सावधानी बरतनी होगी। इसलिए, कि कहीं ऐसा न हो कि आप अपने क्लास के क्लाएंट्स की मुश्किलें बढ़ा रहे हों।

मान लीजिए कि, आपने एक क्लास-स्पेसिकिक **operator new** को डिफाइन किया है:

```
class C {
  // ...
  static void* operator new(size_t, MemoryPool&);        //hides three normal forms
};
```

अब अगर कोई **new C** जैसे पुराने सरल एक्सप्रेशन को लिखने की कोशिश करता है तब कंपाइलर उसे इस आधार पर अस्वीकार कर देगा कि उसे वह एक्सप्रेशन नहीं मिल रहा है। **C::operator new** के ऐसे overload को जो सिर्फ **MemoryPool** को ही लेता है, डिक्लेअर करने से वह built-in global वर्जन, जिसे हम अच्छी तरह से जानते और पंसद करते है, के साथ-साथ अन्य सभी overloads को छुपा देता है। ये overloads हैं:

```
void* operator new(std::size_t);                              //plain new
void* operator new(std::size, _t, std::nothrow_t) throw();    //nothrow new
void* operator new(std::size_t, void*);                       //in-place new
```

अन्यथा शायद आपका क्लास ही इन तीनों **new** ऑपरेटर्स के क्लास स्पेसिफिक वर्जन में से एक को डिक्लेअर करता है, तब आपका क्लास डिफॉल्ट रुप से दोनों को mask करता है:

```
class C {
  // ...
static void* operator new(size_t, void*);        //hides other two normal forms
  };
```

क्लास C द्वारा प्रत्यक्षरुप से **operator new** के तीनों स्टैंडर्ड वैरिएन्ट्स को scope में लाने को प्राधान्य दें। आम तौर पर सभी की विजीबिलीटि समान होनी चाहिए। (अब भी अलग-अलग रुपों के लिए विजीबिलीटि को **private** बनाया जा सकता है, जैसे कि आप अगर plain या nonthrow **operator new** को प्रत्यक्ष रुप से disable करना चाहते हैं। लेकिन इस आइटम का उद्देश्य आपको यह याद दिलाना है कि आप अनजाने में भी **operator new** के इन रुपों को न छुपाएँ।)

ध्यान रहें कि, STL कंटेनर्स in-place **new** का व्यापक प्रयोग करते हैं, इसलिए उनको कभी छुपाना नहीं चाहिए।

दोनों छुपे हुए **new** ऑपरेटर्स को दो अलग-अलग तरीकों से प्रकट करने का एक ही मार्ग अब हमारे पास है। यदि आपने अपने क्लास के बेस क्लास में भी **operator new** को डिफाइन किया है तो आपको **operator new** को निम्नलिखित तरीके से प्रकट करना होगा:

```
class C : public B { // ...
public :
  using B::operator new;
};
```

अन्यथा अगर बेस क्लास वर्जन नहीं है या बेस क्लास वर्जन में **operator new** को डिफाइन किया गया है तो आपको कुछ short forwarding फंक्शन्स को लिखना होगा (क्योंकि global namespace से names को लाने के लिए आप **using** का प्रयोग नहीं कर सकते):

```
class C { // ...
public:
  static void* operator new (std::size_t s) {
    retun::operator new(s);
  }
  static void* operator new (std::size_t s, std::nothrow_t nt) throw() {
    return::operator new(s, nt);
  }
  static void* operator new(std::size_t s, void* p) {
    return::operator new(s, p);
  }
};
```

उपरोक्त सलाह **operator new[ ]** और **operator delete [ ]** इन एरेज पर भी लागू होती है।

क्लाएंट कोड में **new (nothrow)** वर्जन को कॉल नहीं करना चाहिए लेकिन कुछ क्लाएंट्स उनका प्रयोग करने की आवश्यकता पड़ने पर दुविधा में पड़ जाते हैं। इसलिए तब **new (nothrow)** वर्जन को कॉल करें।

संदर्भ

[Dewhurst03] §60 • [Sutter04] §22-23

कन्स्ट्रक्शन, डिस्ट्रक्शन और कॉपी करना

Just because the standard provides a cliff in front of you,
are not necessarily required to jump off it.

- Norman Diamond

चार बड़े और विशेष मेंबर फंक्शन्स के बारे में इतना कुछ कहा जा सकता है कि उनकी जानकारी एक अलग सेक्शन में लिखना ही ठीक होगा। शायद आपको इस बात पर आश्चर्य नहीं होगा। इस विभाग में हम डिफॉल्ट कन्स्ट्रक्शन, कॉपी कन्स्ट्रक्शन, कॉपी असाइनमेन्ट और डिस्ट्रक्शन के बारे में और उनसे संबंधित अच्छी बातों के बारे में जानकारी लेंगे। इन फंक्शन्स को लेकर सावधानी बरतने की आवश्यकता है। इसका एक कारण यह भी है कि थोडासा भी अवसर मिलने पर कंपाइलर इन फंक्शन्स को आपके लिए लिख देता है। दूसरा कारण यह है कि, C++ डिफॉल्ट रुप से क्लास के साथ वैल्यु जैसा व्यवहार करता है लेकिन सभी टाइप्स वैल्यु जैसे नहीं होते (आइटम 32 देखें)। इन विशेष मेंबर फंक्शन्स को प्रत्यक्ष रुप से कब लिखना (या disable करना) चाहिए यह जानिए और यह सुनिश्चित करने के लिए कि आपको उचित विस्तारित और एरर-सेफ कोड मिल जाए, इस विभाग में बताए गए नियमों और मार्गदर्शक तत्वों का पालन करें।

इस विभाग में हमारी दृष्टी से सबसे महत्त्वपूर्ण आइटम है, आइटम 51: डिस्ट्रक्टर्स, डिएलोकेशन्स और स्वैप कभी नाकाम नहीं होते।

47. मेंबर वेरियेबल्स को एक ही क्रम में डिफाइन और इनिशियलाइज कीजिए। (Define and intialize member variables in the same order.)

सारांश

कंपाइलर से सहमत रहिए: क्लास डेफिनेशन में मेंबर फंक्शन्स को जिस क्रम से डिक्लेअर किया जाता है, उसी क्रम में हमेशा इनिशियलाइज भी किया जाता है और कन्स्ट्रक्टर की इनिशियलाइजेशन की सूची में वे जिस क्रम में होते हैं उस क्रम को दुर्लक्षित किया जाता है। यह अवश्य देखें कि उलझन में फँस कर कन्स्ट्रक्टर कोई अलग क्रम तो निश्चित नहीं कर रहा है।

चर्चा

निम्नलिखित कोड को देखें:

```
class Employee {
 string email_, firstName_, lastName_;
public:
  Employee(const char* firsName, const char* lastName)
   : firstName_(firstName), lastName_(lastName)
   , email_ (firstName_ + "." + lastName_ + " @ acme.com") { }
};
```

इस कोड में ऐसा bug है जो न केवल हानीकारक है बल्कि उसे ढूँढ़ना भी मुश्किल है। क्लास की डेफिनेशन में **email_** को **first_** और **last_** के पहले डिक्लेअर किया जाता है इसलिए **email_** को पहले इनिशियलाइज किया जाएगा और वह उन फील्ड्स का प्रयोग करने का प्रयास करेगा जिन्हें अब तक इनिशियलाइज नहीं किया गया है। इससे भी बुरा तब होगा जब कन्स्ट्रक्टर की डेफिनेशन किसी अलग फाइल में हो। मेंबर वेरियेबल्स के डिक्लरेशन के क्रम का कन्स्ट्रक्टर की शुद्धता पर दूर से जो असर होता है उसके कारण उसे ढूँढ़ना और मुश्किल हो जाता है।

इस तरह से लैंग्वेज को डिजाइन करने का निर्णय इसलिए लिया गया ताकि यहाँ मेंबर्स को नष्ट करने का एकमात्र क्रम हो। वरना डिस्ट्रक्टर को उस कन्स्ट्रक्टर के अनुसार, जिसने ऑब्जेक्ट्स को बनाया है, ऑब्जेक्ट्स को नष्ट करना होगा। इसके लिए किया जाने वाला bookkeeping का काम अस्वीकार्य माना गया है।

इस समस्या का हल एक ही है, मेंबर इनिशियलाइजर्स को हमेशा उसी क्रम में लिखना जिस क्रम में मेंबर्स को डिक्लेअर किया जाता है। इस तरह से कोई भी अवैध डिपेंडन्सी प्रत्यक्ष रुप से सामने आ जाती है। एक मेंबर का इनिशियलाइजेशन किसी दूसरे मेंबर्स पर निर्भर न रहे इसके लिए प्रयत्न करना ही बेहतर होगा। इस नियम को तोडने पर बहुत से (लेकिन सभी नहीं) कंपाइलर्स वार्निंग दिखाते हैं।

संदर्भ

[Cline99] §22.03-11 • [Dewhurst03] §52-53 • [Koenig97] §4 • [Lakos96] §10.3.5 • [Meyers97] §13 • [Murray93] §2.1.3 • [Sutter00] §47

48. कन्स्ट्रक्टर्स में असाइनमेन्ट करने के बजाय इनिशियलाइजेशन कीजिए।

(Prefer initialization to assignment in constructors.)

सारांश

एक बार निर्धारित करें और हर जगह प्रयोग करें: कन्स्ट्रक्टर्स में असाइनमेन्ट के बजाय इनिशियलाइजेशन का प्रयोग करके मेंबर वेरियेबल्स को निर्धारित करने से अनावश्यक run-time को कम किया जा सकता है। ऐसा करने के लिए हमे उतनी ही टाइपिंग करनी पडती है जितनी की असाइनमेन्ट के लिए।

चर्चा

कंपाइलर गुप्त रुप से इनिशियलाइजेशन कोड को तैयार करता है। इस कोड को ही देखें:

```
class A {
  string s1_, s2_,
public:
  A () { s1_ = "Hello,"; s2_ = "world"; }
};
```

यहाँ वास्तव में कन्स्ट्रक्टर का कोड इस तरह से तैयार होता है जैसे कि आपने लिखा हो:

```
A() : s1_(), s2_() { s1 = "Hello"; s2 = "world"; }
```

इसका मतलब है कि जो ऑब्जेक्ट्स आपके द्वारा प्रत्यक्ष रुप से इनिशियलाइज नहीं किए जाते हैं वे उनके डिफॉल्ट कन्स्ट्रक्टर द्वारा अपने आप इनिशियलाइज हो जाते हैं, और फिर उनके असाइनमेन्ट ऑपरेटर का प्रयोग करके उन्हें (वैल्यु) असाइन की जाती है। सहसा बड़े (nontrivial) ऑब्जेक्ट के असाइनमेन्ट ऑपरेटर को कन्स्ट्रक्टर से कुछ अधिक काम करना पडता है क्योंकि उसे पहले से ही कन्स्ट्रक्ट किए गए ऑब्जेक्ट के साथ व्यवहार करना पड़ता है।

आपको जो कहना है, कह दीजिए: मेंबर वेरियेबल्स को इनिशियलाइजर की लिस्ट में ऐसे कोड के साथ इनिशियलाइज करें जो अपने उद्देश्य को अच्छी तरह से व्यक्त करता हो और साथ में छोटा और तेज हो।

```
A () : s1_(" Hello, " ), s2_(" world") { }
```

ऐसा करना प्रिमैचुअर ऑप्टीमाइजेशन नहीं बल्कि प्रिमैचुअर पेसीमाइजेशन को टालना होगा (आइटम 9 देखें)।

अपवाद

जिस रिसोर्से का काम आपको आगे चलकर पड़ सकता है उनको प्राप्त करने का काम हमेशा इनिशियलाइजर की लिस्ट में नहीं बल्कि कन्स्ट्रक्टर की बॉडी में करें, जैसे कि ऐसा **new** एक्सप्रेशन जिसका नतीजा smart पॉएंटर कन्स्ट्रक्टर को तुरंत पास नहीं किया जाता है ([Sutter02] देखें)। अर्थात आरंभ में ही ऐसे असुरक्षित एवं बेसहारा (unowned) साधनों का न होना बेहतर है।

संदर्भ

[Dewhurst03] §51, §59 • [Keffer95] pp.13-14 • [Meyers97] §12 • [Murray93] §2.1.31 • [Sutter00] §8, §47 • [Sutter02] §18

49. कन्स्ट्रक्टर्स और डिस्ट्रक्टर्स में वर्चुअल फंक्शन्स को कॉल करना टालिए। (Avoid calling virtual functions in constructors and destructors.)

सारांश

वर्चुअल फंक्शन्स केवल वर्चुअली ही वर्चुअल व्यवहार करते हैं, कन्स्ट्रक्टर और डिस्ट्रक्टर में उनका व्यवहार वर्चुअल नहीं होता। सबसे बुरा यह है कि कन्स्ट्रक्टर या डिस्ट्रक्टर के द्वारा किसी इंप्लिमेंट न किए गए शुध्द (pure) वर्चुअल फंक्शन को किया गया प्रत्यक्ष या अप्रत्यक्ष कॉल अनिश्चित व्यवहार दिखाता है। यदि आपके डिजाइन की यह माँग हो कि बेस क्लास कन्स्ट्रक्टर या डिस्ट्रक्टर द्वारा वर्चुअल फंक्शन को derived क्लास में भेजा जाए तो आपको पोस्ट-कन्स्ट्रक्टर जैसी दूसरी तकनिकों का इस्तेमाल करना होगा।

चर्चा

C++ में पूरा ऑब्जेक्ट एक समय पर एक बेस क्लास बनाता है। मान लीजिए, हमारे पास बेस क्लास **B** है और क्लास **D** को **B** से डिराइव किया गया है। **B** के कन्स्ट्रक्टर को कार्यान्वित करते समय हम जब **D** के ऑब्जेक्ट को बनाते हैं तब dynamic टाइप का जो ऑब्जेक्ट तैयार होता है वह **B** होता है। वर्चुअल फंक्शन **B::Fun** को किया गया कॉल खास करके **B** की **Fun** की डेफिनेशन को कार्यान्वित करता है और तब **D** **B::Fun** को ओवररीड करता है या नहीं इसकी वह कुछ परवाह नहीं करता है। ऐसा करना ही उचित होगा क्योंकि जब अभी तक **D** ऑब्जेक्ट के मेंबर्स को इनिशियलाइज भी नहीं किया गया है तब **D** मेंबर फंक्शन को कॉल करने से प्रोग्राम अस्तव्यत हो जाता है। **B** की रचना जब पूरी हो जाती है केवल तब ही **D** की कन्स्ट्रक्टर बॉडी एग्ज़िक्यूट हो सकती है और **D** की आइडेंटिटि स्थापित हो जाती है। यहाँ एक नियम हमेशा याद रखें कि, **B** के बनने की प्रक्रिया के दौरान हम किसी भी तरह से यह नहीं बता सकते कि **B** एक स्वतंत्र ऑब्जेक्ट है या किसी दूसरे आगे डिराइव किए गए ऑब्जेक्ट का मूल हिस्सा (base-part) है। वर्चुअल व्यवहार करनेवाले वर्चुअल फंक्शन के बारें में भी ऐसा ही कुछ कहा जा सकता है।

कन्स्ट्रक्टर द्वारा किसी ऐसे शुध्द (pure) वर्चुअल फंक्शन को, जिसे अभी तक डिफाइन ही नहीं किया गया है, कॉल करने पर कॉल का वर्तन अनिश्चित होता है और ऐसा करने से स्थिति ज्यादा गंभीर हो जाती है। इसलिए ऐसे कोड न केवल संभ्रम पैदा करते हैं बल्कि उसे मेंटेन करना भी मुश्किल होता है।

दूसरी तरफ, कुछ डिजाइन्स ऐसे हैं जो "पोस्ट-कन्स्ट्रक्शन (Post-construction)", यानी ऐसा वर्चुअल फंक्शन जो पूरे ऑब्जेक्ट की रचना होने के तुरंत बाद invoke किया जाना चाहिए, की माँग करते हैं। संदर्भ में इसके कुछ तकनिकों को दिखाया गया है। नीचे विकल्पों की कभी खत्म न होनेवाली सूची दी गई है:

- जानकारी दें: ऑब्जेक्ट की रचना (construct) करने के तुरंत बाद यूजर कोड ने पोस्ट-इनिशिअलाइजेशन फंक्शन को कॉल करना ही चाहिए, अपने डॉक्युमेंट में ऐसी जानकारी लिखकर रखें।
- पोस्ट-इनिशिअलाइज धीरे-धीरे करें: ऐसा मेंबर फंक्शन को किए गए पहले कॉल के दौरान करें। बेस क्लास में मौजूद Boolean flag पोस्ट-कन्स्ट्रक्शन हुआ है या नहीं इसके बारे में जानकारी देता है।
- वर्चुअल बेस क्लास semantics का प्रयोग करें: लैंग्वेज के नियम बताते हैं कि कन्स्ट्रक्टर में मौजूद क्लास ही कौनसे बेस कन्स्ट्रक्टर को invoke किया जाएगा यह निश्चित करता है और आप अपनी उपयोगिता के अनुसार उसका प्रयोग कर सकते हैं [Taligent94] देखें)।
- Factory function का प्रयोग करें: इस तरह से आप पोस्ट-कन्स्ट्रक्टर फंक्शन के invocation को अनिवार्य बना सकते हैं (उदाहरण देखें)।

पोस्ट-कन्स्ट्रक्शन की कोई भी तकनिक एकदम सही नहीं होती है। यदि आप कॉलर को पोस्ट-कन्स्ट्रक्टर को मैन्युअली invoke करने के लिए कहते हैं तो यह और भी मुश्किल हो जाता है। अच्छी से अच्छी तकनिक में भी ऐसे ऑब्जेक्ट (जिनकी कंपाइल करते समय आसानी से जाँच की जा सकती है) की रचना करने के लिए और/या derived class authors (जिनकी जाँच कंपाइल के समय करना असंभव है) से सहयोग पाने के लिए अलग-अलग सिंटैक्स की आवश्यकता होती है।

उदाहरण

उदाहरण: Factory function का प्रयोग करके पोस्ट-कन्स्ट्रक्टर कॉल को शामिल करना। देखिए:

```
class B {                                         //hierarchy root
protected:
B() {/* ... */}
virtual void PostInitialize () {/* ...*/}         //called right after construction
public:
template <class T>
static shared_ptr <T> Create () {                 //interface for creating objects
shared_ptr <T>p (new T);
P-> PostInitialize ();
return p;
}
};
class D: public B { /* ...*/ } ;                  //some derived class
shared_ptr <D> p = D::Create <D> ();              //creating a D object
```

इस लगभग दुर्बल डिजाइन में निम्नलिखित कमीयाँ हैं:

- derived क्लासेस, जैसे कि D, ने कभी भी पब्लिक कन्स्ट्रक्टर को प्रकट नहीं करना चाहिएं। वरना D का यूजर ऐसे D ऑब्जेक्ट को तैयार कर सकता है जो **PostInitialize** को invoke न करता हो।
- एलोकेशन केवल **operator new** तक ही सीमित होता है, लेकिन B फिर भी **new** को override कर सकता है (आइटम 45 और 46 देखें)।
- B ने चुने हुअे पैरामीटर्स को लेकर ही D ने कन्स्ट्रक्टर को डिफाइन करना जरुरी है। तथापि **Create** के अनेक overloads को डिफाइन करने से इस समस्या को खत्म किया जा सकता है और आर्ग्युमेंट्स के टाइप्स के अनुसार इन overloads की रुपरेखा (templated) भी निश्चित की जा सकती है।
- यदि आपकी डिजाइन उपरोक्त सभी बातों को पूरा करती है तो वह इस बात की गारंटी देती है कि किसी भी पूरी तरह से कन्स्ट्रक्ट किए गए B-derived ऑब्जेक्ट के लिए **PostInitialize** को कॉल किया गया है। **PostInitialize** का वर्चुअल होना आवश्यक नहीं है, हालांकि वह वर्चुअल फंक्शन को आसानी से invoke कर सकता है।

संदर्भ

[Alexandrescu01] §3 • [Boost] • [Dewhurst03] §75 • [Mayers97] §46 • [Stroustrup00] §15.4-3 • [Taligent94]

50. बेस क्लास डिस्ट्रक्टर्स को पब्लिक और वर्चुअल या प्रोटेक्टेड और नॉनवर्चुअल बनाइए। (Make base class destructors public and virtual or pro tected and nonvirtual.)

सारांश

सवाल यह है कि डिलीट करना चाहिए या नहीं: बेस को दिए गए पॉएंटर को **Base** के जरिए डिलीट करने की अनुमती देनी हो तो **Base** का डिस्ट्रक्टर पब्लिक और वर्चुअल होना चाहिए। अन्यथा वह प्रोटेक्टेड और नॉनवर्चुअल होना चाहिए।

चर्चा

यह नियम वैसे तो सरल है, लेकिन एक जटिल समस्या को स्पष्ट करता है और inheritance और ऑब्जेक्ट ओरिएन्टेड डिजाइन के तत्वों के आधुनिक प्रयोगों को प्रतिबिम्बित करता है।

कॉलिंग कोड, बेस क्लास **Base** के लिए, **Base** को दिए गए पॉएंटर के जरिए derived ऑब्जेक्ट्स को **delete** करने का शायद प्रयास कर सकता है। अगर **Base** का डिस्ट्रक्टर पब्लिक और नॉनवर्चुअल (जो डिफॉल्ट होता है) है, तब उसे ऐसे पॉएंटर के लिए कॉल किया जा सकता है जो वास्तव में derived ऑब्जेक्ट को पॉएंट करता हो, और ऐसी स्थिति में जिस डिलीशन का प्रयास किया गया हो उसका व्यवहार अनिश्चित होता है। इसके कारण पुराने कोडिंग स्टैंडर्ड्स में ऐसे बदलाव किए गए कि सभी बेस क्लास डिस्ट्रक्टर्स वर्चुअल होने चाहिए। लेकिन ऐसा करना (जब कि यह आम बात है) ज्यादती होगी। इसके बजाय, बेस क्लास डिस्ट्रक्टर्स को केवल तब और तब ही वर्चुअल बनाना चाहिए जब वे पब्लिक होते हैं, ऐसा नियम होना चाहिए।

बेस क्लास को लिखने का मतलब abstraction को डिफाइन करना होता है (आइटम 35 से लेकर 37 तक देखें)। याद रहें कि abstraction में हिस्सा लेनेवाले हर मेंबर फंक्शन के लिए आपको निम्नलिखित दो बातों के बारे में निर्णय लेना पडता है:

- मेंबर फंक्शन को वर्चुअल व्यवहार करना चाहिए या नहीं।
- **Base** को दिए गए पॉएंटर का प्रयोग करनेवाले सभी कॉलर्स को यह मेंबर फंक्शन पब्लिकली (आम तौर पर) उपलब्ध होना चाहिए या मेंबर फंक्शन को छुपे हुए अंतर्गत इंप्लिमेंटेशन के विवरण के रुप में ही बने रहना चाहिए।

जैसा कि आइटम 39 में बताया है, सामान्य मेंबर फंक्शन को कॉल करने के लिए तीन विकल्प हैं। एक, **Base*** के जरिए नॉनवर्चुअली (लेकिन अगर वह वर्चुअल फंक्शन्स को invoke करता हो तो संभवतः वर्चुअल व्यवहार के साथ जैसे कि NVI या Template Method Pattern में होता है) फंक्शन्स को कॉल करने दें। दूसरा, वर्चुअल रुप में कॉल करने दें और तीसरा, मेंबर फंक्शन्स को कॉल ही न करें। NVI pattern एक ऐसी तकनिक है जिसके द्वारा पब्लिक वर्चुअल फंक्शन्स के प्रयोग को टाला जा सकता है।

डिस्ट्रक्शन को किसी दूसरे ऑपरेशन के रुप में लेकिन उन खास semantics के साथ, जो नॉनवर्चुअल कॉल्स को धोखादायक या गलत बनाते हैं, देखा जा सकता है। इसीलिए बेस क्लास डिस्ट्रक्टर को **Base*** द्वारा वर्चुअली कॉल करना और उन्हें कॉल ही न करना इनमें से एक विकल्प चुनना पड़ता है। यहाँ नॉनवर्चुअली ऐसा कोई विकल्प ही नहीं है। इसलिए अगर बेस क्लास डिस्ट्रक्टर को कॉल किया जा सकता है (यानी वह पब्लिक हो) तो वह वर्चुअल और अन्यथा वह नॉनवर्चुअल होगा।

ध्यान रहें कि, NVI pattern को डिस्ट्रक्टर के लिए इस्तेमाल नहीं किया जा सकता क्योंकि, कन्स्ट्रक्टर्स और डिस्ट्रक्टर्स गहन (deep) वर्चुअल कॉल्स नहीं कर सकते (आइटम 39 और 55 देखें)।

उपप्रमेयः उत्स्फूर्त रुप से निर्माण होनेवाले डिस्ट्रक्टर्स पब्लिक और नॉनवर्चुअल होते हैं, इसीलिए बेस क्लास के लिए डिस्ट्रक्टर को हमेशा लीखिए।

उदाहरण

क्लाएंट को या तो Base को दिए गए पॉइंटर का प्रयोग करके polymorphically **delete** करना चाहिए, या नहीं करना चाहिए। हर विकल्प एक विशिष्ट डिजाइन का निर्देश देता है:

- **उदाहरण 1**: बेस क्लासेस, जिनमें polymorphic deletion हो। अगर polymorphic deletion होने देना हो तो डिस्ट्रक्टर का पब्लिक होना (वरना कॉलिंग कोड उसे कॉल ही नहीं कर पाएगा) और वर्चुअल होना (वरना डिस्ट्रक्टर को कॉल करने पर अनिश्चित व्यवहार दिखाएगा) आवश्यक है।
- **उदाहरण 2**: polymorphic deletion के बिना बेस क्लासेस। अगर polymorphic deletion न होने देना हो तो डिस्ट्रक्टर का नॉनपब्लिक होना (ताकि कॉलिंग कोड उसे कॉल न कर पाए) और नॉनवर्चुअल होना आवश्यक है (क्योंकि उसे वर्चुअल होने की आवश्यकता नहीं है)।

आसानी के लिए पॉलिसी क्लासेस को हमेशा बेस क्लास के रुप में इस्तेमाल किया जाता है, polymorphic व्यवहार के लिए नहीं। उनके डिस्ट्रक्टर्स को प्रोटेक्टेड और नॉनवर्चुअल बनाना ही बेहतर होता है।

अपवाद

कुछ component architectures (जैसे कि, COM और CORBA) स्टैंडर्ड डिलीशन मैकेनिजम का प्रयोग नहीं करते और ऑब्जेक्ट्स को हटाने के लिए बहुत से अलग-अलग प्रोटोकॉल्स को बढ़ावा देते हैं। स्थानिक पैटर्न और idioms का पालन करें और उनके साथ इन मार्गदर्शक सूचनाओं का आवश्यकतानुसार पालन करें:

कभी-कभी ऐसे हालात भी होते हैं:

- **B** बेस क्लास और कांक्रीट क्लास दोनों है, और उसे खुद अपने द्वारा instantiate किया जा सकता है (और इसीलिए डिस्ट्रक्टर का पब्लिक होना आवश्यक है ताकि **B** ऑब्जेक्ट तैयार एवं नष्ट हो सके)।
- इसके अलावा **B** के पास वर्चुअल फंक्शन नहीं है और न ही polymorphically प्रयोग में लाया जाना उसका उद्देश्य है (इसीलिए डिस्ट्रक्टर के पब्लिक होने के बावजूद उसके वर्चुअल होने की आवश्यकता नहीं होती)।

डिस्ट्रक्टर का पब्लिक होना आवश्यक होने के बाद भी उसे वर्चुअल न बनाने के लिए काफी दबाव हो सकता है क्योंकि पहला वर्चुअल फंक्शन होने के कारण वह सभी run-time टाइप के कामों का भार उठाता है जब कि इस अतिरिक्त functionality की कभी आवश्यकता ही नहीं पड़ती।

ऐसे में आप डिस्ट्रक्टर को पब्लिक और नॉनवर्चुअल बना सकते हैं लेकिन ऐसा करते समय यह जरुर लिखें कि **B** की तरह ही बाद में डिराइव किए गए ऑब्जेक्ट्स का प्रयोग नहीं किया जाना चाहिए। **std::unary_function** के साथ भी कुछ ऐसा ही किया गया था।

फिर भी, सामान्यतः कांक्रिट बेस क्लासेस का प्रयोग न करें (आइटम 35 देखें)। उदाहरण के लिए, **unary_function** यह typedefs का एक ऐसा समूह है, जिसे अकेले instantiate किए जाने के लिए नहीं बनाया गया है। सच तो यह है कि उसे पब्लिक डिस्ट्रक्टर देना निरर्थक होगा। बेहतर डिजाइन वही होगा जो इस आइटम में दी गई सलाह को मान कर उसे प्रोटेक्टेड नॉनवर्चुअल डिस्ट्रक्टर देगा।

संदर्भ

[Cargill92] pp.77-79, 207 • [Cline99] §21.06, 21.12-13 • [Henricson97] pp.110-114 • [Koenig97] Chapters 4, 11 • [Meyers97] §14 • [Stroustrup00] §12.4.2 • [Sutter02] §27 • [Sutter04] §18

51. डिस्ट्रक्टर्स, डिअलोकेशन और स्वैप कभी नाकाम नहीं होते। (Destructors, deallocation and swap never fail.)

सारांश

इनकी हर कोशिश सफल होती है: डिस्ट्रक्टर्स, रिसोर्स डिएलोकेशन फंक्शन (जैसे कि, **operator delete**) या swap फंक्शन में से कभी कोई एरर न आने दें। C++ स्टैंडर्ड लायब्ररी के अनुसार विशेषतः ऐसे टाइप्स, जिनके डिस्ट्रक्टर्स exceptions को भेजते हैं, का प्रयोग करना निषिध्द है।

चर्चा

ये महत्त्वपूर्ण फंक्शन्स कभी नाकाम नहीं होने चाहिए क्योंकि वे transactional प्रोग्रामिंग के दो महत्त्वपूर्ण ऑपरेशन्स के लिए बहुत आवश्यक हैं। वे प्रोसेसिंग के दौरान कोई समस्या आने पर काम को रद्द करते हैं और अगर कोई समस्या नहीं आती है तो उस काम को हर हालत में पूरा करते हैं। अगर आप no-fail ऑपरेशन का प्रयोग करके काम को सुरक्षित तरीके से रद्द नहीं कर सकते हैं तो no-fail rollback को इंप्लिमेंट करना असंभव होगा। अगर हम no-fail ऑपरेशन (खास करके swap का, लेकिन यह swap तक ही सीमित नहीं है) का प्रयोग करके सुरक्षित रुप से state changes नहीं कर सकते हैं तो no-fail operation को इंप्लिमेंट करना असंभव होगा।

C++ स्टैंडर्ड में दी गई निम्नलिखित सलाह एवं आवश्यकताओं पर विचार करें:

> *stack unwinding exits के दौरान यदि डिस्ट्रक्टर को exception के साथ कॉल किया जाता है तो **terminate** को कॉल किया जाता है (15.5.1)। इसलिए आम तौर पर डिस्ट्रक्टर ने exceptions को catch करना चाहिए और उन्हें डिस्ट्रक्टर के बाहर बढ़ने से रोकना चाहिए।* - [C++ 03] §15.2(3)
>
> *C++ स्टैंडर्ड लायब्ररी में डिफाइन किया हुआ कोई भी destructor operation (जिसमें स्टैंडर्ड लायब्ररी टेम्पलेट को instantiate करने के लिए इस्तेमाल किया जानेवाला किसी भी टाइप का डिस्ट्रक्टर भी शामिल है) exception को throw नहीं करेगा।* - [C++03] §17.4.4.8(3)

डिस्ट्रक्टर खास होते हैं और अलग-अलग संदर्भ में कंपाइलर अपने आप डिस्ट्रक्टर को invoke करता है। मान लीजिए, आपने **Nefarious** नाम का एक क्लास लिखा है, जिसका डिस्ट्रक्टर शायद नाकाम हो सकता है (सामान्यतः exception को throw करके, आइटम 72 देखें)। तब उसके निम्नलिखित परिणाम हो सकते हैं:

- सामान्य फंक्शन्स में **Nefarious** ऑब्जेक्ट्स का प्रयोग सुरक्षित रुप से करना मुश्किल हो जाएगा। अगर किसी scope की exception के जरिए बाहर निकलने की संभावना हो तो आप उस scope में ऑटोमैटिक **Nefarious** ऑब्जेक्ट्स को पूरे विश्वास के साथ instantiate नहीं कर सकते। अगर ऐसा होता है तब **Nefarious** का डिस्ट्रक्टर (जो अपने आप invoke हो जाता है) भी शायद exception को throw करने का प्रयास कर सकता है। इससे **std::terminate** के जरिए आपका पूरा प्रोगाम एग्ज़िक्यूट होना बंद हो जाएगा (आइटम 75 भी देखें)।
- ऐसे क्लासेस, जिनमें **Nefarious** मेंबर्स या बेसेस हैं, का सुरक्षित रुप से प्रयोग करना भी मुश्किल हो जाएगा। ऐसे सभी क्लासेस, जिनमें **Nefarious** या तो मेंबर है या बेस क्लास है , में **Nefarious** का व्यवहार खराब होता है।
- ग्लोबल और स्टैटिक **Nefarious** ऑब्जेक्ट्स को आप पूरे विश्वास के साथ तैयार नहीं कर पाएंगे। इनके डिस्ट्रक्टर्स जिन्हें शायद throw करेंगे उन्हें catch नहीं किया जा सकेगा।

- आप पूरे विश्वास के साथ **Nefarious** के एरे का निर्माण नहीं कर पांएगे। संक्षेप में, किसी भी उचित rollback behavior के न होने के कारण exception को throw करने वाले डिस्ट्रक्टर की उपस्थिती में एरे का व्यवहार अनिश्चित होता है। (जरा सोचिए कि यहाँ अगर चौथे ऑब्जेक्ट के डिस्ट्रक्टर में exception को throw करने के बाद कोड एग्ज़िक्यूट होना बंद कर देता है और अपने cleanup मोड में पहले से तैयार ऑब्जेक्ट्स के डिक्ट्रक्टर्स को कॉल करने का प्रयास करता है ... और यहाँ पर भी इनमें से एक या अधिक डिस्ट्रक्टर्स exception को throw करते हैं तब क्या होगा इस सवाल का कोई उचित जवाब नहीं है।)
- आप **Nefarious** ऑब्जेक्ट्स का प्रयोग स्टैंडर्ड कंटेनर्स में नहीं कर सकते। आप **Nefarious** ऑब्जेक्ट्स को स्टैंडर्ड कंटेनर्स में स्टोर नहीं कर सकते या स्टैंडर्ड लायब्ररी के किसी भी दूसरे हिस्से के साथ उनका प्रयोग नहीं कर सकते।

डिएलोकेशन फंक्शन्स, जिनमें विशेष रुप से ओवरलोड किए गए **operator delete** और **operator delete[]** भी शामिल हैं, भी इसी वर्ग में आते हैं क्योंकि cleanup को और खास करके exception को हैंडल करने के दौरान जिन अधूरे कामों को रद्द करना पड़ता है उन्हें वापस पाने के लिए इन्हीं फंक्शन्स का प्रयोग किया जाता है। डिस्ट्रक्टर्स और डिएलोकेशन फंक्शन्स के अलावा आम error-safety तकनिक भी उन्हीं swap ऑपरेशन्स पर निर्भर रहती हैं जो कभी नाकाम नहीं होते। वह इसलिए कि इन swap ऑपरेशन्स का इस्तेमाल rollback को नहीं बल्कि अपने काम को निश्चित रुप से इंप्लिमेंट करने के लिए किया जाता है। उदाहरण के लिए, यहाँ टाइप **T** के लिए **operator** = का स्वाभाविक (idiomatic) इंप्लिमेंटेशन दिखाया है जो कॉपी कन्स्ट्रक्शन करता है और उसके तुरंत बाद no-fail swap को कॉल किया गया है:

```
T& T::operator = (const T& other) {
    T temp(other);
    swap(temp);
}
```

(आइटम 56 भी देखें।)

सौभाग्य से रिसोर्सेस को जब मुक्त किया जाता है तब नाकाम होने की गुंजाइश कम होती है। अगर आप exceptions का प्रयोग एरर की सूचना देने वाली यंत्रणा के रुप में कर रहे हैं तो यह जरुर देखिए कि ऐसे फंक्शन्स ने सभी exceptions को और उन फंक्शन्स के अंतर्गत प्रोसेसिंग के कारण जो दूसरी एरर्स आती हैं उन्हें नियंत्रित करना चाहिए। (उदाहरण के लिए, आपका डिस्ट्रक्टर **try / catch (...)** ब्लॉक में जो कुछ करता है उन सभी महत्त्वपूर्ण बातों को exceptions अपने अंदर रख लेता है।) यह बात ज्यादा महत्त्वपूर्ण है क्योंकि सिस्टम रिसोर्स को (जैसे कि, मेमोरी फाइल्स, लॉक्स, पोर्ट्स, विंडोज या दूसरे सिस्टम ऑब्जेक्ट्स) एलोकेट करने में नाकाम होने जैसी स्थिति में डिस्ट्रक्टर को कॉल किए जाने की संभावना रहती है।

Exceptions का प्रयोग आप जब आपकी error handling यंत्रणा के रुप में करते हैं तब उन फंक्शन्स को **/* throw() */** के exception specification के साथ अवश्य डिक्लेअर करें और इसके बारे में कामेंट जरुर लिखें (आइटम 75 देखें)।

संदर्भ

[C++03] §15.2(3), §17.4.4.8(3) • [Meyers96] §11 • [Stroustrup00] §14.4.7, §E.2-4 • [Sutter00] §8.§16 • [Sutter02] §18 -19

52. कॉपी और नष्ट करने का काम नियमित रुप से करते रहिए। (Copy and destroy consistently.)

सारांश

आप जिसे बनाते है उसे आपको नष्ट भी करना पड़ता है: अगर आप copy constructor, copy assignment operator या destructor में से किसी को भी डिफाइन करते हैं तब आपको बाकी बचे दो में से एक या दोनों को भी डिफाइन करना पड़ सकता है।

चर्चा

अगर आपको इन तीनों फंक्शन्स में से किसी एक को डिफाइन करना पड़ता है तब इसका मतलब है कि आपको उस फंक्शन से उसके डिफॉल्ट व्यवहार के अलावा और कई काम करवाने हैं। ये तीनों फंक्शन्स विषमरुप से एक दूसरे से संबंधित होते हैं। वे एक-दूसरे के साथ किस तरह से जुड़े होते हैं यह नीचे बताया है:

- अगर आप कॉपी कन्स्ट्रक्टर और कॉपी असाइनमेन्ट ऑपरेटर में से किसी एक को लिखते/निष्क्रिय करते हैं तब संभवतः आपको दूसरे के लिए भी वही करना होगा। अगर इनमें से एक फंक्शन कोई विशेष काम करता है तो संभवतः दूसरा फंक्शन भी वही काम करता है क्योंकि दोनों फंक्शन्स के परिणाम एक जैसे ही होने चाहिए। (आइटम 53 देखें जिसमें इस विषय के बारे में पूरी जानकारी दी गई है।)
- अगर आप स्पष्ट रूप से कॉपी करनेवाले फंक्शन्स लिख रहे हैं तो आपको संभवतः डिस्ट्रक्टर को लिखना होगा अगर कॉपी कन्स्ट्रक्टर का विशेष काम किसी रिसोर्स को (जैसे कि, मेमोरी, फाइल, सॉकेट) एलोकेट करना है या उसकी नकल बनानी है तब आपको उसे डिस्ट्रक्टर में deallocate करना पड़ता है।
- अगर डिस्ट्रक्टर को आप स्पष्ट रुप से लिखते हैं तब आपको शायद copying को भी प्रत्यक्ष रुप से लिखना या निष्क्रिय करना होगा। अगर आकार में बड़े (nontrivial) डिस्ट्रक्टर को लिखना जरुरी है तो उसकी वजह यही होती है कि ऑब्जेक्ट द्वारा थामे गए रिसोर्स को आपको मैन्युअली मुक्त करना पड़ता है। यदि ऐसा होता है तो आपको उन रिसोर्सेस को सावधानीपूर्वक डुप्लिकेट करना होगा और तब ऑब्जेक्ट्स किस तरह से कॉपी या असाइन किए जा रहे हैं इसकी तरफ भी ध्यान देना होगा या फिर copying को पूरी तरह से ही निष्क्रिय करना होगा।

बहुत से मामलों में ठीक तरह से encapsulate किए गए रिसोर्स को RAII "owning" ऑब्जेक्ट का प्रयोग करके थामने से आपको ऐसे ऑपरेशन्स को लिखने की जरुरत नहीं पड़ती (आइटम 13 देखें)।
कंपाइलर द्वारा निर्मित खास मेंबर्स का ही प्रयोग करें। सिर्फ इन्हें ही "trivial" के नाम जाना जा सकता है। जिन क्लासेस में ऐसे खास मेंबर्स हों, सिर्फ उन्हीं के लिए कम से कम एक STL vendor ऐसा होता है जो पूरी तरह से ऑप्टीमाइजेशन करता है। यह तरीका अब काफी प्रचलित हो रहा है।

अपवाद

जब इन खास फंक्शन्स में से किसी एक को सिर्फ इसलिए डिक्लेअर किया जाता है ताकि उन्हें किसी भी semantics के बगैर प्राइवेट या वर्चुअल बनाया जा सके, तो इसका मतलब यह नहीं होता कि दूसरे फंक्शन्स की आवश्यकता ही नहीं है।

जिन क्लासेस के मेंबर्स बिल्कूल अलग से होते हैं (जैसे कि, references, **std ::auto_ptr**) वे इस बात का अपवाद होते हैं क्योंकि उनके अपने विशेष copy sematics होते हैं। लेकिन ऐसा बहुत कम देखने को मिलता है। जो क्लास रेफरेन्स या **auto_ptr** को थामता है उसमें कॉपी कन्स्ट्रक्टर और असाइनमेन्ट ऑपरेटर को लिखना शायद जरुरी होता है, लेकिन डिफॉल्ट डिस्ट्रक्टर पहले ही आवश्यक काम कर लेता है। (ध्यान रहें कि रेफरेन्स या **auto_ptr** मेंबर का प्रयोग करना लगभग हमेशा ही गलत होता है।)

संदर्भ

[Cline99] §30.01-14 • [Koenig97] §4 • [Stroustrup00] §5.5, §10.4 • [SuttHysl04b]

53. कॉपी करने को प्रत्यक्ष रुप से कार्यन्वित या निष्क्रिय कीजिए। (Explictly enable or disable copying.)

सारांश

कॉपी का प्रयोग समझदारी से करें: आपको कंपाइलर द्वारा निर्मित कॉपी कन्सट्रक्टर और असाइनमेन्ट ऑपरेटर का प्रयोग करना है, या आपका खुद का वर्जन लिखना है इन दोनों में से एक का विचारपूर्वक चुनाव करें या फिर copying को अनुमती न देनी हो तो स्पष्ट रुप से दोनों को ही disable करें।

चर्चा

क्लास को डिफाइन करते समय कॉपी और असाइनमेन्ट के semantics को आम तौर पर भूला दिया जाता है (और ऐसी गलती करनेवालों में केवल नौसिखिये ही नहीं होते)। helper classes, जिनका उद्देश्य RAII (आइटम 13 देखें) को मदद करना होता है, उनके साथ ऐसा अक्सर होता है।

यह निश्चित कर लें कि आपका क्लास या तो सही copying को उपलब्ध कराता है या फिर copying को उपलब्ध ही नहीं कराता। विकल्प निम्नलिखित हैं:

- दोनों को स्पष्ट रुप से disable करना: अगर copying आपके टाइप के लिए उचित नहीं है तो दोनों को भी यानी कॉपी कन्सट्रक्शन और कॉपी असाइनमेन्ट को वे private unimplemented फंक्शन्स हैं ऐसा डिक्लेअर करके उन्हें disable करें:

```
class T { // ...
private :                                  //make T non-copyable
  T (const T&);                            //not implemented
  T& operator =  (const T&);               //not implemented
};
```

- दोनों को स्पष्ट रुप से लिखना: T ऑब्जेक्ट्स को अगर copying और कॉपी असाइनमेन्ट की आवश्यकता हो लेकिन सही copying का व्यवहार उसके कंपाइलर द्वारा निर्मित वर्जन से अलग होता हो तब आप खुद ही फंक्शन लीखिए और उन्हें nonprivate बनाइए।
- कंपाइलर द्वारा निर्मित वर्जन का प्रयोग करना और साथ में इसके बारे में स्पष्ट टिप्पणी भी लिखना: अन्यथा अगर copying करना उचित हो और डिफॉल्ट व्यवहार भी सही हो तब उन्हें आप खुद डिक्लेअर न करें और कंपाइलर द्वारा निर्मित वर्जन को अपना काम करने दें। साथ में यह टिप्पणी अवश्य दें कि copying का डिफॉल्ट व्यवहार सही है ताकि आपका कोड पढ़ने वाले यह जान जाए कि आप गलती से copying के विकल्पों में से किसी एक का प्रयोग करना भूले नहीं है।

याद रहें कि copying और कॉपी असाइनमेन्ट को disable करने का मतलब है कि T ऑब्जेक्ट्स को आप स्टैंडर्ड कंटेनर्स में नहीं रख सकते। यह बात ज्यादा गलत भी नहीं है। हो सकता है कि आप ऐसे T ऑब्जेक्ट्स को कंटेनर में रखना पसंद ही नहीं करेंगे। (अगर आप ऐसा चाहते हैं तो आप उन्हें smart पॉएंटर्स के जरिए थामकर कंटेनर्स में रख सकते हैं, आइटम 79 देखें।)

निष्कर्ष: इन दोनों ऑपरेशन्स को लेकर आप व्यावहारिक रहिए क्योंकि इन ऑपरेशन्स का निर्माण भरपूर मात्रा में करने की कंपाइलर की स्वाभाविक प्रवृत्ति होती है और non-value -like types के लिए कंपाइलर द्वारा निर्मित ये वर्जन्स हमेशा सुरक्षित नहीं होते (आइटम 32 भी देखें)।

संदर्भ

[Dewhurst03] §88 • [Meyers97] §11 • [Stroustrup00] §11.2.2

54. स्लाइसिंग को टालिए। बेस क्लासेस में कॉपी करने के बजाय Clone का प्रयोग कीजिए। (Avoid slicing. Consider Clone instead of copying in base classes.)

सारांश

slice की हुई ब्रेड अच्छी होती है किंतु slice किए हुए ऑब्जेक्ट्स नहीं: ऑब्जेक्ट स्लाइसिंग ऑटोमैटिक होती है और वह अदृश्य रहती है। वह अच्छे पॉलिमॉर्फिक डिजाइन में रुकावट डालती है। अगर क्लाएंट पॉलिमॉर्फिक (संपूर्ण गहरी) कॉपीयाँ बनाना चाहता है तो बेस क्लास में वर्चुअल **Clone** मेंबर फंक्शन की आपूर्ति करने के बजाय कॉपी कन्स्ट्रक्टर और कॉपी असाइनमेन्ट ऑपरेटर को disable कीजिए।

चर्चा

आप जब क्लास hierarchies बनाते हैं तब आपका उद्देश्य पॉलिमॉर्फिक व्यवहार को प्राप्त करना होता है। ऑब्जेक्ट्स को एक बार तैयार कर लेने के बाद आप चाहते हैं कि वह अपने टाइप एवं पहचान को सुरक्षित रखें। आपका यह उद्देश्य और C++ के आम ऑब्जेक्ट कॉपी semantics एक दूसरे के बिल्कूल विरुध्द हैं क्योंकि कॉपी कन्स्ट्रक्टर वर्चुअल नहीं होता और उसे वर्चुअल बनाया भी नहीं जा सकता। देखिए:

```
class B { / *...* / };
Class D : public B {/* ... */};
void Transmogrify (B obj);                //oops: takes an object by value
void Transsubstantiate(B& obj);           //ok: takes a reference
  Transmogrify (obj);                     //oops: slices the object
  // ...
}
D d ;
Transubstantiate (d);
```

यहाँ प्रोग्रामर का उद्देश्य **B** ओर B-derived ऑब्जेक्ट्स को पॉलिमॉर्फिकली मैनिप्युलेट करने का है। तथापि प्रोग्रामर गलती से या तो **Transmogrify** के signature में & को लिखना भूल गया है या फिर उसका उद्देश्य कॉपी का निर्माण करना है लेकिन कॉपी बनाने का उसका तरीका गलत है। यह कोड अच्छी तरह से कंपाइल हो जाता है लेकिन जब **Transmogrify** को कॉल किया जाता है तब pass किया गया **D** ऑब्जेक्ट **B** में बदल जाएगा। ऐसा होने का कारण है, यहाँ जो by -value pass हुआ है वह **B::B (const B&)** को किए गए कॉल को, अर्थात B के कॉपी कन्स्ट्रक्टर को, शामिल करता है और इससे pass होनेवाला **const B&** अपने आप **D** को दिए गए रेफरेन्स में बदल जाता है। सभी डाइनामिक polymorphic व्यवहारों को, जो आपको inheritance का प्रयोग करने के लिए कहते हैं, एक तरफ रखकर सबसे पहले यह जानना चाहिए की आपको किसकी आवश्यकता नहीं है।

अगर **B** का डिजाइनर होने के नाते आप slicing को अनुमती देना चाहते हैं लेकिन यह नहीं चाहते कि कॉलर्स आसानी से या संयोग से भी ऑब्जेक्ट को slice करें तो ऐसे में हमने यहाँ एक विकल्प के बारे में बताया है। लेकिन उसकी सिफारीश हम किसी ऐसे कोड में नहीं करेंगे हैं जो कि पोर्टेबल होना आवश्यक है। यह विकल्प है: आप **B** के कॉपी कन्स्ट्रक्टर को explicit बना सकते हैं। ऐसा करने से अपने आप होनेवाले slicing को हटाने में मदद

होगी लेकिन वह सभी pass-by-value पर भी रोक लगाएगा (जिस बेस क्लास को instantinate करने योग्य नहीं होना चाहिए, उसके लिए यह बहुत ही अच्छा होगा, आइटम 35 देखें)।

```
//Making the copy constructor explicit (has side effects, needs improvement)
class B { // ...
public :
  explicit B (const B& rhs);
};
class D : pulic B { / * ... * / };
```

अभी भी कॉलिंग कोड अगर सच में चाहे तो ऑब्जेक्ट को slice कर सकता है लेकिन उसे इस बारे में स्पष्ट होना पड़ेगा:

```
void Transmogrify (B obj);                  //note : now can't ever be called (!)
void Transmogrify2(const B& obj) {          //an idiom to explicitly say "I want to take
  B b (obj);                                //obj by value anyway (and possibly slice it)"
  // ...
}
B b;                                        //base classes shouldn't be concrete (see
D d;                                        //Item 35), but let's imagine that B is
Transmogrify(b);                            //now an error (or should be; see note)
Transmogrify(d);                            //now an error (or should be; see note)
Transmogrify2(d);                           //ok
```

टिप्पणी: यहाँ लिखे गए कोड के अनुसार, कुछ कंपाइलर्स **Transomogrify** के लिए इन दोनों में से एक या दोनों ही कॉल का स्वीकार गलत ढंग से करते हैं। यह idiom स्टैंडर्ड है लेकिन (अभी तक) पूरी तरह से पोर्टेबल नहीं है। दूसरा एक तरीका और भी बेहतर है जो कही पर भी आसानी से होनेवाली slicing को रोकता है और boot को और महत्त्वपूर्ण बनाता है। मान लीजिए कि, **Transmogrify** जैसे फंक्शन्स वास्तव में उसे कौन से derived टाइप का ऑब्जेक्ट दिया गया है यह जाने बिना पूरी की पूरी कॉपी लेना चाहते हैं। ऐसी स्थिति में बेस क्लासेस के लिए कॉपी कन्स्ट्रक्टर को protected बनाना (ताकि **Transmogrify** जैसे फंक्शन्स संयोग से उन्हें कॉल न कर पाए) और उनके बजाय वर्चुअल **Clone** फंक्शन पर निर्भर रहना ही सबसे बेहतर है।

```
//Adding Clone (first cut, better but still needs improvement)
  class B { // ...
  public :
   virtual B * Clone () const = 0;
  protected:
     B(const B&);
};
class D : public B { // ...
public:
  virtual D* Clone ( ) const { return new D (*this); }
protected:
```

```
    D (cost D& rhs) : B (rhs) { /* ... */ }
};
```

अब slice कराने का प्रयास करने पर (पोर्टेबल रुप में) कंपाइलेशन के दौरान एरर दिखाई देगी और **Clone** को शुद्ध वर्चुअल फंक्शन बनाने पर derived क्लासेस को उसे तत्काल override करना होगा। लेकिन इस समाधान के साथ अब भी दो समस्याएँ हैं जिन्हें कंपाइलर खोज नहीं सकता। वे हैं: hierarchy में आगे डिराइव किए गए क्लासेस अब भी **Clone** को इंप्लिमेंट करना भूल सकते हैं और **Clone** का override उसे गलत तरीके से इंप्लिमेंट कर सकता है। इससे जो कॉपी मिलती है उसका टाइप असली कॉपी के टाइप से अलग होता है। **Clone** ने Nonvirtual Interface pattern (NVI; आइटम 39 देखें) को अप्लाई करना चाहिए जो **Clone** के **public** और **virtual** रुपों को अलग करके आपको बहुमूल्य डिक्लरेशन (assertion) करने देता है।

```
class B {// ...
public:
   B* Clone () const {                           //nonvirtual
      B* p = DoClone () ;
      assert (typeid(*p) = = typeid (*this) && "DoClone incorrectly overridden");
      return p;                                  //check DoClone's returned type
   }
protected :
      B (const B&):
      virtual B* DoClone ( ) const = 0;
};
```

अब **Clone** एक नॉनवर्चुअल इंटरफेस हो गया है तथा उसका उपयोग सभी कॉलिंग कोड कर सकते हैं। derived क्लासेस को **DoClone** को override करने की आवश्यकता होती है। अगर किसी कॉपी का टाइप उसके असली कॉपी जैसा नहीं है तो **assert** संदेश भेजता (flag) है और इस तरह से derived क्लास **DoClone** फंक्शन को override करना भूल गया है इस बारे में सूचित करता है। आखिर **assert** का प्रयोग इसीलिए किया जाता है कि वह ऐसी प्रोग्रामिंग एरर्स के बारे में सूचना दे सके (आइटम 68 और 70 देखें)।

अपवाद

कुछ डिजाइन्स की यह आवश्यकता हो सकती है कि बेस क्लास के कॉपी कन्स्ट्रक्टर्स को पब्लिक ही रखा जाए (जैसे कि, जब आपकी hierarchy का हिस्सा कोई अन्य लायब्ररी हो)। ऐसी स्थिति में passing by reference की जगह passing by (smart pointer) का प्रयोग करें जो आइटम 25 में बताया गया है। slicing और अनचाहे अस्थायी कन्स्ट्रक्शन की (temporaey construction) स्थिति में passing by pointer अधिक सुरक्षित होता है।

संदर्भ

[Dewhurst03] §30 , §76, §94 • [Meyers96] §22 • [Meyers97] §22 • [Stroustrup00] §11.4.4 • [Stroustrup00] §12.2.3

55. असाइनमेन्ट के स्वाभाविक रुप का ही प्रयोग कीजिए। (Prefer the canonical form of assignment.)

सारांश

आपकी असाइनमेन्टः जब आप **operator =** को इंप्लिमेंट करते हैं तब उसके स्वाभाविक रुप, जो नॉनवर्चुअल हो और विशिष्ट signature के साथ हो, का प्रयोग करने पर जोर दें।

चर्चा

कॉपी असाइनमेन्ट को निम्नलिखित दो में से एक signature के साथ T टाइप के लिए डिक्लेअर करना ठीक होगा ([Stroustrup00] और {Alexandreseu03a] देखें):

```
T& operator = (const T&);        //classic
T& operator = (T);               //potentially optimizer-friendly (see Item 27)
```

अगर आपको आपके ऑपरेटर के भीतर के आर्ग्युमेंट्स की कॉपी बनानी हो तो आप उपरोक्त में से दूसरे वर्जन का प्रयोग करें, जैसा कि आइटम 56 में swap- based idiom में दिखाया है।

किसी भी असाइनमेन्ट ऑपरेटर को वर्चुअल न बनाएँ ([Meyers96] §33 और [Sutter04] §19 देखें)। अगर आप आपके असाइनमेन्ट को वर्चुअल व्यवहार करने के लिए कहते हैं तो पहले इस बारे में ऊपर दिए गए निर्देशों को फिर से पढ़िए। यदि इसके बाद भी आपको लगता है कि वर्चुअल असाइनमेन्ट आवश्यक है, तो फिर उसके बजाय named फंक्शन को उपलब्ध कराइए (जैसे कि, **virtual void Assign (const T&);**)

const T& को कभी रिटर्न न करें। हालांकि यह हमे **(a=b)=c** जैसे अनोखे कोड से बचाता है, इसके साथ एक समस्या भी है। वह ऐसी कि, आप T ऑब्जेक्ट्स को स्टैंडर्ड लायब्ररी कंटेनर्स के अंदर रख नहीं पाएंगे क्योंकि कंटेनर्स की आवश्यकता यह होती है कि असाइनमेन्ट केवल (plain) **T&** को रिटर्न करें।

कॉपी असाइनमेन्ट को हमेशा ही एरर्स से मुक्त बनाएँ और इसकी पक्की गारंटी अवश्य दें (आइटम 71 देखें)। यह निश्चित करें कि असाइनमेन्ट ऑपरेटर self-assignment के लिए सुरक्षित है। ऐसा कॉपी असाइनमेन्ट ऑपरेटर न लिखें जो कि सही ढंग से काम करने के लिए self-assignment के लिए की जानेवाली जाँच पर निर्भर करता हो क्योंकि ऐसा करना प्रायः error safety की कमियों को सामने लाता है। अगर आप swap idiom का (आइटम 56 देखें) प्रयोग करके कॉपी असाइनमेन्ट ऑपरेटर को लिखते हैं तो यह अपनेआप एरर्स से मुक्त और self-assignment के लिए सुरक्षित हो जाएगा। Reference aliasing या अन्य किसी वजह से यदि बार-बार self-assignment करना पड़ता हो तब अनावश्यक काम से बचने के लिए self-assiganment के लिए की जानेवाली जाँच अवश्य कर लेनी चाहिए ताकि आपका प्रोग्राम कोड सबसे अच्छा बने।

सभी बेस असाइनमेन्ट ऑपरेटर्स को स्पष्ट रुप से invoke करें और सभी डाटा मेंबर्स को असाइन करें ([Meyers97] §16)। इसका ध्यान रखें कि swapping अपनेआप ही इन सभी बातों का खयाल रखता है। ***this** को रिटर्न करें ([Meyers97] §15)।

संदर्भ

[Alexandreseu03a] • [Cargill92] pp.41-42, 95 • [Cline99] §24.01-12 • [Koenig97] §4 • [Meyers96] §33 • [Meyers97] §17 • [Murray 93] §2.2.1 • [Stroustrup00] §10.4.4-1, §10.4.6.3 • [Sutter00] §13, §38, §41 • [Sutter04] §19

56. जब-जब उचित हो तब no-fail swap को उपलब्ध कराइए (वह भी सही तरीके से) I (Whenever it make sense, provide a no-fail swap (and provide it correctly.)

सारांश

swap आसान भी है और बहुत काम करनेवाला भी: एक ऑब्जेक्ट के internals को दूसरे ऑब्जेक्ट के internals से कुशलता एवं विश्वसनियता के साथ बदलने के लिए swap फंक्शन को उपलब्ध कराने के बारे में सोचिए। यह फंक्शन ऑब्जेक्ट्स का स्थान आसानी से बदलने से लेकर असाइनमेन्ट को आसानी से इंप्लिमेंट करने तक अनेक idioms को इंप्लिमेंट करने में उपयोगी हो सकता है। इसके साथ-साथ यह निश्चित कार्य करनेवाले फंक्शन को उपलब्ध कराता है ताकि कॉलिंग कोड में कोई एरर न हो (आइटम 51 भी देखें)।

चर्चा

swap फंक्शन आम तौर पर ऐसे दिखता है, जहाँ **U** यूजर द्वारा डिफाइन किया गया एक टाइप है।

```
class T { //...
public :
  void swap (T& rhs) {
   member1_.swap(rhs.member1_);
   std::swap (member2_,  rhs.member 2_);
  }
private :
  U member1_;
   int member2 _;
};
```

मुख्य टाइप्स और स्टैंडर्ड कंटेनर्स के लिए **std::swap** काम कर सकता है। दूसरे क्लासेस swapping को अलग-अलग नाम देकर मेंबर फंक्शन के रुप में इंप्लिमेंट कर सकते हैं।

कॉपी कन्स्ट्रक्शन में कॉपी असाइनमेन्ट को इंप्लिमेंट करने के लिए **swap** का विचार करें। आगे **operator =** का किया गया प्रयोग इस बात का पक्का आश्वासन देता है (आइटम 71 देखें), हालांकि इसके लिए आपको एक अतिरिक्त ऑब्जेक्ट बनाना पड़ता है, जो **T** ऑब्जेक्ट के error-safe असाइनमेन्ट को पूरा करने के लिए यदि दूसरे असरदार तरीकें हों तो उपयोगी साबित नहीं होता।

```
T& T::operator = (const T& other) {        //good: Variant #1 (traditional)
  T temp(other);
  swap(temp);
  return *this;
}
T& T::operator = (T temp) {                //good: Variant #2  (see Item 27)
  swap (temp);                             //note: temp passed by value
  return *this;
}
```

जैसा कि कई legacy classes के साथ होता है, U अगर no-fail **swap** फंक्शन को प्रयोग में ही न लाए और तब भी अगर आप चाहें कि T ने **swap** फंक्शन का अवलंब करना आवश्यक है, तब क्या होगा? यही पर सब कुछ खत्म नहीं होता है:

- अगर U के कॉपी कन्स्ट्रक्टर और कॉपी असाइनमेन्ट नाकाम नहीं होते हैं (फिर से, जैसे कि legacy class के साथ होता है) तब **std::swap** ऑब्जेक्ट U पर भी अच्छी तरह से काम करेगा।
- अगर U का कॉपी कन्स्ट्रक्टर नाकाम होता है तब आप मेंबर के बजाय सीधे U को दिए गए (smart) pointer को स्टोर करे। पॉइंटर्स को आसानी से अदल-बदल (swap) किया जा सकता है।

इन पॉइंटर्स के कारण एक अतिरिक्त dynamic storage allocation और एक अतिरिक्त access indirction का काम बढ़ जाता है। लेकिन अगर आप ऐसे सभी मेंबर्स को एक Pimpl ऑब्जेक्ट में स्टोर करते हैं तो आपको यह काम सभी प्राइवेट मेंबर्स के लिए सिर्फ एक बार करना होगा (आइटम 43 देखें)।

कॉपी कन्स्ट्रक्शन के लिए प्रत्यक्ष डिस्ट्रक्टर का प्रयोग करने और उसके तुरंत बाद **new** को रखकर कॉपी असाइनमेन्ट का प्रयोग करने का प्रयत्न न करें, हालांकि यह कल्पना C++ के फोरम्स में अक्सर बताई जाती है (आइटम 99 देखें)। अर्थात, ऐसा कभी न लिखें:

```
T& T::operator = (const T& rhs) {            //bad: an anti-idiom
  if(this ! = &rhs) {
    this -> ~ T( );                          //this technique is evil
    new (this) T (rhs);                      //(see [Sutter00] §41)
  }
  return *this;
}
```

जब आपके टाइप के ऑब्जेक्ट के पास उनके brute-force असाइनमेन्ट के जरिए अपने वैल्युज को अदल-बदल करने के अलावा दूसरे असरदार तरीके हों, जैसे कि उनका खुद का **swap** या उसके जैसा कोई और फंक्शन, तो आपका टाइप जिस namespace में है उसी namespace में आप नॉनमेंबर swap फंक्शन को उपलब्ध कराइए (आइटम 57 देखें)। इसके साथ में आपके अपने नॉनटेम्पलेट टाइप्स के लिए **std::swap** को खास बनाए।

```
namespace std {
  template < > void swap (MyType& lhs, MyTYpe& rhs){     //for MyType ojects,
    lhs.swap(rhs);                                       //use MyType::swap
  }
}
```

जब **MyType** खुद ही एक टेम्पलेट क्लास होता है तब स्टैंडर्ड्स आपको ऐसा करने की अनुमती नहीं देते हैं। सौभाग्य से यह बात हमारे लिए अच्छी है। टाइप जिस namespace में है उसी में type-customized swap को नॉनमेंबर के रुप में उपलब्ध कराना ही सही तकनिक है।

अपवाद

जिस क्लास में असाइनमेन्ट का प्रयोग वैल्यु को कॉपी करने के लिए किया जाता है उस क्लास के लिए swapping महत्वपूर्ण है। बेस क्लासेस के लिए swapping ज्यादा उपयोगी नहीं होता क्योंकि वैसे भी आप इन क्लासेस का प्रयोग पॉइंटर्स के जरिए ही करते हैं (आइटम 32 और 54 देखें)।

संदर्भ

[C++03] §17.4.3.1(1) • [Stroustrup00] §E.3.3 • [Sutter00] §12-13, §41

नेमस्पेसेस और मोड्यूल्स

Systems have sub-systems and sub-systems have sub-systems and so on ad infinitum -- which is why we're always starting over.

\- Alan Perlis

Namespace नामों (names) का प्रबंध करने का और नामों के बीच में होने वाले टकराव को टालने का एक महत्त्वपूर्ण साधन है। module भी ऐसा ही साधन है, जो इसके अलावा release और versioning का भी प्रबंध करता है। हम मोड्यूल को release का संयुक्त यूनिट मानते हैं (आइटम 5 देखें) जिसे एक ही व्यक्ति या टीम द्वारा नियंत्रित जाता है। सामान्यत: मोड्यूल को भी बार-बार एक ही कंपाइलर एवं switch setting के साथ कंपाइल किया जाता है। granularity के अनेक स्तरों पर अलग-अलग साइज के मोड्यूल्स रहते हैं। मोड्यूल एक ऑब्जेक्ट फाइल के जितना, जो कि एक ही क्लास को मुक्त करती है, छोटा हो सकता है; या अनेक सोर्स फाइल्स, जिनके कंटेंट्स या तो किसी बड़े एप्लिकेशन के अंदर एक सबसिस्टम बनाते हैं या फिर आजादी से मुक्त किए जाते हैं, के द्वारा निर्मित एक shared या dynamic library बनाते हैं या फिर कोई भी मोड्यूल एक बड़ी लायब्ररी, जो कई छोटे-छोटे मोड्यूल्स (जैसे कि, shared libraries, DLLs या अन्य libraries) और जिसमें हजारो टाइप्स होते हैं, के जितना बड़ा हो सकता है। हालांकि shared libraries और dynamic libraries जैसे घटकों का उल्लेख C++ स्टैंडर्ड्स में नहीं किया गया है, C++ प्रोग्रामर्स उन्हें हमेशा बनाते हैं एवं उनका प्रयोग करते हैं। अच्छी तरह से किया गया modularization यशस्वी dependency management का मूलभूत हिस्सा होता है (उदाहरण के लिए आइटम 11 देखें)।

इस बात का विश्वास करना कठिन है कि ठोस आकार का कोई प्रोग्राम namespace और module इन दोनों का प्रयोग नहीं करता है। इस विभाग में हम इन दोनों मैनेजमेंट एवं बिल्डिंग टूल्स का प्रयोग किस तरह से कर सकते हैं इसके बारे में जानकारी लेंगे और साथ में यह भी देखेंगे कि C++ लैंग्वेज के बाकी हिस्से और run-time environment के साथ वे कितनी अच्छी तरह से और कितनी बुरी तरह से काम करते हैं। ये सभी नियम एवं निर्देश हमे सीखाते हैं कि हम किस तरह से ज्यादा "अच्छा" और कम "बुरा" काम कर सकते हैं।

हमारी दृष्टी से इस विभाग में सबसे महत्त्वपूर्ण आइटम है, आइटम 58 : टाइप और फंक्शन्स का उद्देश्य अगर एक साथ काम करने का न हो तो उन्हें अलग-अलग नेमस्पेसेस में रखिए।

57. टाइप और उसके नॉनमेंबर फंक्शन इंटरफेस को एक ही नेमस्पेस में रखिए।
(Keep a type and its nonmember function interface in the same namespace.)

सारांश

नॉनमेंबर्स भी फंक्शन्स ही होते हैं: नॉनमेंबर फंक्शन्स को, जो क्लास X के इंटरफेस के हिस्से के रुप में बनाए जाते हैं (खास करके, ऑपरेटर्स और सहायक फंक्शन्स), X के namespace में ही डिफाइन किया जाना चाहिए ताकि उन्हें सही तरह से कॉल किया जा सके।

चर्चा

पब्लिक मेंबर फंक्शन्स और नॉनमेंबर फंक्शन्स, ये दोनों ही क्लास के पब्लिक इंटरफेस के हिस्से को बनाते हैं। Interface Principles (इंटरफेस के नियम) कहते हैं कि, किसी भी क्लास X के लिए (नॉनमेंबर फंक्शन्स के साथ) ऐसे फंक्शन्स, जिनमें X का उल्लेख किया गया है और जिनकी एक ही namespace में X के साथ आपूर्ति की जाती है वे सभी तार्किक रुप से X का ही हिस्सा होते हैं क्योंकि वे X के इंटरफेस के हिस्से को बनाते हैं (आइटम 44 और [Sutter00] देखें)।

C++ लैंग्वेज Interface Principle को लागू करने के लिए स्पष्ट रुप से बनाई गई है। X टाइप के ऑब्जेक्ट **x** का प्रयोग करनेवाला कोड उसके नॉनमेंबर फंक्शन इंटरफेस का (जैसे कि, **cout** << X, जो X के लिए **operator** << को invoke करता है) उतनी ही आसानी से प्रयोग कर सके जितनी आसानी से वह मेंबर फंक्शन्स का (जैसे कि, X.f ( ) जिसे किसी भी खास lookup की आवश्यकता नहीं पड़ती क्योंकि f को X के scope में साफ-साफ देखा जा सकता है) प्रयोग कर सकता है, यह निश्चित करने के लिए argument-dependent lookup (ADL, इसे Koenig lookup के नाम से भी जाना जाता है) को लैंग्वेज में शामिल किया गया था। ADL यह निश्चित करता है कि, X ऑब्जेक्ट को लेनेवाले एवं जिन्हें X की डेफिनेशन सप्लाई की गई है ऐसे नॉनमेंबर फंक्शन्स, X के मेंबर फंक्शन्स स्वाभाविक रुप से जैसा काम करते हैं वैसा ही काम X के इंटरफेस के first-class members के रुप में करेंगे।

ADL को लागू करने का सबसे शुरुआती एवं अच्छा उदाहरण वह है जहाँ X एक **std::string** था ([Sutter00] देखें)।

मान लीजिए कि क्लास X नाम के एक क्लास को namespace N में डिफाइन किया गया है:

```
class X {
public :
    void f ( );
};
X operator + (const X & , const X &);
```

आम तौर पर कॉलर्स ऐसा कोड लिखना चाहेंगे जहाँ **x1, x2,** और **x3** टाइप X के ऑब्जेक्ट्स हैं।

```
x3 = x1 + x2;
```

अगर **operator +** को X के namespace में डिक्लेअर किया गया है तो यहाँ कोई समस्या नहीं है। ऐसा कोड हमेशा अच्छी तरह से काम करता है क्योंकि सप्लाई किए गए **operator +** को ADL का प्रयोग करके ढूँढ़ा जाएगा। अगर **operator +** को X के namespace में डिक्लेअर न किया हो तो कोड काम नहीं करेगा। इस कोड से काम करवाने के लिए कॉलर को दो काम करने होंगे। पहला, explicit qualification का प्रयोग करनाः

```
x 3 = N::operator+(x1, x2);
```

यह खेदजनक और लज्जास्पद है क्योंकि यहाँ यूजर स्वाभाविक ऑपरेटर सिंटैक्स का इस्तेमाल नहीं कर सकता जो कि operator overloading करने का सबसे पहला स्थान है। दूसरा, हमे **using** स्टेटमेंट लिखना होगाः

```
using N::operator+;
//or: using namespace N;
x3 = x1 + x2;
```

ऊपर बताए गए दोनों **using** स्टेटमेंट्स पूरी तरह से स्वीकार्य हैं (आइटम 59 देखें)। लेकिन X के लिए बने ऑपरेटर और X इन दोनों को यदि प्रोग्रामर एक ही namespace में रखता है तो कॉलर को इस तरह से एक namespace में से दूसरे में जाने की जरुरत ही नहीं पड़ेगी।

इस समस्या का दूसरा पहलू जानने के लिए आइटम 58 देखें।

उदाहरण

उदाहरण 1: ऑपरेटर्सः किसी क्लास टाइप X के ऑब्जेक्ट्स के लिए **operator <<** और **operator >>** ये streaming operators ऐसे फंक्शन्स का शायद सबसे ज्यादा अपेक्षित उदाहरण है, जो क्लास X के इंटरफेस का हिस्सा तो हैं लेकिन हमेशा नॉनमेंबर फंक्शन्स होते हैं (यह आवश्यक है क्योंकि बाएँ तरफ के आर्ग्युमेंट्स stream हैं X नहीं।) यही बात X ऑब्जेक्ट्स के दूसरे नॉनमेंबर ऑपरेटर्स पर भी लागू होती है। यह निश्चित कर लें कि आपके ऑपरेटर्स जिस क्लास पर कार्य करते हैं उसी क्लास के namespace में दिखाई दे रहे हैं। जब आपके पास विकल्प है तो ऑपरेटर्स तथा अन्य सभी फंक्शन्स को नॉनमेंबर नॉनफ्रेंड बनाइए (आइटम 44 देखें)।

उदाहरण 2: दूसरे फंक्शन्सः अगर X का रचयिता X ऑब्जेक्ट्स को लेने वाले named सहायक फंक्शन्स की आपूर्ति करता है तो यह काम X जिस namespace में है उसी namespace में करना चाहिए। वरना X ऑब्जेक्ट का प्रयोग करनेवाला कॉलिंग कोड explicit qualification का या **using** स्टेटमेंट का प्रयोग किए बिना named फंक्शन्स का प्रयोग नहीं कर पाएगा।

संदर्भ

[Stroustrup00] §8.2, §10.3.2, §11.2.4 • [Sutter00] §31-34

58. टाइप और फंक्शन्स का उद्देश्य अगर एक साथ काम करने का न हो तो उन्हें अलग-अलग नेमस्पेसेस में रखिए। (Keep types and functions in separate namespaces unless they're specifically intended to work together.)

सारांश

name lookup की दुर्घटना न हो इसके लिए मदद करें: अनजाने में होने वाले argument- dependent lookup (ADL, जिसे Koenig lookup के नाम से भी जाना जाता है) से टाइप्स को अलग रखें और टाइप्स को उनके अपने namespace में रखें (ऐसे नॉनमेंबर फंक्शन्स के साथ जो उनसे सीधे जुड़े होते हैं, आइटम 57 देखें)। टेम्पलेट फंक्शन्स और ऑपरेटर्स जिस namespace में हों उसी में टाइप को रखना टालिए।

चर्चा

इस सलाह का पालन करने से आपको कोड में उन एरर्स को खोजना नहीं पडेगा जिनको ठीक करना कठिन है तथा जिनकी आपको आवश्यकता नहीं है ऐसे लैंग्वेज की बारिकीयों को भी जानना नहीं पड़ेगा।

निम्नलिखित वास्तविक उदाहरण को देखिए जो कि न्यूजग्रुप्स को खुले आम पोस्ट किया गया था।

```
#include <vector>
namespace N {
  struct X { };
  template < typenme T >
  int* operator + (T, unsigned) { /* do something */ }
}
int main () {
  std::vector <N::X > v (5);
  v [0];
}
```

v[0]; स्टेटमेंट स्टैंडर्ड लायब्ररी के कुछ इंप्लिमेंटेशन्स पर कंपाइल होता है लेकिन सभी पर नहीं। बहुत लंबी कहानी का सारांश है (गहरी साँस लें): सबसे बड़ी समस्या यह है कि **vector <T>::operator []** के लगभग सभी इंप्लिमेंटेशन्स अपने भीतर **v.begin( )+n** जैसे कोड को छुपाए रखते हैं और **operator +** को ढूँढ़ने के लिए **vector** जिस टाइप के साथ (यहाँ X) instantiate होता है उस टाइप के namespace में (यहाँ N) पहुँच सकता है। वह N के अंदर तक पहुँच सकता है या नहीं यह बात **vector <T>::iterator** स्टैंडर्ड लायब्ररी के इंप्लिमेंटेशन्स उस release के अंदर किस तरह से डिफाइन होनेवाले है इस पर निर्भर करती है, किंतु यदि वह N के अंदर झाँककर देखता है तो उसे **N::operator +** मिल सकता है। अंततः, काम में लाए गए टाइप्स के अनुसार कंपाइलर शायद यह जान पाएगा कि उस स्टैंडर्ड लायब्ररी के इंप्लिमेंटेशन में उपलब्ध किए गए (और जो कॉल किए जाने के लिए होते हैं) **vector <T>::iterator** के लिए **std::operator +** की जगह **N::operator +** का प्रयोग करना ही उचित है।

(स्टैंडर्ड लायब्ररी का इंप्लिमेंटेशन इससे खुद को सुरक्षित रख सके इसका एक तरीका यह है कि **v. begin( ) + n** जैसे कोड को न लिखें। ऐसा करने से हमें कस्टमाइजेशन करने का अनजाने में मौका मिलता है - या तो हम **v. begin( )** के टाइप के लिए ऐसा प्रबंध कर सकते हैं जिससे कि वह किसी भी तरह से टेम्पलेट पैरामीटर पर निर्भर न रहें या फिर **operator +** को किए जानेवाले कॉल को दुबारा लिखें, आइटम 65 देखें)।

अगर सौभाग्य से भी आपको एरर मेसेज मिल गया हो तो एरर मेसेज से आप लगभग कभी यह जान नहीं पाएंगे कि क्या हो रहा है। ऐसा इसलिए होता है क्योंकि आप शायद किसी ऐसी डेफिनेशन का प्रयोग करते हैं जहाँ **N::operator +** को चुना जाता है लेकिन दुर्भाग्य से वह कंपाइल करने लायक होता है, और यह पूरी तरह से अनचाहा और गलत है।

अगर आप सोचते हैं कि ऐसा आपके साथ कभी नहीं हुआ है तो याद करें: क्या आपको वह समय याद है जब आपने एक कोड लिखा था जो (उदाहरण के लिए) स्टैंडर्ड लायब्ररी का प्रयोग करता है और आपको इस कोड के कारण रहस्यमय और समझ में न आने वाले कंपाइलर एरर्स मिले थे? तब आपने कोड में थोडे से बदलाव किए थे और उसे फिर से कंपाइल किया था। ऐसा आपने तब तक किया था जब तक कि उन रहस्यमय कंपाइल एरर्स का आना बंद नहीं हुआ। बाद में आप यह सोचते रहें कि आपने पहले लिखा हुआ थोडा सा अलग कोड कंपाइलर को पसंद क्यों नहीं आया और अपना काम आगे जारी रखा। हम सभी ने ऐसे दिन देखे हैं और अब यह जान चुके हैं कि इस समस्या का मूल कारण है ऊपर बताई गई समस्याओं में से कोई न कोई समस्या, जहाँ ADL ने अनुचित तरीके से दूसरे namespaces में से names को सिर्फ इसलिए ले लिया था क्योंकि इन namespaces के टाइप्स का बहुत करीब में प्रयोग किया गया था।

स्टैंडर्ड लायब्ररी का प्रयोग करते समय ऐसी समस्या आना कोई अनोखी बात नहीं है। C++ में किसी ऐसे टाइप का प्रयोग करने पर जो फंक्शन्स जिस namespaces में हैं उसी namespaces में डिफाइन किए गए हों, खास करके टेम्पलेटेड फंक्शन्स और उससे भी ज्यादा ऑपरेटर्स जो उस टाइप से संबंधित नहीं होते, वहाँ ऐसी समस्या आ सकती है और आती है। इसीलिए फंक्शन्स और टाइप्स को एक ही namespace में न रखें।

निष्कर्ष: आपको सबकुछ जानने की आवश्यकता नहीं है। इन सभी समस्याओं से छुटकारा पाने के लिए, नॉनमेंबर फंक्शन्स जो टाइप के इंटरफेस का हिस्सा नहीं हैं, को X के namespace में न रखें और खास करके टेम्पलेट फंक्शन्स तथा ऑपरेटर्स को कभी भी यूजर द्वारा डिफाइन किए गए टाइप के namespace में न रखें।

टिप्पणी: हाँ, C++ स्टैंडर्ड लायब्ररी अल्गोरिदम्स और दूसरे टेम्पलेट फंक्शन्स जैसे कि **copy** और **distance**, को बहुत से टाइप्स, जैसे कि **pair** और **vector**, namespace में ही रखती है। ये सभी को एक ही namespaces में रखती है। ऐसा करना गलत बात है और इसकी वजह से समस्याएँ आती हैं। हम अब यह अच्छी तरह जानते हैं। हमे भूतकाल से पाठ लेना चाहिए और आगे ऐसा नहीं करना चाहिए।

इस मुद्दे का दूसरा पहलू जानने के लिए आइटम 57 देखें।

संदर्भ

[Stroustrup00] §10.3.2 , §11.2.4 • [Sutter00] §34 • [Sutter00] §39-40

59. हेडर फाइल में या #include के पहले namespace usings को न लिखें।
(Don't write namespace usings in a header file or before an #include.)

सारांश

Namespace **usings** आपकी सुविधा के लिए हैं, आपके द्वारा दूसरों पर थोपने के लिए नहीं: **#include** directive के पहले **using** का डिक्लरेशन या **using** डिरेक्टिव को कभी भी न लिखें।

उपसिध्दांतः हेडर फाइल में namespace-level के **using** डिरेक्टिव को या **using** डिलरेशन्स को न लिखें। इसके बजाय सभी नामों को स्पष्ट रुप से namespace के योग्य बना दें। (दूसरा नियम पहले नियम में से ही आता है क्योंकि हेडर्स यह कभी जान नहीं सकते कि उनके बाद आनेवाले हेडर्स में क्या **#include** किया है।)

चर्चा

संक्षेप में: आप जिस फाइल का प्रयोग करने जा रहे हैं उस इंप्लिमेंटेशन फाइल में **#include** directives के बाद आप निश्चित रुप से namespace using डिक्लरेशन्स का और डिरेक्टिव्ज का प्रयोग कर सकते हैं और आपको ऐसा करना ही चाहिए, और ऐसा करके आपको खुश भी होना चाहिए। namespace **using** डिक्लरेशन और डिरेक्टिव की कल्पना के विरोध में कई बार चर्चा होने के बावजूद वे बुरे नहीं है और वे namespace के हेतू को हानी नहीं पहुँचाते हैं। वास्तव में वही namespaces को प्रयोग करने के लायक बनाते हैं।

Namespaces का प्रयोग करने का सबसे बड़ा फायदा यह है कि वे नामों का व्यवस्थापन कराने की सुविधा उपलब्ध कराते हैं। अलग-अलग प्रोग्रामर्स किसी टाइप या फंक्शन को कभी एकजैसे नाम नहीं देते। लेकिन संयोगवश अगर वे ऐसा करते हैं और दोनों कोड के हिस्सों को एकसाथ प्रयोग में लाते हैं तब वे दोनों नाम अलग अलग namespaces में होने के कारण उनके बीच टकराव नहीं हो सकता। (अर्थात हम C जैसी लैंग्वेजेज में जिसका अनुभव ले चुके है वैसा global namespace का प्रदूषण हम नहीं चाहते।) ऐसे दुर्लभ मामलें में, जब वास्तव में ऐसी संदिग्धता पैदा होती है तब कॉलिंग कोड स्पष्ट रुप से अपने लिए कौनसा नाम सही है इसके बारे में संदेश दे सकता है। कई बार ऐसी संदिग्धता पैदा ही नहीं होती और इसीलिए namespace **using** डिक्लरेशन्स और डिरेक्टिव्ज, namespaces को प्रयोग करने योग्य बनाते हैं क्योंकि ये हर नाम को क्वलिफाय करने के काम से आपको बचाते हैं (जो काफी मुश्किल होता है, और सच कहे तो लोग यह बरदाश्त भी नहीं करेंगे।) तथा कभी-कभी सामने आनेवाली ऐसी स्थितियों में संदिग्धता को हटाकर नामों को क्वलिफाय करने का काम आपको करने देते हैं।

लेकिन **using** डिक्लरेशन्स और डिरेक्टिव्ज आपकी सुविधा के लिए होते हैं और आपको उनका ऐसा प्रयोग कभी नहीं करना चाहिए जिससे किसी दूसरे के कोड पर बुरा असर हो। खास करके जहाँ किसी दूसरे प्रोग्रामर का कोड आता है उस कोड के पहले उन्हें कभी न लिखें। विशेष करके उन्हें हेडर फाइलों में (जिन्हें कई फाइल इंप्लिमेंटेशन्स में शामिल करने के लिए बनाया गया है और आपको उस दूसरे कोड के मतलब को छेड़ना नहीं चाहिए) या **#include** के पहले (आप किसी दूसरे के हेडर में कोड का जो मतलब है उसे सच में नहीं छेड़ना चाहते) न लिखें।

अधिकांश लोग जानते हैं कि एक **using** डिरेक्टिव (जैसे कि, **using namespace A;**) उसके बाद आनेवाले कोड पर असर डाल सकता है जिससे वह अनजान रहता है, प्रदूषण का कारण क्यों बनाता है।

इसका कारण यह है कि, यह डिरेक्टिव एक पूरे namespace को दूसरे namespace में इंपोर्ट करता है। इसमें वे नाम भी शामिल हैं जो अभी तक दिखाई नहीं दिए हैं। तब ऐसे में यह स्वाभाविक है कि ऐसा डिरेक्टिव अपने बाद आनेवाले कोड का अर्थ आसानी से बदल देगा।

लेकिन यहाँ एक जाल बिछाया है: बहुत से लोग समझते हैं कि namespace level पर किए गए **using** डिक्लरेशन्स (उदाहरण के लिए, **using N::Widget;**) सुरक्षित होते हैं। लेकिन ऐसा नहीं है। ये डिक्लरेशन्स खतरनाक होते हैं एवं गूढ़ तरीके से तथा चतुराई से काम करते हैं। देखिए:

```
//snippet 1
namespace A {
  int f (double);
}

//snippet 2
namespace B {
  using A::f;
  void g();
}
//snippet 3
namespace A {
  int f (int);
}
//snippet 4
void B::g(){
  f(1):                        //which overload is called ?
}
```

यहाँ सबसे खतरनाक बात है, **using** डिक्लरेशन। **using** डिक्लरेशन का सामना होने के बाद **A** namespace में रहनेवाले **F** नाम के हर एन्टिटी का स्नैपशॉट लेता है। इसलिए **B** में से कौन से overloads विजीबल हैं यह ये code snippets कहाँ हैं और वे किस क्रम में एकत्रित किए गए हैं इस पर निर्भर करता है (लेकिन ऐसे समय पर "order dependencies" बुरी होती है यह चेतावनी मिलनी चाहिए)। **F(1)** कॉल के लिए **F(int)** जो दूसरा overload है, वह सही है लेकिन अगर **F(int)** का डिक्लरेशन **using** के डिक्लरेशन के बाद आता है तो वह **B::g** को दिखाई नहीं देगा।

दो खास मामलों को देखें। पहला, मान लीजिए कि 1, 2 और 3 ये snippets, **S1.h, s2.h** और **S3.h** इन तीन हेडर फाइलों में हैं और snippet 4 यह **S4.cpp** इस इंप्लिमेंटेशन फाइल का snippet है जो कि इन हेडर फाइलों को शामिल करता है ताकि वह सबंधित डिक्लरेशन्स को ले सके। तब यहाँ एक बुरी घटना घटती है। **B::g** के काम का स्वरुप (semantics) **S4.cpp** में सभी हेडर्स को किस क्रम में शामिल किया है इस पर निर्भर रहता है। खास करके:

- अगर **s2.h** के पहले **s3.h** आता है तो **B::g** यह **A::f (int)** को कॉल करेगा।
- वरना अगर **s2.h** के पहले **s1.h** आता है तो **B::g** यह **A::f(double)** को कॉल करेगा।
- वरना **B::g** कंपाइल ही नहीं होगा।

कम से कम पहले मामले में एक निश्चित क्रम है और ऊपर बताए गए तीनों विकल्पों में से एक नतीजा जरुर मिलता है। लेकिन मान लीजिए, 1, 2, 3 और 4 ये चारों snippets, **s1.h, s2.h, s3.h और s4.h** इन विभिन्न हेडर फाइलों में हैं। ऐसे में स्थिति और भी गंभीर हो जाती है - यहाँ **B::g** के काम का स्वरुप न केवल इस पर कि हेडर फाइलें किस क्रम में शामिल की जाती है बल्कि उस कोड पर भी जिसमें को **S4.h** शामिल किया गया है, निर्भर रहता है। खास करके **client_code.cpp** यह इंप्लिमेंटेशन फाइल हेडर्स को किसी भी क्रम में शामिल करने का प्रयास कर सकती है।

- अगर **S2.h** के पहले **S3.h** आता है तो **B::g A::F(int)** को कॉल करेगा।
- वरना, अगर **S2.h** के पहले **S1.h** आता है तो **B::g** यह **A::f(double)** को कॉल करेगा।
- वरना **B::g** कंपाइल ही नहीं होगा।

यह स्थिति बहुत ही बुरी है क्योंकि प्रयोग में लाई जानेवाली दो फाइलें हेडर्स को अलग-अलग क्रम में शामिल कर सकती हैं। मान लीजिए कि, **client_code_1.cpp** हेडर्स को **S1.h, S2.h** और **S4.h** इस क्रम में शामिल करता है, लेकिन **client_code_2.cpp** हेडर्स को **S3.h, S2.h** और **S4.h** इस क्रम में शामिल करता है तब क्या होगा? तब **B::g** के दो अनियमित और असंगत इंप्लिमेंटेशन्स होते हैं - पहला प्रयोग **A::f (int)** को नष्ट करने का प्रयास करता है, तो दूसरा प्रयोग **A::f (double)** को कॉल करने प्रयास करता है और ये दोनों भी सही नहीं हो सकते, इसलिए **B::g** यह One Definition Rule (ODR) को तोड देता है।

इसलिए हेडर फाइल में namespace using डिक्लरेशन या **using** directives को न लिखें, या प्रयोग में लाई जानेवाली फाइल में **#include** के पहले न लिखें। Namespace को प्रदूषित करके, जिन नामों को आप इंपोर्ट करना चाहते हैं उनके अधूरे स्नैपशॉट्स को लेकर, या ये दोनों करके आप बाद में आनेवाले कोड के अर्थ को बदलने का काम करते हैं। (ध्यान रहें, यहाँ qualifier है- "namespace **using** डिक्लरेशन या **using** डिरेक्टिव"। डिक्लरेशन्स या क्लास मेंबर डिक्लरेशन्स जो जरुरत के अनुसार बेस क्लास मेंबर नामों को लाने के लिए लिखे जाते हैं, उन पर यह बात लागू नहीं होती)

सभी हेडर्स में और सभी प्रयोग में लाई जानेवाली फाइलों में आखिरी **#include** के पहले सभी नामों को स्पष्ट रुप से namespace के योग्य बनाएँ (namespace qualify)। जिन फाइलों का प्रयोग किया जाना है उनमें सभी **#includes** के बाद आप आजादी से namespace **using** डिक्लरेशन्स लिख सकते हैं और आपको लिखने ही चाहिए। कोड की संक्षिप्तता (brevity) को modularity के अनुकूल बनाने का यही सही रास्ता है।

अपवाद

बड़े प्रोजेक्ट को स्टैंडर्ड लायब्ररी के पुराने, ANSI/ISO के पहले इंप्लिमेंटेशन्स (जो अपने सभी सिम्बाल्स को global namespace में रखती है) में से स्टैंडर्ड लायब्ररी के नए इंप्लिमेंटेशन में (जहाँ लगभग सबकुछ namespace **std** में होता है) ले जाते समय हो सकता है कि आपको **using** डिरेक्टिव को हेडर फाइल में रखना पड़े। यह कैसे करना है इसके बारे में [Sutter02] में बताया गया है।

संदर्भ

[Sutter00] §9.2.1 • [Sutter00] §39-40

60. मेमोरी को एक मोड्यूल में एलोकेट करके दूसरे मोड्यूल में डिएलोकेट न करें। (Avoid allocting and deallocating memory in different modules.)

सारांश

चीजें जहाँ पर मिलती हैं उन्हें वही वापस रखें: एक मोड्यूल में मेमोरी एलोकेट करके दूसरे मोड्यूल में उसे डिएलोकेट करने से उन दो मोड्यूल्स के बीच जटिल long-distance dependency बन जाती है जो आपके प्रोग्राम को कमजोर बना देती है। इन दोनों को एक ही कंपाइलर वर्जन पर, एक जैसे flags (विशेष करके debug बनाम NDEBUG) के साथ और समान स्टैंडर्ड लायब्ररी के द्वारा कंपाइल करना चाहिए और जब डिएलोकेशन हो रहा हो तब भी मेमोरी को एलोकेट करने वाला मोड्यूल load किया जाना चाहिए।

चर्चा

लायब्ररी लिखने वाले उनकी लायब्ररी की योग्यता को बढ़ाना चाहते हैं और देखा गया है कि इसके कारण स्टैंडर्ड लायब्ररी के एक वर्जन में इस्तेमाल किए गए अंतर्गत डाटा स्ट्रक्चर्स और अल्गोरिदम उसी लायब्ररी के दूसरे या अगले वर्जन से विशेष रुप से अलग होते हैं। इसके साथ में विभिन्न compiler switches (जैसे कि, debugging की सुविधाओं को चालू और बंद करना) मेमोरी एलोकेटर की अंतर्गत काम को बदल सकते हैं।

इसीलिए आप जब मोड्यूल की सीमाओं को लांघते हैं - खास करके ऐसे मोडयूल्स की सीमाओं को जिनके उसी C++ कंपाइलर पर और समान build options के साथ कंपाइल किए जाने की गारंटी नहीं दी जा सकती, तब डिएलोकेशन फंक्शन का प्रयोग कम करें (जैसे कि, **::operator delete** या **std::free**)। आम तौर पर ऐसा तब होता है जब विभिन्न मोड्यूल्स एक ही makefile के अंदर होते हैं और समान विकल्पों के साथ कंपाइल किए जाते हैं। लेकिन आराम के साधन हमे आलसी बनाते हैं। खास करके बात जब डायनामिक रुप से लिंक की गई लायब्ररी की, बड़े टीम्स के बीच बँटे हुए बड़े प्रोजेक्ट्स की, या मोड्यूल्स की चुनौती भरी "hot swapping" की आती है तब आप एक ही मोड्यूल या सबसिस्टम में एलोकेट और डिएलोकेट करने पर ज्यादा से ज्यादा ध्यान दीजिए।

डिलीट करने का काम किसी उचित फंक्शन द्वारा किया गया है या नहीं यह निश्चित करने का एक अच्छा तरीका है, **shared_ptr** फीचर का प्रयोग करना ([C++ TR104]) देखें। **shared_ptr** एक रेफरन्स प्रमाणित (refercnce-counted) smart पॉएंटर है जो अपने 'deleter' को कन्स्ट्रक्शन के समय ही पकड लेता है। deleter एक फंक्शन ऑब्जेक्ट (या फंक्शन को दिया गया straight पॉएंटर) होता है जो डिएलोकेशन करता है। ऊपर बताया गया फंक्शन ऑब्जेक्ट या फंक्शन को दिया गया पॉएंटर **shared_ptr** ऑब्जेक्ट की state का हिस्सा होने के कारण, जो मोड्यूल उस ऑब्जेक्ट को एलोकेट कर रहा है वह उसी समय डिएलोकेशन फंक्शन का निर्देश दे सकता है और डिएलोकेशन की जगह दूसरे मोड्यूल में हो तब भी इस फंक्शन को कॉल किया जाता है। लेकिन इसकी कीमत चुकानी पड़ती है (शुध्दता की कीमत हमेशा चुकानी पड़ती है। आइटम 5, 6, और 8 भी देखें)। अर्थात इस दौरान असली मोड्यूल load किया जाना चाहिए।

संदर्भ

[C++TR104]

61. जिन एन्टिटीज में लिंक हो उन्हें हेडर फाइल में डिफाइन न करें। (Don't define entities with linkage in a header file.)

सारांश

पुनरावृत्ती कोड के आकार को बढ़ाती है: जिन एन्टिटीज में लिंकेज होती है, इनमें नेमस्पेस लेवल के वेरियेबल्स या फंक्शन्स भी शामिल हैं, उनके लिए मेमोरी एलोकेट की जाती है। इन एन्टिटीज को हेडर फाइल में डिफाइन करने से या तो link-time error आती है या मेमोरी व्यर्थ हो जाती है। जिन एन्टिटीज में linkage हो उन्हें इंप्लिमेंटेशन फाइलों में रखें।

चर्चा

C++ का प्रयोग करते समय हम यह अब तक यह जान गए हैं कि,

```
// avoid defining entities with external linkage in a header //
int fudgeFactor;
string hello("Hello, world!");
void foo() { /*...*/ }
```

जैसी हेडर फाइलों को जैसे ही एक से अधिक सोर्स फाइलों में शामिल किया जाता है, तब वे ऐसी link-time एरर्स दिखाती हैं जो कि दोहराए गए सिम्बाल्स की शिकायत करती हैं। इसका कारण सरल है- हर सोर्स फाइल वास्तव में **fudgeFactor** और **hello** और **Foo** की बॉडी को डिफाइन करती है और उनके लिए जगह एलोकेट कर देती है। जब इन सभी को एकत्रित जोड़ने का (linking का) समय आता है तब linker के सामने ऐसे सिम्बाल्स आते हैं जिनके नाम एक जैसे होते हैं और जो विजीबल होने के लिए एक-दूसरे के साथ स्पर्धा करते हैं।

इस समस्या का हल आसान है, हेडर में सिर्फ डिक्लरेशन्स को ही रखना।

```
extern int fudgeFactor;
extern string hello;
void Foo();                    // "extern" is optional with function declarations
```

वास्तविक डेफिनेशन्स एक ही इंप्लिमेंटेशन फाइल में जाती है।

```
int fudgeFactor;
string hello("Hello, world!");
void Foo() { /*...*/ }
```

इसके अलावा namespace-level **static** एन्टिटीज को हेडर में डिफाइन न करें। उदाहरण के लिए,

```
// avoid defining entities with static linkage in a header //
static int fudgeFactor;
static string hello("Hello, world!"):
static void foo() { /*...*/ }
```

static का ऐसा गलत प्रयोग global एन्टिटीज को हेडर में केवल डिफाइन करने से भी ज्यादा धोखादायक होता है। Global एन्टिटीज में linker पुनरावृत्ती को कम से कम प्रकट तो करता है। लेकिन स्टैटिक डाटा और फंक्शन्स की पुनरावृत्ती की जा सकती है।

क्योंकि कंपाइलर इस बात को पहचानता है कि आप हर सोर्स फाइल में एक निजी कॉपी चाहते हैं। इसलिए अगर आप हेडर में स्टैटिक डाटा और स्टैटिक फंक्शन्स को डिफाइन करते हैं और उस हेडर को 50 फाइलों में शामिल करते हैं तब अंत में एग्ज़िक्यूट होनेवाले कोड में फंक्शन्स की बॉडी को और डाटा के लिए रखी गई जगह को 50 बार दोहराया जाता है (आधुनिक linkers के साथ ऐसा नहीं हो सकता। वे जब उन्हें लगता है कि merging करना सुरक्षित हो तभी फंक्शन की बॉडी और **const** डाटा को एकत्रित करते हैं)। यह बताने की आवश्यकता नहीं है कि global डाटा (जैसे कि स्टैटिक **fudgeFactor**) वास्तव में global नहीं होता क्योंकि हर सोर्स फाइल प्रोग्राम में मौजूद अन्य कॉपीयों से अलग रहकर अपनी खुद की कॉपी को मैनिप्युलेट करती है।

इसे टालने के लिए हेडर फाइलों में बेनाम (unnamed) namespaces का (दुः) प्रयोग न करें। इसके परिणाम अच्छे नहीं होंगे।

```
// in a header file this is just as bad as static
namespace {
  int fudgeFactor;
  string hello ("Hello, world!");
  void foo() { /* ...*/ }
}
```

अपवाद

आगे दी गई एन्टिटीज, जिनमें एक्सटर्नल लिंकेज हैं, हेडर फाइलो में रह सकती हैं:

- इनलाइन फंक्शन्सः इनमें एक्सटर्नल लिंकेज होती है लेकिन linker अनेक कॉपीयों को स्वीकार करेगा यह निश्चित होता है। इसके अलावा इनका व्यवहार पूरी तरह से सामान्य फंक्शन जैसा ही होता है। विशेष करके पूरे प्रोग्राम में इनलाइन फंक्शन का एड्रैस निश्चित रुप से एकमात्र होता है।
- फंक्शन टेम्पलेट्सः इनलाइन फंक्शन की तरह इनके instantiations भी आम फंक्शन के जैसे ही होते हैं किंतु यहाँ कॉपीयों को दोहराया जा सकता है (और अगर वे एकसमान हों तो और भी बेहतर है)। अच्छी तरह से किया गया कंपाइलेशन अनावश्यक कॉपीयों को हटा देता है।
- क्लास टेम्पलेट्स के स्टैटिक डाटा मेंबर्सः ये विशेष करके linker के लिए कठोर हो सकते हैं लेकिन यह आपकी समस्या नहीं है। आप अपनी हेडर फाइल में इनको डिफाइन करें और आगे का काम कंपाइलर और linker को करने दें।

Global data initialization की तकनिक "Schwarz counters" या "nifty counters" के नाम से भी जानी जाती है। यह तकनिक स्टैटिक (या unnamed-namespace) डाटा को हेडर फाइल में कैसे रखना है यह बताती है। standard I/o streams, जैसे कि **cin, cout , cerr,** और **clog** को इनिशियलाइज करने के लिए जेरी श्वार्झ (Jerry Schwarz) ने सबसे पहले इस तकनिक का प्रयोग किया और उसके बाद यह तकनिक काफी लोकप्रिय हो गई।

संदर्भ

[Dewhurst03] §55 • [Ellis90] §3.3 • [Stroustrup00] §9.2, §9.4.1

62. एक्सेप्शन्स को मोड्यूल की सीमाओं के आगे बढ़ने का मौका न दें। (Don't allow exceptions to propagate across module boundries.)

सारांश

पड़ोसी के बगिचे में पत्थर न फेंके: C++ exception handling के लिए कोई भी सर्वव्यापक बायनरी स्टैंडर्ड नहीं है। यदि आप कोड के दोनों हिस्सों को build करने के लिए इस्तेमाल किए गए कंपाइलर ऑप्शन्स तथा कंपाइलर को नियंत्रित नहीं कर सकते हैं तो उन दोनों हिस्सों के बीच में exceptions को प्रसारित न होने दें। वरना मोड्यूल exception के प्रसारण के लिए आवश्यक सुसंगत कार्यों (compatible implementation) का समर्थन नहीं कर पाएगा। संक्षेप में: exceptions को मोड्यूल या सबसिस्टम की सीमाओं के बाहर न बढ़ने दें।

चर्चा

exception के प्रसारण को किस तरह से प्रयोग में लाया जाए इसके बारे में C++ स्टैंटर्ड जानकारी नहीं देते हैं। अधिकांश सिस्टम्स जिसे मानती हों ऐसा कोई प्रमाणित (defacto) मानक भी नहीं है। Exception प्रसारण की प्रक्रिया केवल ऑपरेटिंग सिस्टम और कंपाइलर के साथ ही नहीं बल्कि उस ऑपरेटिंग सिस्टम में उस कंपाइलर द्वारा आपके एप्लिकेशन के हर मोड्यूल को build करने के लिए इस्तेमाल किए गए कंपाइलर ऑप्शन्स के साथ बदलती है। इसलिए एप्लिकेशन को अपने हर प्रमुख मोड्यूल की सीमाओं को सुरक्षित करके exception handling की असंगतता को रोकना चाहिए। अर्थात, डेवलपर ने यह निश्चित करना चाहिए कि हर यूनिट के लिए एक ही कंपाइलर तथा समान विकल्पों का निरंतर प्रयोग किया गया है।

आपके एप्लिकेशन ने कम से कम आगे बताई गई जगहों पर सभी exceptions को **catch (...)** न करने के लिए रोक लगानी चाहिए और इनमें से अधिक तर सीधे मोड्यूल पर अप्लाई होते हैं:

- **main** के आसपास: हर exceptions को पकडकर उन्हें एकत्रित करना चाहिए वरना पकडा न गया exception आपके प्रोग्राम को बुरी तरह से खत्म करेगा।
- आप जिस कोड को नियंत्रित नहीं कर सकते उससे आए हुए callback में रहने वाले exceptions: ऑपरेटिंग सिस्टम और लायब्ररीज हमे एक ढाँचा प्रस्तुत करती हैं जिसमें आप फंक्शन को दिए गए पॉएंटर को पास करते हैं और इस पॉएंटर को बाद में invoke किया जाता है (जैसे कि, जब कोई अघटित घटना होती है)। exceptions को आप callback के बाहर प्रसारित न होने दें क्योंकि हो सकता है कि आपके callback को invoke करने वाला कोड exception handling की किसी दूसरी प्रक्रिया का समर्थन करता हो। इस बारे में C++ में भी शायद कुछ बताया नहीं गया है।
- thread के सीमाओं के आसपास: threads ऑपरेटिंग सिस्टम के अंदरुनी हिस्से में बनाए जाते हैं। यह सुनिश्चित कर लें कि thread का mainline फंक्शन सिस्टम को exception भेजकर उसे अचरज में न डालें।
- मोड्यूल की सीमाओं के ईर्दगिर्द: आपकी सबसिस्टम कुछ पब्लिक इंटफेसेस को इसलिए खुला करती है ताकि बाकी सब उसका प्रयोग कर सके। यदि सबसिस्टम एक अलग लायब्ररी के रुप में है तो exceptions को सबसिस्टम के भीतर ही रखें और यूजर्स को एरर्स की सूचना देने के लिए पहले से स्थापित किए गए पक्के एरर कोड का प्रयोग करें (आइटम 72 देखें)।
- डिस्ट्रक्टर्स के भीतर: डिस्ट्रक्टर्स exceptions को दिखाते नहीं हैं (आइटम 51 देखें)। लेकिन डिस्ट्रक्टर्स जिन फंक्शन्स को कॉल करते हैं वे शायद exception को दिखा सकते हैं और ऐसे फंक्शन्स ने exception को आगे बढ़ने से रोकना चाहिए। यह जरुरी है।

निश्चित करें कि हर मोड्यूल ने उसके भीतर एक single error handling स्ट्रैटिजि का (मुख्यतः C++ exceptions का, आइटम 72 देखें) और उसके इंटरफेस में एक स्ट्रैटिजि का (उदाहरण के लिए, C API के error codes का) अवलंब करना चाहिए। यह दोनों एकजैसी हो सकती हैं, लेकिन आम तौर पर ऐसा नहीं होता। मोड्यूल्स की सीमा पर ही error handling स्ट्रैटिजि बदलती है। मोड्यूल्स के बीच में स्ट्रैटिजिज को कैसे समाविष्ट किया जाए इसके बारे में आप स्पष्ट रहें (उदाहरण के लिए, COM या CORBA के साथ कैसे काम करना है, या C API की सीमा पर exception को हमेशा catch करना)। इसका एक अच्छा समाधान है, ऐसे मध्यवर्ती फंक्शन को लिखना जो exceptions और सबसिस्टम द्वारा रिटर्न किए गए error codes को एक-दूसरे में अनुवादित कर सके। इस प्रकार आप इसी तरह के दूसरे मोड्यूल्स में से आनेवाले एरर्स को आपके मोड्यूल में जिस exception का प्रयोग किया जाता है उसमें अनुवादित कर सकते हैं और इस एकीकरण को आसान बना सकते हैं।

एक की जगह पर दो स्ट्रैटिजिज का अवलंब करना जरासा मुश्किल काम लगता है और इसकी वजह से आप exception को छोड़कर उन्हीं पुराने error codes का सभी जगहों पर प्रयोग करने के बारे में सोचते होंगे। लेकिन आप यह न भूलें कि exception handling आसान और मजबूत होती है और C++ में इसका प्रयोग किया जाना स्वाभाविक है तथा C++ के बड़े-बड़े (nontrivial) प्रोग्राम्स में हम इसे टाल नहीं सकते (क्योंकि स्टैंडर्ड लैंग्वेज और लायब्ररी exceptions दिखाती है)। इसलिए अगर संभव हो तो exception handling का प्रयोग अवश्य करें। अधिक जानकारी के लिए आइटम 72 देखें।

चेतावनीः कुछ ऑपरेटिंग सिस्टम्स null pointer को dereference करने जैसी सिस्टम से सबंधित छोटे एरर्स को ढ़ोने के लिए C++ की exception प्रक्रिया का प्रयोग करती हैं। इसके फलस्वरुप **catch (...)** केवल C++ के exceptions के अलावा कई और चीजों को catch कर सकता है और **catch (...)** के एग्ज़िक्यूशन के दौरान आपका प्रोग्राम अनिश्चित स्थिति (twilight zone) में जा सकता है। इसलिए आपकी सिस्टम के साथ जो जानकारी आपको मिली है उसे अच्छी तरह से पढ़े और इस निंचले स्तर पर आनेवाले exception को अच्छी तरह से हैंडल क़रने के लिए तैयार रहें। या फिर ऐसे exceptions को ढ़ोने के काम को रोकने के लिए एप्लिकेशन के शुरु में ही system-specific कॉल्स का प्रयोग करके उन्हें disable कर दें। हर ज्ञात **Ei** टाइप के base exception के लिए **catch (...)** को **catch (E1&)** { /*...*/ } **catch (E2&)** { /* .... */ }...**catch (En&)** {/*...*/} इस कडी से बदलना यह अच्छा समाधान नहीं है क्योंकि आप जब भी नई लायब्ररी को (उसकी अपनी exception hierarchy का प्रयोग करके) अपने एप्लिकेशन में शामिल करते हैं तब तब आपको catch की सूची को सुधारना होगा।

इस आइटम में बताई गई जगहों के अलावा और कहीं भी **catch (...)** का प्रयोग करना प्रायः खराब डिजाइन का निर्देश देता है क्योंकि इसका मतलब होगा कि आप exception को कैसे हैंडल करना है यह जाने बिना सभी exceptions को catch करना चाहते हैं (आइटम 74 देखें)। एक अच्छे प्रोग्राम में ज्यादा catch-alls (यानी सब को catch करना) नहीं होते हैं और सच कहे तो ज्यादा **try/catch** स्टेटमेंट्स भी नहीं होते। वेसे देखा जाए तो एरर्स सभी जगहों पर सहजता से प्रसारित होती हैं, मोड्यूल्स की सीमा के बाहर अनुवादित की जाती है (एक आवश्यक किंतु हानीकारक बात) और सोच समझकर निश्चित की गई सीमाओं पर हैंडल की जाती है।

संदर्भ

[Stroustrup00] §3.7.2 , §14.7 • [Sutter00] §8-17 • [Sutter00] §17-23 • [Sutter04] §11-13

63. मोड्यूल के इंटरफेस में पर्याप्त पोर्टेबल टाइप्स का प्रयोग कीजिए। (Use sufficiently portable types in a module's interface.)

सारांश

(मोड्यूल के) किनारे पर रहते समय ज्यादा ध्यान रखें: जब तक आप यह निश्चित नहीं कर लेते कि सभी क्लाएंट्स टाइप को सही तरह से समझते हैं तब तक आप टाइप को मोड्यूल के बाहरी इंटरफेस में आने न दें। क्लाएंट जिसे समझ सकता हो ऐसे उच्च-स्तरिय abstraction का प्रयोग करें।

चर्चा

लायब्रेरी जितनी ज्यादा बँटी हुई होती है, उसके क्लाएंट्स के build environment पर आपका उतना ही कम नियंत्रण होगा, और लायब्रेरी अपने बाहरी इंटरफेस में उतने ही कम टाइप्स का विश्वास के साथ प्रयोग कर सकती है। मोड्यूल्स के बीच में इंटरफेस रखने से बायनरी डाटा का आदान-प्रदान किया जा सकता है। दुर्भाग्य से C++ स्टैंडर्ड बायनरी इंटरफेस के बारे में कुछ नहीं बताती है। विस्तारित रुप में बँटी लायब्रेरीयों को बाह्य जगत से संपर्क करने के लिए **int** और **char** जैसे built-in टाइप्स पर विशेष रुप से निर्भर रहना पड़ता है। अलग-अलग built-in का प्रयोग करके टाइप को उसी कंपाइलर पर कंपाइल करने से भी टाइप के binary-incompatible वर्जन्स तैयार हो जाते हैं।

सामान्यतः आप या तो कंपाइलर और मोड्यूल को build करने (बनाने) के लिए इस्तेमाल किए गए विकल्प और उनके (module के) सभी क्लाएंट्स को नियंत्रित करते हैं। आप किसी भी टाइप का इस्तेमाल कर सकते हैं - या फिर आप ऐसा नहीं करते। इसके अलावा आप platform-provided टाइप्स तथा built-in टाइप्स का प्रयोग कर सकते हैं (तब भी साइज और क्या प्रस्तुत किया जाना चाहिए इसके बारे में जानकारी दें)। मोड्यूल के इंटरफेस में विशेष करके स्टैंडर्ड लायब्रेरी टाइप्स को तब तक न लाएँ जब तक उनका प्रयोग करने वाले सभी अन्य मोड्यूल्स एक ही समय पर और समान standard library source image के साथ कंपाइल नहीं किए जाते हैं।

सभी क्लाएंट्स को टाइप्स का प्रयोग करने से जो समस्याएँ आती हैं वे सही तरह से समझमें नहीं आती हैं। उनमें और निंचले स्तर पर abstractions का प्रयोग करने से आनेवाली समस्याएँ इनके बीच आदान-प्रदान चलता है। abstraction महत्त्वपूर्ण होता है। अगर कुछ क्लाएंट्स केवल निम्नस्तरिय टाइप्स को ही समझते हैं और इसलिए आपको उनका प्रयोग करना पड़ता है तब दूसरे ऑपरेशन्स जो उच्चस्तरिय टाइप्स का प्रयोग करते हैं, को भी आपको उपलब्ध कराना होगा। मान लीजिए, एक फंक्शन है **SummarizeFile,** जो जिस फाइल पर प्रक्रिया करनी है उसे पैरामीटर के रुप में लेता है। यहाँ पैरामीटर के लिए तीन आम विकल्प हैं: यह पैरामीटर **char*** हो सकता है, जो फाइल का नाम जिस C-style स्ट्रींग में है उसे पॉएंट करता है, वह **string** हो सकता है, जिसमें फाइल का नाम है या फिर एक **istream** या एक कस्टम **File** ऑब्जेक्ट हो सकता है। इनमें से हर विकल्प एक tradeoff होता है:

- पहला विकल्प: **char***। यह तो स्पष्ट है कि **char*** को बहुत से क्लाएंटस access कर सकते हैं। दुर्भाग्य से यह सबसे निम्नस्तरिय विकल्प है और कम मजबूत है (उदाहरण के लिए कॉलर और कॉली ने स्पष्ट रुप से यह निश्चित करना चाहिए कि कौन मेमोरी को एलोकेट करेगा और कौन उसे deallocate करेगा)। इसका इस्तेमाल करने से ज्यादा एरर्स आती हैं (जैसे कि, यह संभव है कि फाइल हो ही नहीं) और कम सुरक्षित होता है (जैसे कि, buffer के over-run के आक्रमण के कारण)
- दूसरा विकल्प: **string**। **string** टाइप को बहुत ही कम क्लाएंट्स assess कर सकते हैं। अर्थात C++ में लिखे गए और समान स्टैंडर्ड लायब्रेरी, समान कंपाइलर और कंपाइलर के सुसंगत सेटिंग्ज का प्रयोग करके जिन्हें कंपाइल किया जाता है वे क्लाएंट्स। यह ज्यादा मजबूत (उदाहरण के लिए, कॉलर और कॉली को मेमोरी के प्रबंध को लेकर ज्यादा स्पष्ट होने की आवश्यकता नहीं होती, लेकिन आइटम 60 देखें) और अधिक

सुरक्षित होता है (उदाहरण के लिए, **string** अपनी आवश्यकता के अनुसार बफर को बढ़ाती है और स्वाभाविक रुप से buffer overrun attacks के प्रति उतनी संवेदनशील नहीं होती)। लेकिन तुलना ही की जाए तो यह विकल्प अभी भी निंचले स्तर पर है और इस तरह से जिन एररर्स को प्रत्यक्ष रूप से जाँचा जाना चाहिए उनके लिए यह विकल्प खुला है (उदाहरण के लिए, यह संभव है कि फाइल मौजूद न हो)।

- तीसरा विकल्पः **istream** या **File**। अगर आप क्लास टाइप्स का ही इस्तेमाल करने जा रहे हैं और इसके लिए C++ में एकजैसे कंपाइलर और switches का प्रयोग करके लिखे हुए क्लाएंट्स की आवश्यकता हो तब मजबूत abstraction का प्रयोग करें। **istream** (या स्टैंडर्ड लायब्ररी के ईंप्लिमेंटेशन पर सीधे निर्भर न हो इसलिए कस्टम **File** ऑब्जेक्ट istream को घेरता है) abstraction के स्तर को बढ़ाती है और API को अधिक मजबूत बनाती है। यहाँ फक्शन जानता है कि उसे **File** या अनुरुप इनपुट स्ट्रीम मिल रही है, उसे स्ट्रींग के फाइल नेम्स के लिए मेमोरी का प्रबंध करने की आवश्यकता नहीं है और दूसरे विकल्पों के साथ गलती से और जानबूझकर आनेवाली एरर्स से वह मुक्त है। यहाँ कुछ बातों पर नियंत्रण रखना जरुरी है, **File** खुली होनी चाहिए, और उसके कंटेंट्स का फॉरमैट सही होना चाहिए, लेकिन यह जाँच जो गलत हो सकते हैं उन्हीं के लिए है।

जब आप मोड्यूल के बाहरी इंटरफेस में निम्नस्तरिय abstraction का प्रयोग करना चाहते हैं तब भी आप भीतर से abstraction के उच्चतम स्तर का प्रयोग करिए और मोड्यूल की सीमा पर उन्हें निम्नस्तरिय abstraction में बदल दें। अगर आपका क्लाएंट C++ का नहीं है तो शायद आप क्लाएंट कोड को दिए गए opeque **void*** या **int** हैंडील्स का प्रयोग कर सकते हैं। लेकिन फिर भी भीतर में (क्लाएंट कोड के) आप ऑब्जेक्टस का ही प्रयोग करें और उन दोनों को एक-दूसरे में अनुवादित करने के लिए सिर्फ मोड्यूल के इंटरफेस पर cast करें।

उदाहरण

उदाहरणः मोड्यूल के इंटरफेस में का प्रयोग करनाः मान लीजिए कि एक मोड्यूल,

```
std::string Translate (const std::string&);
```

इस API को उपलब्ध कराना चाहता है। तब एक ही टीम या कंपनी में जिन लायब्ररीज का प्रयोग किया जाता है उनके लिए आम तौर पर यह अच्छी बात है। लेकिन आप जब इस मोड्यूल को एक ऐसे कॉलर के साथ, जिसमें **std::string** (जो कि अलग मेमोरी लेआउट का प्रयोग करता हो) का इंप्लिमेंटेशन अलग तरह से किया गया हो, परिस्थिती के अनुसार लिंक करना चाहते हैं तब क्लाएंट और मोड्यूल एक दूसरे की स्ट्रींग्ज को समझ नहीं पाते हैं और इसकी वजह से विलक्षण बाते होती हैं।

हमने देखा है कि इस समस्या से छुटकारा पाने के लिए कुछ डेवलपर्स **std::string** को अपने खुद के **CustomString** में बंद कर देते हैं, लेकिन आगे चल कर फिर वही समस्या जब सामने आती है तब वे चौंक जाते हैं। क्योंकि वे कॉलर्स की build process को नियंत्रित करते हैं।

इस समस्या का एक समाधान है, **string** को लेने वाले फंक्शन के साथ या उनके अलावा (सामान्यतः built-in) portable types पर निर्भर रहना। उदाहरण के लिए:

```
void Translate (const char* src, char* dest, size_t destSize);
```

निम्नस्तरिय abstraction अधिक portable होता है लेकिन यह जटिलताएँ भी बढ़ाता है। उदाहरण के लिए, बफर अगर जरुरत के जितना बड़ा नहीं है तो यहाँ कॉलर और कॉली, दोनों को शायद truncation का सामना करना पड़ता है। (ध्यान रहें कि यह वर्जन मेमोरी को अलग-अलग मोड्यूल्स में एलोकेट और deallocate करने के काम से बचने के लिए कॉलर द्वारा एलोकेट किए गए बफर का प्रयोग करता है, आइटम 60 देखें।)

संदर्भ

[McConnell93] §6 • [Meyers01] §15

टेम्पलेट्स और जेनरिसिटी

Your quote here

- Bjarne Stroustrup
[Stroustrup00] §13

और इसी तरहः आपकी जानकारी

इस विभाग में हमारी दृष्टी से सबसे महत्त्वपूर्ण आइटम है, आइटम 64 : स्टैटिक और डायनामिक पॉलिमॉर्फिजम को विचारपूर्वक एकत्रित कीजिए।

64. स्टैटिक और डायनामिक पॉलीमॉर्फिजम को विचारपूर्वक एकत्रित कीजिए। (Blend static and dynamic polymorphism judiciously.)

सारांश

केवल हिस्सों को मिलाना काफी नहीं है: स्टैटिक और डायनामिक पॉलीमॉर्फिजम एक दूसरे के पूरक होते हैं। उनके कार्य को समझिए, हर एक का जरुरत के अनुसार प्रयोग करें और दोनों को एकत्रित करके उनसे सबसे अच्छा काम करवाएँ।

चर्चा

डायनामिक पॉलिमॉर्फिजम अक्सर ऐसे क्लासेस के रुप में, जिनमें वर्चुअल फंक्शन्स होते हैं और जो instances को अप्रत्यक्ष रुप से मैनिप्युलेट करते हैं (पॉएंटर्स या रेफरेन्स के जरिए) होते हैं। स्टैटिक पॉलिमॉर्फिजम में टेम्पलेट क्लासेस और टेम्पलेट फंक्शन्स होते हैं।

पॉलिमॉर्फिजम का मतलब है कि एक ही वैल्यु के एक से ज्यादा टाइप्स हो सकते हैं और फंक्शन उसके पैरामीटर से बिल्कूल मिलते-जुलते टाइप्स के अलावा दूसरे टाइप्स के आर्ग्युमेंट्स को स्वीकार कर सकता है। "पॉलीमॉर्फिजम वह रास्ता है जो हमे स्टैटिक टाइप की जाँच से होने वाले लाभों को छोड़े बिना डाइनामिक टाइप की जाँच भी करने देता है।" - [Webber03]।

पॉलीमॉर्फिजम की ताकत यही है कि कोड का एक ही हिस्सा अलग-अलग टाइप्स पर काम कर सकता है और इनमें वे टाइप्स भी शामिल हैं जो कोड जब लिखा गया था तब मालूम भी नहीं थे। ऐसी post-hoc applicability ही पॉलीमॉर्फिजम की नींव होती है क्योंकि ये कोड की उपयोगिता और उसके फिर से प्रयोग करने की क्षमता को बढ़ाती है (आइटम 37 देखें)। (यह monomorphic कोड के विपरीत है जहाँ कोड को किसी ठोस टाइप पर काम करने के लिए बनाया जाता है और कोड उसी टाइप पर काम करता है।)

डायनामिक पॉलिमॉर्फिजम public inheritance के जरिए एक ही वैल्यु के दो टाइप्स रखने की अनुमती देता है। उदाहरण के लिए **Derived * p** को सिर्फ **Derived** को दिए गए पॉएंटर के रुप में ही नहीं बल्कि टाइप **Base** को, जो प्रत्यक्ष या अप्रत्यक्ष रुप से **Derived** का बेस (एक अंतर्गत प्रॉपर्टि) होता है, दिए गए पॉएंटर के रुप में भी देखा जा सकता है। डायनामिक पॉलिमॉर्फिजम को inclusion polymorphism भी कहा जाता है क्योंकि **Base** द्वारा बनाया गया सेट **Derived** द्वारा दिखाए गए विशेषताओं को शामिल करता है।

अपनी विशेषताओं के कारण C++ में निम्नलिखित बातों के लिए डायनामिक पॉलीमॉर्फिजम उत्तम है:

- superst/subset संबंधो पर आधारित एकसमान मैनिप्युलेशनः अलग-अलग क्लासेस, जिनमें superst/subset (यानी base/derived) संबंध होते हैं उन सभी के साथ एकजैसा व्यवहार किया जाता है। **Employee** ऑब्जेक्ट पर काम करने वाला फंक्शन **Secretary** ऑब्जेक्ट पर भी काम करता है।
- स्टैटिक टाइप की जाँचः C++ में सभी टाइप्स की स्टैटिक जाँच की जाती है।
- परिस्थिती के अनुसार बाइंडिग और स्वतंत्र कंपाइलेशनः जो कोड hierarchy में मौजूद क्लासेस का प्रयोग करता है उस कोड को पूरी hierarchy जिस कोड में है उससे अलग कंपाइल किया जा सकता है। पॉएंटर्स (ऑब्जेक्ट्स और फंक्शन्स दोनों के) द्वारा उपलब्ध किए गए indirections की वजह से यह हो सकता है।
- बायनरी इंटरफेसिंगः जब तक एक-दूसरे के साथ जुड़े मोड्यूल्स virtual tables का लेआउट एक ही तरीके से करते हैं तब तक मोड्यूल्स को dynamically या staticalty कैसे भी लिंक किया जा सकता है।

स्टैटिक पॉलीमॉर्फिजम भी टेम्पलेट्स के जरिए एक वैल्यु के एक से अधिक टाइप्स होने देता है। **template <class T> void f (T t) { / * ... */ }, t** के भीतर कंपाइल करने योग्य कोड को प्रस्तुत करने के लिए का **t** टाइप कोई भी हो सकता है ताकि उसे **F** के भीतर प्रतिस्थापित किया जा सके। इसे "implicit interface" कहा जाता है,

जो बेस क्लास के प्रत्यक्ष इंटरफेस के विरुद्ध होता है। इसका लक्ष्य भी पॉलिमॉर्फिजम के जैसा ही होता है- ऐसा कोड लिखना जो अलग-अलग टाइप्स पर काम कर सकता हो- लेकिन इसका तरीका अलग है।

पॉलिमॉर्फिजम निम्नालिखित बातों के लिए अच्छा है:

- syntactic और semantic इंटरफेस पर आधारित एक समान मैनिप्युलेशनः syntactic और semantic इंटरफेस का पालन करनेवाले टाइप्स के साथ एकजैसा व्यवहार किया जाता है। इंटरफेस syntactic और implicit (यानी जो signature पर आधारित और सुस्पष्ट नहीं होते) होते हैं और किसी भी टाइप के प्रतिस्थापन की अनुमती तभी देते हैं जब वे दिए गए सिंटैक्स में पूरी तरह से आ जाता हो। उदाहरण के लिए, **int i = p -> f (5);** इस स्टेटमेंट में **p** अगर **Base** इस क्लास टाइप को दिया गया पॉएंटर है तो हो सकता है कि यह स्टेटमेंट **virtual int f (int)** जैसे इंटरफेस फंक्शन को कॉल करेगा। लेकिन यहाँ **p** अगर generic टाइप का है तब यह कॉल कई बातों के साथ जुड़ा हुआ हो सकता है। इन बातों में यह भी शामिल है कि यह कॉल शायद overload किए गए ऑपरेटर को invoke कर सकता है जो फंक्शन **X f (double)** को डिफाइन करनेवाले टाइप को रिटर्न करता है। यहाँ **X** को **int** में रुपांतरित किया जा सकता है।
- स्टैटिक टाइप की जाँचः सभी टाइप्स की स्टैटिक जाँच की जाती है।
- स्थिर बाइंडिग (स्वतंत्र कंपाइलेशन को रोकती है): सभी टाइप्स स्थायी रुप (statically) से बँधे होते हैं।
- कार्यक्षमता, कंपाइलेशन के दौरान होनेवाला इवैल्युएशन और static binding ये ऑप्टीमाइजेशन की अनुमती देते हैं और कार्यक्षमता भी बढ़ाते हैं जो कि dynamic binding में नहीं हो सकता।

आप किसे रखना चाहते हैं यह निश्चित करें और दोनों प्रकार के पॉलीमॉर्फिजम का उनके सामर्थ्य के अनुसार प्रयोग करें। दोनों पॉलीमॉर्फिजम को इस तरह से एकत्रित कीजिए ताकि उनकी कमिंयों को हटाकर उन दोनों के फायदे मिल जाएं:

- स्टैटिक डायनामिक की मदद करता है: पॉलीमॉर्फिक इंटरफेसेस को डायनामिक रुप से इंप्लिमेंट करने के लिए स्टैटिक पॉलीमॉर्फिजम का प्रयोग करें। उदाहरण के लिए, यदि आपके पास एक abstract बेस क्लास **Command** है और आप **template < /*...*/ class ConcreteCommand : public Command** के अनेक इंप्लिमेंटेशन्स को डिफाइन करते हैं। इसमें Command और Visitor डिजाइन पैटर्न्स के इंप्लिमेंटेशन का उदाहरण भी शामिल है ([Alexandrescu01] और [Sutter04] देखें)।
- डायनामिक, स्टैटिक की मदद करता है: एक व्यापक, सुविधाजनक तथा स्टैटिक रुप से जुड़ा इंटरफेस उपलब्ध करें, किंतु अंदर से परिस्थिती को देखते हुए उसे आगे भेजे ताकि एकजैसा ऑब्जेक्ट लेआउट मिलें। उदाहरण के लिए, विभिन्न यूनियन इंप्लिमेंटेशन्स ([Alexandrescu02b] और [Boost] और **tr1::shared_ptr** के **Deleter** पैरामीटर ([C++TR104] देखें)।
- अन्य एकत्रिकरणः दोनों पॉलीमार्फिजम को एकत्रित करने पर उन दोनों की कमियाँ भी एकत्रित हो जाती हैं और यह एक अकेले पॉलीमॉर्फिजम का प्रयोग करने से भी बुरा होता है। दोनों पॉलीमॉर्फिजम को एकत्रित करने से मिलनेवाले लाभ एक अकेले पॉलीमॉर्फिजम से बेहतर होते हैं। उदाहरण के लिए, यदि आप हर बार सभी वर्चुअल फंक्शन्स को instantiate करना नहीं चाहते हैं तो उनको टेम्पलेट क्लास में न रखें (यह टेम्पलेट टाइप के नॉनवर्चुअल फंक्शन्स से एकदम विरुध्द है)। प्रयोग में लाया गया कोड बहुत बड़ा हो सकता है और जिसकी कभी जरुरत ही नहीं थी ऐसी functionality को instantiate करके आप generic टाइप को शायद प्रतिबंधित करेंगे, स्टैंडर्ड में यही गलती की गई है। आप इसे दोहराए नहीं।

संदर्भ

[Alexandrescu01] §10 • [Alexandrescu02b] • [C++TR104] • [Gamma95] • [Musser01] §1.2-3, §17 • [Stroustrup00] § 24.4.1 • [Sutter00] §3 • [Sutter02] §1 • [Sutter04] §17, §35 • [Vandevoorde03] §14 • [Webber03] §8.6

65. टेम्पलेट को सहेतु और स्पष्ट रुप से कस्टमाइज कीजिए। (Customize intentionally and explicitly.)

सारांश

सहेतु किए गए बदलाव संयोग से होनेवाले बदलावों से बेहतर होते हैं और ये बदलाव अव्यक्त रुप में (implicit) होने से बेहतर है उन्हें स्पष्ट रुप से दिखाना (explicit): टेम्पलेट लिखते समय कस्टमाइजेशन अच्छी तरह से समझकर और सही तरीके से करें और इसके बारे में जानकारी दें। आप जब टेम्लेट्स का प्रयोग करते हैं तब आपके टाइप के साथ उसका प्रयोग किया जा सके इसके लिए टेम्लेट किस तरह का कस्टमाइजेशन करने का सुझाव देता है यह जान लीजिए और उसके अनुसार कस्टमाइजेशन करें।

चर्चा

टेम्पलेट लायब्ररी लिखते समय सबसे गलत बात है बिना किसी उद्देश्य के कस्टमाइजेशन की जगहों को उपलब्ध करना- मतलब ऐसी जगह जहाँ से कॉलर के कोड को देखा जा सकता है और फिर आपके टेम्पलेट के भीतर उसका प्रयोग किया जाता है। लेकिन यहाँ कॉलर का कोड इन सब में शामिल हो जाए ऐसा आप नहीं चाहते हैं। ऐसा करना आसान है। सिर्फ हमेशा की तरह दूसरे फंक्शन या ऑपरेटर को कॉल करें (unqualified)। यदि इनमें से कोई भी आर्ग्युमेंट टेम्पलेट के पैरामीटर टाइप का है (या सबंधित टाइप) तो ADL उसे सामने लाएगा। इसके बहुत से उदाहरण हैं। एक उदाहरण आइटम 58 में दिया गया है।

इसके बजाय टेम्पलेट को सहेतु कस्टमाइज करें। टेम्पलेट में कस्टमाइजेशन की जगहों को उपलब्ध कराने के तीन मुख्य तरीके हैं, आपके टेम्पलेट में किस जगह पर कस्टमाइजेशन करने के लिए कौनसा तरीका उचित है उसे चुनें और सही कोड लिखें। फिर इस बात की जाँच करें कि जिस जगह पर आप कस्टमाइजेशन नहीं करना चाहते थे वहाँ गलती से कस्टमाइजेशन तो नहीं किया गया है। कस्टमाइजेशन की जगह को उपलब्ध कराने का पहला सामान्य तरीका "implicit interface" (आइटम 64 देखें) को अपनाना है, जहाँ आपके टेम्पलेट्स उन टाइप्स पर निर्भर रहते हैं जिनमें बताए गए नाम का उचित मेंबर होता है:

```
//Option1: Provide a point of customization by requiring T to provide "foo-ability"
//as a member function with a given name, signature and semantices.
template <typename T>
void Sample1(T t) {
   t.foo ( );                     // foo is a point of customization
   typename T::value_type x;      // another example : providing a point of
}                                 //customization to look up a type (usually via typedef)
```

पहले विकल्प का प्रयोग करने के लिए **Sample1** के लेखक को निम्नलिखित बातें करनी चाहिए:

- फंक्शन को मेंबर notation के साथ कॉल करनाः सिर्फ स्वाभाविक मेंबर सिंटैक्स का प्रयोग करें।
- कस्टमाइजेशन की जगह के बारे में जानकारी दें: टाइप ने **foo** इस accessible मेंबर फंक्शन को, जिसे दिए गए आर्ग्युमेंट्स के साथ कॉल किया जा सकता हो, उपलब्ध कराना ही चाहिए, (यहाँ ऐसा कोई आर्ग्युमेंट नहीं है)।

दूसरा विकल्प है "implicit interface" का प्रयोग करना। लेकिन ऐसा नॉनमेंबर फंक्शन के साथ, जिसे argument-dependent lookup द्वारा ढूँढ़ा जाता है, करना चाहिए (अर्थात उस फंक्शन का टेम्पलेट जिस टाइप के साथ instantiate होने जा रहा हो, वह उसके namespace में होना अपेक्षित है)। लैंग्वेज के ADL फ़ीचर के लिए यह बहुत अच्छा है (आइटम 57 देखें)। आपका टेम्पलेट उस टाइप पर निर्भर रहता है जिसमें दिए गए नाम का उचित नॉनमेंबर हो।

```
// option 2: provide a point of customization by requiring T to provide "foo - ability"
// as a nonmember function, typically looked up by ADL, with a given name, signature
// and semantices (This is the only option that doesn't also work to lookup a type)
template <typename T>
void Sample2(T t ) {
  foo(t);                    // foo is a point of customization
  cout <<t;                  // another example: operator<< with operator
}                            // notation is the same kind of point of customization
```

दूसरे विकल्प को इंप्लिमेंट करने के लिए **Sample2** के लेखक को निम्नलिखित बातों का ध्यान रखना होगा:

- फंक्शन को गलत nonmember notation के साथ कॉल करना (अगर ऑपरेटर के साथ कॉल करना हो तो स्वाभाविक operator notation के साथ) और यह अवश्य देखें कि टेम्पलेट का खुद का उसी नाम का कोई मेंबर फंक्शन न हो। टेम्पलेट के लिए यह जरुरी है कि वह **foo** को किए गए कॉल को गलत ठहराए (उदाहरण के लिए, **SomeNamespace::foo(t)** ऐसा न लिखें)। या फिर उसके मेंबर फंक्शन का नाम और फंक्शन का नाम एक ही न हो क्योंकि ये दोनों ही ADL को बंद कर देते हैं और इस तरह से name lookup को टाइप **T** के namespace में फंक्शन को ढूँढ़ने से रोकते हैं।
- कस्टमाइजेशन की जगह के बारे में जानकारी दें: टाइप ने ऐसे नॉनमेंबर फंक्शन **foo** को उपलब्ध कराना चाहिए जिसे दिए गए आर्ग्युमेंट के साथ कॉल किया जा सकता हो (यहाँ कोई आर्ग्युमेंट नहीं है)।

पहले और दूसरे विकल्प के फायदे और एप्लिकेशन्स एकजैसे हैं। यूजर अपने टाइप के लिए किसी ऐसी जगह पर सिर्फ एक बार कस्टमाइजेशन फंक्शन को लिख सकता है जहाँ से दूसरी टेम्पलेट लायब्ररीज भी उन्हें ले सके। इससे आपको हर टेम्पलेट लायब्ररी के लिए छोटे-छोटे एडाप्टर्स नहीं लिखने पड़ते। किंतु इसका एक नुकसान यह भी है कि इस फंक्शन के semantics को प्रयोग के योग्य होगा चाहिए ताकि उसके सभी संभव प्रयोग में वह खरा उतरे। (ध्यान रहें कि ऑपरेटर्स विशेष रुप से इसी कैटेगरी में आते हैं। आइटम 26 के होने की यह भी एक वजह है।)

तीसरा विकल्प है, स्पेशलाइजेशन का प्रयोग करना, जिससे कि आपका टेम्पलेट आपके द्वारा उपलब्ध कराया गया दूसरा specialize क्लास टेम्पलेट जिस टाइप में है उस पर निर्भर रहता है (अगर जरुरत हो तो)।

```
//option 3: provide a point of customization by requiring T to provide "foo-ability"
//by specializing SampleTraits <> and provide a (typically static) function with a
//given name, signature and semantics
template <typename T>
void Sample3(T t ) {
   typename S3Traits <T>::foo(t);            //S3Traits <>::foo is a point customization
   typename S3Traits <T>::value_ type x;     //another example:providing a point of
}                                            //customization to look up a type (usually via typedef)
```

तीसरे विकल्प में यूजर से एडाप्टर लिखवाना यह निश्चित करता है कि इस लायब्ररी के लिए जो कस्टम कोड है वह लायब्ररी के अंदर अकेला रहता है। लेकिन ऐसा करना बहुत भारी हो सकता है क्योंकि अगर अलग-अलग टेम्पलेट लायब्ररी को एक ही आम functionality की आवश्यकता हो तो यूजर को हर टेम्पलेट लायब्ररी के लिए अलग-अलग एडाप्टर्स लिखने होंगे।

इस विकल्प को इंप्लिमेंट करने के लिए **Sample3** के लेखक को निम्नलिखित बातों का ध्यान रखना आवश्यक है:

- टेम्पलेट के अपने namespace में डिफॉल्ट क्लास टेम्पलेट को उपलब्ध करें: ऐसे फंक्शन टेम्पलेट का प्रयोग न करें जिन्हें अंशतः स्पेशलाइज नहीं बनाया जा सकता और जिनकी वजह से overloads और order dependencies मिलते हैं (आइटम 66 भी देखें)।
- कस्टमाइजेशन की जगह के बारे में जानकारी दें: यूजर को उसके अपने टाइप के लिए टेम्पलेट लायब्ररी के namespce में **S3Traits** को स्पेशलाइज करना ही चाहिए और **S3Traits** के सभी मेंबर्स (उदाहरण के लिए, **foo**) और sematic के बारे में जानकारी दें।

सभी विकल्पों में हमेशा **foo** के आवश्यक semantics के बारे में, खास करके जिस कृती के लिए **foo** ने गारंटी देनी चाहिए (postcoditions) उसके तथा नाकाम होने के semantics के बारे में जानकारी अवश्य लिखें (यानी कोई कृती असफल होने से क्या होगा तथा एरर्स की सूचना कैसे दी जाएगी)।

यदि कस्टमाइजेशन की जगह को built-in टाइप्स में भी कस्टमाइज करना हो तो विकल्प 2 या विकल्प 3 का प्रयोग करें।

आम आापरेशन्स के लिए, जो कि टाइप द्वारा उपलब्ध कराई गई सुविधाएँ हैं, पहले और दूसरे विकल्प का प्रयोग करें। यहाँ परिक्षण करना जरुरी है - क्या दूसरी टेम्पलेट लायब्ररीज भी इस सुविधा का उपयोग कर सकती हैं? क्या ये इस नाम (name) के लिए सामान्यतः अपनाए जानेवाले semantics हैं? अगर इन सवालों के जवाब हाँ है तो शायद यह विकल्प सही हो।

जिन ऑपरेशन्स का अर्थ बदल जाना अपेक्षित है, ऐसे दुर्लभ ऑपरेशन्स के लिए तीसरे विकल्प का प्रयोग करें। इससे आप किसी भी namespace में एकजैसे नामों को किसी भी मतलब से रख सकते हैं, वह भी बिना किसी संभ्रम या टकराव के। जिस टेम्पलेट में कई जगहों पर कस्टमाइजेशन किया जाता है वह टेम्पलेट कस्टमाइजेशन की हर जगह के लिए अलग-अलग नीतियों का अवलंब कर सकता है। महत्त्वपूर्ण बात यह है कि उस टेम्पलेट ने कस्टमाइजेशन की हर जगह के लिए केवल एक ही पॉलिसी का चुनाव करना चाहिए और उसके बारे में लिखना चाहिए, अपेक्षित postconditions और failure semantics समेत दूसरी जरुरतों के बारे में लिखना चाहिए और उस पॉलिसी को सही ढंग से इंप्लिमेंट करना चाहिए।

कस्टमाइजेशन की जगह अनजाने में उपलब्ध न हो जाए इसके लिए नीचे बताई गई बातों का पालन करें:

- टेम्पलेट अपने भीतर जिस helper फंक्शन का इस्तेमाल कर रहा हो उसे टेम्पलेट के निजी nested namespce में रखे और ADL को disable करने के लिए उन्हें explict qualification के साथ कॉल करें: आप जब अपने helper function को कॉल करके टेम्पलेट पैरामीटर टाइप के ऑब्जेक्ट को pass करना चाहें और यह भी चाहते हैं कि यह कॉल कस्टमाइजेशन की जगह न बनें (अर्थात आप हमेशा चाहते हैं कि आपके helper function को कॉल किया जाए, किसी दूसरे फंक्शन को नहीं) तब helper function को nested namespace में रखें और कॉल को qualify करके या फंक्शन के नाम के पैरान्थिसिस के अंदर रखकर ADL को बंद कर दें:

```
template <typename T>
void Sample4 (T t ) {
  S4Helpers::bar(t);          //disables ADL: foo is not a point  of castomization
  (bar) (t);                  //alternative
}
```

- डिपेंडंट नेम्स पर निर्भर न रहें: किसी न किसी तरह से टेम्पलेट के पैरामीटर्स का उल्लेख करनेवाले नामों को dependent name कहा जाता है। बहुत से कंपाइलर्स C++ स्टैंडर्ड्स द्वारा अनिवार्य किए गए डिपेंडंट नेम्स के लिए "two-phase lookup" का समर्थन नहीं करते हैं। इसका मतलब है कि जो टेम्पलेट कोड डिपेंडंट नेम्स का प्रयोग करता है वह अगर डिपेंडंट नेम्स का प्रयोग करते समय स्पष्ट न हो तो अलग-अलग कंपाइलर्स पर उसका व्यवहार अलग-अलग होगा। dependent बेस क्लासेस के मामले में तो विशेष सावधानी बरतनी पड़ती है। ये dependent बेस क्लासेस तब दिखाई देते हैं जब एक क्लास टेम्पलेट उसके किसी टेम्पलेट पैरामीटर में से (जैसे कि, **template <typename T> class C : T { };** में मौजूद **T** से) या उसके किसी टेम्पलेट पैरामीटर से बनाए गए टाइप में से (जैसे कि, **template <typename T> class C : X <T> { };** में **X <T>**) inherit करता है।

संक्षेप में, जब कभी भी dependent बेस क्लास के किसी भी मेंबर को रेफर करना हो तब उसे को बेस क्लास के नाम के साथ या **this ->** के साथ स्पष्ट रुप से qualify करें। इस बात को आप एक जादुई तरीका मान सकते हैं, जिसकी मदद से आप सभी कंपाइलर्स को अपनी इच्छानुसार काम करने के लिए कह सकते हैं।

```
template <typename T>
class C : X <T> {
  typename X <T>::SomeType s;          //use base's nested type or typedef
public:
  void f () {
  X <T>::baz ( );                      //call base member function
  this -> baz ();                      //alternative
  }
};
```

C++ स्टैंडर्ड लायब्ररी सामान्यतः दूसरे विकल्प पर ही निर्भर रहती है (उदाहरण के लिए, आपके टाइप के namespce में **ostream _iterators** ये **operator<<** का अवलोकन करते हैं और **accumulate** यह **operator+** का अवलोकन करता है)। कभी-कभी लायब्ररी तीसरे विकल्प का भी प्रयोग करती है (उदाहरण के लिए, **iterator_traits, char_triats**)। ऐसा इसलिए है क्योंकि ये triats, built-in types के लिए विशेष होते हैं।

याद रहें, C++ स्टैंडर्ड लायब्ररी कुछ अल्गोरिदम्स में कस्टमाइजेशन की जगह साफ-साफ बताने में नाकाम होती है। उदाहरण के लिए, वह साफ-साफ बताती है कि **accumulate** के तीन पैरामीटर वाले वर्जन ने दूसरे विकल्प का प्रयोग करके यूजर के **operator+** को कॉल करना आवश्यक है। लेकिन यह नहीं बताती है कि **sort** ने यूजर के **swap** को कॉल करना आवश्यक है या नहीं (और इस तरह से दूसरे विकल्प का प्रयोग करके जानबूझकर कस्टमाइजेशन की जगह उपलब्ध कराती है), क्या वह सिर्फ यूजर के **swap** को कॉल कर सकती है या किसी भी **swap** को? **swap** के कुछ इंप्लिमेंटेशन्स में user-defined **swap** का प्रयोग किया जाता है और कुछ इंप्लिमेंटेशन्स में ऐसा नहीं होता। इस आटइम में बताई गई बाते अभी हाल ही में सामने आई हैं और अब स्टैंडर्ड्स की कमेटि स्टैंडर्ड में से अधूरे specifications को हटाकर उसे और मजबूत बना रही है। अब हम सब ये जानते हैं। हमने भूतकाल से बहूत कुछ सीखा है। इसलिए अपनी गलतियों को दोहराए नहीं (अधिक विकल्पों के लिए आइटम 66 देखें)।

संदर्भ

[Stroustrup00] §8.2, §10.3.2, §11.2.4 • [Sutter00] §31-34 • [Sutter04d]

66. फंक्शन टेम्पलेट्स को स्पेशलाइज न बनाएँ। (Don't specialize function templets.)

सारांश

स्पेशलाइजेशन तभी अच्छा होता है जब उसे सही तरीके से किया जाएः दूसरों के फंक्शन टेम्पलेट को (जिसमें **std::swap** भी शामिल है) विस्तारित करते समय किसी भी विशेष बात को लिखना टालें। इसके बजाय फंक्शन टेम्पलेट के overload को लिखें और उसे जिस टाइप द्वारा इस्तेमाल किया जाने के लिए बनाया गया है उस टाइप के namespace में रखें (आइटम 57 देखें)। आप जब अपना निजी फंक्शन टेम्पलेट लिख रहे हों तब वह खुद ही सीधे अपना स्पेशलाइजेशन करे इसके लिए उसे बढ़ावा न दें।

चर्चा

फंक्शन टेम्पलेट्स को overload करना सही होता है। overload रिजोल्यूशन सभी प्राथमिक टेम्पलेट्स को एक समान मानता है, और C++ के आम function overloading के सबसे उचित टेम्पलेट्स को कंपाइलर चुनता है। दुर्भाग्य से, फंक्शन टेम्पलेट्स का स्पेशलाइजेशन बहुत कम intutive है। इसके दो मुख्य कारण हैं:

- आप फंक्शन टेम्पलेट के किसी हिस्से को नहीं बल्कि पूरे टेम्पलेट को स्पेशलाइज बना सकते हैं: जो कोड अंशतः स्पेशलाइज किया गया है ऐसा लगता है, वास्तव में वह सिर्फ overloading होता है।
- फंक्शन टेम्पलेट स्पेशलाइजेशन्स कभी भी overloading में हिस्सा नहीं लेतेः इसलिए आपने लिखे हुए किसी भी स्पेशलाइजेशन का कौनसे टेम्पलेट का इस्तेमाल किया जाएगा इस पर कोई असर नहीं होता और अधिकतर लोगों को जो अपेक्षित है यह उससे विपरीत होता है। वैसे भी आपने अगर फंक्शन टेम्पलेट स्पेशलाइजेशन लिखने के बजाय समान signature सहीत नॉनटेम्पलेट फंक्शन लिखा हो तब नॉनटेम्पलेट फंक्शन को ही चुना जाता है क्योंकि उसे हमेशा टेम्पलेट से बेहतर माना जाता है।

अगर आप फंक्शन टेम्पलेट लिख रहे हैं तो उसे एक अकेले फंक्शन टेम्पलेट के रुप में लिखें, जिसे कभी भी overload नहीं किया जाएगा या जिसका कभी भी स्पेशलाइजेशन नहीं किया जाएगा और फंक्शन टेम्पलेट को पूरी तरह से क्लास टेम्पलेट के रुप में इंप्लिमेंट करें। यह अतिरिक्त मात्रा में किया गया proverbial indirection ही फंक्शन टेम्पलेट की मर्यादाओं को स्पष्ट करता है और उसके छुपे हुए त्रुटियों से आपको बचाता है। इस तरह से जो प्रोग्रामर्स आपके टेम्पलेट का प्रयोग करना चाहते हैं वे क्लास टेम्पलेट्स को कुछ हद तक स्पेशलाइज बना सकते हैं और फंक्शन टेम्पलेट के अपेक्षित ऑपरेशन्स पर कुछ असर डाले बिना ही उन्हें स्पष्ट रुप से स्पेशलाइज कर सकते हैं। इससे फंक्शन टेम्पलेट की उस मर्यादा को कि उसे कुछ हद तक स्पेशलाइज नहीं किया जा सकता, और कभी-कभी मिलनेवाले आश्चर्यजनक परिणाम जिन्हें फंक्शन टेम्पलेट स्पेशलाइजेशन overload नहीं करता है, इन दोनों को आसानी से टाला जा सकता है और हमारी समस्या हल हो जाती है।

अगर आप किसी दूसरे व्यक्ति के सादे एवं पुराने फंक्शन टेम्पलेट का प्रयोग कर रहे हैं जो इस तकनिक को (अर्थात जिस फंक्शन टेम्पलेट को क्लास टेम्पलेट के रुप में इप्लिमेंट न किया गया हो) न अपनाता हो और आप overloading में हिस्सा ले सके ऐसे अपने खास वर्जन्स लिखना चाहते हैं तब उसे स्पेशलाइजेशन के रुप में न लिखें। आप उसे केवल एक overload किया हुआ नॉनटेम्पलेट फंक्शन बनाएँ। (आइटम 57 और 58 भी देखें)।

उदाहरण

उदाहरण: std::swap। बुनियादी swap टेम्पलेट **a** की temp नाम की कॉपी बनाकर, a = b असाइन करता है और **b = temp** असाइन करके a और b इन दो वैल्युज को स्वैप करता है। आपके निजी टाइप्स के लिए आप इसे कैसे विस्तारित करेंगे? उदाहरण के लिए, मान लीजिए कि आपके निजी namespace **N** में आपका निजी टाइप **Widget** है:

```
namespace N {
  class Widget { /*...*/ };
}
```

अब मान लीजिए कि आप दो **Widget** ऑब्जेक्ट्स को स्वैप करने का दूसरा अच्छा तरीका जानते हैं। इस तरीके को स्टैंडर्ड लायब्रेरी के साथ इंप्लिमेंट के लिए क्या आप **swap** के overload (जो **Widget** के namespace में ही है, आइटम 57 देखें) को उपलब्ध करेंगे या फिर सीधे **std::swap** को स्पेशलाइज बनाएंगे? इसके बारे में कोई प्रमाण नहीं दिया गया है और मौजूदा प्रैक्टिसेस अलग-अलग हैं (आइटम 65 देखें)। आज के व्यवहार में कुछ इंप्लिमेंटेशन्स का सही जवाब है **Widget** के namespce में एक overload उपलब्ध कराना। उपरोक्त नॉनटेम्पलेट **Widget** के लिए हम ऐसा लिख सकते हैं:

```
namespace N {
  void swap (Widget&, Widget&);
}
```

लेकिन ध्यान रहें कि, अगर **Widget** केवल एक टेम्पलेट है तो,

```
namespace N {
  template <typename T> class Widget { /*...*/ };
}
```

std::swap को स्पेशलाइज करना भी संभव नहीं है क्योंकि यहाँ फंक्शन टेम्पलेट को अशंतः स्पेशलाइज बनाने जैसा कुछ नहीं है। यहाँ आप सिर्फ एक overload लिख सकते हैं।

```
namespace ??? {
  template <typename T> void swap (Widget <T>&, Widget <T>&);
}
```

लेकिन यह भी ठीक नहीं है क्योंकि अगर आप इसे **Widget** के namespace में रखते हैं तो बहुत से इंप्लिमेंटेशन्स उसे ढूँढ़ नहीं पाएंगे और स्टैंडर्ड्स आपको उसे **std** में रखने से रोकते हैं, इसलिए catch-22। अगर स्टैंडर्ड्स यह बता दें कि टाइप के namespace में overload मिल जाएगा, या यदि वे overloads को namespace **std** में रखने देते हैं या फिर (इस आइटम में जो बताया गया है फिर से वही बात) यदि वे बताते हैं कि आप जिस क्लास टेम्पलेट को अंशतः स्पेशलाइज कर सकते हैं उस क्लास टेम्पलेट के रुप में आप **swap** को इंप्लिमेंट कर सकते हैं, तो यह समस्या ही खत्म हो जाएगी।

संदर्भ

[Austern99] §A.1.4 • [Sutter04] §7 • [Vandevoorde03] §12

67. बिना उद्देश्य के नॉनजेनरिक कोड न लिखें। (Don't write unintentionally nongeneric code.)

सारांश

Abstraction के प्रति समर्पित रहिए, विवरण के प्रति नहीं: functionality के किसी हिस्से को इंप्लिमेंट करने के लिए सबसे ज्यादा generic और abstract साधनों का प्रयोग करें।

चर्चा

कोड लिखते समय उसका नियोजित कार्य पूरा करने के लिए सबसे ज्यादा abstract साधनों का प्रयोग करें। यह सोचें कि ऑपरेशन्स जिस इंटरफेस पर हो रहे हैं वे उनके कार्य की क्षमता पर कम से कम तनाव डालते हैं या नहीं। ऐसा कोड लिखने की आदत आपके कोड को ज्यादा generic (व्यापक) बनाएगी और इस वजह से आपके कोड का आप बार-बार प्रयोग कर पांएगे तथा वह अपने चारों ओर होनेवाले बदलावों के प्रति और अधिक लचिला हो जाएगा।

इसके विपरीत, जो कोड अकारण ही अपने विवरण के प्रति ज्यादा समर्पित होता है वह दृढ और कमजोर होता है:

- iterators की तुलना करने के लिए < के बजाय != का प्रयोग करें: != का प्रयोग बहुत आम बात है और इसलिए यह ऑब्जेक्ट्स के बड़े हिस्से पर अप्लाई होता है लेकिन < का प्रयोग करने के लिए अनुक्रम (ordering) रखना आवश्यक होता है और केवल random-access iterators ही **operator<** को इंप्लिमेंट कर सकते हैं। अगर आप अपने कोड में operator!= का प्रयोग करते हैं तो दूसरे प्रकार के iterators, जैसे कि forward iterators और bidirectional iterators, भी आपके कोड में आसानी से काम कर पाएंगे।
- indexed access के बजाय iteration का प्रयोग करें: अधिकांश कंटेनर्स indexed access का समर्थन नहीं करते। उदाहरण के लिए, **list** कुशलता से indexed access को इंप्लिमेंट नहीं कर सकती। लेकिन सभी कंटेनर्स iterators का समर्थन करते हैं। Iterator ही बेहतर है क्योंकि वह ज्यादा सामान्य है और जब भी आवश्यकता हो, इसका indexed access के साथ प्रयोग किया जा सकता है।
- **size () = = 0** के बजाय **empty()** का प्रयोग करें: "Empty /nonempty" यह कन्सेप्ट "Exact size" से पुराना है। उदाहरण के लिए, आपको शायद किसी stream का साइज पता नहीं होगा लेकिन तब भी आप उसकी रिक्तता (emptyness) के बारे में बात कर सकते हैं और यही सब इनपुट इटरेटर्स पर भी लागू होता है। **list** जैसे कुछ कंटेनर्स **empty** को **size** से ज्यादा कुशलता के साथ इंप्लिमेंट करते हैं।
- hierarchy का जो उच्चतम क्लास आवश्यक functionality प्रस्तुत करता है उसीका प्रयोग करें: आप जब डाइनामिक पॉलिमॉर्फिक क्लासेस के साथ प्रोग्रामिंग करते हैं तब जिस विवरण की आपको आवश्यकता नहीं है तथा जो आपको विशिष्ट derived क्लासेस के साथ बाँध देता हो उस विवरण पर निर्भर न रहें।
- const-correct कोड लिखें (आइटम 15 देखें): **const&** टाइप के पैरामीटर्स लेने से कॉलर पर कम तनाव पडता है क्योंकि **const&** कॉन्स्टंट और नॉन-कॉन्स्टंट ऑब्जेक्ट्स को एकजैसा कवर करता है।

अपवाद

कुछ मामालों में iteration के बजाय indexing ही कंपाइलर को बेहतर ऑप्टीमाइजेशन करने देता है। लेकिन indexing का प्रयोग करने से पहले यह निश्चित कर लें कि आपको वाकई में उसकी आवश्यकता है और आपका कंपाइलर वाकई में indexing करता है (आइटम 8 देखें)।

संदर्भ

[Koenig97] §12.7, § 17-18 • [Meyers01] §4 • [Stroustrup00] §13, §17.1.1 • [Sutter04] §1, §5, §34

एरर हैन्डलिंग और एक्सेप्शन्स

Error handling is a difficult task for which the programmer
needs all the help that can be provided

- Bjarne Stroustruop
[Stroustrup 94] §16.2

There are two ways to write error-free programs;
only the third one works.

- Alan Perlis

हमारे सामने यह सवाल नहीं है कि हम प्रोग्रामिंग करते समय गलतियाँ करेगे या नहीं, बल्कि सवाल यह है कि हमारे कंपाइलर और टूल्स इन प्रोग्रामिंग एरर्स को ढूँढ़ पाए इसके लिए हम कोई प्रबंध करेंगे या नहीं।

इस विभाग में हमने कड़ी मेहनत के बाद हमे जो ज्ञान मिला है उसके और बेहतरीन प्रैक्टिसेस के बारे में लिखा है, जिनमें से कुछ को तो कई सालों के परिश्रम और तकलिफों के बाद हासिल किया गया है। इन नियमों का और निर्देशों का पालन करिए और उन पर कायम रहिए। मजबूत, सुरक्षित और विश्वसनिय सॉफ्टवेयर को लिखने की बात जब आती है तब हमे हर प्रकार की मदद की जरुरत पड़ती है।

हमारी दृष्टी से इस विभाग में सबसे महत्त्वपूर्ण आइटम है, आइटम 69 : एरर हैंडलिंग के लिए उचित पॉलिसी निश्चित करके उसका पालन कीजिए।

68. अंतर्गत कल्पना और इनवेरियेंट्स के बारे में बताने के लिए assert का ज्यादा से ज्यादा प्रयोग कीजिए। (Assert liberally to document internal assumptions and invariants.)

सारांश

Assert का प्रयोग करते रहिए: किसी भी मोड्यूल के अंतर्गत assumptions, (जहाँ कॉलर और कॉली को एक ही व्यक्ति या टीम द्वारा नियंत्रित किया जाता है) जो कि हमेशा सही होने चाहिए और जिन्होंने प्रोग्रामिंग एरर्स को दिखाना चाहिए, के बारे में बताने के लिए assert या ऐसे ही दूसरे साधनों का प्रयोग करें (उदाहरण के लिए, फंक्शन के कॉलर द्वारा ढूँढ़े गए postconditions का उल्लंघन) (आइटम 70 भी देखें)। यह निश्चित कर लें कि ये कोई गलत परिणाम नहीं दिखा रहे हैं।

चर्चा

आप जब अपने कोड में एरर को ढूँढ़ने का प्रयत्न करते हैं तब उस एरर का मिलना काफी मुश्किल होता है; अगर आपने तय कर लिया हो कि आपका कोड एरर्स से मुक्त है तब तो यह काम और भी ज्यादा मुश्किल होता है।

-स्टीव मैकॉनेल (Steve Mcconnell)

Assertions के सामर्थ्य के बारे में अनजान रहना अच्छी बात नहीं है। **assert** मैक्रो तथा compile-time (या शायद run-time) assertion templates जैसे विकल्प प्रोजेक्ट के विकसन के दौरान प्रोग्रामिंग एरर्स का पता लगाने और उन्हें debug करने का बहुत ही महत्त्वपूर्ण साधन हैं। इन सभी साधनों के अपने-अपने गुण-दोष हैं। प्रोजेक्ट का सफल होना कुछ हद तक इस बात पर निर्भर करता है कि डेवलपर अपने कोड में assertions का प्रयोग कितनी कुशलता से करता है।

Assertions सामान्यत: केवल debug मोड में ही (जब NDEBUG मैक्रो को डिफाइन न किया गया हो) कोड को उत्पन्न करते हैं जिससे कि उन्हें release builds में मुक्त किया जा सके। आप किसकी जाँच कर रहे हैं इसके बारे में सावधान रहें। ऐसा एक्सप्रेशन जो साइड-इफेक्ट्स लाता हो, उसे assert के साथ कभी न लिखें। Release mode में जब NDEBUG को डिफाइन किया जाता है तब assert किसी भी कोड को उत्पन्न नहीं करता है:

```
assert (++ i < limit);          //bad: i is ineremented in debug mode only
```

इनफॉरमेशन थिअरी के अनुसार किसी भी इवेंट में इनफॉरमेशन की मात्रा उस इवेंट के होने की संभावना के व्यस्त अनुपात में होती है। इस तरह से assert के चलने की संभावना जितनी कम होती है, उसके चलने पर वह उतनी ही अधिक इनफॉरमेशन आपको देगा।

assert (false) का प्रयोग करना टालिए और **assert (! "informational message")** का प्रयोग ज्यादा से ज्यादा करें। अधिकांश कंपाइलर्स एरर आउटपुट में से स्ट्रींग को हटा देते हैं। इसके अलावा, जटिल assertions में && "informational message" को अवश्य समाविष्ट करें, खास करके कामेंट को। अपने निजी **assert** को डिफाइन करने के बारे में सोचिए। स्टैंडर्ड **assert** मैक्रो प्रोग्राम को बिना किसी शिष्टाचार के बंद कर देता है और साथ में स्टैंडर्ड आउटपुट को मेसेज भी देता है। हो सकता है कि आपका environment आपके debugging की क्षमताओं को बढ़ाता हो, जैसे कि वह interactive debugger को अपने आप शुरु कर सकता है। अगर ऐसा है तो शायद आप अपने निजी MYASSERT को डिफाइन करके उसका प्रयोग करना चाहते होंगे। यह release builds में अधिकांश assertions को कायम रखने के लिए भी उपयोगी हो सकता है। (अगर जरुरी न हो तो सिर्फ कार्य करने की शक्ति को बढ़ाने के लिए checks को disable न करना ही बेहतर है, आइटम 8 देखें)। ऐसी assertion सुविधा, जो assertions के लेवल्स के बीच भेद कर सकती है, का होना बहुत ही फायदेमंद है तथा इनमें से कुछ

assertions तो release mode में भी चालू रहते हैं। अगर लैंग्वेज पर्याप्त रुप से सूचक हो तो assertions अक्सर उन कंडिशन्स की जाँच करते हैं जिन्हें कंपाइलेशन के दौरान प्रमाणित किया जा सकता है। उदाहरण के लिए, आपकी पूरी डिजाइन हर उस **Employee** पर निर्भर कर सकती है जिसका **id_** शून्य नहीं है। आदर्श रुप में कंपाइलर **Employee** के कन्स्ट्रक्टर और मेंबर्स का विश्लेषण करेगा और स्टैटिक एनालिसिस द्वारा यह निश्चित करेगा कि यह बात हमेशा सत्य होगी। ऐसी व्यापक सत्यता के न होने पर, जब भी आप यह निश्चित करना चाहते हैं कि **Employee** स्वस्थ है तब आप **Employee** के इंप्लिमेंटेशन के अंदर **assert (id_ ! = 0)** डाल सकते हैं।

```
unsigned int Employee::GetID () {
    assert (id_ ! = 0 && " Employee ID is invalid (must be nonzero)" );
    return id_;
}
```

Run-time errors के बारे में सूचना देने के लिए assertions का प्रयोग न करें (आइटम 70 और 72 देखें)। उदाहरण के लिए, **malloc** ने काम किया है, या विंडो सफलतापूर्वक तैयार हो गई है या thread जारी हो चुका था ऐसी बाते निश्चित करने के लिए **assert** का प्रयोग न करें। किंतु API में जैसे बताया गया है उसी के अनुसार काम हुआ है यह निश्चित करने के लिए आप **assert** का प्रयोग कर सकते हैं। उदाहरण के लिए, किसी API फंक्शन के बारे में यदि ऐसा कहा गया हो कि उसे हमेशा पॉजिटिव वैल्यु ही रिटर्न करनी चाहिए और अगर ऐसे API फंक्शन को आप कॉल करते हैं, लेकिन आपको संदेह है कि इस फंक्शन में bug है, तब इस बात की पुष्टि देने के लिए कॉल के बाद assert को लिखें।

standard std::logic_error exception क्लास asserting के बजाय exceptions को दिखाने के लिए ही बनाए गए थे। लेकिन इसके बावजूद हम asserting के बजाय exceptions को दिखाने की सलाह नहीं देंगे। प्रोग्रामिंग एरर्स की सूचना देने के लिए exception का इस्तेमाल करने से सबसे बड़ी हानी यह है कि आप वास्तव में कभी नहीं चाहते कि stack unwinding हो। आप चाहते हैं कि जहाँ भी एरर हो उस एरर को पकडने के लिए लाइन की जगह को कायम रखते हुए वही से debugger पहुँच जाए। सारांश में कहा जाए तो आप जानते हैं कि ऐसी कुछ एरर्स होती हैं जिनके आने की संभावना रहती है (आइटम 69 और 75 देखें)। जो गलतियाँ नहीं होनी चाहिए लेकिन हो जाती हैं तो वे प्रोग्रामर की वजह से होती हैं। ऐसे में **assert** आपके साथ है।

उदाहरण

उदाहरण: बुनियादी assumptions पर assert करें: Assertions को लेकर कई विवाद हैं, जैसे कि इस assert की चलने की संभावना नहीं है, लेकिन वह चलता है। बार-बार यही सब बातें दोहराई जाती हैं कि: "इस वैल्यु को पॉजिटिव होना ही चाहिए!" "वह पॉएंटर साफ-साफ null ही है!" ऐसी बातों को फिर से जाँचे क्योंकि सॉफ्टवेयर का विकास करना एक जटिल काम होता है। यहाँ पर बदलाव ही नियम होते हैं और ऐसे बदलनेवाले प्रोग्राम में कुछ भी हो सकता है। आप जिसे पूरी तरह से सही मानते हैं वह आज भी सही है इस बात को assertions प्रमाणित करते हैं। ऐसी दोहराई जाने वाली बातों पर **assert** जरुर करें जिन्हें टाइप सिस्टम प्रचलित नहीं कर सकती।

```
string Date::DayOfWeek () const {
    assert (day_> o && day_ < = 31);                //invariant checks
    assert (month_ > O && month _ < = 12);
    // ...
}
```

संदर्भ

[Abrahams01b] • [Alexandrescu03b] • [Alexandrescu03c] • [Allison98] §13 • [Cargill92] pp.34-35 • [Cline99] §10.01-10 • [Dewharst03] §28 • [Keffer95] pp. 24-25 • [Lakos96] §2.6, §10.2.1 • [McConnell93] §5.6 • [Stroustrup00] §24.3.7, §E.2, §E.3.5, §E-6 • [Sutter00] §47

69. एरर हैन्डलिंग के लिए उचित पॉलिसी को निश्चित करके उसका पालन कीजिए। (Establish a rational error handling policy and follow it strictly.)

सारांश

बहुत से प्रोजेक्ट्स जिन बातों को adboc निर्णयों पर छोड़ देते हैं उनके बारे में सावधानी से बताएँ और उन्हें पूरी इमानदारी के साथ अप्लाई करें। डिजाइन में पहले से ही सुसंगत और उचित एरर हैन्डलिंग पॉलिसी का विकास करें और उस पर कायम रहें। इस पॉलिसी में निम्नलिखित बाते होनी चाहिए:

- पहचानः कौन कौनसी स्थितियों में एरर्स आती हैं।
- गंभीरताः हर एरर कितनी महत्त्वपूर्ण है और उसे ठीक करना कितना आवश्यक है।
- खोजनाः एरर को ढूँढने का काम कौनसे कोड को करना है।
- फैलावः एरर की सूचना देने के लिए और इस सूचना को सभी मोड्यूल्स में फैलाने के लिए कौन-कौनसी यंत्रणाओं का इस्तेमाल किया जाता है।
- नियंत्रण करनाः कौनसा कोड एरर को नियंत्रित करने का काम करता है।
- सूचना देनाः एरर की सूचना किस तरह से दी जाएगी या यूजर्स कों कैसे बताया जाएगा। एरर हैन्डलिंग की यंत्रणाओं को बदलना हो तो मोड्यूल की सीमारेषा पर ही बदलें।

चर्चा

यहाँ से आगे इस विभाग में हमने अपना पूरा ध्यान run-time एरर्स, जो कि मोड्यूल या सबसिस्टम के अंदर मौजूद गलत कोड की वजह से नहीं आती है, का सामना कैसे करना चाहिए इस बात पर केंद्रित किया है। (जैसे कि आइटम 68 में बताया है, ऐसी अंतर्गत प्राग्रामिंग एरर्स, जो प्रोग्रामर्स ने कोड में की हुई गलतियों के कारण आती हैं, को flag करने (दिखाने) के लिए assertions का प्रयोग करें।)

आपके एप्लिकेशन एवं हर मोड्यूल या सबसिस्टम में एरर्स की सूचना देने के लिए और एरर्स को ठीक करने के लिए कुल मिलाकर एक ही पॉलिसी को अपनाएँ और उसी पर कायम रहें। कम से कम निम्नलिखित हर बात के लिए पॉलिसी निश्चित करना जरुरी है।

सब के लिए:

- एरर की पहचानः हर एन्टिटि (जैसे कि फंक्शन, क्लास, मोड्यूल आदि) के लिए एक्स्टर्नल तथा इंटर्नल invariants के बारे में बताएँ।

हर फंक्शन के लिए:

- एरर की पहचानः हर फंक्शन के लिए उसके preconditions तथा postconditions, नियंत्रित करने की जिम्मेदारी को जो invariants बाँट लेते हैं, और जिस error-safety की गारंटी का वह फंक्शन समर्थन करता हो उसके बारे में लिखकर रखें (आइटम 70 और 71 देखें)। इस बात का विशेष ध्यान रखें कि no-fail गारंटी का समर्थन करने के लिए डिस्ट्रक्टर्स और डिएलोकेशन फंक्शन्स हमेशा लिखे जाने चाहिए क्योंकि ऐसा न करने से cleanup करने का काम पूरे विश्वास के साथ तथा सुरक्षित रुप से करना शायद मुश्किल हो जाएगा (आइटम 51 देखें)।

हर एरर के लिए (आइटम 70 में दी गई एरर की परिभाषा देखें):

- एरर कितनी गंभीर है यह जानिए: ढूँढ़ी गई हर कैटेगरी और स्तर की हर एरर को ठीक करने का कोई ऐसा तरीका उपलब्ध कराएँ ताकि दूर बैठे किसी यूजर (remote-user) को भी उसका फायदा हो और मदद मिलें।
- एरर को खोजना: आइटम 70 में जो सलाह दी गई है उसके अनुसार यह लिखकर रखें कि हर एरर को खोजने का काम कौनसे कोड को दिया गया है।
- एरर का नियंत्रण: आइटम 74 में जो सलाह दी गई उसके अनुसार हर एरर को ठीक करने का काम कौनसे कोड को दिया गया है यह पहचनिए।
- एरर की सूचना: हर एरर के लिए उसके बारे में सूचना देने की कौनसी पध्दती सही है यह जानिए। इनमें से सबसे आम पध्दतीयाँ हैं: एरर को disk file logs में, printed logs में, या electronic dump transmissions में शामिल करना। एरर यदि गंभीर हो तो असुविधाजनक और सतानेवाले पेजर कॉल्स दिए जाते हैं।

हर मोड्यूल कें लिए:

- एरर का फैलाव: हर मोड्यूल के लिए (ध्यान दें कि हम मोड्यूल की बात कर रह हैं, एरर की नहीं) एरर्स का फैलाव करने के लिए coding की कौनसी यंत्रणा का प्रयोग किया जाना चाहिए यह पहचानिए (जैसे कि C++ exceptions, COM exceptions, CORBA exceptions, रिटर्न कोड आदि)

हम बताना चाहते हैं कि एरर हैन्डलिंग की पॉलिसी को केवल मोड्यूल की सीमा पर ही बदलना चाहिए (आइटम 62 और 63 देखें)। हर मोड्यूल को हमेशा एरर हैन्डलिंग की एक ही पॉलिसी का प्रयोग करना चाहिए (जैसे कि, C++ में लिखे गए मोड्यूल्स को उनके अंदर exceptions का प्रयोग करना चाहिए, आइटम 72 देखें) और अपने इंटरफेस में हमेशा एक ही और शायद अलग एरर हैन्डलिंग पॉलिसी एवं यंत्रणा का प्रयोग करना चाहिए (जैसे कि, विभिन्न लैंग्वेजेज में जो कॉलर्स लिखे जाते हैं उनके लिए मोड्यूल एक ही flat CAPI को प्रस्तुत कर सकता है, या ऐसा COM wrapper जो COM exceptions को देता है)।

अगर किसी मोड्यूल की इंटर्नल और एक्स्टर्नल पॉलिसी अलग-अलग हो तो ऐसे सभी फंक्शन्स जहाँ से उस मोड्यूल के अंदर प्रवेश किया जा सकता है वे ही इंटर्नल पॉलिसी को एक्स्टर्नल पॉलिसी में अनुवादित करने का काम करते हैं। उदाहरण के लिए, ऐसे मोड्यूल में जो अपने अंदर C++ exceptions का प्रयोग करता हो लेकिन अपनी सीमा पर C API का प्रयोग करता हो, वहाँ C API ने सभी exceptions को **catch(...)** करके उन्हें error code में अनुवादित करना चाहिए।

याद रखें, हर callback फंक्शन और thread mainlne अपनी डेफिनेशन के अनुसार मोड्यूल की सीमा पर रहते हैं (या रह सकते हैं)। हर callback फंक्शन की बॉडी को और thread mainline बॉडी को उसके अंदर के एरर मैकेनिजम का अनुवाद उचित इंटरफेस पॉलिसी में करना चाहिए (आइटम 62 देखें)।

संदर्भ

[Abrahams01b] • [Allison98] §13 • [McConnell93] §5.6 • [Stroustrup94] §16.2, §E.2 • [Stroustrup00] §14.9, §19.3-1 • [Sutter04b]

70. एरर्स और नॉनएरर्स के बीच के भेद को जानिए। (Distinguish between errors and nonerrors.)

सारांश

कॉन्ट्रैक्ट जिसका भंग करता है वह एरर होती है: फंक्शन कार्य करने का एक यूनिट होता है। इस तरह से असफलताओं को या तो एरर्स के रुप में या फिर उनका फंक्शन्स पर कितना असर पड़ता है उसके रुप में देखा जाना चाहिए। फंक्शन f में आनेवाली असफलता तब और केवल तब ही एक एरर होती है जब वह f के किसी एक precondition का उल्लंघन करती है या f को उसके किसी कॉली के preconditions से मिलने नहीं देती है, जिससे f की कोई postcondition प्राप्त होती हो, या ऐसे किसी भी invariant को फिर से स्थापित करती है जो f के साथ मेंटेन करने की जिम्मेदारी को बाँटता है।

यहाँ हम विशेष रुप से ऐसे अंतर्गत प्रोग्रामिंग एरर्स को (अर्थात जहाँ कॉलर और कॉली एक ही व्यक्ति या टीम की जिम्मेदारी होते हैं, जैसे कि एक मोड्यूल के भीतर) हटाते हैं जो अलग कैटेगरी की होती है और सामान्यत: assertions का प्रयोग करके जिनका सामना किया जाता है (आइटम 68 देखें)।

चर्चा

एरर्स और नॉनएरर्स का फंक्शन पर क्या असर होता है इसके अनुसार उनमें स्पष्ट रुप से भेद करना कठिन है, खास करके जब आप safety guarantees को डिफाइन करना चाहते हैं (आइटम 71 देखें)। इस आइटम में precondition, postcondition और invariant ये मुख्य शब्द हैं।

फंक्शन कार्य करने का बुनियादी यूनिट होता है, फिर आप चाहे C++ में उसके ढाँचे के अनुसार प्रोग्रामिंग कर रहे हों या OO स्टाइल में या generic स्टाइल में। फंक्शन अपनी आरंभिक दशा (जिसे फंक्शन की precondition कहा गया है और जिसे पूरा करने के लिये कॉलर और प्रमाणित करने कि लिए कॉली उत्तरदायी होते हैं) के बारे में कुछ कल्पना करता है और एक या अधिक काम करता है (इसे उसका परिणाम या postcondition कहा गया है, जिसे पूरा करने के लिए कॉली होने के नाते फंक्शन जिम्मेदार होता है)। एक या अधिक invariants को मेंटेन करने की जिम्मेदारी को फंक्शन बाँट सकता है। डेफिनेशन के अनुसार nonprivate mutating मेंबर फंक्शन उसके ऑब्जेक्ट पर कार्य करने का एक यूनिट होता है, और उसे ऑब्जेक्ट को एक invariant preserving state से दूसरे invariant preserving state में ले जाना चाहिए। लेकिन मेंबर फंक्शन की बॉडी में ऑब्जेक्ट्स के invariants टूट भी सकते हैं (और लगभग हमेशा टूटने चाहिए) और ऐसा होना तब तक अच्छा और सामान्य है जब तक उसे इन invariant के अंत में मेंबर फंक्शन के द्वारा पुन:स्थापित किया जाता है। उच्चस्तरिय फंक्शन्स निम्नस्तरिय फंक्शन्स को एकत्रित करके उनका एक ही बड़ा यूनिट बनाते हैं। किर्सी भी प्रकार की असफलता, जो फंक्शन को सफल होने से रोकती है वह एरर है। ये तीन प्रकार की होती है:

- precondition का उल्लंघन या उसे पूरा करने में असफलता: फंक्शन को अपने एक precondition का उल्लंघन होने का पता चलता है (उदाहरण के लिए, पैरामीटर या state पर डाला गया बंधन) या फंक्शन के सामने एक ऐसी कंडिशन आती है जो उसे दूसरे ऐसे आवश्यक फंक्शन के precondition से मिलने से रोकती है जिसे कॉल किया जाना आवश्यक होता है।
- postcondition को पूरा करने में असफल होना: फंक्शन के सामने ऐसी कंडिशन आती है जो उसे उसके निजी postcoditions की स्थापना करने से रोकती है। अगर फंक्शन की रिटर्न वैल्यू है तो फंक्शन ने उचित रिटर्न वैल्यु ऑब्जेक्ट को उत्पन्न करना चाहिए, यह फंक्शन की postcondition होती है।

- invariant की पुनःस्थापना करने में असफल होनाः फंक्शन के सामने ऐसी कंडिशन आती है जो उसे उस invariant, जिसे मेंटेन करने की जिम्मेदारी खुद उस फंक्शन की होती है, का पुनःस्थापन करने से रोकती है। यह विशिष्ट प्रकार की postcondition खास करके मेंबर फंक्शन पर लागू होती है। हर nonprivate मेंबर फंक्शन के लिए आवश्यक postcondition यह है कि उनके लिए उनके क्लास के invariants को फिर से स्थापन करना आवश्यक है। ([Stroustrup00] §E.2 देखें)

इन तीनों शर्तों के अलावा दूसरी एरर नहीं होती और इसलिए एरर के रुप में उनके बारे में सूचना नहीं देनी चाहिए (उदाहरण देखें)।

जिस कोड की वजह से एरर आ सकती है वही कोड उस एरर का पता लगाने में और उसके बारे में सूचना देने के लिए उत्तरदायी होता है। विशेष करके जब कॉलर फंक्शन के preconditions से मिल नहीं सकता तब कॉलर को इसके बारे में पता लगाकर सूचना देनी चाहिए (खास करके तब जब एक बार कॉली बता देता है कि वह जाँच नहीं करेगा-जैसे कि, **vector::operator** [] इस बात की आशा नहीं दिलाता कि वह उसके आर्ग्युमेंटस के लिए range-check करेगा)। कॉल किया गया फंक्शन सही बरताव के लिए उसके कॉलर्स पर निर्भर नहीं रह सकता। इस वजह से कॉल किए गए फंक्शन को उसके preconditions को प्रमाणित करना चाहिए और एरर्स को दिखाकर preconditions के उल्लंघन के बारे में सूचना देनी चाहिए। या जब वह फंक्शन मोड्यूल के लिए इंटर्नल हो (मतलब फंक्शन को मोड्यूल के भीतर ही कॉल किया जाता हो), जिससे किसी भी preconditions का उल्लघंन होता है तो डेफिनेशन के अनुसार मोड्यूल के प्रोग्रामिंग में गलती है ऐसा माना जाता है, तब assert को कॉल करें (आइटम 68 देखें)। यह सुरक्षित प्रोग्रामिंग कहलाता है।

फंक्शन की precondition निश्चित करते समय बरती जानेवाली सावधानीः कोई शर्त केवल तब और तब ही फंक्शन **f** की precondition हो सकती है जब फंक्शन **f** को कॉल करने से पहले सभी कॉलर्स उस कंडिशन की जाँच करने और उसकी वैधता को प्रमाणित करने के काबिल हैं ऐसा सिध्द हुआ हो। उदाहरण के लिए, फंक्शन का निजी ठोस काम करके या निजी जानकारी को access करके ही अगर किसी कंडिशन की जाँच की जा सकती हो तो फंक्शन द्वारा ऐसी कंडिशन को precondition बताया जाना गलत है और फंक्शन की precondition की जाँच करने का काम फंक्शन में ही होना चाहिए, उसे फंक्शन के कॉलर में दोहराया नहीं जाना चाहिए।

उदाहरण के लिए, यदि फंक्शन ऐसी **string** को लेता हो जिसमें फाइल का नाम है, तो वह उस फाइल के अस्तित्व को अपनी precondition नहीं बनाएगा। इसकी वजह यह है कि फाइल पर जो lock होता है उसके बिना कॉलर्स फाइल के होने की गारंटी नहीं दे सकते (जिन फाइल्स पर lock नहीं है वे मौजूद हैं या नहीं इसकी अगर कॉलर्स जाँच करते हैं तो जाँच करने और कॉली के उस फाइल को खोलने के बीच दूसरा कोई यूजर या प्रोसेस उस फाइल को डिलीट कर सकता है या उसका नाम बदल सकता है)। फाइल के मौजूदगी को precondition बनाने का एक अच्छा तरीका ऐसा है, फंक्शन की precondition यह होनी चाहिए कि फाइल को खोलने के लिए कॉलर आवश्यक है और फाइल के खुले (bald) नाम को सिर्फ **string** के रुप में pass करने के बजाय **ifstream** या समतुल्य को फंक्शन का पैरामीटर बनाया जाए (जो अधिक सुरक्षित भी है क्योंकि वह abstraction के उच्च-स्तर पर भी काम करता है)। इस तरह से बहुत सी preconditions को मजबूत टाइपिंग द्वारा बदला जा सकता है जो run-time एरर्स को compile-time एरर्स में बदल देते हैं (आइटम 14 देखें)।

उदाहरण

उदाहरण 1: std::string::insert (precondition error)। इस **string** में **pos** इस विशिष्ट जगह पर हम जब एक नए कैरेक्टर को डालने का प्रयास करते हैं तब कॉलर को **pos** की उन गलत वैल्युज की जाँच करनी चाहिए

जो पैरामीटर की आवश्यकता का उल्लंघन करते हैं। उदाहरण के लिए, **pos >size( )**। अगर **insert** फंक्शन के पास उचित आरंभ स्थान न हो तो वह अपना काम सफलतापूर्वक नहीं कर सकता।

उदाहरण 2: **std::string::append** (postcondition error)। हम जब एक कैरेक्टर को **string** के साथ जोड़ते हैं (append) तब अगर मौजूदा बफर भरा हुआ हो तो नए बफर को एलोकेट करने में असफलता आती है। तब यह ऑपरेशन फंक्शन को बताया गया काम करने से और बताए गए postconditions को पूरा करने से रोकता है और इस तरह से यह एक एरर बन जाती है।

उदाहरण 3: रिटर्न वैल्यु देने में असमर्थता (postcondition error)। जो फंक्शन वैल्यु रिटर्न करता है उसकी postcondition होती है उचित रिटर्न ऑब्जेक्ट तैयार करना। अगर उचित रिटर्न वैल्यु तैयार नहीं की जाती है तो वह एक एरर है (उदाहरण के लिए, अगर फंक्शन एक **double** को रिटर्न करता है लेकिन उसको रिजल्ट में ऐसी कोई वैल्यु नहीं मिलती है जो कि गणित के नियमों के अनुसार **double** हो।)

उदाहरण 4: **std::string::find_first_of** (string के संदर्भ में यह एरर नहीं है)। आप जब किसी **string** में एक कैरेक्टर को खोजते हैं तब उस कैरेक्टर को खोजने में नाकाम होना कोई एरर नहीं बल्कि एक उचित नतिजा होता है। जहाँ तक सामान्य **string** क्लास का संबंध है, वहाँ इसे एरर नहीं माना जाएगा। लेकिन यदि उस **string** का निर्माता यह मानता है कि वहाँ कैरेक्टर होना चाहिए किंतु वह कैरेक्टर वहाँ नहीं है तब उच्चस्तरिय invariant के अनुसार यह एरर है, और वह उच्चस्तरिय कॉलिग कोड उसके invariant से संबंधित इस एरर की सूचना देता है।

उदाहरण 5: एक ही फंक्शन में अलग-अलग error conditions का होना। आजकल की डिस्क बहुत विश्वसनिय हैं लेकिन इसके बावजूद डिस्क पर लिखना शुरु से ही अपेक्षित एरर्स का विषय बना रहा है। अगर आपने **File** नाम के एक क्लास की रचना की है और उसी फंक्शन **File::Write (const char* buffer, size_t size)** जिसके लिए बफर का non-null होना जरुरी हो और लिखने के लिए फाइल का खुला होना भी जरुरी हो, तो आपको शायद निम्नलिखित बाते करनी होंगी:

- **buffer** अगर NULL है: precondition का उल्लंघन होने पर एरर की सूचना दें।
- अगर **File** read-only हो: precondition का उल्लंघन होने पर एरर की सूचना दें।
- अगर write सफल न होता हो: postcondition का उल्लंघन होने पर एरर की सूचना दें क्योंकि फंक्शन वह काम नही कर सकता है जिसे करने का आश्वासन उसने दिया था।

उदाहरण 6: एक ही कंडिशन के लिए अलग-अलग स्थिति: एक ही कंडिशन एक फंक्शन के लिए सही और दूसरे फंक्शन के लिए गलत precondition हो सकती है। इनमें से किसका चुनाव करना है यह फंक्शन के लेखक पर निर्भर करता है, जो अपने इंटरफेस के semantics का विवरण देता है। **std::vector** यह access करने के दो खास तरीके उपलब्ध करता है- एक है **operator** [] जिसकी जाँच करना अनिवार्य नहीं है और दूसरा है **at**, जिसकी जाँच करना अनिवार्य होता है। इन दोनों को आर्ग्युमेंट अपनी सीमा से बाहर का न हो यह precondition आवश्यक होती है। **operator** [] के लिए उसके आर्ग्युमेंट्स के साथ उसे कॉल करना सुरक्षित हो ऐसा भी जरुरी नहीं है। इसलिए उसने यह बताना आवश्यक है कि आर्ग्युमेंट सीमा के अंदर है। यह सुनिश्चित करने की जिम्मेदारी पूरी तरह से कॉलर की है। दूसरी तरफ **at** का व्यवहार अवैध आर्ग्युमेंट के होने पर भी सुरक्षित माना गया है और यदि आर्ग्युमेंट सीमा के बाहर हो तो उसने (**std::out _of_range** को throw करके) एरर की सूचना देनी चाहिए।

संदर्भ

[Abrahamis01b] • [Meyer00] • [Stroustrup00] §8.3.3, §14.1, §14.5 • [Sutter04b]

71. जिसमें एरर नहीं है ऐसे कोड की रचना कीजिए और लीखिए। (Design and write error-safe code.)

सारांश

आश्वासन दे किंतु दंड नहीं: हर फंक्शन के अंदर सुरक्षा की ऐसी पक्की गारंटी देनी चाहिए जो उन कॉलर्स को दंड नहीं देगी जिन्हें उस गारंटी की आवश्यकता नहीं है। हमेशा कम से कम basic गारंटी तो अवश्य देनी चाहिए। इस बात को देखें कि जब आपके प्रोग्राम में से एरर्स हटाई जाती हैं तब वे प्रोग्राम को उचित स्थिति में छोडें। यह basic गारंटी है। invariant को नष्ट करनेवाली एरर्स (किंतु जो leak नहीं होती) जो केवल plain bugs होती हैं, के बारे में सतर्क रहें।

इसके अलावा, इस बात की भी गारंटी दें कि प्रोग्राम की अंतिम state या तो उसकी आरंभिक state हो (मतलब एरर के आने पर उस ऑपरेशन को बंद किया जाता है), या फिर उस प्रोग्राम के लिए निश्चित की गई state हो (मतलब अगर कोई एरर न आए तो ऑपरेशन पूरा हो जाता है)। यह strong गारंटी है।

इसके अलावा यह गारंटी भी दें कि ऑपरेशन कभी नाकाम नहीं हो सकता। हालांकि अधिकांश फंक्शन्स के लिए यह नामुमकिन है, फिर भी यह गारंटी डिस्ट्रक्टर्स और डिएलोकेशन फंक्शन जैसे फंक्शन्स के लिए आवश्यक है। यह कभी नाकाम न होने की (no-fail) गारंटी है।

चर्चा

Exception के सुरक्षा से संबंधित basic, strong और no-fail (तब no-throw के रुप में जानी जाती थी) गारंटी के बारे में पहले [Abrahams96] में बताया गया था और फिर [GotW], [Stroustrup00] §E.2, और [Sutter00] में उसे प्रचलित किया गया। ये गारंटी एरर हैन्डलिंग की सभी यंत्रणाओं पर अप्लाई होती हैं, फिर एरर्स को हटाने के लिए चाहे किसी भी यंत्रणा का अवलंब किया गया हो। इसीलिए एरर हैन्डलिंग की सुरक्षा के बारे में बताने के लिए हम इन्हीं गारंटी का प्रयोग करेंगे। no - fail गारंटी strong गारंटी का और strong गारंटी basic गारंटी का सबसेट होती है।

सामान्यतः हर फंक्शन ने ऐसी strongest गारंटी देनी चाहिए जो उस कॉलिंग कोड को जिसे उस गारंटी की आवश्यकता ही नहीं है, अकारण ही दंड न देती हो। जहाँ संभव हो, फंक्शन ने जिस कॉलिंग कोड को इससे भी ज्यादा strong गारंटी की जरुरत हो उसके लिए अतिरिक्त किंतु पर्याप्त functionality को उपलब्ध कराना चाहिए। (उदाहरणों में **vector::insert** का उदाहरण देखें)।

आम तौर पर हम ऐसे ही फंक्शन्स लिखते हैं जो हमेशा सफल हो जाते हैं और इस तरह से no-fail की गारंटी देते हैं। कुछ विशेष फंक्शन्स ने हमेशा ही no-fail गारंटी देनी चाहिए। इनमें खास करके डिस्ट्रक्टर्स, deallocation फंक्शन्स और swap फंक्शन्स (आइटम 51 देखें) शामिल हैं। फिर भी अधिकांश फंक्शन्स असफल हो सकते हैं। जब एरर्स आने की संभावना हो तब फंक्शन के लिए सबसे सुरक्षित तरीका है कि वह transactional behavior को अपनाए। मतलब यह कि या तो फंक्शन पूरी तरह से सफल होगा और प्रोग्राम को उसकी आरंभिक state से उसकी निर्धारित सही state में ले जाएगा, या फिर वह नाकाम होगा और प्रोग्राम उसी स्थिति मे छोड़ देगा जो कॉल के पहले थी - यानी ऑब्जेक्ट को कॉल करने से पहले ऑब्जेक्ट की जो visible state थी वही state कॉल के नाकाम होने के बाद भी कायम रहेगी। (उदाहरण के लिए, एक ग्लोबल **int** की वैल्यु 42 से 43 में नहीं बदलनी चाहिए)।

कॉल के असफल होने से पहले कॉलिंग कोड जो भी काम कर सकता था वही काम उसी मतलब के साथ कॉल के असफल होने के बाद भी कर पाएगा (उदाहरण के लिए, containers में किसी भी iterator को अप्रमाणित नहीं किया गया है, इसलिए उपरोक्त global **int** पर ++ करने पर 43 यह वैल्यु मिलेगी, 44 नहीं)। यह strong गारंटी है।

अंततः अगर strong गारंटी देना कठिन हो या महँगा पड रहा हो तब basic गारंटी दें, जो है: या तो फंक्शन पूरी तरह से सफल होकर प्रोग्राम को निर्धारित state में ले जाता है या फंक्शन पूरी तरह से सफल नहीं होता है और प्रोग्राम को ऐसी स्थिति में छोड़ता है जो सही तो है (फंक्शन को जिन invariants के बारे में पता है उन्हें सुरक्षित रखता है और इसके लिए जिम्मेदार भी होता है) लेकिन उस स्थिति के बारे में बताया नहीं जा सकता (यानी यह स्थिति आरंभिक स्थिति हो भी सकती है और नहीं भी हो सकती है, और कुछ या सभी postconditions को पूरा करती है। लेकिन ध्यान रहें कि सभी invariants अभी भी दुबारा स्थापित किए जाने चाहिए)। आपके एप्लिकेशन की रचना ऐसी होनी चाहिए कि वह इन परिस्थितियों को नियंत्रित कर सके।

बस, इसके आगे आप कुछ नहीं कर सकते। प्रोग्राम यदि basic guarantee भी न देता हो तो यह प्रोग्राम का bug है। सही प्रोग्राम कम से कम basic guaratee पूरी करता ही है और ऐसे कुछ सही प्रोग्राम्स जिनको इस तरह से डिजाइन किया जाता है ताकि वे रिसोर्सेस को जानबूझकर leak करें, खास करके जब प्रोग्राम अचानक बंद हो जाता है, वे ऐसा ही करते हैं, यह जानते हुए कि ऑपरेटिंग सिस्टम इन रिसोर्सेस की फिर से माँग कर सकती है। कोड की रचना हमेशा इस तरह से करें ताकि रिसोर्सेस को ठीक से मुक्त कराया जा सके तथा एरर्स के होते हुए भी डाटा एक जैसा हो। हाँ, यदि एरर बहुत ही गंभीर हो तो यह बात तय है कि उसके कारण किसी न किसी तरह से प्रोग्राम बंद हो जाएगा।

कौनसी गारंटी का समर्थन करना है यह निश्चित करते समय प्रोग्राम के नए वर्जन्स का ध्यान रखना न भूलें क्योंकि बाद में आनेवाली आवृत्तीयों में गारंटी को और अधिक मजबूत बनाना हमेशा आसान होता है। इसके विपरीत बाद में आनेवाली आवृत्तीयों में गारंटी को ढिला करने से मजबूत गारंटी पर निर्भर रहनेवाला कॉलिंग कोड टूट जाता है।

एक बात याद रखिए कि एरर्स से सुरक्षित न किया गया कोड और खराब रचना, दोनों एक साथ काम करते हैं। अगर कोड के किसी हिस्से के लिए basic guarantee की माँग को पूरा करना कठिन हो रहा हो तो यह लगभग हमेशा ही खराब रचना का लक्षण है। उदाहरण के लिए, जिस फंक्शन को अलग-अलग प्रकार की जिम्मेदारियाँ दी गई हों उसे एरर्स से बचाकर रखना कठिन होता है (आइटम 5 देखें)।

यदि कॉपी असाइनमेंट ऑपरेटर self-assignment के लिए की जानेवाली जाँच पर इसलिए निर्भर करता है ताकि वह सही तरह से काम कर पाए, तो सावधान रहें। error-safe कॉपी असाइनमेंट ऑपरेटर self-assignment की दृष्टी से पहले से ही सुरक्षित होता है। अनावश्यक काम को टालने और प्रोग्राम कोड को उत्तम बनाने की दृष्टी से self-assignment की जाँच करना सही होता है (आइटम 55 देखें)।

उदाहरण

उदाहरण 1: नाकाम होने पर फिर से प्रयास करना: अगर आपके प्रोग्राम में एक ऐसी कमांड है जो डाटा को फाइल में सेव करती है और write नाकाम हो जाता है तब इस बात को निश्चित कर लें कि जहाँ से कॉलर दुबारा यही काम कर सके ऐसी स्थिति में आप फिर से आते हैं या नहीं। जब तक डाटा सुरक्षित रुप से डिस्क पर नहीं जाता तब तक किसी भी डाटा स्ट्रक्चर को छोड़े नहीं। उदाहरण के लिए, जैसा कि हम जानते हैं कि कोई भी text editor यदि write error आती है तो फाइल को दूसरे नाम से सेव नहीं करने देता और यह प्रोग्राम को ठीक करने की दृष्टी से अच्छी बात नहीं होती।

उदाहरण 2: skins। अगर आपने skinable एप्लिकेशन लिखा है और आप नई skin को चढ़ाने में नाकाम हो जाते हैं तो आपका एप्लिकेशन शायद प्रयोग करने के लायक नहीं रहेगा।

उदाहरण 3: std::vector::insert। **vector <T>** का अंतर्गत स्टोरेज संलग्न होने के कारण वैल्युज का क्रम बदला जाता है (shuffle) ताकि नए एलिमेंट्स के लिए जगह बन सके। **T::T (const T&)** और **T::operator =** का प्रयोग करके क्रम बदला जाता है। अगर ये दोनों ऑपरेशन्स (exception को throw करके) नाकाम हो जाते हैं तब केवल एक ही तरीके से **insert** द्वारा strong गारंटी दी जाती है, और वह है container की संपूर्ण कॉपी बनाना, कॉपी पर ऑपरेशन करना और यदि यह ऑपरेशन सफल होता है तो no-fail **vector <T>::swap** का प्रयोग करके मूल कंटनेर और कॉपी का क्रम बदलना।

लेकिन यदि **insert** खुद ही हर वक्त यह सब करेगा तो **vector::insert** को कॉल करनेवाला हर कॉलर जगह के लिए और कंटनेर की पूरी कॉपी बनाने के लिए दंड भुगतना पड़ेगा, फिर चाहे इसके लिए strong guarantee की आवश्यकता हो या न हो। यह सब बहुत कठिन है। इसके बजाय जिन कॉलर्स को strong guarantee चाहिए वे खुद ही ये सभी काम कर सकते हैं और इसके लिए उन्हें पर्याप्त टूल्स भी दिए गए हैं। (सबसे बेहतर स्थिति में: कंटेनर के टाइप के लिए ऐसा प्रबंध करें कि वह अपने कॉपी कन्स्ट्रक्टर या कॉपी असाइनमेंट ऑपरेटर से throw न कर सके। सबसे खराब स्थिति में: एक कॉपी लें, उसमें **insert** करें और अगर यह सफल रहा तो मूल और कॉपी को **swap** करें।)

उदाहरण 4: सैटलाइट को रोकना। मान लीजिए कि **f** नाम के एक फंक्शन का काम सैटलाइट को शुरु करना है और इसके लिए वह **LaunchSatellite** नाम के जिस फंक्शन का प्रयोग करता है वह no-fail या strong guarantee देता है। अगर **f** अपना सब काम कर सकता है और उसने किया हुआ काम सैटलाइट से शुरु होने से पहले ही नाकाम हो जाता है तब **f** को strong guarantee देने के लिए लिखा जा सकता है। लेकिन सैटलाइट को शुरु करने के बाद भी जब **f** को कुछ ऐसे ऑपरेशन्स करने पड़ते हैं जो नाकाम हो सकते हैं तब **f** ऐसी strong guarantee नहीं दे सकता क्योंकि वह शुरु किए गए सैटलाइट को वापस नहीं ला सकता। (किसी भी कीमत पर ऐसे **f** को दो फंक्शन्स में विभाजित होना पड़ता है क्योंकि ऐसे अनेक महत्त्वपूर्ण कामों को पूरा करने का प्रयास एक अकेले फंक्शन को नहीं करना चाहिए, आइटम 5 देखें)।

संदर्भ

[Abrahams96] • [Abrahams01b] • [Alexandrescu03b] • [Josuttis99] §5.11.2 • [Stroustrup00] §14.4.3, §E.2- 4, §E.6 • [Sutter00] §8-19, § 40-41, §47 • [Sutter02] §17-23 • [Sutter04] §11-13 • [Sutter04b]

72. एरर्स की सूचना देने के लिए exceptions का प्रयोग कीजिए। (Prefer to use exceptions to report errors.)

सारांश

जब बाधा दिखाई दें तब exceptions की मदद लें: एरर्स की सूचना देने के लिए error codes के बजाय exceptions का उपयोग कीजिए। अगर एरर्स के लिए exceptions का प्रयोग नहीं किया जा सकता हो या जो एरर्स नहीं हैं ऐसी परिस्थितीयों में status code (उदाहरण के लिए, return codes, **errno**) का प्रयोग करें (आइटम 62 देखें)। जब प्रोग्राम को ठीक न किया जा सकता हो या ऐसा करना जरुरी न हो तो उसे किसी भी तरह से बंद करना ही बेहतर होगा।

चर्चा

यह संयोग की बात नहीं है कि पिछले 20 वर्षों में निर्मित अधिकांश आधुनिक लैंग्वेजेज एरर की सूचना देने की मुख्य प्रणाली के रुप में exceptions का प्रयोग करती आ रही हैं। अपनी परिभाषा के अनुसार exceptions आम प्रक्रियाओं में अपवादों के तौर पर आनेवाली बातों की सूचना देने के लिए- जिसे एरर्स के नाम से भी जाना जाता है -बनाए गए हैं। जैसा कि आइटम 70 में बताया है, एरर्स की परिभाषा postcondition, precondition और invariant का उल्लंघन करना ऐसी है। एरर्स के सभी सूचनाओं की तरह ही exceptions भी आम तौर पर सफल होनेवाले ऑपरेशन्स के दौरान नहीं आने चाहिए।

कोड के जरिए दी जानेवाली सभी सूचनाओं के सभी प्रकारों के लिए हम "status codes" इस एक ही शब्द का इस्तेमाल करेंगे (इनमें रिटर्न कोड, **errno, GetLastError** फंक्शन और कोड को फिर से प्राप्त करने की या उसे रिटर्न करने की दूसरी नितीयां शामिल हैं), और विशेषतः एरर्स की सूचना देनेवाले status codes को हम "error codes" कहेंगे। C++ में एरर की सूचना error code के द्वारा देने के बजाय exception द्वारा देना अधिक लाभदायक होता है क्योंकि ऐसा करने से आपका कोड ज्यादा मजबूत बन जाता है:

- Exceptions को आसानी से अनदेखा नहीं किया जा सकताः error codes की सबसे बड़ी कमजोरी यह है कि डिफॉल्ट रुप से उन्हें अनदेखा किया जाता है और उनकी तरफ थोडा सा भी ध्यान देना हो तो आपको उस एरर को मानकर उसका जवाब देने के लिए कोड लिखना पड़ता है। प्रोग्रामर्स सामान्यतः (शायद सुस्ती के कारण) error codes की ओर ज्यादा ध्यान नहीं देते। इससे कोड को रिव्यू करना और भी कठिन हो जाता है। Exceptions को आसानी से अनदेखा नहीं किया जा सकता। आपको उसे प्रत्यक्ष रुप से **catch** करना पड़ता है (केवल **catch(...)** के साथ हो तब भी) और फिर आप उस पर कुछ भी काम नहीं कर सकते।
- Exceptions अपने आप बढ़ते जाते हैं: error codes डिफॉल्ट रुप से अपने कार्यक्षेत्र के बाहर बढ़ते नहीं हैं। इसलिए उच्चस्तरिय कॉलिंग कोड को निम्नस्तरिय error code की सूचना देने के लिए और एरर को propogate करने के लिए मध्यवर्ती (intervening) कोड लिखनेवाले प्रोग्रामर को सुस्पष्ट कोड लिखना पड़ता है। Exceptions अपने कार्यक्षेत्र के बाहर अपने आप अच्छी तरह से तब तक propagate होते हैं जब तक उनका निवारण नहीं किया जाता ("It is not a good idea to try to make every function a fire-wall, अर्थात हर फंक्शन को fire-wall बनाना अच्छी बात नहीं है" -[Stroustrup94 , §16.8])।
- Exception को ठीक से हैंडल करने से एरर्स का नियंत्रण करना और control flow के मुख्य धारा में एरर को ठीक करना आसान हो जाता है: जब कभी भी लिखा जाता है तब error code की खोज और उसे नियंत्रित करनेवाली यंत्रणा को control flow की मुख्य धारा के साथ लिखना पड़ता है (और इसकी वजह से control flow की मुख्य धारा अस्पष्ट हो जाती है)। यह control flow को और एरर को हैंडल करनेवाले

कोड को समझना एवं उनका नियंत्रण करना दोनों को और अधिक कठिन बनाता है। Exception handling एरर की खोज और रिकवरी को **catch** ब्लॉक्स में रख देते हैं। मतलब, यह एरर हैन्डलिंग को inline spaghetti बनाने के बजाय साफ-साफ modular बनाते हैं। इस वजह से control की मुख्य धारा को समझना और उसका नियंत्रण करना आसान हो जाता है। और यह सही ऑपरेशन तथा एरर की खोज और उसे ठीक करना इनमें फर्क करने से मिलनेवाले लाभ से कई गुना बेहतर है।

- कन्स्ट्रक्टर्स और ऑपरेटर्स से आनेवाली एरर्स की सूचना देने के लिए exception handling करना दूसरे विकल्पों से बेहतर है: कॉपी कन्स्ट्रक्टर्स और ऑपरेटर्स के प्री-डिफाइन्ड signatures रिटर्न कोड की कोई संभावना नहीं रहने देते। विशेष करके कन्स्ट्रक्टर्स के कोई भी रिटर्न टाइप नहीं होते (यहाँ तक कि **void** भी नहीं)। उदाहरण के लिए, हर **operator+** के लिए ठीक दो पैरामीटर्स को लेकर (नियुक्त किए गए टाइप का) एक ऑब्जेक्ट रिटर्न करना जरुरी होता है (आइटम 26 देखें)। ऑपरेटर्स को error codes का प्रयोग करने की जरुरत न हो तब भी वे उनका प्रयोग कर सकते हैं और इसके लिए उन्हें **errno** जैसे तरीकों की या ऑब्जेक्ट के साथ packaging status करने जैसे उपायों की आवश्यकता होती है। कन्स्ट्रक्टर के लिए error code का प्रयोग करना ठीक नहीं होता क्योंकि C++ लैंग्वेज constructor exception और कन्स्ट्रक्टर के नाकाम होने को कुछ इस तरह से एक दूसरे के साथ बांध देती है जिससे की वे दोनों एक-दूसरे का पर्याय बन जाते हैं। इसके बजाय अगर हम **errno** -जैसे पर्याय का इस्तेमाल करते हैं जैसे कि,

```
SomeType anObject;                          //construct an object
if (SomeType::ConstructionWasOk () ) {      //test whether construction worked
// ...
```

तब इसका परिणाम भद्दा होने के साथ-साथ इसमें एरर्स आने की ज्यादा संभावना होगी। इसके अलावा इससे ऐसे ऑब्जेक्ट्स मिलते हैं जिन्हें कोई अधिकार नहीं होता तथा वे अपने टाइप के invariant को संतुष्ट नहीं करते। लेकिन हमे चिंता करने की आवश्यकता नहीं है क्योंकि multithreaded एप्लिकेशन्स में **SomeType::ConstructionWasOk** को किए गए कॉल में race conditions स्वाभाविक रुप से inherit होती हैं ([Stroustrup00] §E.3.5 देखें)।

Exception handling का मुख्य दोष यह है कि इसके लिए प्रोग्रामर्स को अप्रचलित (out-of-band) control flow के कारण बार-बार आनेवाले कुछ idioms को जानना पड़ता है। उदाहरण के लिए, डिस्ट्रक्टर्स और deallocation फंक्शन्स को कभी असफल नहीं होना चाहिए (आइटम 51 देखें) और exceptions के होते हुए भी interevening कोड को सही होना ही चाहिए (आइटम 71 और संदर्भ देखें)। Exceptions के होते हुए भी intervening कोड सही रहे इसलिए एक सामान्य idiom यह है कि, जो कार्य exception को छोड़ते हों ऐसे सभी कार्यों को सुरक्षित रुप से पूरा करना और फिर उसके बाद आप जब यह जान जाएँ कि वास्तविक कार्य सफल रहा, केवल तब उन्हीं ऑपरेशन्स, जो no-fail guarantee देते हों, का प्रयोग करके program state को सुधारना (आइटम 51और [Sutter00] §9-10, §13 देखें)। लेकिन error codes का प्रयोग करने के भी अपने नियम होते हैं जो कई सालों से प्रचलित हैं और बहुत से लोग उन्हें जानते भी हैं। दुर्भाग्य से लोग अक्सर उन्हें अनदेखा करते हैं।

आम तौर पर, कार्यक्षमता यह exception handling का दोष नहीं है। ध्यान रहें, अगर आपके कंपाइलर का exception handling डिफॉल्ट रुप से बंद भी होता है तो आप हमेशा ही उसे चालू कर दें। आप अगर ऐसा नहीं

करेंगे तो C++ के **operator new** जैसे ऑपरेशन्स से और स्टैंडर्ड लायब्ररी के STL container जैसे ऑपरेशन्स से आपको एरर की सूचना और उनका स्टैंडर्ड व्यवहार नहीं मिलेगा (अपवाद देखें)। [Exception handling को चालू करने का काम इसलिए किया जाता है क्योंकि वह आपके प्रोग्राम की एग्ज़िक्यूट होनेवाले छवि को बढ़ाता है (जिसे टाला नहीं जा सकता)। लेकिन जहाँ कोई exception throw नहीं किया जाता तब जीरो या जीरो की आसपास की स्थिति को लाने का अतिरिक्त काम करने के लिए exception handling उत्तरदायी होता है, और कुछ कंपाइलर ऐसा करते भी हैं। अन्य कंपाइलर्स भी इस अतिरिक्त काम के लिए उत्तरदायी होते हैं, खास करके तब जब वे सुरक्षित mode उपलब्ध कराते हैं ताकि गलत कोड buffer overruns के जरिए exception handling की यंत्रणा पर आक्रमण न कर पाए। Overhead हो या न हो, कम से कम आपके कंपाइलर को exception handling का समर्थन करने दें क्योंकि अगर आप ऐसा नहीं करेंगें तो लैंग्वेज और स्टैंडर्ड लायब्ररी एरर्स की सूचना ठीक से नहीं दे पाएंगी। हमने इसका जिक्र इसलिए किया है क्योंकि हमने ऐसे प्रोजेक्ट्स भी देखें हैं जिनमें exception handling को बंद कर दिया गया है और इस कारण उस प्रोजेक्ट पर दूरगामी परिणाम हुए हैं। इसलिए ऐसा आप आखरी उपाय के रुप में और बहुत सावधानी से करें (अपवाद देखें)।]

एक बार आपका कंपाइलर exception handling का समर्थन करने लगता है तब exception को throw करने के लिए और error code को रिटर्न करने के लिए जो काम करना पड़ता है उनके बीच कोई फर्क नहीं रहता (ऐसी स्थिति जिसमें कोई एरर नहीं होती)। जब एरर्स आती हैं तब इन दोनों के कार्य में आपको फर्क दिखाई देता है। किंतु आप जब बहुत बार throw करते हैं और इस वजह से exception के throw/catch को हैंडल करने के अतिरिक्त काम की ओर ध्यान देना जरुरी हो जाता है तब आप शायद exception का प्रयोग ऐसी बातों के लिए कर रहे होंगे जो सही मायने में एरर्स नहीं है। इसका मतलब है आप errors और non-errors में सही तरह से भेद नहीं कर रहे हैं (आइटम 70 देखें)। अगर ये वाकई में ऐसी एरर्स हैं जो preconditions, postconditions और invariants का उल्लंघन करती हैं और वे बार-बार हो रही हैं तो इसका मतलब है कि आपके एप्लिकेशन में बहुत ही गंभीर समस्याएँ हैं।

error code का ज्यादा प्रयोग होने का लक्षण यह है कि, एप्लिकेशन कोड में छोटी से छोटी सच्ची conditions को जबरदस्ती से जाँचना, या (और बदतर तब है) जिन्हें जाँचना चाहिए ऐसे error codes की जाँच करने में असफल होना।

exception का ज्यादा प्रयोग होने का लक्षण यह है कि, जब एप्लिकेशन कोड exception को इतनी बार throw और **catch** करता है कि **try** ब्लॉक की सफलता और विफलता की संख्या करीब-करीब एक जैसी ही हो जाती है। ऐसा **catch** block या तो वास्तव में सच्चे एरर्स का (ऐसी एरर्स जो preconditions, postconditions या invariants का उल्लघंन करती हो) नियंत्रण नहीं कर रहा है, या आपका प्रोग्राम बड़ी मुसीबत में है।

उदाहरण

उदाहरण 1: कन्स्ट्रक्टर्स (invariant error)। अगर कन्स्ट्रक्टर सफलतापूर्वक उसके टाइप के ऑब्जेक्ट का निर्माण नहीं कर सकता है, तो इसका मतलब है कि वह नए ऑब्जेक्ट के सभी invariants को स्थापित नहीं कर सकता। तब उसे exception को throw करना चाहिए। इसके विपरीत, कन्स्ट्रक्टर में से exception को throw करने का मतलब हमेशा यह होता है कि ऑब्जेक्ट का कन्स्ट्रक्शन नाकाम हो गया है और वह कभी अस्तित्व में ही नहीं आया था। लैंग्वेज इसका पालन भी करती है।

उदाहरण 2: खुद को दोहरानेवाले सफल Recursive algorithm का प्रयोग करके tree को सर्च करते समय रिजल्ट को exception के रुप में throw करके search stack को उधेड़ने का प्रयास अक्सर किया जाता है। लेकिन ऐसा कभी न करें क्योंकि exception का मतलब एरर होता है और रिजल्ट को खोजना कोई एरर नहीं है ([Stroustrup00] देखें)। (ध्यान रहें कि search फंक्शन के संदर्भ में भी रिजल्ट की खोज करने में नाकाम होना कोई एरर नहीं है। आइटम 70 में दिए गए **find_first_of** इस उदाहरण को देखें।)

आइटम 70 के उदाहरण भी देखें और वहाँ "एरर की सूचना दीजिए" इस उदाहरण को "exception को throw करिए" से बदल दें।

अपवाद

अगर आपको विश्वास है कि निम्नलिखित दोनों बातें सत्य हैं तब कुछ दुर्लभ मामलों में आप error code का प्रयोग कर सकते हैं:

- अगर exception का कोई फायदा न हो: उदाहरण के लिए, आप जानते हैं कि immediate caller को लगभग हमेशा एरर को ठीक करना पड़ता है ताकि एरर का विस्तार न हो या नहीं के बराबर हो। ऐसा होना बहुत ही दुर्लभ है क्योंकि कॉली के पास उसके सभी कॉलर्स के विशेषताओं की पूरी जानकारी नहीं होती।
- एरर कोड का प्रयोग करने की तुलना में exception को throw करने से कुछ असर पडता हो: कार्य करने की क्षमता को निरिक्षणों के आधार पर तोला जाता है, इसलिए आप inner loop में होते हुए भी exceptions को throw करते हैं। यहाँ throw करने के बारे में जो बताया है वह कभी-कभी ही होता है, क्योंकि आम तौर पर इसका मतलब होता है कि वह कंडिशन वास्तव में एरर नहीं है। लेकिन हम ऐसा मान लेते हैं।

कभी-कभी कुछ real-time प्रोजेक्ट्स में अगर exception handling को पूरी तरह से बंद किया जाता है, तो उन पर दबाव बना रहता हैं क्योंकि उनके कंपाइलर की exception handling की यंत्रणा के पास ऐसी गलत गारंटी होती है जो मुख्य ऑपरेशन्स को पूरा करना आखिर तक कठिन बनाती है या संभव ही नहीं होने देती। Exception handling को बंद करने का मतलब है लैंग्वेज और स्टैंडर्ड लायब्ररी एरर्स की सूचना ठीक तरह से नहीं दे पाएगी (या कुछ मामलों में बिल्कूल ही नहीं; अपने कंपाइलर्स के डॉक्युमेंट्स देखें) और प्रोजेक्ट के एरर्स की सूचना देनेवाली यंत्रणा को कोड पर आधारित रहना पड़ेगा। ऐसा करना बहुत ही अनचाहा है और यह आखिरी उपाय है। इसलिए इसका चुनाव करने से पहले यह जानकारी विस्तार से दें कि कन्स्ट्रक्टर्स और डिस्ट्रक्टर्स से आनेवाली एरर्स की सूचना आप किस तरह से देंगे और आपकी यह योजना आप जिस कंपाइलर्स का प्रयोग कर रहें हैं उन पर कैसे काम करेगी। गंभीर और गहरे विश्लेषण के बाद भी अगर आप समझते हैं कि exception handling को बंद करना आवश्यक है तो ऐसा पूरे प्रोजक्ट में न करें। जितना संभव हो उतने कम से कम मोड्यूल्स में ऐसा करिए और ऐसे deadline sensitive ऑपरेशन्स को जहाँ तक हो सके, एक ही मोड्यूल में एकत्रित रखें।

संदर्भ

[Alexandrescu03d] • [Allison98] §13 • [Stroustrup94] §16 • [Stroustrup00] §8.3.3, §14.1, §14.4-5, §E.3.5 • [Sutter00] §8-19, §40-41, §47 • [Sutter02] §17-23 • [Sutter04] §11-16 • [Sutter04b]

73. वैल्यु के रुप में throw कीजिए, और रेफरेन्स के रुप में catch कीजिए। (Throw by value, catch by reference.)

सारांश

अच्छी तरह से catch करना सीखिये: Exceptions को वैल्यु के रुप में throw करें (पॉएंटर के रुप में नहीं) और उन्हें रेफरेन्स (सामान्यतः **const** को दिया गया) के रुप में catch करें। यह एकत्रित संयोग exception के semantics के लिए एकदम अनुकूल है। जब एक ही exception को दुबारा throw करना हो तो **throw e;** की जगह केवल **throw;** का प्रयोग करें।

चर्चा

आप जब exception को throw करते हैं तब ऑब्जेक्ट को वैल्यु के रुप में throw करें। पॉएंटर को throw करना टालिए क्योंकि अगर आप पॉएंटर को throw करते हैं तो आपको मेमोरी मैनेजमेंट की समस्याओं का सामना करना पड़ता है। जैसे कि, stack-allocated वैल्यु को दिए गए पॉएंटर को आप throw नहीं कर सकते क्योंकि पॉएंटर के कॉल के स्थान पर पहुँचने से पहले ही stack खुल (unwound) जाएगा। परिस्थिती के अनुसार एलोकेट होनेवाली मेमोरी को दिए गए पॉएंटर को आप throw कर सकते हैं (अगर आपको out of memory ऐसी एरर न मिली हो तो) लेकिन तब आप मेमोरी को डिएलोकेट करने का बोझ catch के स्थान पर डालते हैं। अगर आपको लगता है कि पॉएंटर को throw करना आपके लिए सच में जरुरी है तब smart pointer जैसी वैल्यु को throw कीजिए, जैसे कि, केवल T* की जगह **shared_ptr <T>** को throw करना।

जब आप exceptions को वैल्यु के रुप में throw करते हैं तब exceptions ऑब्जेक्ट के लिए मेमोरी का प्रबंध करने की कठिन जिम्मेदारी कंपाइलर खुद पर ले लेता है। आपको सिर्फ इतना निश्चित करना पड़ता है कि exception क्लासेस exception को throw न करनेवाले कॉपी कन्स्ट्रक्टर का प्रयोग कर रहे हैं या नहीं (आइटम 32 देखें)।

जो smart pointer पहले से ही indirection को शामिल करके पॉलिमॉफिजम की रक्षा करता है उसे जब तक आप throw नहीं करते है तब तक रेफरेन्स द्वारा catch करना ही सबसे बेहतर तरीका है। Plain वैल्यु को सिर्फ वैल्यु द्वारा catch करने से catch के स्थान पर slicing होती है (आइटम 54 देखें), जो exception ऑब्जेक्ट की आवश्यक polymorpic विशषताओं को बलपूर्व हटाती है। रेफरेन्स के रुप में catch करना exception ऑब्जेक्ट के पॉलिमॉर्फिजम की रक्षा करता है। exception **e** को दुबारा throw करते समय **throw e;** के बजाय केवल **throw;** ही लीखिए क्योंकि दुबारा throw किए गए ऑब्जेक्ट के polymorphism की रक्षा उसका पहला exception करता है।

उदाहरण

उदाहरण: सुधारित exception को दुबारा throw करना। दुबारा throw करने के लिए **throw** का प्रयोग करें:

```
catch (MyException& e ) {                     //catch by reference to  non-const
  e.AppendContext ("Passed through here")     //modify
  throw;                                      //rethrow modifed object
}
```

संदर्भ

[Dewhurst03] §64-65 • [Meyers96] §13 • [Stroustrup00] §14.3 • [Vandevoorde03] §20

74. एरर्स की सूचना दें उनका निवारण करें, और फिर अनुवाद करें। (Report, handle and translate errors appropriately.)

सारांश

कब क्या करना है यह जानिए: एरर्स जहाँ पर खोजी और पहचानी जाती हैं वही पर उनकी सूचना दें। जहाँ पर एरर्स का सही तरह से निवारण अथवा अनुवाद हो सकता है ऐसी निकटतम लेवल पर उनका नियंत्रण या अनुवाद करें।

चर्चा

जिन एरर्स को फंक्शन ठीक नहीं कर सकता है और इस वजह से फंक्शन उसके आगे एग्ज़िक्यूट न हो सकता हो तब फंक्शन को जहाँ कही भी ऐसी एरर मिलती है, उसने वही पर उस एरर की सूचना देनी चाहिए (उदाहरण के लिए, **throw** लिखना) (आइटम 70 देखें)।

एरर का निवारण (जैसे कि, **catch** को इस तरह से लिखना कि वह उसी या दूसरे exception को दुबारा throw न कर सके या कोई दूसरी तरह का error code न दे सके) उन्हीं जगहों पर करना चाहिए जहाँ इसकी पर्याप्त जानकारी हो। इनमें पॉलिसी में डिफाइन की गई सीमाओं को कार्यन्वित करना (जैसे कि **main** या thread mainlines पर, आइटम 62 देखें) तथा एरर्स को डिस्ट्रक्टर्स और deallocation फंक्शन्स में लेना आदि भी शामिल हैं।

निम्नलिखित परिस्थितीयों मे एरर का अनुवाद (translate) कीजिए (जैसे कि, ऐसा **catch** लिखना जो भिन्न exceptions को दुबारा throw करता हो या दूसरी तरह के error code देता हो):

- एरर के अर्थ (semantic) को ज्यादा अच्छी तरह से बताने के लिए: उदाहरण के लिए, किसी भी word processing एप्लिकेशन में **Document::Open** इस एरर के बारे में अंतर्गत स्तर पर unexpected end-of-file ऐसी सूचना दी जाती है किंतु इसी एरर को डॉक्युमेंट स्तर पर invalid-or-corrupt इस तरह से दिखाया जाता है।
- एरर को ठीक करने की यंत्रणा को बदलने के लिए: उदाहरण के लिए, ऐसे मोड्यूल में जो अपने भीतर exception का प्रयोग करता है लेकिन उसकी C API public boundary एरर कोड की सूचना देती है। boundary API इस exception को catch करेगा और उसके अनुरुप ऐसे एरर कोड दिखाएगा जो मोड्यूल के व्यवहार के अनुसार हो और जिसे कॉलर समझ सकता हो।

अगर कोड के हालात ऐसे न हो कि वह एरर को ठीक कर सके तो कोड ने एरर का स्विकार नहीं करना चाहिए। अगर फंक्शन खुद एरर को ठीक न करता हो (या उसका अनुवाद या जानबूझाकर उसे absorb न करता हो) तो उसने एरर को कॉलर तक ले जाना चाहिए, जो उसे ठीक कर सकता है।

अपवाद

एरर्स का वास्तव में नियंत्रण न किया जा रहा हो तब भी, कभी-कभी एक ही एरर को स्विकार करना और उसे फिर से दिखाना (जैसे कि, **catch** और दुबारा throw करना) फायदेमंद होता है।

संदर्भ

[Stroustrup00] §3.7.2, §14.9 • [Sutter00] §8 • [Sutter04] §11 • [Sutter04b]

75. एक्सेप्शन स्पेसिफिकेशन्स को टालिए। (Aviod exception specifications.)

सारांश

exceptions को इन विशेषताओं के अनुसार लें: फंक्शन्स के लिए exception specifications को तब तक न लिखें जब तक ऐसा करना आपके लिए जरुरी न हो (क्योंकि जिन्हें आप बदल नहीं सकते ऐसे दूसरे कोड exceptions को पहले ही अपने साथ लाते हैं। अपवाद देखें)।

चर्चा

संक्षेप मे कहा जाए तो, exception specification को लेकर चिंतीत न हों। प्रोग्रामिंग में माहिर लोग भी इसकी चिंता नहीं करते हैं। exception specifications को लेकर मुख्य समस्या यही है कि वे टाइप सिस्टम का सिर्फ एक हिस्सा होते हैं। कई लोग जो समझते हैं वैसा वे कुछ भी नहीं करते हैं और जो काम वे करते हैं वह लगभग हमेशा अनचाहा होता है।

केवल बनाए जाने पर ही exception specifications फंक्शन के टाइप का हिस्सा बनते हैं। वे एक आभासी टाइप सिस्टम को बनाते हैं जिससे कि exception specification लिखना अलग-अलग कारणों से

- अवैध होता है: typedef में फंक्शन को दिए गए पॉइंटर के लिए।
- लिखने की अनुमती होती है: एकजैसे कोड में, जिसमें typedef न हो।
- आवश्यक होते हैं: जो वर्चुअल फंक्शन उन बेस क्लास वर्चुअल फंक्शन्स को override करता है जिसके exception specifications हों, उसके डिक्लरेशन में ।
- इंप्लिसिट एवं ऑटोमैटिक होते हैं: कन्स्ट्रक्टर, असाइनमेंट ऑपरेटर्स और डिस्ट्रक्टर्स के डिक्लरेशन में जहाँ कंपाइलर excepton specifications को स्पष्ट रुप से उत्पन्न करता है।

exception specificaions के बारे में सामान्य लेकिन फिर भी गलत मानना यह है कि वे प्रोग्राम को कंपाइल करते समय ही (यानी statically) इसकी गारंटी देते हैं कि वे केवल लिस्ट में बताए हुए exceptions को throw करेंगे (संभवत: एक भी exception को throw नहीं करेंगे) और इसी जानकारी के आधार पर कंपाइलर ऑप्टीमाइजेशन्स किए जाते हैं।

असल में exception specifications बुनियादी रुप से थोडासा अलग काम करते हैं। इनके कारण प्रोग्राम को run करते समय फंक्शन जो run-time जाँच करते हैं उसके जरिए फंक्शन की बॉडी में स्थित अव्यक्त **try/catch** ब्लॉक के रुप में कंपाइलर को अतिरिक्त कार्य करना पड़ता है; असल में कंपाइलर प्रोग्राम को कंपाइल करते समय ही यदि साबित करता है कि exception specifications का उल्लंघन होने की संभावना बहुत कम है तब ही फंक्शन लिस्ट में बताए गए exceptions को (शायद एक भी नहीं) throw करता है अन्यथा अगर उल्लंघन होता है तो वह इस जाँच को आप्टीमाइज कर सकता है। exception specification (पहले ही बताए गए स्वाभाविक अतिरिक्त कार्य के अलावा) आगे आनेवाले कंपाइलर ऑप्टीमाइजेशन की अनुमती देता है या उन्हें रोक भी सकता है। उदाहरण के लिए, कंपाइलर्स कुछ ऐसे इनलाइन फंक्शन्स को अस्वीकार करते हैं जिनके exception specifications होते हैं।

सबसे बुरी बात यह है कि exception specifications सादे सरल औजार हैं। जब इन specifications का उल्लंघन किया जाता है तब वे स्वाभाविक रुप से आपके प्रोग्राम को खत्म कर देते हैं। आप **unxpected_handler** को रजिस्टर कर सकते हैं लेकिन यह शायद ही आपकी सहायता कर सकता है क्योंकि आपको केवल एक ही

ग्लोबल-हैंडलर मिलता है और उसके पास **teminate** को तत्काल कॉल करने को रोकने का एक ही तरीका होगा, जिस excption की अनुमति हो उस फिर से throw करना। लेकिन आपके पूरे एप्लिकेशन के लिए आपके पास केवल एक ही हैंडलर होने के कारण उसके द्वारा प्रोग्राम को फिर से ठीक करना या exception specifications को कम किए बगैर कौनसा exception वैध है यह जानना कठिन होता है। (उदाहरण के लिए, सभी exception specifications को अनुमती देने पर कुछ आम **UnknownException** उन सुविधाओं को कम देते हैं जो शायद एक ही exception specification होने पर मिल सकती थी।)

आप फंक्शन टेंप्लेट्स के लिए उपयोगी exception specifications नहीं लिख सकते क्योंकि आम तौर पर आप यह नहीं बता सकते कि जिस टाइप पर फंक्शन टेंप्लेट्स काम कर रहे हैं वह टाइप कौनसे exception को throw करता है। exception specifications के कारण जो अतिरिक्त कार्य करना पडता है वह लगभग हमेशा बिना किसी काम का और घातक होता है, तथा यह प्रीमैचुअर पेसीमाइजेशन का सबसे अच्छा उदाहरण है (आइटम 9 देखें)।

इस आइटम में बताई गई समस्याओं का कोई आसान समाधान नहीं है। विशेष करके प्रोग्राम को कंपाइल करते समय exceptions की जाँच करके इन समस्याओं को आसानी से हल नहीं किया जा सकता। जैसे कि Java और अन्य लैंग्वेजेस में किया जाता है, प्रोग्राम को run करने समय ही exceptions की जाँच करने का सुझाव लोग अक्सर देते हैं। लेकिन ऐसा करना कुछ समस्याओं को हटाकर उसके बदले दूसरी समस्याओं को बुलावा देना होगा। क्योंकि जिन लैंग्वेजेज में प्रोग्राम को कंपाइल करते समय exception की जाँच की जाती है उन लैंग्वेजेज के यूजर्स भी अक्सर प्रोग्राम को run करते समय ही exception की जाँच करने का सुझाव देते हैं।

अपवाद

अगर आपको एक ऐसे बेस क्लास वर्चुअल फंक्शन को override करना है जिसमें पहले से ही exception specifications हो (उदाहरण के लिए, **ahem, std::exception::what**) और उन्हें हटाने में (या क्लास को मेंटेन करनेवाले व्यक्ति को उन्हें हटाने के लिए राजी करने में) आप असमर्थ हैं तो आपको आपके override करनेवाले फंक्शन पर कंपैटिबल exception secification लिखना होगा और उन्हें उनके बेस वर्जन के जितना बंधनकारक बनाना होगा ताकि उनका उल्लंघन कम से कम हो।

```
class Base { // . . .                    //in a class written by someone else
  virtual f () throw(X, Y, Z );          //the author used an exception specification,
};                                       //and if you can't get him to remove it ...
class MyDerived : public Base { //..     //... then in your own class your override
  virtul f() throw (X, Y, Z );           //must have a compatible (and preferably
};                                       //the identical) exception specification
```

[BoostLRG] का अनुभव यह है कि, कुछ भी throw न करनेवाले नॉन-इनलाइन फंक्शन पर exception specitication (अर्थात **throw()**) का प्रयोग करना कुछ कंपाइलर्स में लाभदायक हो सकता है। हालांकि सबसे लोकप्रिय और बहुत ही अच्छी तरह से रचित C++ लायब्ररी प्रोजेक्ट्स से आनेवाला यह प्रस्ताव ज्यादा आकर्षक नहीं है।

संदर्भ

[BoostLRG] • [Stroustrup00] §14.1, §14.6 • [Sutter00] §13

STL : कंटेनर्स

By default, use vector when you need a container.

- Bjarne Stroustrup,
[Stroustrup00] §17. 7

हम जानते हैं कि आप पहले से ही तैयार किए गए कंटेनर्स के बजाय स्टैंडर्ड कंटेनर्स का प्रयोग करते हैं। लेकिन कौनसे कंटेनर का प्रयोग करना चाहिए? कंटेनर में क्या रखना (और क्या नहीं रखना) चाहिए, और क्यों? उन्हें कैसे बढ़ाना (populate) चाहिए? कौन-कौन से आवश्यक idioms के बारे में जानना चाहिए?

इस विभाग में इन सभी सवालों के जवाब दिए गए हैं और इसके अलावा काफी कुछ है। यह कोई संयोग की बात नहीं है कि इस विभाग के पहले तीनों आइटम्स की शुरुआत "**vector** का प्रयोग करें . . ." ऐसे की गई है।

इस विभाग में हमारी दृष्टी से सबसे महत्त्वपूर्ण आइटम है, आइटम 79: कंटेनर्स में केवल वैल्युज और स्मार्ट पॉइंटर्स को ही स्टोर कीजिए। इसके साथ हम यह भी कहते हैं कि [Boost] और [C++ TR104] का प्रयोग बाकी किसी के लिए न सही किंतु **shared_ptr** के लिए अवश्य कीजिए।

76. डिफॉल्ट रुप से वेक्टर का ही प्रयोग कीजिए। अन्यथा उचित कंटेनर को चुनिए।

(Use vector by default. Otherwise, choose an appropriate container.)

सारांश

उचित कंटेनर का प्रयोग करना अच्छा होता है: अगर आपके पास किसी विशिष्ट कंटेनर के टाइप का प्रयोग करने की अच्छी वजह है तब समझ लीजिए कि आपने सही रास्ता चुना है और उसका प्रयोग करें।

यही बात **vector** के प्रयोग करने पर भी लागू होती है: वरना **vector** को लिखें और उसी के साथ बिना कही रुके काम करें, वह भी ऐसा मानकर कि आपने सही चुनाव किया है।

चर्चा

यहाँ प्रोग्रामिंग के बारे में तथा कंटेनर्स का चुनाव क्यों करना चाहिए इसके बारे में तीन बुनियादी मुद्दे तथा उनसे संबंधित समस्याओं के बारे में बताया गया है।

- सबसे पहले शुद्धता, सरलता और स्पष्टता के लिए लिखें (आइटम 6 देखें): ऐसे कंटेनर का चुनाव कीजिए जो आपको एकदम स्पष्ट कोड लिखने देता हो। उदाहरण: अगर आपको किसी विशिष्ट जगह पर इनसर्ट करना है तो sequence container (जैसे कि, **vector, list**) का प्रयोग करें। अगर आपको random-access-iterators की आवश्यकता हो तो **vector, deque** या **string** का प्रयोग करें। अगर आपको शब्दकोश के lookups जैसे शब्द जैसे कि, **c[o]=42;** की आवश्यकता हो तो associative container (जैसे कि, set, map) का प्रयोग करें, लेकिन यदि आपको क्रमवार associative collection की आवश्यकता हो तब आप hash पर आधारित (नॉन-स्टैंडर्ड **hash_...** या स्टैंडर्ड **unordered_...**) कंटेनर्स का प्रयोग नहीं कर सकते।
- कार्यक्षमता बढ़ाने के लिए जब और जहाँ आवश्यकता हो तब ही लिखें (आइटम 8 देखें): अगर lookup की गति, जो वास्तविक कार्य करनेवाले डाटा पर आधारित होती है, के कारण कुछ समस्या आ सकती है, तब hash पर आधारित (नॉन-स्टैंडर्ड **hash_...** या स्टैंडर्ड **unordered_...**) कंटेनर्स का, उसके बाद सॉर्ट किए हुए **vector** का और फिर **set** या **map** का इस क्रम में प्रयोग करें। big-Oh में जो फर्क है (उदाहरण के लिए, linear-time बनाम logarithmic-time आइटम 7 देखें) उसका असर तभी होता है जब कंटेनर का constant factor, जो **double** जैसे छोटे कंटेनर्स के लिए तब तक नहीं आता जब तक कंटेनर में मौजूद एलिमेंट्स की संख्या कुछ हजार से अधिक नहीं हो जाती, ऐसी समस्या ही न आए इतना बड़ा हो।
- जहाँ कही संभव हो वहाँ ट्रान्जैक्शनल और बहुत ही एरर-सेफ कोड लीखिए (आइटम 71 देखें) और गलत ऑपरेटर्स का प्रयोग न करें (आइटम 99 देखें): एलिमेंट्स को डालने और हटाने के लिए अगर आपको जिसका ट्रान्जैक्शन किया जा सकता है ऐसे semanties की आवश्यकता हो, या iterator invalidation को कम करने की आवश्यकता हो तब node-based कंटेनर्स (जैसे कि, **list, set, map**) का प्रयोग करें।

अन्यथा स्टैंडर्ड की इस सलाह का पालन करें: "**vector** सीक्वेन्स का ऐसा टाइप है जिसका डिफॉल्ट रुप से प्रयोग किया जाना चाहिए।" ([C++03] §23.1.1)

अगर इस सलाह को लेकर आप शंकित है तब आप अपने आपसे पूछें कि क्या आपके पास इस अकेले स्टैंडर्ड कंटेनर, जो कि निम्नलिखित सभी बातों की गारंटी देता है, का प्रयोग न करने की कोई ठोस वजह है? **vector** अकेला ही:

- किसी भी कंटेनर का space-overhead सबसे कम होने की गांरटी देता है (शून्य बाइट्स प्रति ऑब्जेक्ट)।
- एलिमेंट चाहे किसी भी कंटेनर में हो, उसे तुंरत access करने की गारंटी देता है।
- रेफरेन्स के स्वाभाविक स्थान (inherent locality) की गांरटी देता है। मतलब, जो ऑब्जेक्ट्स कंटेनर में एक दूसरे के निकट होते हैं, वे मेमोरी में भी एक दूसरे के निकट होंगे ऐसी गारंटी देता है। यह गारंटी दूसरा कोई कंटेनर नहीं देता है।
- C के लेआउट के साथ कंपैटिबल होने की गारंटी देता है, जो कि दूसरे स्टैंडर्ड कंटेनर्स नहीं देते (आइटम 77 और 78 देखें)।
- किसी भी कंटेनर के सबसे अधिक लचिले iterators (रैंडम एक्सेस इटरेटर) होने की गारंटी देता है।
- किसी दूसरे कंटेनर्स के iterator से अधिक गतिमान iterator (पॉएंटर्स, या पॉएंटर्स के जैसे ही काम करनेवाले क्लासेस, जो debug मोड में होने पर भी पॉएंटर्स जिस गति से कंपाइल होते है प्रायः उसी गति से कंपाइल किए जाते हैं) होते हैं।

vectors जब इतनी सब बातों की गारंटी देते हैं तब भी क्या आपके पास उनका प्रयोग न करने की कोई वजह है? इस आइटम में पूछे गए पहले तीन सवालों के जवाबों को देखते हुए अगर इन स्टैंडर्ड कंटेनर्स का प्रयोग न करने का कोई कारण आपके पास है तब आप किसी दूसरे कंटेनर का प्रयोग कर सकते हैं। अगर ऐसा नहीं है, तो **vector** लिखें और उसी के साथ आगे बढ़िए, यही चुनाव एकदम सही है।

अंततः vendor-specific या handicrafted कोड के बजाय स्टैंडर्ड लायब्ररी कंटेनर्स और अल्गोरिदम का ही प्रयोग करें।

उदाहरण

उदाहरण: छोटी लिस्ट के बजाय vector का प्रयोग। ऑपरेशन्स के लिए **list** एक पूरी तरह से योग्य टाइप होती है ऐसी एक गलत धारणा है। इसीलिए सीक्वेन्स के बीच में इनसर्शन करने के लिए list का प्रयोग अक्सर किया जाता है। लेकिन छोटी लिस्ट के लिए **list** के बजाय **vector** का प्रयोग करना बेहतर होता है। सीक्वेन्स के मध्य में इनसर्शन करना **vector** के लिए linear-time ऑपरेशन और **list** के लिए constant-time ऑपरेशन होता है। लेकिन फिर भी कंटेनर्स जब उनके अच्छे constant-factor की वजह से दूसरों के मुकाबले छोटे होते हैं और **list** को Big-Oh के लाभ तब तक नहीं मिलते जब तक डाटा की साइज और बड़ी नहीं हो जाती, छोटी लिस्ट के लिए **vectors** ये **list** से बेहतर काम करते हैं। अगर डाटा की साइज अलग-अलग न हो (आइटम 7 देखें) या जहाँ उनके सुरक्षित होने की पक्की गारंटी आवश्यक होती है और जहाँ मौजूदा टाइप के कॉपी कन्स्ट्रक्टर या कॉपी असाइमेंट ऑपरेटर के नाकाम होने की संभावना नहीं होती (ऐसे टाइप्स को एकत्रित करने हेतु **insert** ऑपरेशन के लिए **list** ने strong गारंटी देना आवश्यक है) तब **vector** का प्रयोग कीजिए।

संदर्भ

[Austern99] §5.4.1 • [C++03] §25.1.1 • [Josuttis99] §6.9 • [Meyers01] §1-2, §13, §16, §23, §25 • [Musser01] §6.1 • [Stroustrup00] §17.1, §17-6 • [Sutter00] §7, §20 • [Sutter02] §7

77. एरेज के बजाय वेक्टर और स्ट्रींग का प्रयोग कीजिए। (Use vector and string instead of arrays.)

सारांश

खाली बर्तनों को बजाने से क्या फायदा? array abstraction को C स्टाइल एरेज, पॉएंटर एरिथमैटिक और मेमोरी मैनेजमेंट प्रीमीटिव्ज के साथ इंप्लिमेंट न करें। **vector** या **string** का प्रयोग करने से न केवल आसानी होती है बल्कि ये अधिक सुरक्षित हैं और इनकी मदद से आप ऐसा सॉफ्टवेयर लिख सकते हैं जिसका आगे चलकर विस्तार किया जा सकता है।

चर्चा

आज के सॉफ्टवेयर के सामने चिंता के जो विषय हैं वे buffer overruns और सुरक्षा से संबंधित दोष ही हैं। निश्चित लंबाई के एरेज का प्रयोग करने पर लगाए गए निर्बधों के कारण कई कठिनाइयाँ आती हैं। ऐरे का साइज सीमा के अंदर होने पर भी ऐसी कठिनाइयाँ आती हैं। इनमें से अधिकांश बंधन, बफर्स, वेक्टर्स या स्ट्रींग जैसी उच्चस्तरिय संकल्पनाओं के बजाय built-in एरेज, पॉएंटर्स, पॉएंटर एरिथमैटिक तथा मैन्युअल मेमोरी मैनेजमेंट जैसी केवल C लेवल सुविधाओं का प्रयोग करने की वजह से आते हैं। C-स्टाइल एरेज के बजाय स्टैंडर्ड सुविधाओं का प्रयोग करने के कारण हैं:

- वे स्वयं अपनी निजी मेमोरी का प्रबंध करती हैं: जरूरत से अधिक लंबाई के निश्चित बफर्स की आवश्यकता नहीं होती (टाइम बम यह इसका सही वर्णन होगा) या अतिरिक्त **realloc** करने और पॉएंटर एटजस्टमेंट की आवश्यकता नहीं होती।
- उनके पास संपन्न इंटरफेस होते हैं: आप जटिल functionality को आसानी से और अर्थपूर्ण रुप से इंप्लिमेंट कर सकते हैं।
- C के मेमोरी मॉडल के साथ वे कम्पैटिबल होते हैं: **vector** और **string::c_str** इन दोनों को भी हम read और write इन दोनों मोड में C API को पास कर सकते हैं। **vector** तो C++ के लिए C और दूसरी लैंग्वेजेस का प्रवेशद्वार है (आइटम 76 और 78 देखें)।
- वे विस्तृत जाँच उपलब्ध कराती हैं: स्टैंडर्ड सुविधाएँ (debug मोड में) ऐसे iterators और indexing ऑपरेटर्स को इंप्लिमेंट कर सकती है जो कई मेमोरी एरर्स को सामने लाती हैं। स्टैंडर्ड लायब्ररी के आजकल के बहुत से इंप्लिमेंटशन्स debugging की ऐसी सुविधाए देते हैं- आप उनका प्रयोग करिए। (आइटम 83 में जो कहा गया है उसे जल्द-से-जल्द मानिए।)
- इन सभी कामों के लिए वे अपनी सभी कार्यक्षमताओं को घटाती नहीं हैं: सच यही है कि release मोड में **vector** और **string** सुरक्षितता के बजाय कार्यक्षमता को अधिक महत्त्व देते हैं। फिर भी खुले एरेज और पॉएंटर की तुलना में सुरक्षित कांपोनेंट्स को तैयार करने के लिए स्टैंडर्ड सुविधाएँ ही अधिक बेहतर हैं।
- वे ऑप्टीमाइजेशन को बढ़ावा देती हैं: स्टैंडर्ड लायब्ररी के नए इंप्लिमेंटेशन्स में ऐसे ऑप्टीमाइजेशन्स होते हैं जिनके बारे में हम में से कई लोगों ने कभी सोचा भी नहीं होगा।

एरेज का प्रयोग करना तब ही सही होता है जब कंपाइल टाइम पर उनकी साइज निश्चित होती है (उदाहरण के लिए, थ्री-डायमेन्शनल पॉएंट के लिए **Float [3]** का प्रयोग किया जाता है लेकिन फोर-डायमेन्शनल पॉएंट के लिए उसे फिर से डिजाइन करना पडता है)।

संदर्भ

[Alexandrescu01a] • [Dewhurst03] §13, §60, §68 • [Meyers01] §13, §16 • [Stroustrup00] §3.5-7, §5.3, §20-4.1, §c-7 • [Sutter00] §36

78. non-C++ APIs के साथ डाटा को अदल-बदल करने के लिए वेक्टर (और string:: c_str) का प्रयोग कीजिए। (Use vector (and string::c_str) to exchange data with non-C++APIs.)

सारांश

अनुवाद के दौरान **vector** नष्ट नहीं होता: **vector** और **string::c_str** ये non-C++API के साथ संपर्क रखने के दो अच्छे तरीके हैं। लेकिन इसका मतलब ऐसा नहीं है कि iterators पॉएंटर्स होते हैं। इसलिए **vector <T>::iterator iter** द्वारा निर्देशित एलिमेंट का एड्रैस पाने के लिए **&* iter** का प्रयोग करें।

चर्चा

आम तौर पर नॉन-C++APIs के साथ और विशेष करके लायब्ररीज के साथ डाटा को अदल-बदल करने के लिए (सबसे) अच्छा तरीका है **vector** का प्रयोग करना और (उसके बाद सबसे अच्छा तरीका है) **string::c_str** और **string::data** का प्रयोग करना।

vector का स्टोरेज हमेशा संलग्न (contiguous) होता है इसलिए वह अपने पहले एलिमेंट के एड्रैस को access करने पर उसके कटेंट्स को दिए गए पॉएंटर को रिटर्न करता है। **v** के पहले एलिमेंट को दिए गए पॉएंटर को पाने लिए **&*v = begin(), &v[o]** या **&v.front()** का प्रयोग करें। **vector** के **n**-th एलिमेंट को दिए गए पॉएंटर को पाने के लिए **front** को दिए गए पॉएंटर को लाने और पॉएंटर के एरिथमैटिक करने (उदाहरण के लिए, **(&v.front())[n]**) के बजाय पहले सभी एरिथमैटिक करिए और बाद में एड्रैस लें (उदाहरण के लिए, **&v.begin()[n]** या **&V[n]**)। ऐसा इसलिए, क्योंकि पहले मामले में किए गए इंप्लिमेंटेशन को आप यह निश्चित करने का मौका देते हैं कि आपने v की सीमा के बाहर किसी एलिमेंट को access नहीं किया है (आइटम 83 देखें)।

यह मत समझिए कि **v.begin** पहले एलिमेंट को दिए गए पॉएंटर को रिटर्न करेगा या **vector iterators** पॉएंटर्स ही होते हैं। कुछ STL इंप्लिमेंटशन्स **vector<T>::iterator** को केवल **T*** पॉएंटर्स के रुप में डिफाइन करते हैं फिर भी iterators एक परिपूर्ण टाइप हो सकते हैं और वे और अधिक परिपूर्ण होते जा रहे हैं (एक बार और आइटम 83 देखें)।

अधिकांश इंप्लिमेंटेशन्स **string** के लिए संलग्न मेमोरी का इस्तेमाल करते हैं लेकिन इस बात की गारंटी नहीं दी जा सकती। इसीलिए किसी कैरेक्टर के एड्रैस को **string** के रुप में न लें और यह मत समझिए कि ये संलग्न मेमोरी का निर्देश देता है। एक अच्छी बात यह है कि **string::c_str** हमेशा null द्वारा समाप्त की गई C-स्टाइल स्ट्रींग को रिटर्न करता है। (**string::data** भी संलग्न मेमोरी को दिए गए पॉएंटर को रिटर्न करता है सिर्फ वह जीरो पर ही खत्म होगा इसकी गारंटी नहीं है।)

अगर आपके पास एक ऐसे ऑब्जेक्ट T, जो **vector** या **string** नहीं है, का कंटेनर है और उस कंटेनर के कंटेंट्स को आप ऐसे नॉन-C++ API को pass करना चाहते हैं (या नॉन-C++ API से लेना चाहते हैं) जो T ऑब्जेक्ट्स के एरे को दिए गए पॉएंटर की अपेक्षा रखता हो, तब कंटेनर के कंटेंट्स को **vector<T>** में (या से) कॉपी करें, जो नॉन-C++ API के साथ सीधे संपर्क रख सकता है।

संदर्भ

[Josuttis99] §6.2, §11.2.4 • [Meyers01] §16 • [Musser01] §B • [Stroustrup00] §16.3.1

79. कंटेनर्स में केवल वैल्युज और स्मार्ट पॉएंटर्स को ही स्टोर कीजिए। (Store only values and smart pointers in containers.)

सारांश

जिन ऑब्जेक्ट्स को वैल्यु दी गई हो, सिर्फ उन्हें कंटेनर में स्टोर करें: कंटेनर्स मानते हैं कि उनमें केवल वैल्यु जैसे टाइप्स ही मौजूद हो सकते हैं जिनमें वैल्यु टाइप्स, (एलिमेंट्स जो सीधे वैल्यु के रुप में हो) स्मार्ट पॉएंटर्स और इटरेटर्स भी शामिल हैं।

चर्चा

आम तौर पर कंटेनर्स का प्रयोग, वैल्यु के रुप में जो एलिमेंट्स होते हैं (उदाहरण के लिए, **vector<int>, set <string>**) उन्हें स्टोर करने के लिए किया जाता है। अगर कंटेनर मे पॉएंटर द्वारा पॉएंट किए गए ऑब्जेक्ट्स हों तब पॉएंटर्स के कंटेनर्स के लिए reference-counted स्मार्ट पॉएंटर्स के कंटेनर का ही प्रयोग करें (जैसे कि, **list <shared_ptr<Widget>>**) अन्यथा raw पॉएंटर्स के (जैसे कि, **list<Wideget*>**) या अन्य पॉएंटर जैसी वैल्युज, जैसे कि iterators (जैसे कि, **list<vector <Widget>::iterator>**) के कंटेनर्स का प्रयोग करना अच्छा होगा।

उदाहरण

उदाहरण 1: **auto_ptr: auto_ptr<T>** अपने copy semantics के अधिकार को दूसरों को देने की वजह से वैल्यु जैसे नहीं होते। **auto-ptr** के कंटेनर (उदाहरण के लिए, **vector<auto_ptr<int>>**) का इस्तेमाल करने पर उसे कंपाइल नहीं होना चाहिए और अगर यह कंपाइल हो भी जाता है तब भी इसे न लिखें। अगर आप इसे लिखना ही चाहते हैं तो आपको निश्चित ही **auto_ptrs** के बजाय **shared _ ptrs** के कंटेनर की जरुरत होगी।

उदाहरण 2: विभिन्न टाइप के ऑब्जेक्ट्स को स्टोर करनेवाले कंटेनर्स: कंटेनर यदि विभिन्न किंतु संबंधित टाइप्स के ऑब्जेक्ट्स, जैसे कि आम **Base** क्लास से डिराइव किए हुए टाइप्स, को स्टोर करता हों तब **container<shared_ptr<Base>>** का प्रयोग करें। इसका एक पर्याय है, ऐसे proxy ऑब्जेक्ट्स को स्टोर करना जिनके नॉनवर्चुअल फंक्शन्स में से वास्तविक ऑब्जेक्ट के संबंधित वर्चुअल फंक्शन्स pass होते हों।

उदाहरण 3: नॉन-वैल्यु टाइप के कंटेनर्स: जिन ऑब्जेक्ट्स को कॉपी नहीं किया जा सकता या जो वैल्यु जैसे नहीं होते (उदाहरण के लिए, **DatabaseLocks** और **TcpConnections**) उन्हें स्टोर करना हो तो स्मार्ट पॉएंटर्स के जरिए स्टोर करें (जैसे कि, **container <shared_ptr<DatabaseLock>>** और **container<shared_ptr<Tcpconnection>>**)।

उदाहरण 4: वैकल्पिक वैल्युज: आपको **map<Thing, Widget>** चाहिए किंतु कुछ **Thing** के सहकारी **Widget** के साथ जुड़े नहीं होते तब **map<Thing, shared_ptr<Widget>>** का प्रयोग करे।

उदाहरण 5: इंडेक्स कंटेनर्स: मुख्य कंटेनर को रिस्टोर किए बिना, मुख्य कंटेनर ऑब्जेक्ट्स को अलग-अलग क्रम में रख सके और access कर सके इसके लिए आप दूसरे दर्जे के कंटेनर की व्यवस्था करें जो मुख्य कंटेनर के अंदर पॉएंट करता हो और dereferenced compare predicates का प्रयोग करके दूसरे दर्जे के कंटेनर्स के ऑब्जेक्ट्स को अलग-अलग तरह से सॉर्ट करता हो। लेकिन पॉएंटर्स के कंटेनर के बजाय **MainContainer::iterators** के (जो वैल्यु-जैसे ही होते है) कंटेनर का प्रयोग कीजिए।

संदर्भ

[Allison98] §14 • [Austern99] §6 • [Dewhurst03] §68 • [Josuttis99] §5.10.2 • [Koenig97] §5 • [Meyers01] §3, §7-8 • [SuttiyHysl04b]

80. सीक्वेन्स को विस्तरित करने के लिए push-back का प्रयोग कीजिए। (Prefer push-back to other ways of expanding a sequence.)

सारांश

जिन्हें संभव हो उन सभी को **push_back** कीजिए: अगर इनसर्शन की जगह कौन सी है इससे आपको कुछ फर्क न पड़ता हो तब किसी एलिमेंट को सीक्वेन्स के अंदर डालने के लिए **push_back** का प्रयोग करें। इसके लिए बने दूसरे साधन बहुत ही धीमे और अस्पष्ट हैं।

चर्चा

आप सीक्वेक्स में अलग-अलग जगहों पर एलिमेंट्स को इन्सर्ट करने के लिए **insert** का प्रयोग कर सकते हैं। एलिमेंट्स को सीक्वेक्स के अंदर append करने के कई तरीके हैं। ये हैं:

```
vector <int>vec;                    //vec is empty
vec.resize (vec.size () +1,1);      //vec contains {1}
vec.insert (vec.end () , 2);        //vec contains {1,2}
vec.push_back (3);                  //vec contains {1,2,3}
```

इन सभी फॉर्म्स में केवल **push_back** ही amortized constant time लेता है। दूसरे फॉर्म्स का कार्य quadratic जितना खराब हो सकता है। अर्थात **push_back** के अलावा दूसरे साधन, जैसे कि छोटा डाटा, सीक्वेन्स के विस्तार में रुकावट डाल सकते हैं (आइटम 7 देखें)।

push_back का काम सरल है: वह अपनी क्षमता को एकसमान रुप से बढ़ाने के बजाय उसका घातांकीय (exponential) विस्तार करता है। इसीलिए उसके साइज के साथ रिएलोकेशन और कॉपीज की संख्या तेजी से घटने लगती है। सिर्फ **push_back** को कॉल करके आबाद किए गए कंटेनर के लिए हर एलिमेंट को एक बार ही कॉपी किया जाता है और तब कंटेनर के साइज का कोई असर नहीं होता ।

इसमे संदेह नहीं है कि **resize** और **insert** एक जैसी पॉलिसी का प्रयोग कर सकते हैं किंतु यह पॉलिसी इंप्लिमेंटेशन पर निर्भर रहती है, केवल **push_back** ऐसी गारंटी देता है।

अल्गोरिदम्स कंटेनर को access नहीं करते, इसलिए वे **push_back** को सीधे कॉल नहीं कर सकते। फिर भी अल्गोरिदम को **back_inserter** का प्रयोग करके **push_back** का इस्तेमाल करने के लिए कहा जा सकता है।

अपवाद

अगर आप जानते हैं कि आप रेंज को मिलाने जा रहे हैं, फिर चाहे कंटेनर के अंत में ही सही, तब range insertion फंक्शन का प्रयोग करें (आइटम 81 देखें)।

कंटेनर की क्षमता में exponential वृद्धी हो रही हो तो वह मेमोरी एलोकेशन के लिए अच्छा होता है, उसमें भी वृध्दी होती है। इस वृध्दी को नियंत्रित करने के लिए reserve को स्पष्ट रुप से कॉल करें। यदि पर्याप्त जगह हो तो **push_back, resize** और इसके ही जैसे कभी शुरु न होनेवाले रिएलोकेशन को कॉल करें। **vector** को सही आकार में रखने के लिए shrink-to-fit इस idiom का प्रयोग करें (आइटम 82 देखें)।

संदर्भ

[Stroustrup00] §3.7-8, §16.3.5, §17.1.4.1

81. एक ही एलिमेंट पर ऑपरेशन्स करने के बजाय पूरी रेंज पर ऑपरेशन्स कीजिए। (Prefer range operations to single element operations.)

सारांश

जब हवा तेज न हो तब चप्पू का इस्तेमाल करने की जरुरत नहीं है (लैटिन कहावत के अनुसार): सीक्वेन्स कंटेनर में एलिमेंट्स को शामिल करते समय एक ही एलिमेंट को बार-बार कॉल करके ऑपरेशन को पूरा करने के बजाय रेंज ऑपरेशन्स का ही प्रयोग करें (उदाहरण के लिए, **insert** का ऐसा फॉर्म जो iterators की एक जोड़ी को लेता हो)। रेंज ऑपरेशन्स को लिखना और पढ़ना आसान होता है तथा एक्सप्लिसिट लूप की तुलना में वह कार्यक्षम भी होता है (आइटम 84 देखें)।

चर्चा

फंक्शन को आप जितना जादा संदर्भ देंगे, वह उतनी ही अच्छी तरह से उस इनफॉरमेशन का इस्तेमाल करेगा। खास करके जब आप एक अकेले फंक्शन को कॉल करते हैं और उसे **first** और **last** नाम की iterators की एक जोड़ी pass करते हैं, जो कि रेंज को सीमित करते हों, तो वह फंक्शन **distance(first, last)** को कंप्यूट करके कितने ऑब्जेक्ट्स को शामिल किया जानेवाला है इसकी जानकारी पा लेता है और ऑप्टीमाइजेशन कर सकता है।
यही सब 'n बार दोहराए (repeat n times)' जानेवाले ऑपरेशन्स पर भी अप्लाई होता है। जैसे कि, **vector** कन्स्ट्रक्टर जो repeat count और वैल्यु लेता है।

उदाहरण

उदाहरण 1: **vector::insert**। मान लीजिए कि आप **vector v** में एलिमेंट्स को जोड़ना चाहते हैं। **v.insert(position, x)** को बार-बार कॉल करने पर **v** उसके हर नए एलिमेंट को जगह मिल सके इस लिए अपने स्टोरेज को बढ़ाता है जिसकी वजह से कई बार रिएलोकेशन करना पड़ता है।

हर अकेले एलिमेंट को **insert** करना एक लिनिअर ऑपरेशन है क्योंकि हर एलिमेंट के लिए जगह बनाने के लिए उसे पर्याप्त एलिमेंट्स का क्रम बदलना पड़ता है और इस तरह से दूसरे कई एलिमेंट्स को **insert** करने के लिए किए गए कॉल्स के साथ n एलिमेंट्स को इनसर्ट करना एक quadratic ऑपरेशन बन जाता है। अर्थात कई बार रिएलोकेशन करने की समस्या को हम **reserve** का प्रयोग करके हल कर सकते हैं किंतु वह एलिमेंट्स का क्रम बदलने की क्रिया और इस इनसर्शन ऑपरेशन के quadratic रुप को कम नहीं कर सकता। **v.insert(position,first,last)** लिखकर आपका प्रोग्राम तेज और सरल हो जाता है, जहाँ **v** में जोड़े जानेवाले एलिमेंट्स की रेंज को सीमित करने वाले iterators हैं, **first** और **last**। (**first** और **last** अगर इनपुट iterators हैं तो रेंज की साइज को पार करने से पहले उसे निश्चित करने का कोई तरीका नहीं है। इसकी वजह से **v** को अब भी कई बार रिएलोकेशन्स करने पड़ते हैं। लेकिन तब भी हर एलिमेंट को अलग से इनसर्ट करने के बजाय रेंज वर्जन ज्यादा अच्छा काम कर सकता है।)

उदाहरण 2: डिफॉल्ट कन्स्ट्रक्टर (या **clear**) को कॉल करने के बाद कंटेनर में स्वतंत्र इनसर्शन करने के बजाय जो कन्स्ट्रक्टर iterator रेंज को लेता है उसे (या **assign** फंक्शन को) कॉल करना बेहतर होता है।

संदर्भ

[Meyers01] §5 • [Stroustrup00] §16.3.8

82. कपैसिटी को कम करने और एलिमेंट्स को मिटाने के लिए प्रचलित idioms का प्रयोग कीजिए। (Use the accepted idioms to really shrink capacity and really erase elements.)

सारांश

वही आहार लें जो सही हो: अगर आप अतिरिक्त कपैसिटी को सच में कम करना चाहते हैं तो "swap trick" का प्रयोग करें। अगर आप सच में कंटेनर के एलिमेंट्स को मिटाना चाहते हैं तो erase-remove का प्रयोग करें।

चर्चा

कुछ कंटेनर्स में (जैसे कि, **vector, string, deque**) सभी एलिमेंट्स उनमें रखे जाने के बावजूद ऐसी अतिरिक्त जगह बच जाती है जिसकी अब कोई आवश्यकता नहीं होती। C++ स्टैंडर्ड लायब्ररी कंटेनर्स इस अतिरिक्त जगह को कम करने की कोई गारंटी नहीं देते हैं। इसके बावजूद "swaptrick" idiom हमारे लिए यह काम कर देता है। जैसे कि, **container** के टाइप C के लिए अगर अतिरिक्त जगह को कम करना हो तो हम ऐसा लिख सकते हैं:

```
container <T> (c).swap (c);      //the shrink-to-fit idiom to shed excess capacity
```

या **c** को पूरी तरह से खाली करने के लिए, **c** के सभी एलिमेंट्स को मिटाने के लिए और सभी संभव कपैसिटी को कम करने के लिए idiom है:

```
container <T>().swap (c);        //the idiom to shed all contents and capacity
```

remove अल्गोरिदम वास्तव में कंटेनर से एलिमेंट्स को हटाता नहीं है। इस बात पर नए STL प्रोग्रामर्स हैरान हो जाते हैं। किंतु यह सच है क्योंकि अल्गोरिदम केवल iterator रेंज पर काम करता है और कंटेनर मेंबर फंक्शन, जो आम तौर पर **erase** होता है, को कॉल किए बिना आप कंटेनर में से कुछ भी हटा नहीं सकते। **remove** वैल्युज का क्रम बदल देता है और जिन एलिमेंट्स को हटाया नहीं जा सकता उन्हें रेंज के शुरु में रख देता है। इसके बाद, जो एलिमेंट्स हटाए न गए हों उनके तुरंत बाद आनेवाले एलिमेंट को वह (remove) एक iterator रिटर्न करता है। अगर हम इस समस्या को हल करना चाहते हैं तो **remove** को कॉल करने के तुरंत बाद हमे **erase** को भी कॉल करना चाहिए और इसीलिए इसका नाम है erase-remove idiom। उदाहरण के लिए, कंटेनर के सभी ऐसे एलिमेंट्स जो **value** के बराबर हैं, को मिटाना हो तो आप ऐसा लिख सकते हैं:

```
c.erase(remove(c.begin(), c.end(), value) );
```

अगर किसी कंटेनर के **remove** या **remove_if** के मेंबर वर्जन हों तो उन कंटेनर्स के लिए उन्हीं का प्रयोग करिए।

अपवाद

std::string के copy-on-write इंप्लिमेंटेशन्स पर आम shrink-to-fit idiom काम नहीं करता है। ऐसे इंप्लिमेंटेशन्स के लिए हम **s.reserve(o)** को कॉल कर सकते हैं या आप **string(s.begin(), s.end ()).swap(s);** को लिखकर **string** को हटा सकते हैं ताकि iterator रेंज कन्स्ट्रक्टर का प्रयोग किया जा सके। यह अतिरिक्त कपैसिटी को कम कर देता है (फिर भी **std::string** इंप्लिमेंटेशन्स ने copy-on-write idiom को छोड़ना ही बेहतर होगा जो कि एक अप्रचलित ऑप्टीमाइजेशन है, [Sutter02] देखें।)

संदर्भ

[Josuttis99] §6.2.1 • [Meyers01] §17, §32, §44 • [Sutter00] §7 • [Sutter00] §7, §16

STL : अल्गोरिदम्स

Prefer algorithms to loops.
- Bjarne Stroutrup.
[Stroustrup00] §18.12

अल्गोरिदम्स लूप्स ही होते हैं लेकिन वे अच्छे लूप्स होते हैं। अल्गोरिदम्स लूप्स के अलग-अलग पैटर्न्स होते हैं जो उस लूप के साथ अकेले **for** और **do** की तुलना में बहुत ज्यादा semantic कंटेट जोड़ देते हैं और उसे अधिक उपयोगी बनाते हैं। अर्थात जब आप अल्गोरिदम्स का प्रयोग करना शुरु कर देते हैं, उसी पल से आप फंक्शन ऑब्जेक्ट्स और प्रेडिकेट्स का प्रयोग करना भी शुरु कर देते हैं। इसीलिए उन्हें योग्य तरीके से लिखें और अच्छी तरह से उनका प्रयोग करें।

हमारी दृष्टी से इस विभाग में सबसे महत्त्वपूर्ण आइटम है, आइटम 83 : जाँच किए गए STL इंप्लिमेंटेशन का प्रयोग कीजिए।

83. जाँच किए गए STL इंप्लिमेंटेशन का प्रयोग कीजिए। (Use a checked STL implementation.)

सारांश

पहले सुरक्षितता आती है (आइटम 6 देखें): STL इंप्लिमेंटेशन आपके सिर्फ एक ही कंपाइलर प्लेटफार्म के लिए उपलब्ध हो या रिलीज होने के पहले के परिक्षण के दौरान ही प्रयोग में लाया जा रहा हो तब भी सिर्फ जाँचे गए STL इंप्लिमेंटेशन का ही प्रयोग करें।

चर्चा

पॉएंटर के प्रयोग में हम जो गलतियाँ करते हैं वही गलतियाँ हम इटरेटर्स का प्रयोग करते समय भी दोहराते हैं। आम तौर पर ये बिना किसी वार्निंग के कंपाइल हो जाती हैं किंतु आगे चलकर वे क्रैश भी हो सकती हैं (जो अच्छा है) या ऐसा लगता है जैसे काम कर रही हैं (जो बुरा है)। अगर आपका कंपाइलर गलतियों को पकड नहीं सकता है तो आपको सिर्फ दिखाई देने वाली गलतियों पर ही निर्भर नहीं रहना चाहिए। इनके लिए जो टूल्स बने हैं उनका प्रयोग करना चाहिए।

STL से संबंधित गलतियाँ बहुत ही सामान्य होने के बावजूद अनुभवी प्रोग्रामर्स भी ऐसी गलतियाँ करते हैं। इनमें से कुछ हैं:

- अवैध या इनिशियलाइज न किए गए इटरेटर का प्रयोग करना: पहली गलती तो बहुत ही आसानी से हो जाती है।
- सीमा के बाहर के इंडेक्स को pass करना: उदाहरण के लिए, 100 एलिमेंट्स के कंटेनर में से 133 क्रमांक के एलिमेंट को access करना।
- ऐसे इंटरेटर रेंज का प्रयोग करना जो वास्तव में रेंज है ही नहीं: ऐसे दो इटरेटर्स को pass करना जिसमें से पहला इटरेटर दूसरे के पहले न आता हो या दोनों एक ही कंटेनर में से न हों।
- अवैध इटरेटर पोजीशन को pass करना: ऐसे कंटेनर मेंबर फंक्शन को कॉल करना जो इटेटर पोजीशन को लेता हो, जैसे कि **insert** करने के लिए भेजी गई पोजीशन, किंतु उसके बजाय ऐसे इटरेटर को भेजना जो दूसरे कंटेनर में से हो।
- अयोग्य क्रम का प्रयोग करना: associative कंटेनर को क्रम में रखने के लिए या सॉर्टिंग अल्गोरिदम्स के साथ तुलना करने के लिए क्रम लगाने के अवैध नियम निश्चित करना। (उदाहरणों के लिए [Meyers01] §21 देखें।) अगर STL की जाँच न की जाए तो run होते समय यह किसी एरर के बजाय अनिश्चित वर्तन या इन्फिनिट लूप के रुप में जाहिर हो जाते हैं।

अधिकांश जाँचे गए STL इंप्लिमेंटेशन्स, कंटेनर्स और इटरेटर्स में debugging और housekeeping की ज्यादा इनफॉरमेशन डालकर इन एरर्स को अपनेआप खोज लेते हैं। उदाहरण के लिए, कोई इटरेटर वह कौन से कंटेनर में से है यह याद रखता है, और कंटेनर उसके सभी विशेष इटरेटर्स को याद रखता है ताकि इटरेटर के अवैध हो जाने पर उसे अवैध mark कर सके। इस वजह से इटरेटर्स बड़े (fatter) हो जाते हैं, कंटेनर में एक अतिरिक्त state आ जाती है और जब कभी आप कंटेनेर में सुधार लाते हैं तब-तब आपको अतिरिक्त काम करना पड़ता है। लेकिन यह मेहनत कम से कम परिक्षण के दौरान और संभवत: release के दौरान भी जाया नहीं जाएगी (आइटम 8 को याद रखिए, और जब तक आप यह जान नहीं लेते कि इससे प्रभावित मामलों में परफॉर्मन्स ही वास्तविक समस्या है तब तक परफॉर्मन्स के लिए आवश्यक जाँच को बंद न करें)।

यदि आप जाँच को चालू रखकर साथ में दूसरे काम नहीं कर सकते हैं या आपके किसी भी टार्गेट प्लेटफार्म पर सिर्फ जाँचा गया STL हो तब भी कम से कम इतना जरुर देखें कि आपको हमेशा जाँचे गए STL के साथ बने अपने एप्लिकेशन के वर्जन के लिए सभी संबंधित परिक्षण करने चाहिए।

उदाहरण

उदाहरण 1: किसी अवैध इटरेटर का प्रयोग करनाः इटरेटर्स को कब अवैध निश्चित किया गया है यह जाने बिना ही अवैध इटरेटर्स का प्रयोग किया जाता है (आइटम 99 देखें)। [Meyers01] से लिए हुए इस उदाहरण को ही देखें जो **deque** के शुरु में एलिमेंट्स को इनसर्ट करता है:

```
deque <double>:: iterator current = d.begin ( );
for (size_t i = o; i < max; ++ i )
    d.insert (current ++ , data [i] + 41);          //do you see the bug?
```

तुरंत बताइएः क्या आपको यहाँ bug दिखाई दे रहा है? आपके पास तीन सेकंड ही हैं। समय खत्म हो गया! अगर आपको bug न मिला हो तो चिंता न करें क्योंकि यह छोटी गलती है तथा ऐसा होना स्वाभाविक है। जाँच किया गया STL इम्प्लिमेंटेशन इस एरर को दूसरे लूप के iteration में ही ढूँढ़ निकालता है और इस तरह से आपको खुद उस एरर को ढूँढ़ना नहीं पड़ता है। (इस कोड के निश्चित वर्जन के लिए और ऐसे लूप से कई बेहतर पर्यायों के लिए आइटम 84 देखें।)

उदाहरण 2: ऐसी इटरेटर रेंज का प्रयोग करना जो वास्तव में रेंज है ही नहीं। इटरेटर रेंज **first** और **last** नाम के इटरेटर्स की एक जोड़ी होती है जो रेंज के क्रमशः पहले और आखिरी एलिमेंट को रेफर करती है। **first** की वैल्यु को बार-बार बढ़ाने के बाद ही **last** की वैल्यु तक पहुँचना आवश्यक है। दो मामलों में हम इस इटरेटर रेंज, जो वास्तव में रेंज नहीं है, का प्रयोग कर सकते हैं: पहली स्थिति तब आती है जब रेंज को सीमित करनेवाले दो इटरेटर्स एक ही कंटेनर का निर्देश देते हों किंतु पहला इटरेटर दूसरे इटरेटर के पहले न आता हो:

```
for _ each (c. end(),  c.begin(), Something );          //not always this obvious
```

for_each उसके अंतर्गत लूप के हर इटरेशन पर पहला और दूसरा इटरेटर समान है या नहीं यह देखने के लिए उनकी तुलना करेगा और जब तक पहला और दूसरा इटरेटर असमान हो तब तक पहले इटरेटर को बढ़ाता जाएगा। ऐसे में आप पहले इटरेटर को चाहे जितनी बार बढ़ाएँ लेकिन पहला और दूसरा इटरेटर कभी समान नही होंगे और इसलिए इस लूप का कोई अंत नहीं होगा। व्यवहार में यह कंटेनर **c** के अंत में जाएगा और मेमोरी प्रोटेक्शन में दोष होने के कारण तुरंत क्रैश हो जाएगा। यह स्थिति ठीक है। किंतु सबसे बुरी बात यह है कि, वह अपने अधिकार में न आनेवाले मेमोरी के अंत में जाएगा और उन वैल्युज को पढ़ेगा या बदल देगा जो कि कंटेनर का हिस्सा नहीं हैं।

नियमों के अनुसार यह हमारे बदनाम दोस्त, buffer overrun से कुछ ज्यादा अलग नहीं है।

दूसरी स्थिति तब आती है जब इटरेटर्स अलग-अलग कंटेनर्स में से हों:

```
for_each (c.begin(), d.end(), Something );          //not always this obvious
```

इसका भी नतीजा पहले जैसा ही होगा। क्योंकि जाँच किए गए STL इटरेटर्स को यह याद रहता है कि वे कौन से कंटेनर में से हैं। इसलिए वे ऐसे run-time एरर्स का पता लगा सकते हैं।

संदर्भ

[Dinkumware-Safe] • [Horstmann95] • [Josuttis99] §5.11.1 • [Metrowerks] • [Meyers01] §21, §50 • [STLport-Debug] • [Stroustrup00] §18.3.1, §19.3.1

84. लिखित लूप्स के बजाय अल्गोरिदम कॉल्स का प्रयोग कीजिए। (Prefer algorithm calls to handwritten loops.)

सारांश

फंक्शन ऑब्जेक्ट्स का प्रयोग विवेक से करें: सरल लूप्स के बजाय बहुत ही सरल एवं कार्यक्षम लिखित लूप्स का प्रयोग करना बेहतर होता है। लेकिन लिखित लूप्स के बजाय अल्गोरिदम कॉल्स को लिखना ज्यादा सूचक है और उसे मेंटेन करना भी आसान है। इससे एरर्स भी कम आती हैं तथा वह ज्यादा कार्यक्षम भी है।
जब अल्गोरिदम्स को कॉल करना हो तब आप ऐसे कस्टम फंक्शन ऑब्जेक्ट्स लिखें जिनमें आवश्यक लॉजिक हो। पैरामीटर-बाइंडर्स और सरल फंक्शन ऑब्जेक्ट्स को (उदाहरण के लिए, **bind 2nd, plus**) जल्दबाजी में एकसाथ नहीं रखना चाहिए। ये अक्सर स्पष्टता को कम कर देते हैं। [Boost] Lambda library का प्रयोग करके देखिए, जो फंक्शन ऑब्जेक्ट्स के लिखने के काम को ऑटोमैट करती है।

चर्चा

STL का प्रयोग करनेवाले प्रोग्राम में non-STL प्रोग्राम्स की तुलना में कम explicit लूप्स होते हैं, जहाँ लो-लेवल semantics रहित लूप्स के बजाय हाई-लेवल और बेहतर डिफाइन किए गए abstract ऑपरेशन्स, जो semantic की ज्यादा इनफॉरमेशन को सूचित करते हैं, होते हैं। लूप के "हर एलिमेंट को प्रोसेस करें" इस विचार के बजाय अल्गोरिदम की "रेंज को प्रोसेस करें" इस विचार को अपनाएँ।

अल्गोरिदम्स और डिजाइन पैटर्न्स के प्रयोग से हमे मुख्य फायदा यह होता है कि इनका प्रयोग करते समय हम हाई-लेवल abstraction के बारे में जानेमाने शब्दों के द्वारा बात कर सकते हैं। इन दिनों हम यह नहीं कहते कि "बहुत से ऑब्जेक्ट्स को किसी एक ऑब्जेक्ट पर नजर रखने दें और जैसे ही उसकी state में कोई बदलाव आता है, उन्हें इस बारें मे अपनेआप सूचना मिले"। इसके बजाय हम केवल "observer" इतना ही कहते हैं। इसी तरह से "Bridge" "Factory" और "visitor" ऐसा भी कहते हैं। shared pattern vocabulary हमारी चर्चा के स्तर को, योग्यता को और शुद्धता को बढ़ाती है। अल्गोरिदम में हम यह नहीं कहते कि "किसी रेंज i के हर एलिमेंट पर यह क्रिया करें और इस क्रिया के नतीजे को किसी जगह पर लिख दें"। इसके बजाय हम कहते हैं, **transform**। इसी तरह से हम **for_each, replace_if** और **partition** कहते हैं। डिजाइन पैटर्न्स की तरह अल्गोरिदम्स भी अपने बारे में खुद ही जानकारी देते हैं। बात जब लूप के उद्देश्य से संबंधित कोई भी स्वाभाविक semantics इनफॉरमेशन को प्रकट करने की आती है तब केवल **for** और **while-do** लूप काफी नहीं हैं। वे पढ़नेवालों को लूप की बॉडी में क्या हो रहा है यह देखने और समझने के लिए विवश करते हैं।

इसके अलावा अल्गोरिदम्स शायद लूप्स से ज्यादा सही होते हैं। लिखित लूप्स में अवैध इटरेटर्स का प्रयोग करने जैसी गलतियाँ आसानी से हो जाती हैं। इसके विपरीत, अल्गोरिदम्स को अयोग्य इटरेटर्स और दूसरे सामान्य एरर्स के लिए पहले ही debug किया जाता है।

इसके अलावा कई बार अल्गोरिदम्स केवल लूप्स से ज्यादा कार्यक्षम होते हैं ([Sutter00]) और [Meyers01] देखें। वे **container-end()** को बार-बार इवैल्यूएट करने जैसी छोटे-छोटे और गलत कामों को टालते हैं। सबसे महत्वपूर्ण बात यह है कि आप जिन अल्गोरिदम्स का प्रयोग कर रहे हैं उन्हें उन्हीं लोगों द्वारा इप्लिमेंट किया जाता है जिन्होंने आप जिसका प्रयोग कर रहे हैं उस कंटेनर को भी इंप्लिमेंट किया होता है। अपनी जानकारी और अनुभव के आधार पर ये लोग आपसे कई बेहतर और कार्यक्षम अल्गोरिदम लिख सकते हैं। इनमें सबसे महत्वपूर्ण यह है कि, बहुत से अल्गोरिदम्स के इंप्लिमेंटेशन्स इतने अच्छे होते हैं कि हमारे लिखित कोड शायद कभी उनकी बराबरी नहीं

कर पाएंगे (जब तक दिया गया अल्गोरिदम जो-जो काम करता है उन सभी की हमे आवश्यकता नहीं होती)। आम तौर पर जिस लायब्ररी का प्रयोग बहुत विस्तृत तौर पर होता है वह बेहतर debug की गई और अधिक कार्यक्षम होती है क्योंकि कई यूजर्स उसका इस्तेमाल करते हैं। आपके स्टैंडर्ड लायब्ररी इंप्लिमेंटेशन्स का प्रयोग किसी भी दूसरी लायब्ररीयों की तुलना में बहुत बड़े पैमाने पर किया जाता है। इसीलिए इन स्टैंडर्ड लायब्ररी इंप्लिमेंटेशन्स का प्रयोग करके उनके फायदों का लाभ उठाएँ। जब STL अल्गोरिदम्स पहले से ही लिखे गए हैं तब हम उन्हें फिर से क्यों लिखें?

[Boost] lambda फंक्शन का प्रयोग करके देखिए। अल्गोरिदम्स की पढ़ने योग्य होने की (readidibility) सबसे बड़ी कमी को हटाने का महत्वपूर्ण साधन है lambda फंक्शन्स। वास्तविक कोड को कॉल पॉइंट पर ही रखते हुए ये lambda फंक्शन्स आपके लिए फंक्शन ऑब्जेक्ट्स को लिखते हैं। अगर आप lambda फंक्शन्स का प्रयोग नहीं करना चाहते हैं तो आपके पास दो ही विकल्प बचते हैं। एक है, फंक्शन ऑब्जेक्ट्स का प्रयोग करना (लेकिन तब सामान्य लूप बॉडी भी कॉल पॉइंट से दूर दूसरी जगह पर होती हैं)। दूसरा विकल्प है, **bind2nd** और **plus** जैसे स्टैंडर्ड बाइंडर्स और फंक्शन ऑब्जेक्ट्स का प्रयोग करना (किंतु वे कठिन होते हैं और उलझने पैदा करते हैं। उन्हें एकत्रित करना भी मुश्किल होता है क्योंकि **compose** जैसे मूलभूत ऑपरेशन्स स्टैंडर्ड का हिस्सा नहीं होते। लेकिन फिर भी [C++TR104] bind library का प्रयोग करने के बारे में सोचिए)।

उदाहरण

यहाँ [Meyers01] से लिए गए दो उदाहरण हैं:

उदाहरण 1: **deque** को transform करना: गलत इटरेटर, जो कि अवैध इटरेटर के कारण आते हैं, की समस्या को हल करके (उदाहरण के लिए आइटम 83 देखें) हमने निम्नलिखित लूप लिखा है जो **data** नाम के **double** के एक एरे के हर एलिमेंट में **41** को मिलाता है और नतीजे को **d** जो एक **deque<double>** है, के आरंभ में रखता है:

```
deque<double>:: iterator current = d. begin ( );
for ( size_t i = 0;  i <  max ;  + + i )  {
   current = d.insert (current , data [i] + 41);   //be careful to keep current valid...
   ++current;                                      //...  then increment it when it's safe
}
```

यहाँ अल्गोरिदम कॉल ने कोड के सही होने में बाधा डालनेवाली बातों को सीधे-सीधे अनदेखा कर दिया होता:

```
transform ( data, data + max,                  //copy elements from data
                 inserter(d, d.begin ( ) ) ,   //to the front of d
         bind2nd ( plus<double>( ),  41) );    //adding 41 to each
```

bind2nd और **plus** का प्रयोग करना गलत है और साफ-साफ कहा जाए तो वास्तव में कोई भी इनका ज्यादा प्रयोग नहीं करता है क्योंकि ये readibility को हानी पहुँचाते हैं (आइटम 6 देखें)। किंतु हमारे लिए फंक्शन ऑब्जेक्ट्स बनानेवाले lambda फंक्शन्स का प्रयोग करने पर हमे केवल इतना ही लिखना पड़ता है:

```
transform ( data , data + max , inserter( d, d. begin ( ) ), _1 + 41 );
```

उदाहरण 2: **x** और **y** के बीच के पहले एलिमेंट को ढूँढ़े। इस naked लूप को देखिए जो ढूँढ़े गए एलिमेंट को या **v. end ( )** को पॉइंट करनेवाले इटरेटर की गणना करके **x** और **y** के बीच में आनेवाली पहली वैल्यु के लिए **vector <int> v** में खोज करता है:

```
for ( vector <int> :: iterator i = v. begin ( );  i ! = v. end ( );  + + i )
     if  ( * i > x &&  * i  <  y ) break;
```

यहाँ अल्गोरिदम कॉल करना गलत होता है। Lambdas के न होने पर हमारे पास जो दो विकल्प बचते हैं वे हैं, कस्टम फंक्शन ऑब्जेक्ट लिखना या फिर स्टैंडर्ड बाइंडर्स का प्रयोग करना। दुर्भाग्य से हम अकेले स्टैंडर्ड बाइंडर्स का प्रयोग नहीं कर सकते (विपुलता होने के बावजूद) बल्कि हमे नॉन-स्टैंडर्ड **Compase2** adapter का भी प्रयोग करना पड़ता है और ऐसा करने के बावजूद भी कोड को समझन मुश्किल होता है (impenetrable) और कोई भी उसे कभी लिखना नहीं चाहता:

```
vector <int>::iterator i = find_if (v.begin ( ), v.end ( ),
                                    compose2 (logical_and <bool>() ,
                                    bind2nd (gr
                                    bind2nd ( less<int> ( ), y ) ) );
```

कस्टम फंक्शन ऑब्जेक्ट्स को लिखने का दूसरा विकल्प ज्यादा व्यवहार्य है। यह कॉल पॉएंट पर अच्छा मालूम होता है और इसकी मुख्य कमी यह है कि इसके लिए ऐसा **BetweenValues** फंक्शन ऑब्जेक्ट लिखना पड़ता है जो बॉडी के लॉजिक को कॉल पॉएंट से दूर ले जाता हो:

```
template <typename<T>
class BetweenValues : public unary_function <T, bool> {
publlc:
BetweenValues (const T& low, const T& high): low_(low), high_(high) { }
bool operator () ( const T& val) const { return val > low_ && val < high_ ; }
private :                                   //far away from the point of use
T low_, high_
};

vector <int>::iterator i = find_if ( )v. begin ( ), v. end ( ), BetweenValues <int> (x, y));
```

यदि हम फंक्शन ऑब्जेक्ट्स को बनानेवाले lambda फंक्शन्स लिखते हैं तो हमे केवल इतना ही लिखना पडता है:

```
vector <int>::iterator i = find_if (v.begin (), v.end (), _1 > x  && _ 1 < y);
```

अपवाद

फंक्शन ऑब्जेक्ट्स के साथ अल्गोरिदम कॉल्स का प्रयोग करने पर वे लूप की बॉडी को कॉल की जगह से दूर रख देते हैं और तब लूप को पढ़ना कठिन हो जाता है। (जल्दबाजी में सामान्य ऑब्जेक्ट्स को स्टैंडर्ड और नॉन-स्टैंडर्ड बाइंडर्स के साथ रखना सही नहीं होगा।)

[Boost] lambda फंक्शन्स इन दोनों समस्याओं को हल करते हैं और आधुनिक कंपाइलर्स पर ये पूरी विश्सनियता के साथ काम भी करते हैं। किंतु वे पुराने कंपाइलर्स पर काम नहीं करते और गलत तरीके से लिखे जाने पर बहुत से एरर मेसेजेज देते हैं। named फंक्शन्स, जिनमें मेंबर फंक्शन्स भी शामिल हैं, को कॉल करने के लिए अब भी बाइंडर जैसे सिन्टैक्स की आवश्यकता होती है।

संदर्भ

[Allison98] §15 • [Austern99] §11-13 • [Boost] Lambda library • [McConnell93] §15 • [Meyers01] §43 • [Musser01] §11 • [Stroustrup00] §6.1.8, §18.5.1 • [Sutter00] §7

85. सही STL सर्च अल्गोरिदम का प्रयोग कीजिए। (Use the right STL search algorithm.)

सारांश

जितना पर्याप्त है उतना ही खोजें: सही खोज की गति बहुत तेज न सही लेकिन पर्याप्त तेज होती है। यह आइटम रेंज में से किसी विशिष्ट वैल्यु को ढूँढ़ने या उस रेंज में वह वैल्यु जिस जगह पर हो सकती है उस जगह को ढूँढ़ने के लिए क्या करना चाहिए यह बताता है। जो रेंज सॉर्ट नहीं की गई है ऐसी रेंज में ढूँढ़ने के लिए **find/find_if** या **count/count_if** का प्रयोग करें। सॉर्ट की गई रेंज में ढूँढ़ने के लिए **lower_bound, upper_bound, equal_rarge** या (कभी-कभी) **binary_search** का प्रयोग करें। (**binary_search** यह नाम हमेशा इस्तेमाल किया जाता है किंतु यह सही विकल्प नहीं है।)

चर्चा

जो रेंजेस सॉर्ट नहीं की गई हैं उनके लिए **find/find_if** और **count/count_if** आपको linear time में यह बताते हैं कि रेंज में एलिमेंट है या नहीं और अगर है तो कहाँ है। ध्यान रखें कि **find/find_if** ज्यादा कार्यक्षम है क्योंकि मिलता-जुलता एलिमेंट मिल जाने पर वह एलिमेंट को ढूँढ़ना बंद कर सकता है।

सॉर्ट की गई रेंजेस के लिए **binary_search, lower_bound, upper_bound** और **equal_range** इन चार binary search का प्रयोग करें जो logarithmic time में काम करते हैं। दुर्भाग्य से, अपने अच्छे नाम के बावजूद **binary_search** करीब-करीब हमेशा ही नाकाम होता है क्योंकि वह केवल मैचिंग एलिमेंट प्राप्त हुआ है या नहीं यह सूचित करनेवाले bool को ही रिटर्न करता है। सामान्यतः आपको **lower_bound** या **upper_bound** या **equal_range** इन विकल्पों की आवश्यकता होती है जो आपको **lower_bound** और **upper_bound** दोनों के रिजल्ट्स देते हैं (किंतु दुगुने कीमत पर नहीं)।

lower_bound उस इटरेटर को रिटर्न करता है जो पहले मैचिंग एलिमेंट (अगर कोई हो तो) को निर्देशित करता है, या उस जगह को जहाँ ऐसा एलिमेंट हो सकता था (अगर कोई भी मैच न हो तो)। सॉर्ट किए गए सीक्वेन्स में नई वैल्युज इनसर्ट करने के लिए उचित जगह ढूँढ़ने के लिए उपरोक्त में से दूसरा इटरेटर उपयोगी साबित होता है। **upper_bound** ऐसे इटरेटर को रिटर्न करता है जो आखिरी मैचिंग एलिमेंट (यदि हो तो) के तुरंत बाद में आनेवाली जगह को पॉएंट करता है। यह ऐसी जगह होती है जहाँ अगले समतुल्य एलिमेंट को जोड़ा जा सकता है। सॉर्ट किए गए सीक्वेन्स में नई वैल्युज को इनसर्ट करने के लिए सही जगह ढूँढ़ने के लिए यह उपयोगी है और ऐसा करते समय समतुल्य एलिमेंट्स जिस क्रम में इनसर्ट किए गए हों उन्हें उसी क्रम में रखा जाता है।

सॉर्ट किए गए रेजेंस के लिए **count (first, last, value);** के तेज वर्जन के रुप में **p = equal_range (first, last ,value); distance (p.first, p.second);** का प्रयोग करें।

अगर आप associative कंटेनर्स में खोज रहे हैं तो नॉनमेंबर अल्गोरिदम्स के बजाय उसी नाम के मेंबर फंक्शन्स का प्रयोग करें। आम तौर पर मेंबर वर्जन्स ज्यादा कार्यक्षम होते हैं तथा **count** का मेंबर वर्जन logarithmic time में काम करता है यह भी फायदा मिलता है (और इसीलिए मेंबर **count** को कॉल करने के बजाय **equal_range** को कॉल करके तुरंत **distance** को कॉल करने की हमारे पास कोई भी वजह नहीं होती, जैसा कि नॉनमेंबर **count** के साथ करना पड़ता है)।

संदर्भ

[Austern99] §13.2.3 • [Bentley00] §13 • [Meyers01] §34, §45 • [Musser01] §22.2 • [Stroustrup00] §17.1.4.1, §18.7.2

86. सही STL सॉर्ट अल्गोरिदम का प्रयोग कीजिए। (Use the right STL sort algorithm.)

सारांश

जितना पर्याप्त है उतने को ही सॉर्ट करें: हर सॉर्टिंग अल्गोरिदम क्या करता है यह जान लीजिए और फिर आप जो करना चाहते हैं उसे पूरा कर पाए ऐसे सादे अल्गोरिदम का प्रयोग करें।

चर्चा

आपको हमेशा संपूर्ण **sort** की आवश्यकता नहीं पड़ती। सामान्यतः आप कम ही sort करते हैं और कभी-कभी ज्यादा sort करते हैं। आपके पास सौम्य से लेकर सबसे सक्षम इस क्रम में स्टैंडर्ड सॉर्टिंग अल्गोरिदम के ये विकल्प हैं: **partition, stable_partition, nth_element, partial_sort** (उसका वेरियंट **partial_sort_copy** के साथ) **sort** और **stable_sort**। इन सॉर्ट अल्गोरिदम्स में से उसी अल्गोरिदम का प्रयोग करें जो आवश्यक काम करने के काबिल हो। आवश्यकता से अधिक कार्यक्षम अल्गोरिदम का प्रयोग करना व्यर्थ होता है।

partition, stable_partition और **nth_element** ये linear-time में काम करते हैं, जो एक अच्छी बात है।

nth_element, partial_sort और **stable_sort** को random-access इटरेटर्स की आवश्यकता होती है। अगर आपके पास केवल bidirectional इटरेटर्स ही हैं (उदाहरण के लिए, **list <T>::iterators**), तो आप इन तीनों अल्गोरिदम्स में से किसी का भी प्रयोग नही कर सकते हैं। अगर आपको इन अल्गोरिदम्स की आवश्यकता है लेकिन आपके पास random-access इटरेटर्स नहीं हैं तो index container idiom का प्रयोग करें। मतलब आपके रेंज में जो इटरेटर्स हैं उनके random-access इटरेटर्स का समर्थन करनेवाला कंटेनर बनाएँ (उदाहरण के लिए, **vector**) और बाद में आपके predicates के dereferencing वर्जन (जो वास्तविक तुलना करने से पहले इटरेटर्स को dereference करता हो) के बजाय ज्यादा कार्यक्षम अल्गोरिदम का प्रयोग करें।

आपको जब समान एलिमेंट्स के क्रम को कायम रखना हो तभी **stable_...** वर्जन का प्रयोग करें। ध्यान रहें कि **partial_sort** और **nth_element** मजबूत नहीं हैं (अर्थात वे समान एलिमेंट्स को उसी सबंधित क्रम में नहीं रखते हैं जिस क्रम में वे सॉर्ट किए जाने के पहले होते हैं) और उनके कोई प्रमाणित स्टेबल वर्जन नहीं होते। फिर भी अगर आपको इन्हीं अल्गोरिदम्स की आवश्यकता हों तथा आप उन्हें स्थिर भी रखना चाहते हों तो हो सकता है कि आपको **stable_sort** की आवश्यकता होगी।

अगर आपको सॉर्टिंग अल्गोरिदम की आवश्यकता ही न हो तो आप उनका प्रयोग न करें। अर्थात जब आप स्टैंडर्ड associative कंटनेर का (जैसे कि, **set/multiset** या **map/multimap**) या **priority_queue** एडाप्टर का प्रयोग कर रहे हैं तब और जब आप केवल एक सॉर्ट क्रम चाहते हैं और चाहते हैं कि कंटेनर में जो एलिमेंट्स हैं वे हमेशा उसी सॉर्ट क्रम में रहे तब आपको इन अल्गोरिदम्स की कोई आवश्यकता नहीं होती।

उदाहरण

उदाहरण 1: partition। आपकी रेंज को दो ग्रुप्स में बाँटने के लिए ही **partition** का प्रयोग करें। इन दो ग्रुप्स में से एक ग्रुप में वे सभी एलिमेंट्स होते हैं जो आपके predicates के अनुसार हों और दूसरे ग्रुप के, जो पहले के तुरंत बाद आता है, एलिमेंट्स आपके predicates के अनुसार नहीं होते।

आगे जो सवाल पूछे हैं उनके जवाब के लिए इतना ही काफी है:

- "किन छात्रों को B+ या उससे बेहतर ग्रेड मिली है?" उदाहरण के लिए, इसका जवाब ढूँढ़ने का काम **partition(students.begin(), students.end(), GradeAtleast("B+"));** करता है और उस पहले छात्रा के iterator को रिटर्न करता है जिसकी ग्रेड कम से कम B+ नहीं है।
- "वे कौन सी वस्तुएँ हैं जिनका वजन 10 kg से कम है?" उदाहरण के लिए, यह काम **partition (products.begin(), products.end(), WeightUnder(10));** करता है और उस पहले वस्तु के iterator को रिटर्न करता है जिसका वजन 10 kg या उससे कम हो।

उदाहरण 2: **nth_element**। अगर रेंज को पूरी तरह से सॉर्ट किया गया होता तो सिंगल एलिमेंट रेंज में जो जगह ले सकता था ऐसे उचित **n** स्थान पर उसे रखने के लिए **n-th** एलिमेंट का प्रयोग करें और बाकी सभी एलिमेंट्स को उस **n-th** एलिमेंट के आगे या पीछे रखें। आगे जो सवाल पूछे हैं उनके जवाब के लिए इतना काफी है:

- "मेरे सबसे बढ़िया 20 salespeople कौनसे हैं?" यहाँ **nth_element(s.begin(), s.begin+19, s.end, SalesRating);** सबसे अच्छे 20 एलिमेंट्स को सामने रखेगा।
- "इस उत्पादन में कौन सा ऐसा आइटम है जो कि मध्यम क्वालिटि का है?" इसका मतलब है कि वह एलिमेंट सॉर्ट की गई रेंज के मध्य में स्थित है। उस एलिमेंट को ढूँढ़ने के लिए हमे लिखना पड़ता है: **nth_element(run.begin(), run.begin()+run.size()/2, run.end, ItemQuality);**
- "कौन सा ऐसा आइटम है जिसकी क्वालिटी 75 percentile है?" यह आइटम सॉर्ट की गई रेंज में 25% बाहर है। इस एलिमेंट को ढूँढ़ने के लिए हमे लिखना पडता है: **nth_element(run.begin(), run.begin()+run.size()*.25, run.end, ItemQuality);**

उदाहरण 3: **partial_sort** । **partial_sort, nth_element** का ही काम करता है लेकिन यहाँ **n-th** एलिमेंट के पहले के सभी एलिमेंट्स उनके सॉर्ट किए गए सही जगहों पर स्थित होते हैं। **nth_element** के जैसे प्रश्नों के जवाब देने के लिए और साथ में जहाँ मैच किए गए एलिमेंट्स को सॉर्ट करना भी जरुरी है वहाँ **partial_sort** का प्रयोग करें (लेकिन जो एलिमेंट्स मैच नहीं होते उन्हें सॉर्ट करने की आवश्यकता नहीं होती)। आपको इस सवाल का जवाब देने के लिए इतना काफी है: "पहले, दूसरे और तीसरे स्थान के विजेता कौन हैं?" उदाहरण के लिए, **partial_sort(contestants.begin(), contestants.begin()+3, contenstants.end(), ScoreCompare);** यह पहले तीन विजेताओं को कंटेनर के शुरु में रख देता है।

अपवाद

partial_sort को कम काम करना पड़ता है और इसीलिए वह full **sort** से अधिक तेज होता है। हालांकि अगर आप अधिकांश (या पूरी) रेंज को सॉर्ट करने जा रहा हैं तो **partial_sort** यह full **sort** से धीमा हो सकता है।

संदर्भ

[Austern99] §13.1 • [Bentley00] §11 • [Josuttis99] §9.2.2 • [Meyers01] §31 • [Musser01] §5.4, §22 .26 • [Stroustrup00] §17.1.4.1, §18.7 • [Sutter00] §7, §20

87. प्रेडिकेट्स को शुध्द फंक्शन्स बनाइए। (Make predicates pure functions.)

सारांश

प्रेडिकेट्स की शुद्धताः प्रेडिकेट्स एक ऐसा फंक्शन ऑब्जेक्ट होता है जो हा/ना (yes/no) में जवाब रिटर्न करता है और यह जवाब सामान्यतः bool वैल्यु होते हैं। गणितीय संज्ञा के अनुसार कोई भी फंक्शन केवल तभी शुध्द माना जाता है जब उस फंक्शन से मिलनेवाले रिजल्ट्स उसके आर्ग्युमेंट्स पर निर्भर करते हों (ध्यान रहे कि यहाँ "शुध्द /pure" का संबंध pure वर्चुअल फंक्शन के साथ नहीं है)।

जो state अपने **operator()** के रिजल्ट्स पर असर करती हो, इसमें मेंबर तथा ग्लोबल दोनों शामिल हैं, उसे थामने की या access करने की अनुमती प्रेडिकेट्स को न दें। प्रेडिकेट्स के लिए **operator()** को एक **const** मेंबर फंक्शन बनाएँ (आइटम 15 देखें)।

चर्चा

अल्गोरिदम्स अज्ञात क्रम में और अज्ञात समय में अपने प्रेडिकेट्स की कई कॉपीयाँ बनातें है और फिर इन कॉपीयों को आसपास के कोड में भेजते रहते हैं, ऐसा मानकर कि ये सभी कॉपीयाँ एकसमान हैं।

इसीलिए प्रेडिकेट्स की सभी कापीयाँ वास्तव में एकसमान हैं यह निश्चित करना आपकी जिम्मेदारी होती है, और इसका मतलब है कि उन प्रेडिकेट्स को शुध्द फंक्शन यानी ऐसा फंक्शन होना चाहिए जिसके रिजल्ट्स पर केवल **operator()** को pass किए गए आर्ग्युमेंट्स ही परिणाम कर सकते हैं। प्रेडिकेट्स को आर्ग्युमेंट्स के एकजैसे संच को इवैल्युएट करने के लिए कहा जाता है, उस संच के सभी आर्ग्युमेंट्स के लिए प्रेडिकेट्स ने एकसमान नतीजे को ही रिटर्न करना चाहिए। state को थामने या access करने वाले (stateful) प्रेडिकेट्स उपयोगी हैं ऐसा लगता है लेकिन C++ स्टैंडर्ड लायब्ररी और उसके अल्गोरिदम्स के साथ ऐसे प्रेडिकेट्स इतने उपयोगी साबित नहीं होते। ये प्रेडिकेट्स निम्नलिखित दो ही परिस्थितीयों में उपयोगी हो सकते हैं:

- यदि प्रडिकेट्स को कॉपी न किया गया होः स्टैंडर्ड अल्गोरिदम्स ऐसी कोई भी गारंटी नहीं देते हैं कि वे प्रेडिकेट्स की कॉपीयाँ नहीं बनाएंगे। बल्कि वे यही मानते हैं कि प्रेडिकेट्स को कॉपी करना आसान तथा सुरक्षित है।

- यदि प्रडिकेट्स को बताए गए निश्चित क्रम में अप्लाई किया गया होः अल्गोरिदम्स इस बात की गारंटी नहीं देते हैं कि वे रेंज में मौजूद एलिमेंट्स पर प्रडिकेट्स को किस क्रम में अप्लाई करेंगे। ऐसी कोई गारंटी न होने के कारण "तीसरे एलिमेंट को flag करें" जैसे ऑपरेशन्स का कोई मतलब नहीं होता क्योंकि कौनसे तीसरे एलिमेंट पर प्रडिकेट को अप्लाई किया जाएगा यह निश्चित नहीं होता (उदाहरण देखें)।

पहली बात को प्राप्त किया जा सकता है। इसके लिए हमे ऐसा हलका प्रेडिकेट लिखना पड़ेगा जो अपनी deep state को दूसरों के साथ बाँटने के लिए reference-counting तकनिक का प्रयोग करता हो। ऐसा करने से प्रडिकेट्स की कॉपीयाँ बनने की समस्या का भी समाधान हो जाता है क्योंकि अब जब वे ऑब्जेक्ट्स पर अप्लाई किए जाएंगे तब अपने semantics को बदले बिना ही प्रेडिकेट की सुरक्षित रुप से कापीयाँ बनाई जाएंगी। ([Sutter02] देखें।) किंतु दूसरी परिस्थिती को प्राप्त करना संभव नहीं है।

प्रेडिकेट टाइप के **operator()** को हमेशा const मेंबर फंक्शन के रुप में ही डिक्लेअर करें। इससे, अगर आप ऐसे किसी डाटा मेंबर को बदलने की कोशिश करते हैं जो शायद उस प्रडिकेट टाइप में हो, तो कंपाइलर एरर दिखाकर आपको ऐसी गलती करने से रोक सकता है। लेकिन इससे सभी अनुचित व्यवहारों पर रोक नहीं लगती। उदाहरण के लिए, यह ग्लोबल डाटा के accesses को flag नहीं करेगा। लेकिन इससे आप आम तौर पर जो गलतियाँ करते हैं उन्हें टालने में कंपाइलर को कुछ मदद अवश्य मिलती है।

उदाहरण

उदाहरण: FlagNth। यहाँ [Sutter02] से लिया हुआ सबसे अच्छा उदाहरण दिया है जिसका उद्देश्य है कंटेनर v में जो तीसरे क्रमांक का एलिमेंट है उसे हटाना:

```
class FlagNth {
public:
  FlagNth (size_t n) : cuurrent_(0), n_(n) { }
  //evaluate to true if and only if this is the n_th invocation
  template <typename T>
  bool operator ( ) (const T&) { return ++current_ ==n_ ; } // bad : non-const
private:
  size_t current_, n_;
};
// ... later...
v. erase (remove_if (v.begin(), v.end(), FlagNth(3) ) );
```

यहाँ हमारा उद्देश्य है तीसरे एलिमेंट को हटाना। लेकिन इसके बावजूद यह कोड ऐसी कोई गारंटी नहीं देता है। अधिकांश वास्तविक STL इंप्लिमेंटेशन्स में यह तीसरे और छटे दोनों एलिमेंट्स को मिटाता है। ऐसा क्यों? क्योंकि, **remove_if** को **find_if** और **remove_copy_if** के रुप में इंप्लिमेंट किया जाता है और वह इन दोनों फंक्शन्स को प्रेडिकेट्स की एक-एक कॉपी भेजता है, शायद तब जब उसने पहले से ही खुद उस प्रेडिकेट की state पर कुछ असर करने का काम कर लिया हो।

सैध्दांतिक रुप से यह एक गलत उदाहरण है क्योंकि **remove_if** केवल उन एलिमेंट्स को हटाने की गारंटी देता है जो कुछ शर्तों को पूरा करते हैं। वह नहीं बताता है कि रेंज मे जो एलिमेंट्स हैं उन्हें किस क्रम में भेट दी जाएगी। इसलिए कोड एक ऐसी मान्यता पर निर्भर रहता है जो कल्पित तथा कही भी न बताई गई है और जिसे पूरा नहीं किया जा सकता है।

किसी विशिष्ट एलिमेंट को हटाने का सही तरीका यही है कि हम उस एलिमेंट को दोहराए और फिर **erase** को कॉल करें।

संदर्भ

[Austern 99] §4.2.2 • [Josuttis99] §5.8.2, §8.1.4 • [Meyers01] §39 • [Stroustrup00] §10.2.6 • [Sutter00] §2-3

88. अल्गोरिदम और तुलना करने वाले आर्ग्युमेंट्स के रुप में फंक्शन्स के बजाय फंक्शन ऑब्जेक्ट्स का प्रयोग कीजिए। (Prefer function objects over functions as algorithm and comparer arguments.)

सारांश

ऑब्जेक्ट्स फंक्शन्स की तुलना में ज्यादा अच्छी तरह से जुड़ते हैं: अल्गोरिदम्स को फंक्शन्स के बजाय फंक्शन ऑब्जेक्ट्स को ही pass करें। associative कंटेनर्स के लिए तुलना करनेवाले आर्ग्युमेंट्स फंक्शन ऑब्जेक्ट्स होने चाहिए। फंक्शन ऑब्जेक्ट्स एडाप्टेबल होते हैं और फंक्शन्स की तुलना में कोड को अधिक तेजी से बनाते हैं।

चर्चा

फंक्शन ऑब्जेक्ट्स को आसानी से एडाप्टेबल बनाया जा सकता है और उन्हें हमेशा एडाप्टेबल होना चाहिए (आइटम 89 देखें)। अगर आपके पास पहले से ही फंक्शन हो तब भी उसको एडाप्टेबल बनाने के लिए कभी-कभी आपको उस फंक्शन का प्रयोग **ptr_fun** या **mem_fun** के साथ में करना पड़ता है। उदाहरण के लिए, बाइंडर्स का प्रयोग करके अधिक जटिल एक्सप्रेशन बनाने के लिए आपको निम्नलिखित कोड लिखना होगा (आइटम 84 भी देखें):

```
inline bool IsHeavy (const Thing&)  { / *...* / }
find_if (v.begin(), v.end(), not1( IsHeavy) );                //error: isn't adaptable
```

इसीलिए यहाँ हमे **ptr_fun** का (या मेंबर फंक्शन्स के लिए **mem_fun** या **mem_fun_ref** का) प्रयोग करना होगा:

```
inline bool IsHeavy(const Thing&)  { / *...* / }
find_if (v.begin(), v.end(), not1( ptr_fun<Thing, void> (IsHeavy) ) );
                                                        //ok: now it's adaptable
```

यह सच है कि यहाँ हमे **ptr_fun** के टेम्प्लेट आर्ग्युमेंट्स को स्पष्ट रुप से बताना पड़ता है और यह कठिन है। फंक्शन्स का प्रयोग करने का यह भी एक नुकसान है। संक्षेप मे बताया जाए तो, टेम्पलेट आर्ग्युमेंट्स इसलिए आवश्यक होते हैं क्योंकि **ptr_fun** को इनके द्वारा ही आर्ग्युमेंट्स और रिटर्न टाइप का पता चलता है और वह **pointer_to_unary_function** को तैयार करता है, जिसकी वजह से दूसरे **&** को जोडने का प्रयास किया जाता है। किंतु रेफरेन्स को रेफरेन्स देने के प्रस्ताव को ISO C++ मान्यता नहीं देते हैं। **ptr_fun** की समस्या को ठीक करने के लिए, ताकि non-pointer पैरामिटर तथा रिटर्न टाइप्स से **const** और **&** को हटाया जा सके, कुछ तरीके हैं (आइटम 89 देखें) किंतु आज की तारीख में ये काम नहीं करते हैं।

अगर आप सही तरह से लिखे फंक्शन ऑब्जेक्ट्स (आइटम 89 देखें) का प्रयोग करते हैं, जिनमें कोई विशिष्ट सिंटैक्स न होते हुए भी वे शुरु से ही एडाप्टेबल होते हैं, तो आपको ये बाते याद रखने की जरुरत नहीं है।

```
struct IsHeavy : unary_function <Thing, bool> {
    bool operator() (const Thing&) const { / *...* / }
};
find_if (v.begin(), v.end(), not1( IsHeavy() ) );             //ok : adaptable
```

सबसे महत्त्वपूर्ण बात यह है कि यहाँ associative कंटेनर्स के लिए तुलना करनेवाले आर्ग्युमेंट्स को बताने के लिए आपको फंक्शन के बजाय फंक्शन ऑब्जेक्ट की जरुरत होगी। ऐसा इसलिए है क्योंकि टेम्पलेट टाइप पैरामीटर्स को सीधे फंक्शन टाइप के साथ instantiate करना गलत होता है:

```
bool CompareThings(const Thing&, const Thing&);
set <Thing, CompareThings> s;                          //error
```

इसके बजाय आपको लिखना चाहिए:

```
struct CompareThings :  public binary-function <Thing,Thing, bool> {
    bool operator() (const Things&, const Thing&) const;
};
set <Thing, CompareeThings> s;                           // ok
```

अंततः फंक्शन ऑब्जेक्ट्स का प्रयोग करना ज्यादा कार्यक्षम भी होता है। निम्नलिखित परिचित अल्गोरिदम को ही देखिए:

```
template <typename Iter, typename Compare>
Iter find_if(Iter first, Iter last, Compare comp);
```

अगर हम तुलना करने वाले आर्ग्युमेंट के रुप में **find_if** के पास फंक्शन को pass करते हैं तो,

```
inline bool Function(const Thing &) { / *...* / }
find_if (v.begin(), v.end(), Function);
```

यहाँ वास्तव में हम **Function** को दिए गए रेफरेन्स को **find_if** के पास भेजते हैं। कंपाइलर्स इन फंक्शन कॉल्स को बहुत कम बार inline करते हैं (पूरे प्रोग्राम के एनालिसिस को छोड़कर, जो आजकल के लोकप्रिय कंपाइलर्स की एक नई सुविधा है) जब कि उपरोक्त उदाहरण में फंक्शन को inline के रुप में डिक्लेअर किया गया है और **find_if** कॉल को कंपाइल करने के दौरान वह visible है। इसके अलावा जैसा कि हम जानते हैं, फंक्शन्स एडाप्टेबल नहीं होते।

अगर हम तुलना करने वाले आर्ग्युमेंट के रुप में फंक्शन ऑब्जेक्ट को **find_if** को pass करते हैं तो,

```
struct FunctionObject : unary_function <Thing, bool> {
    bool operator() (const Thing&) const { / *...* / }
};
find_if (v.begin(), v.end(), FunctionObject() );
```

हम ऐसे ऑब्जेक्ट को **find_if** को pass करते हैं जिसमें (अव्यक्त या व्यक्त रुप में) एक inline **operator**() फंक्शन होता है। C++ के पुराने युग से कंपाइलर्स नियमित रुप से ऐसे कॉल्स का inline करते आ रहे हैं।

टिप्पणी: ऐसा करना प्रीमैचुअर ऑप्टीमाइजेशन (आइटम 8 देखें) को बढ़ावा देना नहीं बल्कि आपको प्रीमैचुअर पेसीमाइजेशन (आइटम 9 देखें) करने से बचाना है। अगर आपके पास पहले ही फंक्शन हो तो (जब तक उस फंक्शन को **ptr_fun** या **mem_fun** का प्रयोग करने की जरुरत न पड़ती हो तब तक) आप फंक्शन का ही प्रयोग करें और उसे पॉइंटर pass करें। लेकिन अगर आप नया कोड लिख रहे हैं, जिसका प्रयोग अल्गोरिदम को भेजे जानेवाले आर्ग्युमेंट के रुप में करना है तब आप फंक्शन ऑब्जेक्ट ही लिखें।

संदर्भ

[Austern99] §4, §8, §15 • [Josuttis99] §5.9 • [Meyers01] §46 • [Meyers01] §8 • [Sutter00] §25

89. फंक्शन ऑब्जेक्ट्स को सही तरह से लीखिए। (Write function objects correcty.)

सारांश

सहज और एडाप्टेबल रहिए: फंक्शन ऑब्जेक्ट्स ऐसी वैल्युज होनी चाहिए जिन्हें आसानी से कॉपी किया जा सके। जहाँ कही भी संभव हो वहाँ फंक्शन ऑब्जेक्ट्स को **unary_** या **binary_function** में से inherit करके उन्हें एडाप्टेबल बनाएँ।

चर्चा

फंक्शन ऑब्जेक्ट्स की रचना भी फंक्शन पॉएंटर की तरह ही की गई है। फंक्शन पॉएंटर की तरह ही उन्हें भी वैल्यु के रुप मे pass किया जाता है। सभी स्टैंडर्ड अल्गोरिदम्स ऑब्जेक्ट्स को वैल्यु के रुप में pass करते हैं और आपके अल्गोरिदम्स को भी ऐसा ही करना चाहिए। उदाहरण के लिए:

```
template <class Inputlter, class Func>
Function for-each (Inputlter first, Inpuiter last, Function f);
```

इसीलिए फंक्शन ऑब्जेक्ट्स ऐसे हों कि उन्हें आसानी से कॉपी किया जा सके तथा वे monomorphic होने चाहिए (slicing से सुरक्षित होने चाहिए, इसलिए वर्चुअल फंक्शन्स को टालिए; आइटम 54 देखें)। लेकिन बड़े और/या पॉलिमॉर्फिक ऑब्जेक्ट्स उपयोगी होते हैं और उनका प्रयोग करना अच्छा भी होता है। प्रयोग करते समय Pimpl idiom (आइटम 43 देखें) के द्वारा इन ऑब्जेक्ट्स की साइज और समृद्धता (richness) को छुपाइए (आइटम 43 देखें)। इससे outer क्लास को आसानी से कॉपी किया जा सकता है तथा वह moomorphic बन जाता है किंतु तब भी समृध्द state को पा सकता है। outer क्लास:

- को अनुकुलनशील होना चाहिए: ऑब्जेक्ट्स को **unary_function** या **binary _function** से inherit किया जाना चाहिए। (नीचे देखें।)
- में Pimpl होना चाहिए: क्लास में बड़े/समृद्ध इंप्लिमेंटेशन को दिया गया पॉएंटर होना चाहिए (उदाहरण के लिए, **shared_ptr**)।
- में फंक्शन कॉल ऑपरटर्स होने चाहिए: इन्हें इंप्लिमेंट किए जानेवाले ऑब्जेक्ट के द्वारा pass करें।

कन्स्ट्रक्शन, असाइनमेंट, और/या डिस्ट्रक्शन के नॉन-डिफॉल्ट वर्जन उपलब्ध कराने के अलावा outer क्लास में यह सब होना चाहिए।

फंक्शन ऑब्जेक्ट्स एडाप्टेबल होने चाहिए। स्टैंडर्ड adapters और बाइंडर्स ऐसे typedefs पर निर्भर करते हैं जो फंक्शन ऑब्जेक्ट को **unary_function** या **binary_function** से प्राप्त करने के बाद बहुत ही आसानी से उपलब्ध हो जाते हैं। आपका **operator()** जिन टाइप्स को लेता और रिटर्न करता है उन्हीं के साथ **unary_function** या **binary_function** को instantiate करें। सिर्फ अगर यह टाइप नॉन-पॉएंटर टाइप का हो और हर एक के लिए अगर कोई उच्चस्तरिय **consts** और **&** हो तो उस टाइप में से **consts** और **&** को हटा दीजिए।

जिनमें अनेक **operator()** हों ऐसे फंक्शन्स को उपलब्ध न कराएं क्योंकि वे adaptability को मुश्किल बनाते हैं। वैसे देखा जाए तो adaptable typedefs को उपलब्ध कराना असंभव ही होता है क्योंकि अलग-अलग **operator()** फंक्शन्स के लिए एक ही typedef की अलग-अलग वैल्यु हो सकती हैं। सभी फंक्शन ऑब्जेक्ट्स प्रेडिकेट्स नहीं होते। प्रेडिकेट्स तो फंक्शन ऑब्जेक्ट्स का एक संच होते हैं (आइटम 87 देखें)।

संदर्भ

[Allison98] §15, §C • [Austern99] §4, §8, §15 • [Gamma 95] Bridge • [Josuttis99] §8.2.4 • [Koenig97] §1, §29 • [Meyers97] §34 • [Meyers01] §38, §40, §46 • [Musser01] §2.4, §8, §23 • [Sutter00] §26-30 • [Vandevoorde03] §22

टाइप सुरक्षितता

Trying to outsmart a compiler defeats much of the purpose of using one.
- Brian Kernighan & P.J.Plauger

If you lie to the compiler, it will get its revenge.
- Henry Spencer

There will always be things we wish to say in our programs that in all known languages can only be said poorly.
- Alan Perlis

किताब के अंत में अब हम टाइप के सही होने के बारे में चर्चा करेंगे। यह किसी भी प्रोग्राम के लिए बहुत ही महत्त्वपूर्ण बात है जिसे आप आपके संपूर्ण प्रोग्राम में रखना चाहेंगे। सैध्दान्तिक रुप से type-correct फंक्शन ने, जो उस टाइप की न हो ऐसी मेमोरी को (untyped) कभी भी access नहीं करना चाहिए या जाली वैल्युज को रिटर्न नहीं करना चाहिए। व्यवहार में, अगर आपका कोड टाइप की शुध्दता को बनाए रखता है तो वह nonportability से लेकर मेमोरी को दूषित करने तक तथा अनिश्चित व्यवहार को दिखाने के लिए जाली वैल्युज का निर्माण करनेवाले सभी एरर्स को आने से रोकता है।

टाइप की शुद्धता को बनाए रखने के पीछे मुख्य विचार यह है कि जिस फॉरमैट में बिट्स को लिखा जाता है हमेशा उसी फॉरमैट में उन्हें पढ़ा जाना चाहिए। कभी-कभी C++ इस नियम को आसानी से तोड़ देती है और आगे दिए गए आइटम्स में यही बताया गया है हम इन गलतियों को किस तरह से रोक सकते हैं।

हमारी दृष्टी से इस विभाग में सबसे महत्वपूर्ण आइटम है, आइटम 91: टाइप्स के ऑब्जेक्ट को कैसे प्रदशित किया जाता है उस पर नहीं बल्कि टाइप्स पर भरोसा कीजिए। टाइप सिस्टम आपका मित्र और आपका सच्चा साथी है। इसलिए उसकी सहायता लें और कभी भी उसके विश्वास को हानी न पहुंचाएँ।

90. टाइप स्विचिंग करना टालिए और पॉलीमॉर्फिझम का प्रयोग कीजिए।

(Avoid type switching; prefer polymorphism.)

सारांश

switch का प्रयोग न करें: किसी ऑब्जेक्ट के व्यवहार को कस्टमाइज करने के लिए उस ऑब्जेक्ट के टाइप पर switch का प्रयोग न करें। टाइप्स खुद ही अपना व्यवहार निश्चित कर सके (कॉलिंग कोड नहीं) इसके लिए टेम्पलेट्स और वर्चुअल फंक्शन्स का प्रयोग करें।

चर्चा

behavior को कस्टमाइज करने के लिए टाइप स्विचिंग करना कमजोर, एरर को बढ़ावा देनेवाला और असुरक्षित होता है और ऐसा करने का मतलब है कि C या Fortran के कोड को C++ में लिखने का प्रयत्न किया गया है। स्विचिंग एक सख्त तकनिक है जो किसी भी नई विशेषता को शामिल करने के लिए मौजूदा कोड में बदलाव लाने के लिए आपको विवश करती है। यह तकनिक असुरक्षित भी है क्योंकि किसी टाइप को शामिल करते समय यदि आप सभी switches को सुधारना भूल जाते हैं तो कंपाइलर आपको इसके बारे में कोई चेतावनी नहीं देता है।

प्रोग्राम में नए फीचर को शामिल करने का मतलब होता है एक नए कोड को शामिल करना (आइटम 37 देखें)। लेकिन हम जानते हैं कि यह हमेशा सच नहीं होता क्योंकि प्रोग्राम में हम जब भी किसी फीचर को शामिल करते हैं तब अक्सर हमे नए कोड को शामिल करने के साथ-साथ प्रोग्राम में पीछे जाकर मौजूदा कोड को सुधारना पड़ता है। कार्यरत कोड को बदलना अनचाहा होता है और ऐसा जितना हो सके उतना कम करना चाहिए। इसकी दो वजह हैं: पहली यह कि ऐसा करने से मौजूदा functionality टूट जाती है। दूसरी वजह है कि, जैसे-जैसे सिस्टम बढ़ती जाती है और नए-नए फीचर्स शामिल किए जाते हैं वैसे-वैसे टाइप स्विचिंग अपने आप को विस्तारित नहीं कर सकता क्योंकि प्रोग्राम की functionality को बनाए रखने के लिए आपको प्रोग्राम को बार-बार सुधारना पड़ता है और इस तरह से आपका काम बढ़ता जाता है। यह निरिक्षण हमे Open-Closed सिध्दांत का अवलंब करने को कहता है। इस सिध्दांत के अनुसार किसी भी एन्टिटी को (उदाहरण के लिए, क्लास या मोड्यूल) विस्तार के लिए खुला होना चाहिए और बदलावों के लिए बंद होना चाहिए। ([Martin96c] और [Meyer00] देखें।)

हम ऐसा कोड कैसे लिख सकते हैं जिससे कि कोड में बदलाव किए बिना कोड को विस्तारित किया जा सके। इसके लिए पॉलिमॉर्फिजम का प्रयोग करें और पॉलिमॉर्फिजम का प्रयोग करने के लिए कोड को abstractions के रुप में लिखें (आइटम 36 भी देखें)। फिर बाद में कोड में भिन्न functionality को शामिल करने के लिए उन abstractions के विभिन्न इंप्लिमेंटेशन्स को भी शामिल करें। abstractions का प्रयोग करनेवाले और उनको इंप्लिमेंट करनेवाले कोड के बीच में टेम्पलेट्स और वर्चुअल फंक्शन कॉल्स एक कवच (dependency shield) बना देते हैं (आइटम 64 देखें)।

इस तरह से dependencies का प्रबंध करना सही abstraction पर निर्भर करता है। अगर abstrctions अधूरे होंगे तो नई functionality को शामिल करने के लिए इंटरफेस को बदलने की आवश्यकता होगी (यहाँ केवल इंटरफेस के नए इंप्लिमेंटेशन्स को शामिल करना ही काफी नहीं है) और इसके लिए हमे मौजूदा कोड में ही बदलाव करने होंगे। लेकिन abstractions को "abstractions" इसीलिए कहा जाता है क्योंकि वे "details" यानी abstracions के संभव इंप्लिमेंटेशन्स से कई अधिक स्थिर होते हैं।

ऐसा कोड जो abstractions का प्रयोग नहीं करता या बहुत कम करता है वह concrete टाइप्स और उनके खास ऑपरेशन्स का सीधा-सीधा प्रयोग करता है। ऐसा कोड "details" से भरपूर होता है। हालांकि ये details कभी भी नष्ट हो सकते हैं।

उदाहरण

उदाहरणः विभिन्न आकार बनानाः इसका उत्तम उदाहरण है ऑब्जेक्ट्स को बनाना। switch टाइप का प्रयोग करनेवाला कोड, हर उस आकार के लिए जो कि अपने टाइप को स्टोर करता है, जैसे कि रेक्टैंगल सर्कल आदि, एक एन्युमरेटेड मेंबर वेरिएबल id_ को डिफाइन करता है। यहाँ आकार को बनानेवाला कोड टाइप को ढूँढ़ता है और फिर उसे प्राप्त करके कुछ खास काम करता हैः

```
class Shape { //...
    enum { RECTANGLE , TRIANGLE, CIRCLE } id_;
    void Draw ( ) const {
      switch (id_) {                         // bad
    case RECTANGLE;
      //... rectangle   drawing code ...
      break:;
    case TRIANGLE:
      // ...triangle  drawing code...
      break;
    case CIRCLE:
      // ...cicle  drawing code ...
      break;
    default:                                       // bad
      assert (! "Oops, forgot to update this switch when adding a new Shape");
      break;
      }
    }
};
```

ऐसा कोड अपने ही बोझ, कमजोरी, कठोरता और जटिलता के तले दबा रहता है। उसे आइटम 22 में बताई गई डरावनी transitive cyclic dependency का सामना करना पड़ता है। "इस टाइप के साथ क्या करना है, मालूम नहीं", **default** अक्सर ऐसा कहता है। यह किसी Object-Oriented प्रोग्राम के इंप्लिमेंटेशन से विपरीत है।

```
class Shape { // . . .
  virtual void Draw () const = 0 ;          //let each derived class implement it
};
```

इसके अलावा (या साथ-साथ) जहाँ कही भी संभव हो वहाँ कंपाइल-टाइम के दौरान निर्णय लेनेवाले इस इंप्लिमेंटेशन का विचार करें (आइटम 64 देखें):

```
template <class S>
void Draw (const S& shape) {
   shape.Draw ();                           //might or might not be virtual;
};                                          //see Item 64
```

अब यहाँ हर भूमितीय चित्र को बनाने की जिम्मेदारी उस चित्र को बनानेवाले कोड पर होती है और इसलिए यहाँ "इस टाइप को हैंडल नहीं कर सकता" ऐसी समस्या नहीं आती है।

संदर्भ

[Dewhurst03] §69, §96 • [Martin96c] • [Meyer00] • [Stroustrup00] §12.2.5 • [Sutter04] §36

91. टाइप के ऑब्जेक्ट्स को कैसे प्रदर्शित किया जाता है इस पर नहीं बल्कि टाइप्स पर भरोसा कीजिए। (Rely on types, not on representations.)

सारांश

ऑब्जेक्ट्स की गहराई में जाने का प्रयत्न न करें (आइटम 96 देखे): ऑब्जेक्ट्स को मेमोरी में कैसे प्रस्तुत किया जाएगा इसके बारे में अनुमान न लगाएँ। बल्कि टाइप्स को खुद यह निश्चित करने दें कि उनके ऑब्जेक्ट्स को मेमोरी में किस तरह से लिखा और पढ़ा जाएगा।

चर्चा

टाइप को मेमोरी में किस तरह से प्रस्तुत किया जाता है इसके बारे में C++ स्टैंडर्ड कुछ गारंटी देते हैं:

- पूर्णांक संख्याओं के लिए base two होने का आश्वासन देते हैं।
- निगेटिव पूर्णांक संख्याओं के लिए two's complement का आश्वासन देते हैं।
- Plain Old Data (POD) टाइप्स का लेआउट C के साथ कंपैटिबल होता है: मेंबर वेरियेबल्स उसी क्रम में स्टोर किए जाते हैं जिस क्रम में उन्हें डिक्लेअर किया जाता है।
- int कम से कम 16 बिट्स के होते हैं।

निम्नलिखित बाते आप शायद जानते होंगे लेकिन सभी नए architecture में उनके बारे में आश्वासन नहीं दिया जा सकता, तथा नए architectures में उनका उल्लंघन होना स्वाभाविक है:

- int सही मायने में 32 बिट्स के नहीं होते और न ही उनकी कोई निश्चित साइज होती है।
- पॉएंटर्स और **ints** की साइज हमेशा एक समान नहीं होती और उन्हें हमेशा आसानी से एक-दूसरे में cast नहीं किया जा सकता।
- क्लास के लेआउट्स बेसेस और मेंबर्स को जिस क्रम में डिक्लेअर किया गया हो उसी क्रम में हमेशा स्टोर नहीं करते।
- अलाइनमेंट के लिए क्लास के मेंबर्स के बीच में (और यहाँ तक कि POD के बीच में भी) खाली जगह हो सकती हैं।
- **offsetof** केवल POD के लिए ही काम करते हैं, वे सभी क्लासेस पर काम नहीं करते (लेकिन फिर भी संभव है कि कंपाइलर इसके लिए कोई भी एरर न दिखाए)।
- क्लास में शायद छुपा हुआ फील्ड हो सकता है।
- पॉएंटर्स शायद इंटिजर्स की तरह नहीं दिखते। अगर दो पॉएंटर्स क्रम में हो और आप उन्हें इंटिजर वैल्युज पर cast करते हैं तो उत्तर में मिलनेवाली वैल्युज शायद उसी क्रम में नही होती जिस क्रम में पॉएंटर्स होते हैं।
- ऑटोमैटिक वेरियेबल्स को मेमोरी में नियुक्त करने या stack किस दिशा में बढ़ता जाएगा इसके बारे में आप आसानी से अंदाजा नहीं लगा सकते।
- कुछ APIs आपको यह मानने के लिए मजबूर करते हैं कि फंक्शन को दिए गए पॉएंटर की और **void*** की साइज एकसमान होती है, लेकिन इन दोनों की साइजेज भिन्न होती हैं।
- आपके पास पर्याप्त जगह होने के बावजूद अलाइनमेंट के समस्या के कारण आप किसी भी मेमोरी एड्रैस पर किसी भी ऑब्जेक्ट को नहीं लिख सकते।

आप सिर्फ सही तरह से टाइप को डिफाइन करें और बिट्स, वर्ड्स और एड्रैसेस के बारे में सोचने के बजाय टाइप का प्रयोग करके डाटा को लिखें या पढ़ें। टाइप को मेमोरी में किस तरह से मैनिप्युलेट किया जाएगा इसके बारे में आपको सोचने की जरुरत नहीं है, C++ मेमरी मॉडल आपको विश्वास दिलाता है कि प्रोग्राम कोड सफलतापूर्वक एग्ज़िक्यूट होगा। इसलिए चिंता न करें।

संदर्भ

[Dewhurst03] §95

92. reinterpret_ cast का प्रयोग करना टालिए। (Avoid Using reinterpret_cast.)

सारांश

झूठ की उम्र ज्यादा नहीं होती (जर्मन तथा रुमानी कहावत): कंपाइलर एक टाइप के ऑब्जेक्ट के बिट को किसी दूसरे टाइप के ऑब्जेक्ट का बिट समझे इसके लिए **reinterpret_cast** के प्रयोग करने की कोशिश न करें। ऐसा करना टाइप की सुरक्षितता को मेंटेन करने के विरुध्द होगा, तथा **reinterpret_cast** ऐसा कुछ करने का या किसी और बात का आश्वासन नहीं देता है।

चर्चा

याद है, हेन्री स्पेन्सर ने कहा है "If you lie to compiler, it will get its revenge", मतलब अगर आप कंपाइलर से झूठ कहेंगे तो वह निश्चित ही इसका बदला लेता है। **reinterpret_cast** का प्रोग्रामर द्वारा प्रयोग किया जाना ऑब्जेक्ट को मेमोरी में कैसे प्रस्तुत किया जाएगा इसके बारे में प्रोग्रामर की मान्यता को दिखलाता है। प्रोग्रामर मानता है कि, कंपाइलर द्वारा सावधानीपूर्वक किए हुए टाइप की सूचना के साथ-साथ वह किसी भी आर्ग्युमेंट को चुन सकता है और इसके बारे में वह कंपाइलर से अधिक जानता है। अगर आप कंपाइलर्स को ऐसा करने के लिए कहेंगे तो वे ऐसा नहीं करेंगे और उन्हे इसके लिए मजबूर नहीं करना चाहिए। यह आखिरी उपाय होगा। डाटा किस तरह से प्रस्तुत होता है इसके बारे में न सोचें क्योंकि ऐसा करने से आपके कोड की सुरक्षितता और विश्वसनियता पर गहरा असर हो सकता है।

इसके अलावा, सच तो यह है कि **reinterpret_cast** का प्रयोग करने से मिलनेवाले परिणाम एक ऑब्जेक्ट के बिट पैटर्न को दूसरे ऑब्जेक्ट के बिट पैटर्न में रुपांतरित करने से मिलनेवाले परिणामों से बदतर होते हैं (जो अच्छा नहीं है)। कुछ कन्वर्जन्स का ऐसा होना ठीक है। लेकिन उनके अलावा बाकी सभी कन्वर्जन्स के परिणाम इंप्लिमेंटेशन पर निर्भर करते हैं। इसलिए आप यह नहीं जान पांएगे कि **reinterpret_cast** अपना काम करेगा या नहीं। उस पर भरोसा नहीं किया जा सकता तथा वह unportable भी होता है।

अपवाद

लो-लेवल सिस्टम में प्रोग्रामिंग करते समय कुछ पोर्ट्स बिट्स को निकालने और पोर्ट्स में से बिट्स को भेजने के लिए या इंटिजर्स को एड्रैसेस में तबदिल करने के लिए आपको **reinterpret_cast** का प्रयोग करना पड़ता है। असुरक्षित casting का प्रयोग जहाँ तक हो सके उतना कम और सिर्फ अच्छी तरह से छुपे हुए फंक्शन में जो उसे अलग करता हो, करें। इससे आपके कोड का प्रयोग कही पर भी किया जा सकता है, वह भी कम से कम बदलाव करके। आपको अगर unrelated पॉएंटर टाइप्स में से किसी एक का चुनाव करना है तब **reinterpret_cast** का प्रयोग करने के बजाय **void*** के जरिए casting करें। इसका मतलब है:

```
T1 * p1 = .... ;
T2 * p2 = reinterpret_cast <T2*> (p1);
```

ऐसा लिखने के बजाय आप यह लिखें:

```
T1 * p1 = ...;
void * pV = p1;
T2 * p2 = static_cast <T2 *> (pV);
```

संदर्भ

[C++03] §5.2.10(3) • [Dewhurst03] §39 • [Stroustrup00] §5.6

93. पॉएंटर्स पर static_cast का प्रयोग करना टालिए। (Avoid using static_cast on pointers.)

सारांश

dynamic ऑब्जेक्ट्स को दिए गए पॉएंटर्स पर **static_cast** का प्रयोग न करें: इसके बजाय हमारे पास कुछ सुरक्षित विकल्प हैं, जैसे कि **dynamic_cast** का प्रयोग करना, रिफैक्टरींग करना और फिर से डिजाइन करना।

चर्चा

static_cast के बजाय उससे अधिक ताकतवर **dynamic_cast** का प्रयोग करने से आपको **static_cast** कब सुरक्षित है और कब हानीकारक यह याद रखने की आवश्यकता नहीं होती। **dynamic_cast** थोडा कम कार्यक्षम है किंतु वह गलत casting का पता भी लगाता है (और इसके साथ आइटम 8 को न भूलें)। **dynamic_cast** की जगह **static_cast** का प्रयोग करने का मतलब होगा की 50 पैसे बचाने के लिए सालभर सीढ़ियों की बत्ती बंद करके फिसल कर अपने आपको जख्मी कर लेना।

कोड के डिजाइन में downcasting न करें और ऐसा न करना पड़े इसके लिए कोड को री-फैक्टर या फिर से डिजाइन करें। अगर आपको लगता है कि जिस फंक्शन को अपना काम करने के लिए वास्तव में **Derived** की आवश्यकता है उस फंक्शन के पास आप **Base** को भेज रहे हैं तब आवश्यक टाइप की जानकारी कहाँ गुम हो गई है इसका पता लगाने के लिए आपको सभी कॉल्स की जाँच करनी पड़ती है। ऐसे में कुछ prototypes को बदलना अक्सर एक अच्छा समाधान हो सकता है क्योंकि ये भी टाइप की जानकारी किस कोड में किस तरह से चलती आ रही है इसके बारे में आपको बताते हैं।

अत्याधिक downcasting करना शायद बेस क्लास इंटरफेस के अपर्याप्त होने की सूचना देता है। इससे ऐसे डिजाइन्स बन जाती हैं जो अपने ज्यादा से ज्यादा functionality को derived क्लास में डिफाइन करती हैं और जब कभी भी विस्तारित इंटरफेस की आवश्यकता पड़ती है तब आप बेस क्लास इंटरफेस की दुबारा इस तरह से रचना करें कि वह इंटरफेस अधिक functionality को उपलब्ध करा सके।

यदि **dynamic_cast** कुछ मायने रखता हो (आइटम 8 देखें) केवल तब और तब ही आप ऐसी cast को डिफाइन करें जो debugging के दौरान ही **dynamic_cast** का और "all speed no guarantees" मोड में **static_cast** का प्रयोग करती हो ([Stroustrup00] देखें):

```
template <class To class From> To checked_cast (From * from) {
    assert (dynamic_cast <To> (from) = = static_cast <To>(from) && "checked_cast failed");
    return static_cast <To> (from);
}
template <class To, class From> To checked_cast (From& from) {
    assert (dynamic_cast <To> (from) = = static_cast <To> (from) && "checked_cast failed");
    return static_cast <To> (from);
}
```

फंक्शन्स की यह जोड़ी (जिनमें से एक पॉएंटर के लिए और एक रेफरन्स के लिए है) दोनों cast सहमत है या नहीं इसकी जाँच करती है। अब यह आप पर निर्भर करता है कि आप **checked_cast** को कस्टमाइज करके उसका प्रयोग करेंगे या फिर लायब्ररी द्वारा उपलब्ध कराए गए **checked_cast** का।

संदर्भ

[Dewhurst03] §29, §35, §41 • [Meyer97] §39 • [Stroustrup00] §13.6-2 • [Sutter04] §44

94. किसी ऑब्जेक्ट के लिए const को cast करने के बाद उसकी वैल्यु को न बदलें। (Avoid casting away const.)

सारांश

कुछ झूठ के लिए दंड देना जरुरी होता है: किसी **const** ऑब्जेक्ट की वैल्यु को बदलने पर अनिश्चित व्यवहार मिल सकता है, और ऐसा करना सही होने के बावजूद **const** ऑब्जेक्ट की वैल्यु को बदलना खराब प्रोग्रामिंग कहलाता है।

चर्चा

const के रुप में किसी ऑब्जेक्ट का प्रयोग करने के बाद आप उससे पीछे नहीं हटते (हट नहीं सकते)। अगर आप ऐसे किसी ऑब्जेक्ट की वैल्यु को बदलते हैं जिसे पहले ही **const** के रुप में डिफाइन किया गया हो, तो अनिश्चित व्यवहार होना निश्चित है। उदाहरण के लिए, कंपाइलर्स constant डाटा को ROM में या write-protected ROM के पन्नों पर रख सकते हैं (और वे ऐसा करते भी हैं)। ऐसे वास्तविक **const** ऑब्जेक्ट के **const**-स्वरुप को बदलने जैसे झूठ सजा के काबिल होते हैं और वे अक्सर मेमोरी के दोष के रुप में सामने आते हैं।

किसी **const** ऑब्जेक्ट की वैल्यु को बदलने के बाद भले ही प्रोग्राम तुरंत बंद न होता हो लेकिन वह अपेक्षा के अनुसार काम भी नहीं करता है। उदाहरण के लिए, आगे बताया गया कोड अलग-अलग साइज के एरे को एलोकेट नहीं करता:

```
void Foolish (unsigned int n) {
    const unsigned int size = 1;
    const_cast <unsigned int&> (size) = n;          // bad : don't do this
    char buffer [size];                             // will always have size 1
// ...
}
```

C++ में एक implicit **const_cast** मौजूद है जिसमें **char*** एक ऐसी स्ट्रींग को पॉएंट करता है जिसे बदला नहीं जा सकता और जिसका स्वरुप अंतिम होता है:

```
char* weird = "Trick or treat ?" ;
```

यहाँ कंपाइलर चुपचाप **const_char**[16] से **char*** में **const_cast** करता है। इसका प्रयोग C API के साथ कंपैटिबल होने के लिए किया जाता है किंतु यह C++ की टाइप सिस्टम का एक दोष है। यहाँ जो स्ट्रींग होती है उसे केवल पढ़ा जा सकता है और उसे बदलने की कोशिश करने पर मेमोरी में दोष आ सकते हैं।

अपवाद

const-incorrect API, को कॉल करने के लिए **const** ऑब्जेक्ट की वैल्यु को शायद बदलना पड़ता है (आइटम 15 देखें)। जो फंक्शन एक ही प्रकार के रेफरेन्स को लेता और रिटर्न करता है, उसमें यदि **const** एवं non-**const** हों तथा उन्हें यदि एक-दूसरे को कॉल के करके इंप्लिमेंट किया जाता हो तभी **const** ऑब्जेक्ट की वैल्यु को बदलना अच्छा होता है:

```
const Object& f(const Object&);
Object& f (Object& obj) {
    const Object& ref = obj;
    return const_cast <Object&>(foo (ref) ); //have to const_cast the return type
}
```

संदर्भ

[Dewhurst03] §32 , §40 • [Sutter00] §44

95. C-स्टाइल कास्ट का प्रयोग न करें। (Don't use C- style casts.)

सारांश

आयु हमेशा बुद्धिमत्ता को सूचित करे यह आवश्यक नहीं है: C-स्टाइल में cast के संदर्भों के अनुसार अलग-अलग semantics होते हैं (अक्सर हानीकारक) और ये सभी semantics एक ही सिंटेक्स के पीछे छुपे रहते हैं। C-स्टाइल casts के बजाय C++ स्टाइल के casts को रखना अनपेक्षित एरर्स को आने से रोकता है।

चर्चा

C-स्टाइल के cast का प्रयोग करने के साथ समस्या यह है कि यहाँ एक ही सिंटैक्स हम कौन सी फाइलों को **#include** करने जा रहे हैं इसके अनुसार अलग-अलग काम करता है। स्टाइल को cast करने में भी कुछ खतरे होते हैं जो की cast के साथ चलते हैं। किंतु वे ऐसी संदिग्धताओं को हटाते हैं जो C-स्टाइल cast का प्रयोग करने से आती हैं। वे अपने उद्देश्य के बारे में स्पष्ट रुप से बताते हैं, उन्हें ढूँढ़ना आसान होता है तथा उन्हें लिखने में ज्यादा समय लगता है (इसलिए उसका प्रयोग करने वालों को दो बार सोचना पड़ता है) और वे बुरे **reinterpret_cast** का प्रयोग चुपचाप से नहीं करते (आइटम 92 देखें)।

निम्नलिखित कोड को ही लीजिए, जहाँ **Derived, Base** में से inherit होता है:

```
extern void Fun (Derived* );
void Gun (Base* pb) {
    //let's assume Gun knows for sure pb actually points to a Derived
    //and wants to forward to Fun
Derived* pd = (Base*) pb;                    // bad: C-style cast
Fun (pd);
}
```

यहाँ **Gun** अगर **Derived** की डेफिनेशन को (**"derived.h"** को include करके) access करता है तब ऑब्जेक्ट कहाँ है इसके बारे में कंपाइलर के पास पूरी जानकारी होगी जो कि **Base** से **Derived** में casting करते समय पॉइंटर एडजस्टमेंट करने के लिए आवश्यक है। लेकिन मान लीजिए, **Gun** का लेखक उचित डेफिनेशन फाइल को **#include** करना भूल जाता है और **Gun** अब केवल **class derived** के forward declaration को ही देख पाता है। ऐसी स्थिति में कंपाइलर यह मान लेगा कि **Base** और **Derived** में कुछ भी संबंध नहीं है और ऑब्जेक्ट लेआउट द्वारा बताई गई आवश्यक एडजस्टमेंट किए बिना ही **Base*** के बिट्स को **Derived*** के बिट्स के रुप में फिर से इंटरप्रिट करेगा।

संक्षेप में कहा जाए तो, अगर आप डेफिनेशन को **#include** करना भूल जाते हैं तो किसी भी एरर के बिना कंपाइल होने के बावजूद आपका कोड रहस्यमय तरीके से नाकाम हो जाता है। इस समस्या को आप निम्नलिखित कोड के जरिए टाल सकते हैं:

```
extern void Fun (Derived*);
void Gun (Base* pb) {
  //if we know for sure that pb actually points to a Derived use:
  Derived* pd = static_cast <Derived*> (pb);            //good: C++-style cast
  //otherwise:  = dynamic_cast <Derived*> (pb);         //good: C++-style cast
  Fun (pd);
}
```

इस कोड में अगर कंपाइलर के पास **Base** और **Derived** के बीच के संबंध के बारे में जानकारी न भी हो तब भी वह अपने आप bitwise (और शायद घातक) **reinterpret_cast** करने के बजाय एरर दिखाएगा (आइटम 92 देखें)। सिस्टम के विकास के दौरान C++ स्टाइल के cast आपके कोड की शुध्दता को बचाए रखते हैं। मान लीजिए कि आपके पास **Employee** आधारित hierarchy है और हर **Employee** के लिए अलग एवं एकमेव **Employee** ID को डिफाइन करना आवश्यक है। तब आप ID को **Employee** को दिए गए पॉइंटर के रुप में डिफाइन कर सकते हैं। पॉइंटर्स हर उस ऑब्जेक्ट को अलग से पहचानते हैं जिन्हें वे पॉइंट करते हैं और समानता बनाए रखने के लिए उनके बीच में तुलना की जा सकता है। हमे इसी की जरुरत होती है। इसलिए आप लिखते हैं:

```
typedef Employee* EmployeeID;
Employee& Fetch (EmployeeID id) {
  return *id;
}
```

मान लीजिए, आपने सिस्टम के एक हिस्से का कोड इस डिजाइन के अनुसार लिखा है। बाद में आपने जाना कि आपको अपने रिकार्ड्स को एक रिलेशनल डाटाबेस में सेव करना है। यह स्पष्ट है कि आप ऐसे में पॉइंटर को सेव नहीं करना चाहेंगे। इसलिए आपने अपने डिजाइन में ऐसे बदलाव किए कि अब हर **Employee** के लिए एक अनूठा इंटिग्रल आइडेंटिफायर है। अब यह इंटिग्रल ID, डाटाबेस में कायम रह सकता है और एक hash table उसे **Employee** ऑब्जेक्ट्स को map करता है। अब **typedef** कुछ ऐसा है:

```
tyedef int EmployeeID;
Employee& Fetch (EmployeeID id)  {
  return employee Table_lookup(id);
}
```

यह सही डिजाइन है और यहाँ कंपाइलर **EmployeeID** के सभी गलत प्रयोगों को कंपाइल-टाइम एरर के रुप में सूचित करेगा ऐसी अपेक्षा आप रख सकते हैं। कंपाइलर ऐसा ही करेगा, सिर्फ इस छोटे संदेहपूर्ण कोड को छोड़कर:

```
void TooCoolToUseNewCasts(EmployeeID id)  {
  Secretary* pSecretary = (Secretary*) id;          //bad:  C-style cast
  // ...
}
```

पुराने **typedef** के साथ C-स्टाइल cast, **static_cast** करता है। लेकिन **typedef** जब नया हो तो यह कुछ इंटिजर्स की कीमत पर **reinterpret_cast** करता है, जिसकी वजह से आपके कोड का व्यवहार अनिश्चित होना तय है (आइटम 92 देखें)।

grep जैसे ऑटोमैटिक टूल्स का प्रयोग करके C-स्टाइल casts को ढूँढ़ना आसान होता है। (कोई भी cast सिंटैक्स को पकड नहीं सकता।) cast (खास करके पॉइंटर्स के **static_cast** और **reinerpert_cast**, आइटम 92 देखें) बहुत ही हानीकारक होने की वजह से cast का पता लगाने के लिए ऑटोमेटेड टूल्स का प्रयोग करना हमेशा अच्छा होता है।

संदर्भ

[Dewhurst03] §40 • [Meyer96] §2 • [Stroustrup00] §15.4.5 • [Sutter00] §44

96. नॉन-POD पर memcpy या memcmp का प्रयोग न करें। (Don't memcpy or memcmp non-PODs.)

सारांश

ऑब्जेक्ट की बहुत गहराई में जाने का प्रयत्न न करें (आइटम 91 देखें): raw मेमोरी के अलावा किसी दूसरी रचनाओं के लिए कॉपी तथा तुलना करने के लिए **memcpy** और **memcmp** का प्रयोग न करें।

चर्चा

memcpy और **memcmp** टाइप सिस्टम को भंग करते हैं। ऑब्जेक्ट्स को कॉपी करने के लिए memcpy का प्रयोग करना फोटोकॉपीयर से नोट छापने जैसा होगा। ऑब्जेक्ट्स की तुलना करने के लिए **memcmp** का प्रयोग करना चीतों के शरीर पर कितने धब्बे हैं यह गिनकर फिर उनकी तुलना करने जैसा होगा। साधन और पध्दतियाँ यह काम कर सकती हैं ऐसा लगता है, किंतु यह सही नहीं है। वे इस काम को बहुत गलत तरीके से करते हैं, इसलिए स्विकृत नहीं है।

C++ ऑब्जेक्ट का काम होता है जानकारी को छुपाना (जो कि सॉफ्टवेयर इंजिनीयरींग का एक बहुत ही लाभदायक सिध्दांत है, आइटम 11 देखें)। मतलब यह कि ऑब्जेक्ट्स डाटा को छुपाते हैं (आइटम 41 देखें) और डाटा को कन्स्ट्रक्टर्स तथा कॉपी असाइनमेंट ऑपरेटर्स के जरिए कॉपी करने के लिए abstractions को निश्चित करते हैं (आइटम 52 से लेकर 55 तक देखें)। सभी जगहों पर और सबके लिए **memcpy** का प्रयोग करने के लिए मजबूर करना information hiding के सिध्दांत का गंभीर उल्लंघन है और इसकी वजह से मेमोरी और रिसोर्सेस leak हो सकते हैं (सबसे अच्छा), प्रोग्राम कोड क्रैश हो सकता है (सबसे बुरा), या उसका व्यवहार अनिश्चित हो सकता है। उदाहरण के लिए:

```
{
    shared_ptr <int> p1(new int), p2 (new int);     //create two ints on the heap
    memcpy ( &p1, &p2, sizeof (p1) );               //bad: a henious crime
}   //memory leak: p2's int isnever deleted
    //memory leak: p1's int is deleted twice
```

memcpy का दुरुपयोग करने पर टाइप के जैसी दूसरी मूलभूत विशेषताओं पर और ऑब्जेक्ट की पहचान (identity) पर बुरा असर होता है। कंपाइलर्स प्रायः पॉलिमॉर्फिक ऑब्जेक्ट्स (तथा कथित वर्चुअल टेबल पॉइंटर या **vptr**) के भीतर छुपाए हुए डाटा को स्थापित करते हैं। इसकी वजह से ऑब्जेक्ट्स को run-time में पहचान मिलती है। multiple inheritance में ऑब्जेक्ट्स के भीतर अलग-अलग ऑफसेट्स पर एक साथ ऐसे कई **vptr** हो सकते हैं और अधिकांश इंप्लिमेंटेशन्स जब virtual inheritance का प्रयोग करते हैं तब वे ज्यादा इंटर्नल पॉइंटर्स को जोड देते हैं। सामान्य प्रयोग के दौरान कंपाइलर इन सभी छुपे फील्ड्स का उचित प्रबंध करता है लेकिन **memcpy** कोड को कमजोर बनाता है।

इसके अलावा बिट्स के ज्यादा विस्तृत घटकों में तुलना करने के लिए **memcmp** एक गलत साधन है। कभी-कभी यह अपेक्षा से बहुत कम काम करता है (जैसे कि, C-स्टाइल स्ट्रींग्ज और उनके साथ जो पॉइंटर्स इंप्लिमेंट किए जाते हैं उनमें तुलना करना दो अलग बाते हैं) और कभी-कभी हमारी अपेक्षा के विपरीत **memcmp** बहुत कुछ कर देता है (उदाहरण के लिए **memcmp** अनावश्यक ही ऐसे बाइट्स की भी तुलना करता है जो ऑब्जेक्ट की states का हिस्सा नहीं होते। जैसे कि, ऐसे spaces की तुलना करना जिनका इस्तेमाल कंपाइलर अलाइनमेंट के लिए करता है)। इन दोनों में तुलना करने पर नतीजे गलत ही आएंगे।

संदर्भ

[Dewhurst03] §50 • [Stroustrup94] §11.4.4

97. डाटा रिप्रेजेंटेशन को फिर से इंटरप्रिट करने के लिए यूनियन्स का प्रयोग न करें। (Don't use unions to reinterpret representation.)

सारांश

कपट भी एक झूठ ही है: एक मेंबर को लिखने और दूसरे मेंबर को पढ़ने के कारण cast किए बिना ही cast को प्राप्त करने के लिए unions का दुरुपयोग किया जा सकता है। यह **reinterpret_cast** (आइटम 92 देखें) से भी ज्यादा घातक है और इसके नतीजों के बारे में पहले से अनुमान लगाना भी मुश्किल होता है।

चर्चा

union के फील्ड को अगर सबसे अंत में न लिखा गया हो तो उस फील्ड को न पढ़ें। **unions** के सबसे अंत में लिखे गए फील्ड के बजाय किसी दूसरे फील्ड को पढ़ना अनिश्चित व्यवहार को बुलावा देता है और यह **reinterpret_cast** (आइटम 92 देखें) करने से भी बदतर है। **reinterpret_cast** करने पर कंपाइलर कम से कम "impossible reintepretation" ऐसी चेतावनी तो दे सकता है तथा खुद को उससे दूर रख सकता है, जैसे कि **char** को दिया गया पॉएंटर। लेकिन यदि **union** का दुरुपयोग किया जाए तो बिट्स को फिर से इंटरप्रिट करने पर भी कंपाइल-टाइम एरर या विश्वसनीय नतीजा नहीं मिलता।

निम्नलिखित कोड को ही लीजिए। इसका उद्देश्य है (**char*** की) वैल्यु को एक टाइप के रुप में जमा करना और उस वैल्यु बिट्स को दूसरे टाइप (**long**) के रुप में पाना:

```
union {
  long intValue_;
  char* pointerValue_;
};
pointerValue_  = somePointer;
long int gotcha = intValue_;
```

इस कोड के साथ दो समस्याएँ हैं:

- यह बहुत कुछ मानकर चलता है: यह कोड **sizeof (long)** और **sizeof(char*)** को समान मानता है और सोचता है कि इन दोनों को मेमोरी में एक जैसे ही रिप्रेजेंट किया जाता है। ये बाते सभी इंप्लिमेंटेशन्स के किए सच नहीं होती (आइटम 91 देखें)।
- पढ़नेवाले एवं कंपाइलर्स दोनों के लिए आपके उद्देश्य को अस्पष्ट कर देता है: इस तरह से union का प्रयोग करने से कंपाइलर के लिए असली टाइप एरर्स को तथा इन्सानों के लिए लॉजीकल एरर्स को पकड़ पाना बहुत कठिन हो जाता है, जितना कि **reinterpret_cast** के लिए भी नहीं होगा (आइटम 92 देखें)।

अपवाद

अगर दो POD **structs** एक ही **uninon** के मेंबर हैं और दोनों एक ही फील्ड टाइप से शुरु होते हैं तो एक ऐसा ही मैचिंग फील्ड लिखना और दूसरे को पढ़ना उचित होता है।

संदर्भ

[Alexandrescu02b] • [Stroustrup00] §C.8.2 • [Sutter00] §36

98. Varags (ellipsis) का प्रयोग न करें। (Don't use varags (ellipsis).)

सारांश

कोड में से जरुरी शब्दों को हटाने से सब कुछ खराब हो जाता है: ellipsis यह C लैंग्वेज में से आया हुआ C++ का घातक अवशेष है। varargs का प्रयोग करना टालिए और उनके बजाय उच्च-स्तरिय कन्स्ट्रक्टर्स और लायब्ररी का प्रयोग करें।

चर्चा

हालांकि जो फंक्शन्स कई अलग-अलग आर्ग्युमेंट्स को लेते हैं वे उपयोगी होते हैं, उन्हें पाने के लिए C-स्टाइल varags का प्रयोग करना ठीक नहीं होता। varargs में बहुत से गंभीर दोष हैं:

- टाइप की सुरक्षितता में कमी: ellipsis कंपाइलर को कहते हैं कि सभी जाँचों को बंद कर दो। अब यहाँ से सब मैं सँभालूगा और **reinterpret_cast** करना आरंभ करुंगा (आइटम 92 देखें)।
- मजबूत coupling की वजह से प्रोग्रामर को ही कॉलर और कॉली के बीच में सहयोग स्थापित करना पड़ता है: लैंग्वेज की टाइप जाँच को disable करने से pass किए जा रहे आर्ग्युमेंट्स के टाइप्स के बीच कम्युनिकेट करने के लिए कॉल साइट को कोई दूसरा तरीका अपनाना पड़ता है। ऐसे शिष्टाचार (उदाहरण के लिए **printf** की फॉरमैट स्ट्रींग) एरर्स को बुलावा देते हैं और असुरक्षित होते हैं क्योंकि न तो कॉलर द्वारा और न ही कॉली द्वारा उन्हें पूरी तरह से जाँचा अथवा प्रचलित किया जा सकता है (आइटम 99 देखें)।
- क्लास टाइप के ऑब्जेक्ट्स के लिए अनिश्चित व्यवहार: प्राथमिक और POD (plain old data) टाइप्स के अलावा दूसरे किसी भी टाइप को varargs के जरिए pass करने पर अनिश्चित व्यवहार होता है। दुर्भाग्य से, ऐसा कुछ करने पर अधिकांश कंपाइलर्स आपको इस बारे में वार्निंग नहीं देते हैं।
- आर्ग्युमेंट्स की संख्या ज्ञात नहीं होती: जिसका टाइप हमे मालूम हो ऐसे (उदाहरण के लिए, **int**) अनेक आर्ग्युमेंट वाले सबसे सरल variable-argumemt फंक्शन्स (उदाहरण के लिए, **min**) में कितने आर्ग्युमेंट्स है यह निश्चित करने के लिए भी आपको शिष्टाचारों का पालन करना पड़ता है। (यह एक तरह से अच्छा भी है क्योंकि इससे varargs का प्रयोग करने को बढ़ावा नहीं मिलता।)

आपके फंक्शन के signature में varags का प्रयोग करना टालिए। legacy फंक्शन्स और **sprintf** जैसे स्टैंडर्ड C लायब्ररी फंक्शन्स समेत सभी ऐसे फंक्शन्स को कॉल करना टालिए जिनके अपने signature में varargs हों। **sprintf** को किए गए कॉल्स प्राय: **stringstream** फॉर्मेट और **operator<<** का प्रयोग करके किए गए कॉल्स से छोटे और आसान दिखाई देते हैं। ये सेफ्टि बेल्ट्स और बंपर्स के बिना कार में उछलने जैसा ही होता है। यहाँ जोखिम उठाना ठीक नहीं होता। यह किताब लिखते समय भी **printf** से संबधित असुरक्षितताएँ सुरक्षा के लिए गंभीर समस्या थे ([Cowan01] देखें) और ऐसे टाइप एरर्स को ढूँढने में हमारी मदद के लिए कई साधन उपलब्ध थे ([Tsai01] देखें)।

varargs के अलावा दूसरे साधनों का प्रयोग करने वाले वेरियेबल आर्ग्युमेंट्स का समर्थन करती हों ऐसी टाइप-सेफ लायब्ररीयों का ही प्रयोग करें। उदाहरण के लिए, [Boost] format लायब्ररी सुरक्षा के साथ-साथ गती और आसानी भी हो इसके लिए C++ की प्रगत सुविधाओं का प्रयोग करती है।

संदर्भ

[Boost] • [Cowan01] • [Murray93] §2.6 • [Sutter04] §2-3 • [Tsai01]

99. अवैध ऑब्जेक्ट्स का प्रयोग न करें। असुरक्षित फंक्शन्स का प्रयोग न करें।

(Don't use invalid objects. Don't use unsafe functions.)

सारांश

जिनकी अवधि खत्म हो चुकी हो ऐसी दवाइयों का इस्तेमाल न करें: अवैध ऑब्जेक्ट्स तथा महत्त्वपूर्ण किंतु असुरक्षित फंक्शन्स दोनों आपके प्रोग्राम के लिए अच्छे नहीं होते।

चर्चा

अवैध ऑब्जेक्ट्स के तीन मुख्य प्रकार हैं:

- नष्ट किए हुए ऑब्जेक्ट्स: इनके खास उदाहरण हैं स्कोप के बाहर गए हुए ऑटोमैटिक ऑब्जेक्ट्स और डिलीट किए हुए heap-based ऑब्जेक्ट्स। ऑब्जेक्ट के डिस्ट्रक्टर को कॉल करने के बाद उस ऑब्जेक्ट का कार्यकाल समाप्त हो जाता है और ऐसे ऑब्जेक्ट्स के साथ काम करना गलत तथा असुरक्षित होता है।
- Semantics की दृष्टी से जो अवैध हो चुके हैं ऐसे ऑब्जेक्ट्स: इनके उदाहरणों में शामिल हैं डिलीट किए गए ऑब्जेक्ट्स को दिए गए पॉइंटर्स (उदाहरण के लिए, **delete p;** के बाद का पॉइंटर **p**) और अवैध हो चुके इटरेटर्स (जैसे कि, इटरेटर जिस कंटेनर का निर्देश दे रहा हो उसके शुरुआत में इनसर्ट करने के बाद **vector<T>::iterator i**)। ध्यान रहें कि डिलीट किए गए ऑब्जेक्ट को दिए गए पॉइंटर्स (dangling pointers) और अवैध हो चुके इटरेटर्स ये दोनों सैध्दांतिक रुप से एक समान हैं और पहला अक्सर दूसरे में समाविष्ट होता है। अवैध हो चुके ऑब्जेक्ट के लिए दूसरी उचित वैल्यु असाइन करने के अलावा और कुछ भी करना सामान्यतः अनिश्चित और असुरक्षित होता है (उदाहरण के लिए, **p = new Object;** या **i = v.begin();**)।
- ऐसे ऑब्जेक्ट्स जो कभी उपयुक्त थे ही नहीं: इनके उदाहरणों में शामिल हैं जाली पॉटंएर के जरिए (उदाहरण के लिए **reinterpret_cast** का प्रयोग करके आइटम 92 देखें) प्राप्त किए गए ऑब्जेक्ट्स या एरे की सीमा के बाहर के एलिमेंट को access करनेवाले ऑब्जेक्ट्स।

ऑब्जेक्ट के जीवनकाल और वैधता को लेकर सतर्क रहें। अवैध इटरेटर या पॉइंटर को कभी भी डिरेफरन्स न करें। **delete** क्या करता है और क्या नहीं करता इसके बारे में कोई भी कल्पना न बनाएँ। मुक्त की गई मेमोरी अब मुक्त होती है। उसे अब किसी भी तरह से access नहीं किया जा सकता। डिस्ट्रक्टर को खुद कॉल करके (उदाहरण के लिए, **obj.~T()**) और फिर वही पर **new** को कॉल करके ऑब्जेक्ट के जीवनकाल के साथ खिलवाड़ न करें (आइटम 55 देखें)।

C से C++ में आए हुए असुरक्षित फंक्शन्स का प्रयोग न करें: **strcpy, strncpy, sprintf** या दूसरे ऐसे फंक्शन्स का प्रयोग न करें जो उन बफर्स में डाटा लिखते हैं जिनकी रेंज की जाँच न की गई हो, और/या जो "out-of-bound" एरर्स की जाँच और उनका निवारण न करते हों। C का **strcpy** फंक्शन बाउंड्री की जाँच नहीं करता, [C99] का **strncpy** फंक्शन सीमा की जाँच करता है, किंतु बाउंड्री को प्राप्त करने के बाद उसके आखिर में null को नहीं जोड़ता। इन दोनों फंक्शन्स की वजह से प्रोग्राम नाकाम हो जाता है और वे कोड की सुरक्षा की दृष्टी से खतरा होते हैं। C++ की स्टैंडर्ड लायब्ररी में मौजूद आधुनिक सुरक्षित और अधिक लचिले स्ट्रक्चर्स और फंक्शन्स का प्रयोग करें (आइटम 77 देखें)। वे हमेशा पूरी तरह से (कार्यक्षमता की दृष्टी से) सुरक्षित नहीं होते लेकिन उनमें एरर आने की संभावना कम होती है तथा सुरक्षित कोड लिखने के लिए उनका प्रयोग किया जा सकता है।

संदर्भ

[C99] • [Sutter00] §1 • [Sutter04] §2-3

100. बेस क्लास और उसके डिराइव्ड क्लास के एरेज भिन्न होते हैं, उन्हें एक ही न समझें। (Don't treat arrays polymorphically.)

सारांश

एरेज को अच्छी तरह से एडजस्ट नहीं किया जा सकताः बेस क्लास और उसके derived क्लास के एरेज को एक ही समझना एक बड़ी एरर है जिसके बारे में आपका कंपाइलर शायद खामोश रहता है। अतः इस जाल में न फँसे।

चर्चा

पॉएंटर्स एक ही समय पर दो उद्देश्यों की पूर्ति करते हैं: इनमें से एक काम है monikers (ऑब्जेक्ट्स के छोटे आइडेन्टिफायर्स) का और दूसरा है एरे इटरेटर्स का (जो पॉएंटर एरिथमैटिक का प्रयोग करके ऑब्जेक्ट के एरे को access कर सकते हैं)। monikers के रुप में, **Derived** को दिए गए पॉएंटर को **Base** को दिया गया पॉएंटर समझना स्वाभाविक है। लेकिन जैसे ही पॉएंटर एरे इटरेटर के रुप में काम करना शुरु करता है तब **Derived** और **Base** के एरेज के साथ हम व्यवहार नहीं कर सकते क्योंकि दोनों के एरेज अलग-अलग होते हैं। कहने का मतलब है कि चुहे और हाथी दोनों ही सस्तन प्राणी हैं, लेकिन इसका मतलब ऐसा नहीं कि सौ हाथीयों के दल की लंबाई सौ चुहों के झुंड जितनी होगी।

साइज मायने रखती है। जब आप **Base** को दिए गए पॉएंटर के बजाय **Derived** को दिए गए पॉएंटर का प्रयोग करते हैं तब (अगर आवश्यक हो तो) पॉएंटर को कैसे एडजस्ट करना है यह कंपाइलर अच्छी तरह से जानता है क्योंकि कंपाइलर के पास दोनों क्लासेस के बारे में पर्याप्त जानकारी होती है। तथापि **Base** को दिया गया पॉएंटर **P** पर गणितीय क्रिया (arithmetic) करते समय कंपाइलर **P [n]** को ***(p + n * sizeof (Base))** के रुप में कंप्यूट करता है और इस तरह से कंपाइलर यह मान बैठता है कि मेमोरी में मौजूद सभी ऑब्जेक्ट्स **Base** ऑब्जेक्ट्स हैं, किसी derived टाइप के ऑब्जेक्ट्स जिनका साइज भिन्न हो, वे नहीं। अब सोचिए कि अगर आप **Derived** के एरे के आरंभ को निर्देशित करने वाले पॉएंटर को पॉएंटर **Base*** में बदल देते हैं तो (कंपाइलर की मूक अनुमती के साथ) **Derived** के एरे को नष्ट करना/रौंदना और बाद में उस पॉएंटर पर पॉएंटर एरिथमैटिक करना कितना आसान है (जब कि कंपाइलर इस बारे में कोई प्रश्न नहीं उठाता है)।

इस तरह के संयोग, substitutability के बीच होनेवाली दुर्भाग्यपूर्ण इंटरैक्शन है जो यह बताती है कि derived क्लास को दिए गए पॉएंटर का प्रयोग उनके बेस क्लास को दिए पॉएंटर के रुप में भी किया जा सकता है, और C के वैध पॉएंटर एरिथमैटिक-जो यह मानते हैं कि पॉएंटर्स मोनोमॉर्फिक (एकजैसे) होते हैं और वे दूर-दूर के कंप्यूटेशन करने के लिए केवल static इनफॉरमेशन का अप्रिय इंटरैक्शन होते हैं।

पॉलिमॉर्फिक (बहुरुपी) ऑब्जेक्ट्स के एरे को स्टोर करने के लिए आपको बेस क्लास को दिए गए पॉएंटर्स के (उदाहरण के लिए, प्लेन पॉएंटर्स या इससे भी बेहतर हैं shared_ptrs, आइटम 79 देखें) एरे की (या कहिए कि असली कंटनेर की) आवश्यकता होती है। इसके बाद एरे में स्थित हर पॉएंटर पॉलिमॉर्फिक ऑब्जेक्ट का निर्देश देता है, जो कि शायद मुक्त स्टोर पर एलोकेट किया गया ऑब्जेक्ट होता है। अगर आप पॉलिमॉर्फिक ऑब्जेक्ट के कंटेनर के इंटरफेस को सामने लाना (expose) चाहते हैं तो आपको पूरे एरे को encapsulate करना होगा। इटरेशन के लिए आपको पॉलिमॉर्फिक इंटरफेस को प्रस्तुत करना होगा।

कभी-कभी इंटरफेस में पॉएंटर्स के बजाय रेफरेंसेस का प्रयोग करना बेहतर इसलिए होता है क्योंकि वे स्पष्ट करते हैं कि आप यहाँ एक ऑब्जेक्ट बारे में बात कर रहे हैं न की ऑब्जेक्ट के एरे के बारे में।

संदर्भ

[C++TR104] • [Stroustrup00] §33,§89 • [Sutter00] §36

सारांश

संगठन और कार्यपद्धती के मुद्दे

0. **व्यर्थ परिश्रम न करें। (या:जानिए किसे प्रमाणित नहीं करना है।)**

जहाँ कुछ बताने की आवश्यकता हो वही सूचनाएँ दें: अपनी व्यक्तिगत पसंद एवं अप्रचलित प्रैक्टिसेस का इस्तेमाल करने पर जोर न दें।

1. **प्रोग्राम को हाई वार्निंग लेवल्स पर अच्छी तरह से कंपाइल कीजिए।**

वार्निंग्ज को गंभीरता से लें: प्रोग्राम कंपाइल करते समय कंपाइलर की हाई वार्निंग लेवल का उपयोग करें। एक अच्छा, यानी जिसमें कोई वार्निग न हो ऐसा build बनाने के लिए कंपाइलर जो भी वार्निग देता है उन्हें पूरी तरह से समझिए। वार्निग को हटाने के लिए जहाँ आवश्यक हो वहाँ बदलाव करें। वार्निंग को हटाने के लिए कंपाइलर की वार्निंग लेवल को कभी भी कम न करें।

2. **ऑटोमैटेड बिल्ड सिस्टम का ही उपयोग कीजिए।**

बस बटन दबाने की ही देर है: प्रोजेक्ट को build करने के लिए हमेशा पूरी तरह से automate की गई build सिस्टम प्रयोग करें ताकि यूजर को हस्तक्षेप करने की आवश्यकता न हो।

3. **वर्जन कंट्रोल सिस्टम का उपयोग कीजिए।**

एक चिनी कहावत के अनुसार स्मरणशक्ती चाहे कितनी भी अच्छी हो जानकारी को लिखित रुप में रखना ही बेहतर होता है। प्रोजेक्ट पर काम करते समय हमेशा वर्जन कन्ट्रोल सिस्टम (version conrol system/VCS) का प्रयोग करना चाहिए। फाइलों को check-out करके ज्यादा देर तक न रखें। unit test pass को अपडेट करने के बाद समय -समय पर जाँच कराइए। फाइलों को check-in कराने से पहले यह जरुर देखिए कि जिन फाइलों को आप check-in कर रहे हैं उनके कोड की वजह से build पर कोई विपरीत परिणाम तो नहीं हो रहा है।

4. **कोड को समय-समय पर रिव्यू करते रहिए।**

प्रोग्राम कोड को रिव्यू करें। जितने ज्यादा लोग आपका प्रोग्राम कोड पढ़कर उस पर सुझाव देंगे, आपका प्रोग्राम कोड उतना ही बेहतर बनता जाता है। इसलिए आप अपना प्रोग्राम कोड दूसरों को दिखाएँ और दूसरों के प्रोग्राम कोड पढ़ें। यह आपके लिए फायदेमंद रहेगा और इससे आप बहुत कुछ नया सीखेंगे।

डिजाइन स्टाइल

5. **एक एन्टिटी को एक संयुक्त जिम्मेदारी दीजिए।**

एकसाथ कई बातों पर अपना ध्यान केंद्रित न करें: एक एन्टिटी को, जो कि variable, class, function, namespace, module और library में से एक हो सकती है, एक ही जिम्मेदारी दें तथा उसका स्वरूप स्पष्ट हो। एन्टिटी का स्वरूप जैसे-जैसे बढ़ता जाता हैं, वैसे-वैसे उसकी जिम्मेदारियाँ भी अपनेआप बढ़ती जाती हैं। लेकिन इसका ध्यान रहें कि जिम्मेदारियों का स्वरूप बदलना नहीं चाहिए।

6. **प्रोग्राम कोड का अचूक, सरल और स्पष्ट होना सबसे महत्वपूर्ण है।**

KISS (Keep It Simple Software): सॉफ्टवेयर के गतिमान होने से बेहतर है उसका सही होना। जटिल सॉफ्टवेयर के बजाय सरल सॉफ्टवेयर ज्यादा अच्छा है। सॉफ्टवेयर अच्छा होना चाहिए न की सुंदर। असुरक्षित सॉफ्टवेयर के बजाय सुरक्षित सॉफ्टवेयर ज्यादा अच्छा है (आइटम 83 और 99 देखें)।

7. भविष्य में होनेवाले विस्तार को ध्यान में रखते हुए कब और कैसा कोड लिखना चाहिए यह जानिए।

डाटा जलद गतीसे बढ़ रहा हो तब आप सचेत रहिएः बहुत पहले से ही ऑप्टीमाइज न करते हुए आप asymptotic complexity पर नजर रखिए। ऐसे ही अल्गोरिदम का चुनाव करें जो लिनीअर अल्गोरिदम डाटा को प्रोसेस करने के लिए जितना समय आवश्यक हो उतना ही समय लेता हो। जब ऑप्टीमाइजेशन जरुरी और महत्वपूर्ण हो और खास करके जब डाटा वॅल्युम वृध्दिंगत होने के कारण ऐसा होता हो, तो आप माइक्रो ऑप्टिमाइजेशन की तरफ ध्यान देने के बजाय big-Oh complexity में सुधार लाने की कोशिश करें।

8. समय से पहले ही ऑप्टीमाइज न करें।

जो घोडा पहले से ही भाग रहा है उसे टोकना नहीं चाहिए (लैटीन कहावत): समय से पहले ऑप्टीमाइज करने से उसकी आदत सी लग जाती है, जिससे कोई उद्देश्य सफल नहीं होता है। ऑप्टीमाइजेशन का पहला नियम यही है कि, आप ऑप्टीमाइजेशन न करें। ऑप्टीमाइजेशन का दूसरा नियम (जो कि केवल कुशल लोगों के लिए है) बताता है कि, आप अभी ऑप्टीमाइजेशन न करें और करने से पहले दो बार सोचिए।

9. समय से पहले पेसीमाइज न करें।

कोड को लिखते समय आप खुद भी सहज रहिए और कोड को भी सहज रखें: जब सबकुछ ठीक ठाक हो, खास करके कोड की जटिलता (complexity) और पठनियता (readability), तब कोड में किसी pessimized विकल्प का प्रयोग न करते हुए ऐसे कार्यक्षम डिजाइन पैटर्न्स और coding idioms डालें जिन्हें आप सहजता से लिख सकते हैं। इसे हम प्री-मैचुअर ऑप्टीमाइजेशन नहीं कह सकते, बल्कि यह केवल अनावश्यक और हानीकारक पेसीमाइजेशन को हटाना होता है।

10. ग्लोबल एवं शेयर्ड डाटा का प्रयोग कम से कम कीजिए।

sharing की वजह से परेशानियाँ और उलझने बढ़ती हैं: जहाँ तक हो सके sharing का इस्तेमाल करना टालें। खास करके जब यह डाटा global डाटा हो तब shared data की वजह से coupling बढ़ती है जिससे उसे मेंटेन करने की क्षमता और performance दोनों कम हो जाते हैं।

11. जानकारी को छुपाइए।

किसी से न कहना: किसी भी एन्टिटी के द्वारा ऐसी कोई भी जानकारी को प्रकट न करें जिसकी वजह से हमे abstraction मिलता है।

12. Concurrency के लिए कब और कैसा कोड लिखना चाहिए यह जानिए।

threads का प्रयोग सावधानी से करें: अगर आपके एप्लिकेशन में एक से ज्यादा (multiple) threads या processes का प्रयोग हो रहा हो तो देखिए कि जहाँ संभव हो वहाँ ऑब्जेक्ट्स की sharing को कैसे कम किया जा सकता है (आइटम 10 देखें) और सही ऑब्जेक्ट्स को पूरी सावधानी के साथ share करें।

13. ऑब्जेक्ट्स द्वारा रिसोर्सेस अर्जित किए गए हैं यह निश्चित कीजिए। सुस्पष्ट RAII एवं स्मार्ट पॉएंटर्स का प्रयोग कीजिए।

जब आपके पास साधन उपलब्ध हैं तो उन्हीं का प्रयोग करें। C++ का "resource acquisition is initialization" (RAII) यह idom, साधनों का सही ढंग से प्रयोग करने का एक बहुत ही शक्तिशाली टूल है। दूसरी लैंग्वेजेज में जो बातें बताने के लिए बहुत नाजूक कोड लिखना पडता है, RAII उन्हीं बातों को कंपाइलर को समर्थत रुप से एवं बिना किसी के सहायता से बताने की अनुमती देता है और इसकी गैरंटी भी देता है। जब आप किसी अधूरे रिसोर्स को एलोकेट कर रहे हैं तो उसे तत्काल उस ऑब्जेक्ट के पास भेजें जो उसे अपनाने वाला हों। एक स्टेटमेंट के अंदर कभी भी एक से ज्यादा रिसोर्सेस को एलोकेट न करें।

कोडिंग स्टाइल

14. रन-टाइम एरर्स के बजाय कंपाइल- और लिंक-टाइम के दौरान आनेवाली एरर्स अच्छी हैं।

आप जो बातें प्रोग्राम को build करते समय कर सकते हैं उनके लिए प्रोग्राम को run होने तक का इंतजार न करें: प्रोग्राम को run करते समय invarients की जाँच करने के बजाय ऐसा कोड लिखने को प्राधान्य दें जहाँ कंपाइलर कंपाइलेशन के दौरान उन invariants की जाँच करता हो। Run-time जाँच कंट्रोल और डाटा पर निर्भर होती है, इसीलिए यह जाँच अतिरिक्त है या नहीं यह आप हमेशा नहीं जान पाते। इसके विपरीत compile time जाँच कंट्रोल या डाटा पर निर्भर नहीं होती और विश्वसनिय होती है।

15. भविष्य की उपयोगिता जानकर const का प्रयोग कीजिए।

const आपका मित्र है: अपरिवर्तनीय (immutable) वैल्युज को समझना, ढूँढ़ना तथा उनके बारे में तर्क करना आसान होता है। इसलिए जहाँ संभव हो वहाँ वेरियेबल्स के बजाय const का प्रयोग करें। आप जब भी वैल्यु को डिफाइन करना हो तो उन्हें const के रुप में डिफाइन करें। ऐसा करना सुरक्षित होगा क्योंकि कंपाइलेशन के दौरान उनकी जाँच की जाती है (आइटम 14 देखें) और ये C++ की टाइप सिस्टम से जुड़े होते हैं। जब आप किसी const-incorrect फंक्शन को कॉल कर रहें हों, सिर्फ तब const का प्रयोग न करें (आइटम 94 देखें)।

16. मैक्रोज का प्रयोग करना टालिए।

कडवा सच: मैक्रोज C और C++ की आदर्श सुविधाओं से भिन्न, सबसे गलत साधन हैं। किसी भूखे भेड़िये की तरह मैक्रोज फंक्शन का सहारा लेकर छुपे रहते हैं। इन्हें वश करना या इन पर काबू पाना बहुत कठिन है। आपके पूरे स्कोप के अंदर नियमित गति से वे (अपनी रचना अनुसार) एक ही रास्ते पर चलते रहते हैं और इस तरह से प्रोग्राम की क्षमता को कम करते हैं। उनका प्रयोग न करना ही बेहतर है।

17. जादूई संख्याओं का प्रयोग करना टालिए।

प्रोग्रामिंग कोई जादू नहीं है, इसलिए जादुई संख्याओं का प्रयोग न करें: कोड में 42 या 3.14159 जैसे यशाशब्द कॉन्स्टंट्स नहीं लिखने चाहिए। ऐसे कॉन्सटंट्स खुद को व्यक्त नहीं कर पाते हैं और आसानी से समझ में न आनेवाली नकल बनाते हैं तथा उनको मेंटेन करना कठिन हो जाता है। इनके बजाय **width*aspectRatio** जैसे सांकेतिक नामों का (symbolic name) और एक्सप्रेशन्स का प्रयोग करें।

18. वेरियेबल्स को जितना संभव हो उतना स्थानिक रुप में डिक्लेअर कीजिए।

वेरियेबल्स का scope सीमित रखें और उसके साथ-साथ वेरियेबल्स का scope बड़ा होने की जरुरतों को भी टालिए। वेरियेबल्स किसी स्थिति (state) का परिचय दिलाते हैं और आपको जितनी हो सके उतनी छोटी स्थिति को और जितना संभव हो उतने कम जीवनकाल (life-time) के लिए उनका प्रयोग करना चाहिए। यह आइटम 10 का ही एक विशिष्ट उदाहरण है जिसकी अपनी एक अलग शैली है।

19. वेरियेबल्स को हमेशा इनिशियलाइज कीजिए।

साफ सुथरे स्लेट से शुरुआत करें: जिन्हें इनिशियलाइज न किया गया हो ऐसे वेरियेबल्स ही C और C++ के प्रोग्राम में आनेवाले bugs का मुख्य कारण होते हैं। ऐसे bugs को टालने के लिए आप मेमोरी का प्रयोग करने से पहले उसे अवश्य साफ (clean) करें और वेरियेबल्स को डिफाइन करते समय ही उन्हें इनिशियलाइज भी करें।

20. बड़े फंक्शन्स और गहरी नेस्टिंग का प्रयोग करना टालिए।

बड़े फंक्शन के बजाय छोटे-छोटे एकत्रित फंक्शन्स और गहरी nesting के बजाय सरल nesting का प्रयोग

करना ही बेहतर है। एक फंक्शन को उसके अनुरुप संयुक्त जिम्मेदारी न देने के कारण ही nested code blocks की जरुरत पड़ती है (आइटम 5 देखें)। refactoring के जरिए बड़े फंक्शन्स और गहरी नेस्टिंग इन दोनों समस्याओं को हल किया जा सकता है।

21. **विभिन्न कंपाइलेशन यूनिट्स के बीच इनिशियलाइजेशन डिपेंडन्सीज रखना टालिए।**

इनिशियलाइजेशन को क्रम में रखेंः अलग-अलग कंपाइलेशन यूनिट्स के namespace level के ऑब्जेक्ट्स को इनिशियलाइज करने के लिए एकदूसरे पर निर्भर नहीं होना चाहिए, क्योंकि उनके इनिशियलाइजेशन का क्रम अनिश्चित होता है। अगर ऑब्जेक्ट्स का इनिशियलाजेशन एकदूसरे पर निर्भर होगा तो कई परेशानियों का सामना करना पड़ता है। इनमें आपके प्रोजेक्ट में यदि कोई बदलाव किया जाए तो प्रोजेक्ट एकदम से नाकाम होने से लेकर उसी कंपाइलर का नया वर्जन आपके प्रोजेक्ट run न होने तक की परेशानियाँ शामिल हैं।

22. **डेफिनेशन डिपेंडन्सीज को कम कीजिए। साइक्लिक डिपेंडन्सीज को टालिए।**

डेफिनेशन्स पर ज्यादा निर्भर न रहेंः अगर आप किसी टाइप को बाद में डिक्लेअर कर सकते हैं तो उस टाइप को पहले से ही डिफाइन करने की आवश्यकता नहीं है।

दूसरे मोड्यूल पर निर्भर न रहेंः जब दो मोड्यूल एक दूसरे पर प्रकट या अप्रकट रुप से निर्भर होते हैं तब वहाँ cyclic dependency होती है। मोड्यूल एक ऐसा यूनिट है जो किसी एक काम को अच्छी तरह से पूरा कर सकता है (पृष्ठ क्रमांक 103 देखें)। इसी कारण जो मोड्यूल एक दूसरे पर निर्भर होते हैं वे स्वतंत्र मोड्यूल्स नहीं बल्कि एक बड़े मोड्यूल के, जो कोई बड़ा काम करनेवाला बड़ा यूनिट होता है, हिस्सा होते हैं। इस तरह से cyclic dependency मोड्यूलारीटी की आम धारणा के विरुध्द काम करती है और अक्सर बड़े प्रोजेक्टों मे घातक साबित होती है। इसीलिए cyclic dependency को टालिए।

23. **हेडर फाइल को आत्म-निर्भर बनाइए।**

हेडर फाइल्स को जिम्मेदारी से लिखेंः हेडर्स के कंटेंट्स जिन दूसरे हेडर्स पर निर्भर करते हैं उन्हें अपनी हेडर फाइल में समाविष्ट करके यह सुनिश्चित करें कि आपकी हेडर फाइल अकेली ही कंपाइल हो रही है या नहीं।

24. **इंटर्नल #include guards को हमेशा लीखिए। एक्सटर्नल #include guards को कभी न लिखें।**

मुख्य विषय, अर्थात हेडर को हमेशा सुरक्षित रखेंः आपके सभी हेडर फाइलों में बहुत सी अनावश्यक बातें न हों इसलिए अनूठे (unique) नाम वाले #include guards का उपयोग करें।

फंक्शन्स और ऑपरेटर्स

25. **वैल्यु, (smart) पॉएंटर्स या रेफरेन्स के अनुसार सही पैरामीटर्स चुनिए।**

फंक्शन को ठीक तरह से पैरामीटराइज करेंः इनपुट, आऊटपुट और इनपुट/आऊटपुट पैरामीटर्स में तथा वैल्यु एवं रेफरेन्स पैरामीटर्स में क्या फर्क है यह जानिए। उनका प्रयोग ठीक तरह से करें।

26. **ओवरलोड किए गए ऑपरेटर्स के स्वाभाविक अर्थ को कायम रखिए।**

सही कारणों के लिए ही ऑपरेटर्स को overload करें और ऐसा करते समय उनके स्वाभाविक अर्थ (semantics) को बदले नहीं। अगर ऐसा करना आपके लिए मुश्किल हो रहा हो तो शायद आप operator overloading का गलत प्रयोग कर रहे होंगे।

27. **सरल और सर्वमान्य प्रकार के एरिथमैटिक और असाइनमेंट ऑपरेटर्स का प्रयोग कीजिए।**

अगर आपने a + b को डिफाइन किया है तो a+=b को भी डिफाइन करें: जब आप बायनरी एरिथमैटिक ऑपरेटर को डिफाइन करते हैं तब उनके असाइनमेंट वर्जन को भी उपलब्ध कराएँ और आर्ग्युमेंट्स कमसे कम दोहराए जाए तथा कार्यक्षमता बढ़ जाए यह सोचकर उन्हें डिफाइन करें।

28. ++ **और** -- **का सहज प्रयोग कीजिए। उनका प्रयोग उपसर्ग के रुप में कीजिए।**

यदि आप ++C या C++ का प्रयोग करते हैं: इंक्रिमेंट एवं डिक्रिमेंट ऑपरेटर्स postfix और prefix दोनों रुपों में होते हैं। लेकिन उनका अर्थ और काम करने का तरीका एक-दूसरे से ज्यादा अलग न होने के कारण ऐसे ऑपरेटरर्स छलावा निर्माण करते हैं। operator++ और operator-- को इस इस तरह से डिफाइन करें कि वे असली ++ और – जैसा ही काम करें। अगर आपको किसी वेरियेबल के प्रारंभिक वैल्यु की आवश्यकता न हो तो आप prefix वर्जन को कॉल करें।

29. **इंप्लसिट टाइप कन्वर्जन्स को टालने के लिए ओवरलोडिंग का विचार कीजिए।**

ऑब्जेक्ट्स की संख्या को आवश्यकता से अधिक न बढ़ाएँ (Occam's Razor): इंप्लसिट टाइप कन्वर्जन्स सिंटैक्स लिखने के काम को कम करते हैं (लेकिन आइटम 40 देखें)। लेकिन जब टेम्पररी ऑब्जेक्ट्स को तैयार करने का काम अनावश्यक हो और ऑप्टीमाइजेशन की दृष्टी से यह उचित हो (आइटम 8 देखें) तब आप overloaded फंक्शन्स को ऐसे signature के साथ उपलब्ध करिए जो, उस फंक्शन के ज्यादा तर आर्ग्युमेंट्स जिस टाइप के हैं उनसे मैच करता हो और जो कन्वर्जन न होने देता हो।

30. &&, ||, **या , (कॉमा) को ओवरलोड न करें।**

कहाँ रुकना चाहिए या निवृत्त होना चाहिए यह जानना ही विवेक कहलाता है: &&, ||, और , ये सब built-in operators हैं और वे कंपाइलर के लिए बहुत महत्वपूर्ण होते हैं। अगर आप इन ऑपरेटर्स को overload करेंगे तो वे बहुत अलग अर्थवाले एवं अलग स्वरुप का काम करनेवाले सामान्य फंक्शन्स बन जाएंगे (ऐसा करके आप आइटम 26 और 31 का भंग करेंगे)। इसके अलावा ऐसा करने से कोड में गहरे bugs आएंगे जो कोड को कमजोर बना देंगे। बिना कुछ जाने (naively) ऑपरेटर्स को कभी overload न करें।

31. **ऐसा कोड न लिखें जो फंक्शन आर्ग्युमेंट्स के इवैल्युएशन के क्रम पर निर्भर करता हो।**

फंक्शन आर्ग्युमेंट्स इवैल्युएशन के क्रम पर निर्भर नहीं रहना चाहिए: फंक्शन के आर्ग्युमेंट्स किस क्रम में इवैल्युएट किए जाते हैं यह निश्चित नहीं होता। इसलिए उन पर निर्भर न रहें।

क्लास का डिजाइन एवं इनहेरिटन्स

32. **आपको किस प्रकार का क्लास लिखना है इसके बारे में स्पष्ट रहिए।**

क्लास के स्वरुप को जानिए: क्लास अलग-अलग प्रकार के होते हैं। पहले से ही जान लीजिए कि आप किस प्रकार के क्लास को लिखने जा रहे हैं।

33. **आकार में बड़े क्लासेस के बजाय आकार में छोटे क्लासेस की रचना कीजिए।**

तोड़ो और राज्य करो: छोटे क्लासेस को लिखना, समझना, तथा उनका परिक्षण करना और प्रयोग करना आसान होता है। उनका प्रयोग कई अलग-अलग परिस्थितीयों में किया जा सकता है। बहुत से पेंचीदे आशयों (concepts) को इंप्लिमेंट करने का प्रयत्न करनेवाले बड़े-बड़े क्लासेस के बजाय सरल आशय वाले छोटे-छोटे क्लासेस का प्रयोग करना ही बेहतर है (आइटम 5 और 6 देखें)।

34. **इनहेरिटन्स के बजाय कांपोजीशन को चुनिए।**

Inheritance का प्रयोग करने की कीमत चुकानी पडती है, उससे बचिए: C++ में friendship के बाद अगर कोई सबसे मजबूत है तो वह है inheritance। मजबूत कपलिंग हमेशा ही अनचाही होती है और जहाँ संभव हो वहाँ ऐसी कपलिंग को टालना चाहिए। इसीलिए जब आपको यह विश्वास हो कि आगे चलकर inheritance आपकी डिजाइन के लिए सच में फायदेमंद होगा तभी उसका प्रयोग करें, अन्यथा composition का प्रयोग करें।

35. **ऐसे क्लासेस से इनहेरिट न करें जिनकी रचना बेस क्लास के रुप में न की गई हो।**

कई लोग ऐसे होते हैं जो संतान नहीं चाहते: उसी तरह से कुछ क्लासेस ऐसे होते हैं जिनमें से किसी भी क्लास को डिराईव नहीं किया जाता। जो क्लासेस अकेले (stand-alone) होते हैं उनका कार्य बेस क्लास के कार्य से अलग होता है (आइटम 32 देखें)। ऐसे क्लासेस का बेस क्लास के रुप में प्रयोग नहीं करना चाहिए क्योंकि यह एक बहुत ही गंभीर डिजाइन एरर है। नए behavior जोड़ने के लिए मेंबर फंक्शन्स के बजाय नॉनमेंबर फंक्शन्स को जोड़ें(आइटम 44 देखें)। states को जोड़ने के लिए inheritance के बजाय composition का प्रयोग करें (आइटम 34 देखें)। स्थिर बेस क्लासेस में से कभी inherit न करें।

36. **Abstract इंटरफेसेस उपलब्ध कराने को प्राधान्य दीजिए।**

एबस्ट्रैक्ट एक कला है: इसे जानिए और जहाँ जरुरत हो उसका प्रयोग करें। क्लास के इंप्लिमेंटेशन तथा उनके states की मैनेजमेन्ट में कुछ भी अव्यवस्था लाए बिना ही abstract इंटरफेसेस abstractions को प्राप्त करने में हमारी मदद करते हैं। Abstract आशयों को साकार करने वाले abstract इंटरफेसेस को इंप्लिमेंट करने वाली hierarchies की रचना करें।

37. **Public inheritance में प्रतिस्थापन की क्षमता है। फिर से प्रयोग करने के लिए नहीं बल्कि फिर से प्रयोग किए जाने के लिए इनहेरिट कीजिए।**

क्या जानना है: किसी derive किए गए क्लास के ऑब्जेक्ट को वास्तव में रेफर करने के लिए public inheritance कोड की शुद्धता को नुकसान पहुंचाए बिना और मौजूदा कोड में कोई बदलाव न करते हुए पॉएंटर या रेफरेन्स को बेस क्लास को पॉएंट करने की अनुमती देता है।

क्यूँ जानना है: Pubilc inheritance का प्रयोग कोड का (जो बेस क्लास में मौजूद होता है) का दुबारा प्रयोग करने के लिए न करें। क्लास को सार्वजनिक तौर पर (जो पहले से ही बेस ऑब्जेक्ट्स का पॉलिमॉर्फिक रुप से प्रयोग कर रहा है ऐसे मौजूदा कोड द्वारा) प्रयोग किए जाने के लिए inherit करें।

38. **सुरक्षित overriding करने की आदत डालिए।**

overriding पूरी जिम्मेदारी के साथ करें: वर्चुअल फंक्शन्स को override करते समय क्लासेस की substitutability को सुरक्षित रखें, विशेषत: बेस क्लास में पहले और बाद में फंक्शन की क्या स्थिति है यह देखें। वर्चुअल फंक्शन्स के डिफॉल्ट आर्ग्युमेंट्स को न बदलें। overrides को **virtual** के रुप में स्पष्ट रुप से फिर से डिक्लेअर करें। बेस क्लास में जो overrides हैं उन्हें कभी न छुपाएँ।

39. **वर्चुअल फंक्शन्स को नॉनपब्लिक और पब्लिक फंक्शन्स को नॉनवर्चुअल बनाइए।**

ऐसे बेस क्लासेस में जहाँ बाद में किए जानेवाले बदलाव काफी महँगे पड सकते हैं (खास करके लायब्रीज और frameworks में जो बेस क्लासेस होते हैं), वहाँ पब्लिक फंक्शन्स को नॉनवर्चुअल बनाइए। अगर derived क्लासेस बेस के वर्जन को कॉल करना चाहते हैं तो वर्चुअल फंक्शन्स को private या protected बनाइए। (ध्यान रहे कि यह सलाह डिस्ट्रक्टर पर लागू नहीं होती है; आइटम 50 देखें।)

40. इंप्लिसिट कन्वर्जन्स को उपलब्ध न कराएँ।

सभी बदलावों का अर्थ प्रगती नहीं होताः इंप्लिसिट कन्वर्जन्स से फायदा कम और नुकसान ही ज्यादा होता है। कौन से टाइप का परिवर्तन कौनसे टाइप में करना है इसके लिए इंप्लिसिट कन्वर्जन उपलब्ध कराने से पहले दो बार सोचिए और सुस्पष्ट कन्वर्जन्स (explicit कन्स्ट्रक्टर और named कन्वर्जन फंक्शन्स) पर ही निर्भर रहें।

41. ऐसे समूह जो कोई व्यवहार नहीं करते (C-style structs), उनके अलावा सभी डाटा मेंबर्स को प्राइवेट बनाइए।

डाटा मेंबर्स को कॉलर्स के साथ कुछ लेना देना नहीं होताः डाटा मेंबर्स को प्राइवेट ही रखिए। केवल सरल C-style **struct** टाइप्स, जो वैल्युज के समूह को एकत्रित करते हैं लेकिन डाटा को encapsulate करने का या कोई व्यवहार करने का दावा नहीं करते, वे ही सभी डाटा मेंबर्स को पब्लिक बनाते हैं। हमेशा, पब्लिक और नॉनपब्लिक डाटा को एकदूसरे में मिलाना टालिए। यह एक गलत (muddled) डिजाइन की और इशारा करता है।

42. क्लास की अंतर्गत जानकारी (internals) को कभी प्रकट न करें।

जरुरत से ज्यादा कष्ट न उठाएँः क्लास द्वारा मैनेज किए जानेवाले इंटर्नल डाटा के लिए हैंडील रिटर्न करना टालिए ताकि ऑब्जेक्ट जिसे अपनी खुद की state समझता हो उसे क्लाएंट किसी भी हद तक मॉडिफाय न करें।

43. Pimpl का प्रयोग विचारपूर्वक कीजिए।

लैंग्वेज में आनेवाली विभाजन की चिंताओं से मुक्त रहिएः C++ प्राइवेट मेंबर्स को inaccessible बनाता है लेकिन उन्हें अदृश्य नहीं करता है। जहाँ प्राइवेट मेंबर्स का अदृश्य होना लाभदायक होता हो वहाँ Pimpl idiom का प्रयोग करके उन्हें सच में छुपा दें ताकि कंपाइलर फायरवॉल्स को लागू किया जा सके और ज्यादा इनफॉरमेशन को छुपाया जा सके (आइटम 11 और 41 देखें)।

44. नॉनमेंबर, नॉनफ्रेंड फंक्शन्स लिखने को प्राधान्य दीजिए।

मेंबरशीप के लिए मूल्य न देंः जहाँ संभव हो वहाँ फंक्शन्स को नॉनमेंबर नॉनफ्रेंड बनाइए।

45. new और delete को हमेशा एक-साथ उपलब्ध कराइए।

ये हमेशा एक-साथ ही दिए जाते हैंः हर क्लास के लिए विशेष **void* operator new (parms)** ऐसे overload ऑपरेटर के साथ उससे संबंधित **void operator delete (void*, parms)** को भी उपलब्ध कराएँ। यहाँ parms अतिरिक्त पैरामीटर टाइप की लिस्ट है (जिसमें हमेशा सबसे पहले **std::size_t** होता है)। सभी **new[ ]** एवं **delete[ ]** इन एरेज के लिए भी यही तरीका अपनाया जाता है।

46. यदि आप किसी क्लास के लिए विशेष new को उपलब्ध कराते हैं तो उसके सभी स्टैंडर्ड फॉर्म्स को (plain, in-place, and nothrorw) उपलब्ध कराइए।

अच्छे **new** को मत छुपाइएः क्लास अगर **operator new** के किसी overload को डिफाइन करता हो तो उसे **operator new** के तीनों, यानी plain, in-place और no-throw प्रकार के overloads को उपलब्ध कराना चाहिए। अगर ऐसा न किया गया तो वे छुपे रहेंगे और आपके क्लास के यूजर्स के लिए उपलब्ध नहीं होंगे।

कन्स्ट्रक्शन, डिस्ट्रक्शन और कॉपी करना

47. मेंबर वेरियेबल्स को एक ही क्रम में डिफाइन और इनिशियलाइज कीजिए।

कंपाइलर से सहमत रहिएः क्लास डेफिनेशन में मेंबर फंक्शन्स को जिस क्रम से डिक्लेअर किया जाता है, उसी क्रम में हमेशा इनिशियलाइज भी किया जाता है और कन्स्ट्रक्टर की इनिशियलाइजेशन की सूची में वे जिस

क्रम में होते हैं उस क्रम को दुर्लक्षित किया जाता है। यह अवश्य देखें कि उलझन में फँस कर कन्स्ट्रक्टर कोई अलग क्रम निश्चित तो निश्चित नहीं कर रहा है।

48. कन्स्ट्रक्टर्स में असाइनमेन्ट करने के बजाय इनिशियलाइजेशन कीजिए।

एक बार निर्धारित करें और हर जगह प्रयोग करें: कन्स्ट्रक्टर्स में असाइनमेन्ट के बजाय इनिशियलाइजेशन का प्रयोग करके मेंबर वेरियेबल्स को निर्धारित करने से अनावश्यक run-time को कम किया जा सकता है। ऐसा करने के लिए हमे उतनी ही टाइपिंग करनी पडती है जितनी की असाइनमेन्ट के लिए।

49. कन्स्ट्रक्टर्स और डिस्ट्रक्टर्स में वर्चुअल फंक्शन्स को कॉल करना टालिए।

वर्चुअल फंक्शन्स केवल वर्चुअली ही वर्चुअल व्यवहार करते हैं, कन्स्ट्रक्टर और डिस्ट्रक्टर में उनका व्यवहार वर्चुअल नहीं होता। सबसे बुरा यह है कि कन्स्ट्रक्टर या डिस्ट्रक्टर के द्वारा किसी इंप्लिमेंट न किए गए शुध्द (pure) वर्चुअल फंक्शन को किया गया प्रत्यक्ष या अप्रत्यक्ष कॉल अनिश्चित व्यवहार दिखाता है। यदि आपके डिजाइन की यह माँग हो कि बेस क्लास कन्स्ट्रक्टर या डिस्ट्रक्टर द्वारा वर्चुअल फंक्शन को derived क्लास में भेजा जाए तो आपको पोस्ट-कन्स्ट्रक्टर जैसी दूसरी तकनिकों का इस्तेमाल करना होगा।

50. बेस क्लास डिस्ट्रक्टर्स को पब्लिक और वर्चुअल या प्रोटेक्टेड और नॉनवर्चुअल बनाइए।

सवाल यह है कि डिलीट करना चाहिए या नहीं: बेस को दिए गए पॉयंटर को Base के जरिए डिलीट करने की अनुमती देनी हो तो Base का डिस्ट्रक्टर पब्लिक और वर्चुअल होना चाहिए। अन्यथा वह प्रोटेक्टेड और नॉनवर्चुअल होना चाहिए।

51. डिस्ट्रक्टर्स, डिएलोकेशन और स्वैप कभी नाकाम नहीं होते।

इनकी हर कोशिश सफल होती है: डिस्ट्रक्टर्स, रिसोर्स डिएलोकेशन फंक्शन (जैसे कि, **operator delete**) या swap फंक्शन में से कभी कोई एरर न आने दें। C++ स्टैंडर्ड लायब्ररी के अनुसार विशेषत: ऐसे टाइप्स, जिनके डिस्ट्रक्टर्स exceptions को भेजते हैं, का प्रयोग करना निषिध्द है।

52. कॉपी और नष्ट करने का काम नियमित रुप से करते रहिए।

आप जिसे बनाते हैं उसे आपको नष्ट भी करना पड़ता है: अगर आप copy constructor, copy assignment operator या destructor में से किसी को भी डिफाइन करते हैं तब आपको बाकी बचे दो में से एक या दोनों को भी डिफाइन करना पड़ सकता है।

53. कॉपी करने को प्रत्यक्ष रुप से कार्यन्वित या निष्क्रिय कीजिए।

कॉपी का प्रयोग समझदारी से करें: आपको कंपाइलर द्वारा निर्मित कॉपी कन्सट्रक्टर और असाइनमेन्ट ऑपरेटर का प्रयोग करना है, या आपका खुद का वर्जन लिखना है इन दोनों में से एक का विचारपूर्वक चुनाव करें या फिर copying को अनुमती न देनी हो तो स्पष्ट रुप से दोनों को ही disable करें।

54. स्लाइसिंग को टालिए। बेस क्लासेस में कॉपी करने के बजाय Clone का प्रयोग कीजिए।

slice की हुई ब्रेड अच्छी होती है किंतु slice किए हुए ऑब्जेक्ट्स नहीं: ऑब्जेक्ट स्लाइसिंग ऑटोमैटिक होती है और वह अदृश्य रहती है। वह अच्छे पॉलिमॉर्फिक डिजाइन में रुकावट डालती है। अगर क्लाएंट पॉलिमॉर्फिक (संपूर्ण गहरी) कॉपीयाँ बनाना चाहता है तो बेस क्लास में वर्चुअल **Clone** मेंबर फंक्शन की आपूर्ति करने के बजाय कॉपी कन्स्ट्रक्टर और कॉपी असाइनमेन्ट ऑपरेटर को disable कीजिए।

55. **असाइनमेंट के स्वाभाविक रुप का ही प्रयोग कीजिए।**

आपकी असाइनमेन्टः जब आप **operator =** को इंप्लिमेंट करते हैं तब उसके स्वाभाविक रुप, जो नॉनवर्चुअल हो और विशिष्ट signature के साथ हो, का प्रयोग करने पर जोर दें।

56. **जब-जब उचित हो तब no -fail swap को उपलब्ध कराइए (वह भी सही तरीके से)।**

swap आसान भी है और बहुत काम करनेवाला भीः एक ऑब्जेक्ट के internals को दूसरे ऑब्जेक्ट के internals से कुशलता एवं विश्वसनियता के साथ बदलने के लिए swap फंक्शन को उपलब्ध कराने के बारे में सोचिए। यह फंक्शन ऑब्जेक्ट्स का स्थान आसानी से बदलने से लेकर असाइनमेन्ट को आसानी से इंप्लिमेंट करने तक अनेक idioms को इंप्लिमेंट करने में उपयोगी हो सकता है। इसके साथ-साथ यह निश्चित कार्य करनेवाले फंक्शन को उपलब्ध कराता है ताकि कॉलिंग कोड में कोई एरर न हो (आइटम 51 भी देखें)।

नेमस्पेसेस और मोड्यूल्स

57. **टाइप और उसके नॉनमेंबर फंक्शन इंटरफेस को एक ही नेमस्पेस में रखिए।**

नॉनमेंबर्स भी फंक्शन्स ही होते हैं: नॉनमेंबर फंक्शन्स को, जो क्लास X के इंटरफेस के हिस्से के रुप में बनाए जाते हैं (खास करके, ऑपरेटर्स और सहायक फंक्शन्स), X के namespace में ही डिफाइन किया जाना चाहिए ताकि उन्हें सही तरह से कॉल किया जा सके।

58. **टाइप और फंक्शन्स का उद्देश्य अगर एक साथ काम करने का न हो तो उन्हें अलग-अलग नेमस्पेसेस में रखिए।**

name lookup की दुर्घटना न हो इसके लिए मदद करें: अनजाने में होने वाले argument-dependent lookup (ADL, जिसे Koenig lookup के नाम से भी जाना जाता है) से टाइप्स को अलग रखें और टाइप्स को उनके अपने namespace में रखें (ऐसे नॉनमेंबर फंक्शन्स के साथ जो उनसे सीधे जुड़े होते हैं, आइटम 57 देखें)। टेम्पलेट फंक्शन्स और ऑपरेटर्स जिस namespace में हों उसी में टाइप को रखना टालिए।

59. **हेडर फाइल में या #include के पहले namespace usings को न लिखें।**

Namespace **usings** आपकी सुविधा के लिए हैं, आपके द्वारा दूसरों पर थोपने के लिए नहीं: **#include** directive के पहले **using** का डिक्लरेशन या **using** डिरेक्टिव को कभी भी न लिखें।

उपसिध्दांतः हेडर फाइल में namespace-level के **using** डिरेक्टिव को या **using** डिलरेशन्स को न लिखें। इसके बजाय सभी नामों को स्पष्ट रुप से namespace के योग्य बना दें। (दूसरा नियम पहले नियम में से ही आता है क्योंकि हेडर्स यह कभी जान नहीं सकते कि उनके बाद आनेवाले हेडर्स में क्या **#include** किया है।)

60. **मेमोरी को एक मोड्यूल में एलोकेट करके दूसरे मोड्यूल में डिएलोकेट न करें।**

चीजें जहाँ पर मिलती हैं उन्हें वही वापस रखें: एक मोड्यूल में मेमोरी एलोकेट करके दूसरे मोड्यूल में उसे डिएलोकेट करने से उन दो मोड्यूल्स के बीच जटिल long-distance dependency बन जाती है जो आपके प्रोग्राम को कमजोर बना देती है। इन दोनों को एक ही कंपाइलर वर्जन पर, एक जैसे flags (विशेष करके debug बनाम NDEBUG) के साथ और समान स्टैंडर्ड लायब्ररी के द्वारा कंपाइल करना चाहिए और जब डिएलोकेशन हो रहा हो तब भी मेमोरी को एलोकेट करने वाला मोड्यूल load किया जाना चाहिए।

61. **जिन एन्टिटीज में लिंक हो उन्हें हेडर फाइल में डिफाइन न करें।**

पुनरावृत्ती कोड के आकार को बढ़ाती है: जिन एन्टिटीज में लिंकेज होती है, इनमें नेमस्पेस लेवल के वेरियेबल्स या फंक्शन्स भी शामिल हैं, उनके लिए मेमोरी एलोकेट की जाती है। इन एन्टिटीज को हेडर फाइल में डिफाइन करने से या तो link-time error आती है या मेमोरी व्यर्थ हो जाती है। जिन एन्टिटीज में linkage हो उन्हें इंप्लिमेंटेशन फाइलों में रखें।

62. एक्सेप्शन्स को मोड्यूल की सीमाओं के आगे बढ़ने का मौका न दें।

पड़ोसी के बगिचे में पत्थर न फेंकेः C++ exception handling के लिए कोई भी सर्वव्यापक बायनरी स्टैंडर्ड नहीं है। यदि आप कोड के दोनों हिस्सों को build करने के लिए इस्तेमाल किए गए कंपाइलर ऑप्शन्स तथा कंपाइलर को नियंत्रित नहीं कर सकते हैं तो उन दोनों हिस्सों के बीच में exceptions को प्रसारित न होने दें। वरना मोड्यूल exception के प्रसारण के लिए आवश्यक सुसंगत कार्यों (compatible implementation) का समर्थन नहीं कर पाएगा। संक्षेप में: exceptions को मोड्यूल या सबसिस्टम की सीमाओं के बाहर न बढ़ने दें।

63. मोड्यूल के इंटरफेस में पर्याप्त पोर्टेबल टाइप्स का प्रयोग कीजिए।

(मोड्यूल के) किनारे पर रहते समय ज्यादा ध्यान रखें: जब तक आप यह निश्चित नहीं कर लेते कि सभी क्लाएंट्स टाइप को सही तरह से समझते हैं तब तक आप टाइप को मोड्यूल के बाहरी इंटरफेस में आने न दें। क्लाएंट जिसे समझ सकता हो ऐसे उच्च-स्तरिय abstraction का प्रयोग करें।

टेम्पलेट्स और जेनेरिसिटी

64. स्टैटिक और डायनामिक पॉलीमॉर्फिजम को विचारपूर्वक एकत्रित कीजिए।

केवल हिस्सों को मिलाने से कई ज्यादा है: स्टैटिक और डायनामिक पॉलीमॉर्फिजम एक दूसरे के पूरक होते हैं। उनके कार्य को समझिए, हर एक का जरुरत के अनुसार प्रयोग करें और दोनों को एकत्रित करके उनसे सबसे अच्छा काम करवाएँ।

65. टेम्पलेट को सहेतु और स्पष्ट रुप से कस्टमाइज कीजिए।

सहेतु किए गए बदलाव संयोग से होनेवाले बदलावों से बेहतर होते हैं और ये बदलाव अव्यक्त रुप में (implicit) होने से बेहतर है उन्हें स्पष्ट रुप से दिखाना (explicit): टेम्पलेट लिखते समय कस्टमाइजेशन अच्छी तरह से समझकर और सही तरीके से करें और इसके बारे में जानकारी दें। आप जब टेम्लेट्स का प्रयोग करते हैं तब आपके टाइप के साथ उसका प्रयोग किया जा सके इसके लिए टेम्लेट किस तरह का कस्टमाइजेशन करने का सुझाव देता है यह जान लीजिए और उसके अनुसार कस्टमाइजेशन करें।

66. फंक्शन टेम्पलेट्स को स्पेशलाइज न बनाएँ।

स्पेशलाइजेशन तभी अच्छा होता है जब उसे सही तरीके से किया जाए: दूसरों के फंक्शन टेम्पलेट को (जिसमें **std::swap** भी शामिल है) विस्तारित करते समय किसी भी विशेष बात को लिखना टालें। इसके बजाय फंक्शन टेम्पलेट के overload को लिखें और उसे जिस टाइप द्वारा इस्तेमाल किया जाने के लिए बनाया गया है उस टाइप के namespace में रखें (आइटम 57 देखें)। आप जब अपना निजी फंक्शन टेम्पलेट लिख रहे हों तब वह खुद ही सीधे अपना स्पेशलाइजेशन करे इसके लिए उसे बढ़ावा न दें।

67. बिना उद्देश्य के नॉनजेनरिक कोड न लिखें।

Abstraction के प्रति समर्पित रहिए, विवरण के प्रति नहीं: functionality के किसी हिस्से को इंप्लिमेंट करने के लिए सबसे ज्यादा generic और abstract साधनों का प्रयोग करें।

एरर हैन्डलिंग और एक्सेप्शन्स

68. अंतर्गत कल्पना और इनवेरियेंट्स के बारे में बताने के लिए assert का ज्यादा से ज्यादा प्रयोग कीजिए।

Assert का प्रयोग करते रहिए: किसी भी मोड्यूल के अंतर्गत assumptions, (जहाँ कॉलर और कॉली को

एक ही व्यक्ति या टीम द्वारा नियंत्रित किया जाता है) जो कि हमेशा सही होने चाहिए और जिन्होंने प्रोग्रामिंग एरर्स को दिखाना चाहिए, के बारे में बताने के लिए assert या ऐसे ही दूसरे साधनों का प्रयोग करें (उदाहरण के लिए, फंक्शन के कॉलर द्वारा ढूँढ़े गए postconditions का उल्लंघन) (आइटम 70 भी देखें)। यह निश्चित कर लें कि ये कोई गलत परिणाम नहीं दिखा रहे हैं।

69. एरर हैन्डलिंग के लिए उचित पॉलिसी को निश्चित करके उसका पालन कीजिए।

बहुत से प्रोजेक्ट्स जिन बातों को adboc निर्णयों पर छोड़ देते हैं उनके बारे में सावधानी से बताएँ और उन्हें पूरी इमानदारी के साथ अप्लाई करें। डिजाइन में पहले से ही सुसंगत और उचित एरर हैन्डलिंग पॉलिसी का विकास करें और उस पर कायम रहें। इस पॉलिसी में निम्नलिखित बाते होनी चाहिए:

- पहचानः कौन कौनसी स्थितियों में एरर्स आती हैं।
- गंभीरताः हर एरर कितनी महत्त्वपूर्ण है और उसे ठीक करना कितना आवश्यक है।
- खोजनाः एरर को ढूँढने का काम कौनसे कोड को करना है।
- फैलावः एरर की सूचना देने के लिए और इस सूचना को सभी मोड्यूल्स में फैलाने के लिए कौन-कौनसी यंत्रणाओं का इस्तेमाल किया जाता है।
- नियंत्रण करनाः कौनसा कोड एरर को नियंत्रित करने का काम करता है।
- सूचना देनाः एरर की सूचना किस तरह से दी जाएगी या यूजर्स को कैसे बताया जाएगा। एरर हैन्डलिंग की यंत्रणाओं को बदलना हो तो मोड्यूल की सीमारेषा पर ही बदलें।

70. एरर्स और नॉनएरर्स के बीच के भेद को जानिए।

कॉन्ट्रैक्ट जिसका भंग करता है वह एरर होती हैः फंक्शन कार्य करने का एक यूनिट होता है। इस तरह से असफलताओं को या तो एरर्स के रुप में या फिर उनका फंक्शन्स पर कितना असर पड़ता है उसके रुप में देखा जाना चाहिए। फंक्शन f में आनेवाली असफलता तब और केवल तब ही एक एरर होती है जब वह f के किसी एक precondition का उल्लंघन करती है या f को उसके किसी कॉली के preconditions से मिलने नहीं देती है, जिससे f की कोई postcondition प्राप्त होती हो, या ऐसे किसी भी invariant को फिर से स्थापित करती है जो f के साथ मेंटेन करने की जिम्मेदारी को बाँटता है।

यहाँ हम विशेष रुप से ऐसे अंतर्गत प्रोग्रामिंग एरर्स को (अर्थात जहाँ कॉलर और कॉली एक ही व्यक्ति या टीम की जिम्मेदारी होते हैं, जैसे कि एक मोड्यूल के भीतर) हटाते हैं जो अलग कैटेगरी की होती है और सामान्यतः assertions का प्रयोग करके जिनका सामना किया जाता है (आइटम 68 देखें)।

71. जिसमें एरर न हो ऐसे कोड की रचना कीजिए और लीखिए।

आश्वासन दे किंतु दंड नहीं: हर फंक्शन के अंदर सुरक्षा की ऐसी पक्की गारंटी देनी चाहिए जो उन कॉलर्स को दंड नहीं देगी जिन्हें उस गारंटी की आवश्यकता नहीं है। हमेशा कम से कम basic गारंटी तो अवश्य देनी चाहिए। इस बात को देखें कि जब आपके प्रोग्राम में से एरर्स हटाई जाती हैं तब वे प्रोग्राम को उचित स्थिति में छोडें। यह basic गारंटी है। invariant को नष्ट करनेवाली एरर्स (किंतु जो leak नहीं होती) जो केवल plain bugs होती हैं, के बारे में सतर्क रहें।

इसके अलावा, इस बात की भी गारंटी दें कि प्रोग्राम की अंतिम state या तो उसकी आरंभिक state हो (मतलब एरर के आने पर उस ऑपरेशन को बंद किया जाता है), या फिर उस प्रोग्राम के लिए निश्चित की गई state हो (मतलब अगर कोई एरर न आए तो ऑपरेशन पूरा हो जाता है)। यह strong गारंटी है।

इसके अलावा यह गारंटी भी दें कि ऑपरेशन कभी नाकाम नहीं हो सकता। हालांकि अधिकांश फंक्शन के लिए यह नामुमकिन है, फिर भी यह गारंटी डिस्ट्रक्टर्स और डिएलोकेशन फंक्शन जैसे फंक्शन्स के लिए आवश्यक है। यह कभी नाकाम न होने की (no-fail) गारंटी है।

72. एरर्स की सूचना देने के लिए exceptions का प्रयोग कीजिए।

जब बाधा दिखाई दें तब exceptions की मदद लें: एरर्स की सूचना देने के लिए error codes के बजाय exceptions का उपयोग कीजिए। अगर एरर्स के लिए exceptions का प्रयोग नहीं किया जा सकता है या जो एरर्स नहीं हैं ऐसी परिस्थितीयों में status code (उदाहरण के लिए, return codes, **errno**) का प्रयोग करें (आइटम 62 देखें)। जब प्रोग्राम को ठीक न किया जा सकता हो या ऐसा करना जरुरी न हो तो उसे किसी भी तरह से बंद करना ही बेहतर होगा।

73. वैल्यु के रुप में throw कीजिए, और रेफरेन्स के रुप में catch कीजिए।

अच्छी तरह से catch करना सीखिये: Exceptions को वैल्यु के रुप में throw करें (पॉएंटर के रुप में नहीं) और उन्हें रेफरेन्स (सामान्यत: **const** को दिया गया) के रुप में catch करें। यह एकत्रित संयोग exception के semantics के लिए एकदम अनुकूल है। जब एक ही exception को दुबारा throw करना हो तो **throw e;** की जगह केवल **throw;** का प्रयोग करें।

74. एरर्स की सूचना दें, उनका निवारण करें, और फिर अनुवाद करें।

कब क्या करना है यह जानिए: एरर्स जहाँ पर खोजी और पहचानी जाती हैं वही पर उनकी सूचना दें। जहाँ पर एरर्स का सही तरह से निवारण अथवा अनुवाद हो सकता है ऐसी निकटतम लेवल पर उनका नियंत्रण या अनुवाद करें।

75. एक्सेप्शन स्पेसिफिकेशन्स को टालिए।

exceptions को इन विशेषताओं के अनुसार लें: फंक्शन्स के लिए exception specifications को तब तक न लिखें जब तक ऐसा करना आपके लिए जरुरी न हो (क्योंकि जिन्हें आप बदल नहीं सकते ऐसे दूसरे कोड exceptions को पहले ही अपने साथ लाते हैं। अपवाद देखें)।

STL : कंटेनर्स

76. डिफॉल्ट रुप से वेक्टर का ही प्रयोग कीजिए। अन्यथा उचित कंटेनर को चुनिए।

उचित कंटेनर का प्रयोग करना अच्छा होता है: अगर आपके पास किसी विशिष्ट कंटेनर के टाइप का प्रयोग करने की अच्छी वजह है तब समझ लीजिए कि आपने सही रास्ता चुना है और उसका प्रयोग करें।
यही बात **vector** का प्रयोग करने पर भी लागू होती है: वरना **vector** को लिखें और उसी के साथ बिना कही रुके काम करें, वह भी ऐसा मानकर कि आपने सही चुनाव किया है।

77. एरेज के बजाय वेक्टर और स्ट्रींग का प्रयोग कीजिए।

खाली बर्तनों को बजाने से क्या फायदा? array abstraction को C स्टाइल एरेज, पॉएंटर एरिथमैटिक और मेमोरी मैनेजमेन्ट प्रीमीटिव्ज के साथ इंप्लिमेंट न करें। **vector** या **string** का प्रयोग करने से न केवल आसानी होती है बल्कि ये अधिक सुरक्षित हैं और इनकी मदद से आप ऐसा सॉफ्टवेयर लिख सकते हैं जिसका आगे चलकर विस्तार किया जा सकता है।

78. non-C++ API के साथ डाटा को अदल-बदल करने के लिए वेक्टर (और string::c_str) का प्रयोग कीजिए।

अनुवाद के दौरान vector नष्ट नहीं होता: **vector** और **string::c_str** ये non-C++API के साथ संपर्क रखने के दो अच्छे तरीके हैं। लेकिन इसका मतलब ऐसा नहीं है कि iterators पॉएंटर्स होते हैं। इसलिए **vector <T>::iterator iter** द्वारा निर्देशित एलिमेंट का एड्रैस पाने के लिए **&* iter** का प्रयोग करें।

79. **कंटेनर्स में केवल वैल्युज और स्मार्ट पॉइंटर्स को ही स्टोर कीजिए।**

जिन ऑब्जेक्ट्स को वैल्यु दी गई हो, सिर्फ उन्हें कंटेनर में स्टोर करें: कंटेनर्स मानते हैं कि उनमें केवल वैल्यु जैसे टाइप्स ही मौजूद हो सकते हैं जिनमें वैल्यु टाइप्स, (एलिमेंट्स जो सीधे वैल्यु के रुप में हो) स्मार्ट पॉइंटर्स और इटरेटर्स भी शामिल हैं।

80. **सीक्वेन्स को विस्तरित करने के लिए push-back का प्रयोग कीजिए।**

जिन्हें संभव हो उन सभी को **push_back** कीजिए: अगर इनसर्शन की जगह कौन सी है इससे आपको कुछ फर्क न पड़ता हो तब किसी एलिमेंट को सीक्वेन्स के अंदर डालने के लिए **push_back** का प्रयोग करें। इसके लिए बने दूसरे साधन बहुत ही धीमे और अस्पष्ट हैं।

81. **एक ही एलिमेंट पर ऑपरेशन्स करने के बजाय पूरी रेंज पर ऑपरेशन्स कीजिए।**

जब हवा तेज न हो तब चप्पू का इस्तेमाल करने की जरुरत नहीं है (लैटिन कहावत के अनुसार): सीक्वेन्स कंटेनर में एलिमेंट्स को शामिल करते समय एक ही एलिमेंट को बार-बार कॉल करके ऑपरेशन को पूरा करने के बजाय रेंज ऑपरेशन्स का ही प्रयोग करें (उदाहरण के लिए, **insert** का ऐसा फॉर्म जो iterators की एक जोड़ी को लेता हो)। रेंज ऑपरेशन्स को लिखना और पढ़ना आसान होता है तथा एक्सप्लिसिट लूप की तुलना में वह कार्यक्षम भी होता है (आइटम 84 देखें)।

82. **कपैसिटी को कम करने और एलिमेंट्स को मिटाने के लिए प्रचलित idioms का प्रयोग कीजिए।**

वही आहार लें जो सही हो: अगर आप अतिरिक्त कपैसिटी को सच में कम करना चाहते हैं तो "swap trick" का प्रयोग करें। अगर आप सच में कंटेनर के एलिमेंट्स को मिटाना चाहते हैं तो erase-remove का प्रयोग करें।

STL : अल्गोरिदम्स

83. **जाँच किए गए STL इंप्लिमेंटेशन्स का प्रयोग कीजिए।**

पहले सुरक्षितता आती है (आइटम 6 देखें): STL इंप्लिमेंटेशन्स आपके सिर्फ एक ही कंपाइलर प्लेटफार्म के लिए उपलब्ध हो या रिलीज होने के पहले के परिक्षण के दौरान ही प्रयोग में लाया जा रहा हो तब भी सिर्फ जाँचे गए STL इंप्लिमेंटेशन्स का ही प्रयोग करें।

84. **लिखित लूप्स के बजाय अल्गोरिदम कॉल्स का प्रयोग कीजिए।**

फंक्शन ऑब्जेक्ट्स का प्रयोग विवेक से करें: सरल लूप्स के बजाय बहुत ही सरल एवं कार्यक्षम लिखित लूप्स का प्रयोग करना बेहतर होता है। लेकिन लिखित लूप्स के बजाय अल्गोरिदम कॉल्स को लिखना ज्यादा सूचक है और उसे मेंटेन करना भी आसान है। इससे एरर्स भी कम आती हैं तथा वह ज्यादा कार्यक्षम भी है।

जब अल्गोरिदम्स को कॉल करना हो तब आप ऐसे कस्टम फंक्शन ऑब्जेक्ट्स लिखें जिनमें आवश्यक लॉजिक हो। पैरामीटर-बाइंडर्स और सरल फंक्शन ऑब्जेक्ट्स को (उदाहरण के लिए, **bind 2nd, plus**) जल्दबाजी में एकसाथ नहीं रखना चाहिए। ये अक्सर स्पष्टता को कम कर देते हैं। [Boost] Lambda library का प्रयोग करके देखिए, जो फंक्शन ऑब्जेक्ट्स के लिखने के काम को ऑटोमैट करती है।

85. **सही STL सर्च अल्गोरिदम का प्रयोग कीजिए।**

जितना पर्याप्त है उतना ही खोजें: सही खोज की गति बहुत तेज न सही लेकिन पर्याप्त तेज होती है। यह आइटम रेंज में से किसी विशिष्ट वैल्यु को ढूँढ़ने या उस रेंज में वह वैल्यु जिस जगह पर हो सकती है उस जगह को ढूँढ़ने के लिए क्या करना चाहिए यह बताता है। जो रेंज सॉर्ट नहीं की गई है ऐसी रेंज में ढूँढ़ने के

लिए **find/find_if** या **count/count_if** का प्रयोग करें। सॉर्ट की गई रेंज में ढूंढ़ने के लिए **lower_bound, upper_bound, equal_rarge** या (कभी-कभी) **binary_search** का प्रयोग करें। (**binary_search** यह नाम हमेशा इस्तेमाल किया जाता है किंतु यह सही विकल्प नहीं है।)

86. **सही STL सॉर्ट अल्गोरिदम का प्रयोग कीजिए।**

जितना पर्याप्त है उतने को ही सॉर्ट करें: हर सॉर्टिंग अल्गोरिदम क्या करता है यह जान लीजिए और फिर आप जो करना चाहते हैं उसे पूरा कर पाए ऐसे सादे अल्गोरिदम का प्रयोग करें।

87. **प्रेडिकेट्स को शुध्द फंक्शन्स बनाइए।**

प्रेडिकेट्स की शुद्धता: प्रेडिकेट्स एक ऐसा फंक्शन ऑब्जेक्ट होता है जो हा/ना (yes/no) में जवाब रिटर्न करता है और यह जवाब सामान्यतः bool वैल्यु होते हैं। गणितीय संज्ञा के अनुसार कोई भी फंक्शन केवल तभी शुध्द माना जाता है जब उस फंक्शन से मिलनेवाले रिजल्ट्स उसके आर्ग्युमेंट्स पर निर्भर करते हों (ध्यान रहे कि यहाँ " शुध्द /pure" का संबंध pure वर्चुअल फंक्शन के साथ नहीं है)।

जो state अपने **operator()** के रिजल्ट्स पर असर करती हो, इसमें मेंबर तथा ग्लोबल दोनों शामिल हैं, उसे थामने की या access करने की अनुमती प्रेडिकेट्स को न दें। प्रेडिकेट्स के लिए **operator()** को एक **const** मेंबर फंक्शन बनाएँ (आइटम 15 देखें)।

88. **अल्गोरिदम और तुलना करने वाले आर्ग्युमेंट्स के रुप में फंक्शन्स के बजाय फंक्शन ऑब्जेक्ट्स का प्रयोग कीजिए।**

ऑब्जेक्ट्स फंक्शन्स की तुलना में ज्यादा अच्छी तरह से जुड़ते हैं: अल्गोरिदम्स को फंक्शन्स के बजाय फंक्शन ऑब्जेक्ट्स को ही pass करें। associative कंटेनर्स के लिए तुलना करनेवाले आर्ग्युमेंट्स फंक्शन ऑब्जेक्ट्स होने चाहिए। फंक्शन ऑब्जेक्ट्स एडाप्टेबल होते हैं और फंक्शन्स की तुलना में कोड को अधिक तेजी से बनाते हैं।

89. **फंक्शन ऑब्जेक्ट्स को सही तरह से लीखिए।**

सहज और एडाप्टेबल रहिए: फंक्शन ऑब्जेक्ट्स ऐसी वैल्युज होनी चाहिए जिन्हें आसानी से कॉपी किया जा सके। जहाँ कही भी संभव हो वहाँ फंक्शन ऑब्जेक्ट्स को **unary_** या **binary_function** में से inherit करके उन्हें एडाप्टेबल बनाएँ।

टाइप सुरक्षितता

90. **टाइप स्विचिंग करना टालिए और पॉलीमॉर्फिझम का प्रयोग कीजिए।**

switch का प्रयोग न करें: किसी ऑब्जेक्ट के व्यवहार को कस्टमाइज करने के लिए उस ऑब्जेक्ट के टाइप पर switch का प्रयोग न करें। टाइप्स खुद ही अपना व्यवहार निश्चित कर सके (कॉलिंग कोड नहीं) इसके लिए टेम्पलेट्स और वर्चुअल फंक्शन्स का प्रयोग करें।

91. **टाइप के ऑब्जेक्ट्स को कैसे प्रदर्शित किया जाता है उस पर नहीं बल्कि टाइप्स पर भरोसा कीजिए।**

ऑब्जेक्ट्स की गहराई में जाने का प्रयत्न न करें (आइटम 96 देखे): ऑब्जेक्ट्स को मेमोरी में कैसे प्रस्तुत किया जाएगा इसके बारे में अनुमान न लगाएँ। बल्कि टाइप्स को खुद यह निश्चित करने दें कि उनके ऑब्जेक्ट्स को मेमोरी में किस तरह से लिखा और पढ़ा जाएगा।

92. **reinterpret_ cast का प्रयोग करना टालिए।**

झूठ की उम्र ज्यादा नहीं होती (जर्मन तथा रुमानी कहावत): कंपाइलर एक टाइप के ऑब्जेक्ट के बिट को

किसी दूसरे टाइप के ऑब्जेक्ट का बिट समझे इसके लिए **reinterpret_cast** के प्रयोग करने की कोशिश न करें। ऐसा करना टाइप की सुरक्षितता को मेंटेन करने के विरुध्द होगा, तथा **reinterpret_cast** ऐसा कुछ करने का या किसी और बात का आश्वासन नहीं देता है।

93. पॉएंटर्स पर static_cast का प्रयोग करना टालिए।

dynamic ऑब्जेक्ट्स को दिए गए पॉएंटर्स पर **static_cast** का प्रयोग न करें: इसके बजाय हमारे पास कुछ सुरक्षित विकल्प हैं, जैसे कि **dynamic_cast** का प्रयोग करना, रिफैक्टरींग करना और फिर से डिजाइन करना।

94. किसी ऑब्जेक्ट के लिए const को cast करने के बाद उसकी वैल्यु को न बदलें।

कुछ झूठ के लिए दंड देना जरुरी होता है: किसी **const** ऑब्जेक्ट की वैल्यु को बदलने पर अनिश्चित व्यवहार मिल सकता है, और ऐसा करना सही होने के बावजूद **const** ऑब्जेक्ट की वैल्यु को बदलना खराब प्रोग्रामिंग कहलाता है।

95. C - स्टाइल कास्ट का प्रयोग न करें।

आयु हमेशा बुद्धिमत्ता को सूचित करे यह आवश्यक नहीं है: C-स्टाइल में cast के संदर्भों के अनुसार अलग-अलग semantics होते हैं (अक्सर हानीकारक) और ये सभी semantics एक ही सिंटैक्स के पीछे छुपे रहते हैं। C -स्टाइल casts के बजाय C++ स्टाइल के casts को रखना अनपेक्षित एरर्स को आने से रोकता है।

96. नॉन-POD पर memcpy या memcmp का प्रयोग न करें।

ऑब्जेक्ट की बहुत गहराई में जाने का प्रयत्न न करें (आइटम 91 देखें): raw मेमोरी के अलावा किसी दूसरी रचनाओं के लिए कॉपी तथा तुलना करने के लिए **memcpy** और **memcmp** का प्रयोग न करें।

97. डाटा रिप्रेजेंटेशन को फिर से इंटरप्रिट करने के लिए यूनियन्स का प्रयोग न करें।

कपट भी एक झूठ ही है: एक मेंबर को लिखने और दूसरे मेंबर को पढ़ने के कारण cast किए बिना ही cast को प्राप्त करने के लिए unions का दुरुपयोग किया जा सकता है। यह **reinterpret_cast** (आइटम 92 देखें) से भी ज्यादा घातक है और इसके नतीजों के बारे में पहले से अनुमान लगाना भी मुश्किल होता है।

98. varags (ellipsis) का प्रयोग न करें।

कोड में से जरुरी शब्दों को हटाने से सब कुछ खराब हो जाता है: ellipsis यह C लैंग्वेज में से आया हुआ C++ का घातक अवशेष है। varargs का प्रयोग करना टालिए और उनके बजाय उच्च-स्तरिय कन्स्ट्रक्टर्स और लायब्ररी का प्रयोग करें।

99. अवैध ऑब्जेक्ट्स का प्रयोग न करें। असुरक्षित फंक्शन्स का प्रयोग न करें।

जिनकी अवधि खत्म हो चुकी हो ऐसी दवाइयों का इस्तेमाल न करें: अवैध ऑब्जेक्ट्स तथा महत्त्वपूर्ण किंतु असुरक्षित फंक्शन्स दोनों आपके प्रोग्राम के लिए अच्छे नहीं होते।

100. बेस क्लास और उसके डिराइव्ड क्लास के एरेज भिन्न होते हैं, उन्हें एक ही न समझें।

एरेज को अच्छी तरह से एडजस्ट नहीं किया जा सकता: बेस क्लास और उसके derived क्लास के एरेज को एक ही समझना एक बड़ी एरर है जिसके बारे में आपका कंपाइलर शायद खामोश रहता है। अतः इस जाल में न फँसे।

नोट्स